U0538835

鳥類公民科學家
實戰指南

許皓捷——著

從田野調查到統計分析與R軟體應用

目錄

目錄 i

序 ix

第一部 鳥類調查 1

第一章 常見調查方法 1

1.1 穿越線調查法 1

1.2 定點計數法 1

1.3 群集計數法 2

1.4 地區搜尋法 2

1.5 霧網捕捉法 3

1.6 時間種類計數法 4

1.7 回播調查法 5

1.8 領域描圖法 5

1.9 其它調查方法 6

1.10 調查方法的選擇 6

第二章 距離取樣法 9

2.1 距離的影響 9

2.2 個體密度估算 11

    2.2.1 估算原理 11

    2.2.2 距離的記錄 14

    2.2.3 有效帶寬 17

2.3 穿越線調查法 20

i

  2.3.1 穿越線的空間設置..20
  2.3.2 在穿越線上的前進速度..22
  2.3.3 如何在穿越線上估算鳥類距離..22
 2.4 定點計數法...25
  2.4.1 樣點的空間配置..25
  2.4.2 在樣點的停留時間..25
  2.4.3 如何在定點上估算鳥類距離..26
 2.5 選擇合適的方法...28

第三章 調查的誤差..31
 3.1 誤差來源...31
  3.1.1 人為因素..35
  3.1.2 外在因素..39
 3.2 標準化調查方法...43
 3.3 調查的一般原則...46

第四章 調查規劃..49
 4.1 空間規劃...49
  4.1.1 空間配置..49
  4.1.2 樣點的數目..50
  4.1.3 隨機決定地點..51
 4.2 時間規劃...52
  4.2.1 重複次數..52
  4.2.2 時程安排..54
 4.3 努力量...56

第五章 野外風險管理與生態調查法規..59
 5.1 風險控管...59
  5.1.1 風險管理制度..59
  5.1.2 風險評估..60
  5.1.3 山野活動風險..61

  5.1.4 山野活動計畫 62

  5.1.5 山野活動裝備 66

 5.2 調查法規 69

第二部 基礎統計 **71**

第六章 描述調查到的資料 **73**

 6.1 繪圖 73

  6.1.1 長條圖 74

  6.1.2 直方圖 75

  6.1.3 盒形圖 76

  6.1.4 折線圖 77

  6.1.5 平均值與誤差線 78

  6.1.6 散布圖 82

 6.2 以數值描述 83

  6.2.1 中央趨勢 83

  6.2.2 離散情形 83

  6.2.3 標準差的表示方式 85

  6.2.4 其他用來描述數據的統計量 85

第七章 推論統計的基礎 **87**

 7.1 中央極限定理 88

 7.2 統計推論概念 90

 7.3 標準誤 92

 7.4 標準差與標準誤的誤用 93

 7.5 虛無假設與 p 值 94

 7.6 單尾或雙尾檢定 95

 7.7 顯著水準與錯誤推論 97

 7.8 P 值的表示方式 100

 7.9 寫下統計假設再分析 101

iii

第八章 比較平均值 103

8.1 t 分布與 t 檢定 103
8.2 單一樣本平均值的推論 (one-sample t-test) 104
8.3 兩獨立樣本平均值的比較 (two-sample t-test) 106
8.4 兩相依樣本的比較 (paired t-test) 109
8.5 F 分布與 F 檢定 111
8.6 變異數分析 111

第九章 兩個變數之間的關係 119

9.1 相關 119
9.2 迴歸 122

第十章 卡方檢定 129

第十一章 非參數統計方法 133

11.1 無母數統計 133
11.2 自助法 134
11.3 置換檢定 135

第三部 群聚資料分析 139

第十二章 群聚參數 141

12.1 多樣性指數 141
12.1.1 數理概念及意義 142
12.1.2 實際應用問題 144
12.1.3 以 Hill number 量化多樣性 145
12.2 物種數估計 146

第十三章 群聚相似性與分類 149

13.1 相似性係數 149
13.1.1 定性資料的相似性 149
13.1.2 定量資料的距離 151

13.1.3 刪除稀有種與數值轉換 152
13.2 分類 154
　13.2.1 階層群集分析 155
　13.2.2 K-means clustering 158
13.3 非度量多元尺度分析 158
13.4 分類顯著性檢定 161

第十四章 群聚排序 163
14.1 排序概念 163
14.2 非束縛型排序 165
　14.2.1 PCA 165
　14.2.2 CA 172
　14.2.3 DCA 177
14.3 束縛型排序 183
　14.3.1 RDA 183
　14.3.2 CCA 184
14.4 排序方法選擇 187
14.5 排序與分類方法的邏輯衝突 189

第十五章 矩陣相關性分析及應用 191
15.1 Mantel test 191
15.2 生物—環境程序 (BIO-ENV procedure) 192
15.3 生物—生物程序 (BIO-BIO procedure) 193

第十六章 長期鳥類監測 195
16.1 監測目標 195
16.2 族群監測 197
　16.2.1 母體界定 197
　16.2.2 分析方法 198
　16.2.3 資料品質的確保 198
16.3 群聚監測 199

v

16.3.1 時間序列分析...200
　　16.3.2 兩時間點的比較...208

附錄 A 應用 R 軟體分析資料..............................**211**
A1 R 簡介..**211**
A2 距離取樣法的 ESW/EDR...............................**215**
　A2.1 以 Rdistance 估計 ESW.........................218
　A2.2 以 Rdistance 估計 EDR.........................220
　A2.3 以 Distance 估計 ESW..........................222
　A2.4 以 Distance 估計 EDR..........................224
A3 基礎繪圖..**227**
　A3.1 長條圖..227
　A3.2 直方圖與盒形圖..................................229
　A3.3 折線圖與散布圖..................................229
　A3.4 Q-Q plot...231
A4 敘述統計..**233**
A5 比較平均值..**235**
　A5.1 單一樣本的 t 檢定...............................235
　A5.2 兩樣本平均值差的 t 檢定....................236
　A5.3 成對樣本的比較 (paired t-test)............237
A6 相關..**239**
A7 迴歸..**241**
A8 卡方分析..**247**
　A8.1 同質性與獨立性檢定...........................247
　A8.2 適合度檢定..249
A9 變異數分析..**251**

  A9.1 One-way ANOVA 251

  A9.2 Two-way ANOVA 255

A10 無母數統計 257

  A10.1 兩獨立樣本的比較 257

  A10.2 兩相依樣本（配對樣本）的比較 258

  A10.3 Kruskal-Wallis One-way ANOVA 258

  A10.4 相關分析 260

A11 自助法 261

  A11.1 單一樣本的平均值 261

  A11.2 兩獨立樣本的平均值差 264

  A11.3 相關分析 266

  A11.4 迴歸分析 268

A12 置換檢定 275

  A12.1 兩獨立樣本的平均值差 275

  A12.2 ANOVA 276

  A12.3 相關分析 278

  A12.4 迴歸分析 279

  A12.5 卡方分析 280

A13 群聚多樣性 281

  A13.1 基於豐富度 281

  A13.2 基於出現次數 284

A14 相似性係數 289

  A14.1 刪除稀有種 289

  A14.2 二元相似性係數 291

  A14.3 距離或相異性係數 291

A15 分類 293

  A15.1 階層群集分析 293

  A15.2 K-means clustering 298

  A15.3 ANOSIM 302

A16 非度量多元尺度分析 **305**

A17 非束縛型排序 **307**

  A17.1 PCA 307

  A17.2 CA 312

  A17.3 DCA 319

A18 束縛型排序 **325**

  A18.1 RDA 325

  A18.2 CCA 335

A19 矩陣相關性分析 **339**

  A19.1 Mantel test 339

  A19.2 BIO-ENV 程序 341

  A19.3 BIO-BIO 程序 343

附錄 B 鳥類資料分析方法選擇流程 **347**

序

　　不論是學術研究、自然資源調查、環境影響評估或環境監測等，都有鳥類調查需求。但並不是會辨認鳥種，就可勝任調查工作。鳥不是一直站在樹上，等著被調查者發現及記錄。牠們會移動位置；或雖在樹上，但被枝葉遮蔽，從而影響調查者的察覺。有些種類在森林底層活動，隱密而難以窺見；有些種類則經常佇立於樹冠明顯處，且鳴聲響亮，觀察者從遠方即可輕易發現牠。每一種鳥類的行為特性以及棲息環境，都可能影響其被察覺的機率及可被察覺的距離。因此，若在同一片森林調查到 3 隻五色鳥與 3 隻山紅頭，則兩種鳥的相對豐富度之比例，絕非表面上的一比一。以近似於賞鳥方式調查到的鳥種及數量，沒有辦法直接反映真實的鳥類相全貌。

　　鳥類調查是統計抽樣活動。一地區在某一時間存在的所有鳥類個體，是統計學上的母體。鳥類調查，是對該母體的抽樣；調查得到的數據，則是統計學上的樣本。鳥類調查是統計抽樣活動，涉及機率問題。也就是說，除了鳥類辨識能力之外，調查者還須具備基本統計抽樣概念，了解抽樣偏差的可能來源，以標準化方法盡量避免偏差，得到可信的結果。

　　調查得到的數據，必須經過分析詮釋，才能產生意義。因為不是所有的鳥類都會被察覺到，如果僅報告調查到多少種鳥，數量有多少，並沒有辦法呈現完整鳥類相。我們必須從調查得到的樣本，推論母體特性；例如總鳥種數，以及各鳥種之間的相對豐富度。這樣，才能略窺接近真實樣貌的群聚。另外，我們可能想要進一步了解鳥類與棲地之間的關係。想要知道鳥類多樣性會不會隨時間或空間而改變，以及如何改變。想要知道鳥類多樣性為何會有時空變化？與之相關的因子是什麼？想要知道兩個地區的鳥類群聚有甚麼相似或相異的地方；如果有差異，又與甚麼因素有關？所有這些疑問，都必須對調查得到的資料做更多的統計分析才能回答。但是要對鳥類調查數據做進一步的分析與詮釋，則必須具備一定的科學素養與基本統計分析能力。

這是一本專為鳥類調查與資料分析所編寫的實用工具書，全書分三部。

第一部介紹常見鳥類調查方法，適用範圍涵蓋潮間帶以上的棲地類型，包括河口泥灘、河流、廢棄鹽田、漁塭、埤塘等水域或溼地環境，以及都市聚落、公園綠地、農田、果園、草地、森林等陸域棲地的鳥類調查。至於海洋鳥類調查，海洋保育署的《110年度臺灣保育類海鳥開發衝擊因應措施評估計畫》[1]委託研究案中，已詳細說明相關調查方法，本書不再重複論述。第一部適合希望以科學方法調查鳥類的鳥友、欲提升生態調查與環境監測能力的生態從業人員、以及從事鳥類生態研究的學術工作者閱讀。

第二部聚焦於基礎資料分析方法，包括敘述統計，以及推論統計觀念及基本方法，例如平均值比較、相關、迴歸、卡方檢定等；不僅可協助鳥友與生態工作者分析調查所得數據，也適合作為大學的生物統計學入門教材。

第三部專注於群聚資料的進階分析技術，內容涵蓋多樣性指數、分類、排序、矩陣相關分析及其應用，並探討長期鳥類監測的資料分析策略。無論是從事環境影響評估或生態資料分析的從業人員，或專注於群聚生態學研究的學生與科學研究工作者，皆可從第三部獲得實用的分析指引。

第一部距離取樣法得到的原始調查資料，以及第二部與第三部介紹的統計分析方法，均建議使用 R 軟體運算。本書附錄提供與各章節對應的 R 程式碼，以及可從網際網路下載的範例資料檔，並簡要說明如何解讀分析結果。

本書適合有志參與鳥類公民科學調查的鳥友、從事生態檢核或環境影響評估與監測的實務工作者、大學與研究所相關科系學生，以及對資料分析與自然保育有興趣的一般讀者閱讀，亦可作為統計學的教材與實作參考書。

---

[1] 《110年度臺灣保育類海鳥開發衝擊因應措施評估計畫》成果報告書，可在海洋保育署網站的首頁 > 科研成果及報告 > 研究/委辦計畫 > 委辦計畫成果之頁面，找到委辦計畫標題；請點選連結網址下載之。

第一部 鳥類調查

第一章 常見調查方法

　　鳥類調查方法很多。每一種方法都有各自的優點與限制，以及適合應用的環境或調查目的。每一鳥類調查案，都應依據環境特性與調查目的，選用適當方法，才能有好的結果。如果一個只能建立鳥種名錄，但沒辦法精確估計個體數的調查方法，被應用在監測鳥類族群變化，將難以得到正確結論。而只需要知道分布哪些鳥種的調查案，卻使用能估計每一鳥種族群密度的調查方法，則是浪費調查資源。要選用適當的調查方法，必須對這些方法有所瞭解。以下介紹學術研究、資源調查或環境影響評估常見的鳥類調查方法。

1.1 穿越線調查法

　　穿越線調查法 (line-transect surveys) 是在固定方向的步道上，以穩定速度前進，記錄沿途兩側發現的鳥類種類及數量，以及其與穿越線的垂直距離。**穿越線調查法有三個重點，一是固定的前進方向，另一是穩定的前進速度，最後是須估算鳥類與穿越線的垂直距離**。穿越線調查法得到的資料是鳥類豐富度定量估計值，適合須定量分析的鳥類族群監測或群聚生態研究。由於穿越線調查法是邊前進邊記錄所發現的鳥類，因此較適合在平坦易行的地形執行。以船舶調查海鳥也適合使用穿越線調查法。相對地，在地形崎嶇或難行的山區環境，較不適合應用穿越線調查法。

1.2 定點計數法

　　定點計數法 (point-count surveys)，也稱為圓圈法 (circular-plot method)，是在定點停留一段時間，記錄周圍發現到的鳥類，以及**鳥與觀察者的水平距離**。本法可視為穿越線調查法的特殊形式；在穿越線上的行進速度等於零，即為定點計數法。定點計數法適合應用在任何地形或棲地類型。調查得到的資料適於做定量分析。臺灣繁殖鳥類大調查[2] (Taiwan Breeding Bird Survey, BBS Taiwan) 即採用定點計數法調查鳥類。定點計數法與穿越線調查法都必須估算鳥類個體的距離；兩者的數理基礎類似，都屬於**距離取樣法 (distance sampling)，是鳥類生態研究、環境影響評估或環境監測的主要調查方法**；本書將在下一章專門介紹。

1.3 群集計數法

群集計數法 (counting flocks) 是觀察者在樣區邊緣視野良好的觀察點，掃視並記錄樣區內的所有鳥種及數量的調查方法。群集計數法主要藉由目擊發現鳥類，適合在視野開闊的環境，例如潮間帶、河口灘地、埤塘、廢棄鹽田、魚塭、低矮且不會遮蔽鳥身的草地等棲地類型使用。在計數期間，這些環境的鳥類通常不太移動；如果樣區中間有植群或其它障礙物阻擋視線，觀察者可在樣區邊緣移動位置，直到所有可見的鳥類都計數到為止。而在有視線阻隔的環境，例如高草地、灌叢或森林，則不適合使用本法調查鳥類。

群集計數法必須設定好鳥類計數的範圍，這樣得到的資料才能換算為個體密度（即單位面積的個體數）做定量分析。如果埤塘、魚塭、鹽田的面積較小而可以計數全部出現的個體，則直接以塭堤為邊界即可。但如果鹽田或灘地非常廣闊，遠處鳥類的種類及數量難以分辨時，應設法以可見的突出物劃設虛擬邊界，並以測距儀、地圖或地理資訊系統 (Geographic Information Systems, GIS) 估算邊界距離及樣區面積。但必須注意的是，調查時，超出邊界的鳥類，縱使可以識別，也不能計數。

1.4 地區搜尋法

地區搜尋法 (area search) 是在一定時間內，於樣區盡可能完整搜尋鳥類的調查法。此法一般僅規範調查的地理範圍及時間長度，以此調控努力量；

---

[2] 臺灣繁殖鳥類大調查 https://sites.google.com/view/bbstaiwan 是監測全臺灣鳥類分布及數量的公民科學計畫；自 2009 年開始，於每年三月至六月以標準化方法調查鳥類兩次。

對於樣區範圍內的路線安排與行進速度，或是定點數目與停留時間，則沒有特別規範。調查目標在盡可能地尋找可發現的鳥類，因此遇見稀有鳥類或鳥況極佳時，調查者可以駐足停留，盡情觀察；而若鳥況不如預期，也可以立即離開。由於調查方法自由而隨興，性質類似於一般賞鳥活動，適合未經專業訓練的一般大眾參與。臺灣新年數鳥嘉年華[3] (Taiwan New Year Bird Count, NYBC) 即採用地區搜尋法。本法適用於任何地形或環境；也極適合稀有或隱密鳥種的搜尋。但也因為調查方法缺乏嚴謹規範，所得到的資料並不適宜用於定量分析；至多，用於建立等級尺度，例如稀有、普遍、極普遍的鳥類數量等級評估資料。若調查目的在環境教育、推廣賞鳥活動或公民科學參與，或僅在於建立一個地區的物種名錄 (species inventory)，則地區搜尋法是非常合適的方法。

1.5 霧網捕捉法

霧網捕捉法 (mist netting) 是架設霧網捕捉鳥類，以得知樣區分布的鳥種及數量之調查法。本法得到的是相對豐富度的量化資料，可供群聚生態學定量研究所需。另外，若在同一樣區重複操作本法，則可以從個體被重複捕獲情形，估算特定種類的族群量，此即重複捕捉法 (capture-recapture method)。但重複捕捉法不一定使用霧網。

鳥類群聚調查其實很少特意選用霧網捕捉法。以本法獲取群聚資料者，大多是鳥類繫放計畫執行過程所附帶得到。主要是因為霧網捕捉法須大量人力及物力支援；若旨在獲得定量鳥類群聚資料，大部分調查者會優先選用其它較容易執行的方法。不過在種類多樣性很高，且研究人員對分布鳥種的鳴聲尚不熟悉的區域，霧網捕捉法還是可能被選做鳥類群聚調查的主要方法。在馬來半島低地雨林及南美洲安地斯山脈，都有依賴霧網捕捉法調查鳥類群聚的研究案例。

以霧網捕捉法調查鳥類的優點是可以發現隱密鳥種；從遠處目視觀察容易混淆的相似種，也可以在捕捉到個體的時候清楚分辨之。但霧網捕捉法亦

---

[3] 臺灣新年數鳥嘉年華 https://nybc.tw/ 是以冬季鳥類為對象的公民科學計畫；自 2014 年起，於每年十二月下旬至翌年一月上旬於全臺灣同步進行鳥類調查。

有其難以克服的缺點。一般而言，飛行緩慢或在地面活動的鳥類，因為容易發現與閃躲網具，較不易被霧網捕捉到。在樹冠上層活動的鳥類，也因為霧網架設高度限制，而難以被察覺。這些都導致使用霧網捕捉法得到的資料，難以完整呈現鳥類群聚樣貌。另外，操作霧網捕捉法須龐大的人力及物力，且人員須經過特別訓練，也都是本法的缺點。

　　執行霧網捕捉法面臨較多的法規限制，任何個人或機關團體未經許可，不能任意使用本法。依據野生動物保育法，架設網具必須向政府相關單位申請許可。另外，霧網捕捉法的操作過程可能捕獲保育類野生動物，還必須另外提出保育類物種利用申請[4]，並經過政府相關單位的核准。而架設網具的地點如果位於國家公園、自然保留區、野生動物保護區、國有林、風景特定區等範圍內，也必須依據相關法令規定，向各主管機關申請許可。這些都是選擇霧網捕捉法調查鳥類時，必須特別注意的行政細節。

1.6 時間種類計數法

　　時間種類計數法 (time-species count) 假設數量愈多的鳥種，愈能被提早發現。因此記錄群聚中，各鳥種第一次被察覺到的先後次序，再給予相應的數量等級，即能反映該鳥種的相對族群量。但因為鳥音傳播特性差異，某一鳥種被察覺與否，並不單純反映其相對族群量。例如五色鳥與頭烏線都是低海拔森林常見鳥種。五色鳥聲音可以傳遞極遠，但相對而言，頭烏線的聲音須近距離才能聽聞。簡言之，五色鳥與頭烏線的可被察覺之樣區面積並不相當；以被察覺先後次序作為其相對族群量並不合理。另外，非繁殖季時，某些鳥種的察覺線索極少；例如五色鳥在繁殖季鳴聲頻繁，但非繁殖季期間的聲音極少，利用本法難以評估五色鳥在非繁殖季的相對數量。由於本法得到的是每一鳥種在群聚中的等級序位，其數量等級之評定，受到其牠鳥種的影響。因此本法得到的資料不適合做進一步的定量分析；任一鳥種在同樣區的季節間或年間之數量波動，或不同樣區間的族群量差異，均難以互相比較。時間種類計數法並不適合應用於生態學研究、生物資源調查或環境監測；在此，僅提供讀者了解有此一方法之存在。

---

[4] 請由林業及自然保育署「生態調查資料庫系統」 https://ecollect.forest.gov.tw/ 申請。

1.7 回播調查法

　　回播調查法 (playback surveys) 是播放鳥音，引發鳥類鳴聲回應，以提高察覺鳥類機率的調查方法。會對播放鳥音有回應者，多為具領域性的鳥種。當這些鳥類因過於隱密（例如八色鳥）及/或夜行性（例如草鴞）而難以被察覺時，使用回播調查法通常可以獲得不錯的效果。但目標物種通常僅在其繁殖時期才會對播放鳥音有明顯反應，因此本法多僅應用於繁殖期。而且鳥類會對播放的聲音有所反應，通常是誤以為有競爭者或入侵者，因而發出鳴聲與之競爭或予以驅趕。故鳥音回播可能增加這些鳥類的負擔。除非不得已，盡量不要使用回播調查法。另外，領域行為不明顯種類，也可能因為其牠鳥類的鳴聲而促使其鳴叫，從而增加被察覺的機會。但回播調查法較少被應用於鳥類群聚調查。回播目的是增加偵測率，因此若要定量，仍必須搭配距離取樣法（請見第二章）；其中，考慮攜帶播放器材移動的不便及播音的定向需求，以搭配距離取樣法當中的定點計數法較為適當。

1.8 領域描圖法

　　繁殖季時，具領域性鳥類會重複出現在特定位置展示或鳴唱，以宣示領域或吸引配偶。領域描圖法 (territory mapping) 是將每次調查發現鳥類或巢位的地點，標記在一張地圖紙上。經過數回的重複調查之後，從同一位置被標記的次數，判定鳥類領域，並由領域數目估算族群量。此法也稱為鳥類地圖繪製法 (avian mapping) 或點地圖繪製法 (spot mapping)。

　　領域描圖法必須選擇一個比較大範圍的樣區，例如 50 公頃，形狀不要過於狹長。樣區應該要有涵蓋面完整的步道系統，或者地表空曠，易於行走穿越。先在紙本地圖畫網格系統；網格不要太大，至少不要大於 50 × 50 公尺。並且在地圖上標記明顯的地標，例如房舍、獨立樹、電線桿、道路、溝渠，以便於觀察者在現場能快速定位。調查時，在樣區沿步道或數條平行的穿越線仔細搜尋鳥類；穿越線間隔約 50 公尺。將發現的鳥類，依其與參考地標的相對距離與方位，標記到地圖上的正確位置。每次調查都使用一張新的地圖紙。在重複多次調查，例如 10 次之後，再將所有地圖的鳥類點位紀錄疊合。如果某一鳥種在每一地點重複出現多次，或多個點的位置雖不是完全一樣，但在空間上呈明顯群集狀，而可與其它群集區別時，即可認定為一個領域。領域描圖法也可搭配回播調查法，使調查更有效率。此外，領域描圖法是在地圖標定鳥類位置，因此除了估算鳥類數量之外，也可用以分析鳥類在地景上的空間分布與棲地利用。

在臺灣，不適合以領域描圖法調查鳥類群聚。因為具有領域性並能明顯展現且被觀察到的種類並不多；此法僅適合少數具明顯領域行為的鳥種之族群量估算，難以適用在群聚結構的探討。其次，調查者在山區通常僅能沿既有步道移動，很難全面標記鳥類出現點位。另外，鳥類進入繁殖的時間並非同步，使用此法勢必拉長野外調查日程；而且非繁殖季也難以適用。本法有適用環境、鳥種及季節的限制，不太適合於生物資源調查或環境影響評估。

1.9 其它調查方法

有些鳥種在特定情況下，可用特別方法調查。例如墾丁秋季猛禽遷移過境時，適合以遷移計數法 (counting migrants) 調查單一方向移動猛禽的數量。而有聚集夜棲行為的白鶺鴒或麻雀，則適合以棲所計數法 (counting roosts)，在天黑前，清點進入夜棲樹的數量。群集巢位計數法 (counting nests in colonies) 與航空照片計數法 (airscape)，則利用特定種類聚集特性，調查鳥類族群量。其中，群集巢位計數法是清點群集繁殖巢位，再將巢位數乘 2，得到成鳥族群量（假設性別比為一比一且一夫一妻婚配制，所有個體均同步繁殖）。例如澎湖無人島上繁殖的燕鷗之族群調查，即可藉由鳥巢數推估。另外，針對開闊棲地群集的大型鳥類，例如鸕鶿，則可利用空拍機拍照之後，再仔細清點數量。

1.10 調查方法的選擇

調查鳥類種類及數量，適合採用的方法有穿越線調查法、定點計數法、群集計數法、地區搜尋法、以及回播調查法。至於霧網捕捉法、時間種類計數法、以及領域描圖法，都不太適合。霧網捕捉法耗費大量人力及時間，且架設霧網須向政府相關單位申請許可，行政流程繁瑣；通常是為了繫放，才會使用霧網捕捉鳥類。時間種類計數法得到的，是鳥類鳴聲出現順序，難以定量分析；雖然可用以建立樣區的鳥類名錄，但就此目的，距離取樣法或地區搜尋法都更適合。領域描圖法只適用在具領域性之鳥種，且樣區須有綿密的步道系統；臺灣的野外環境很難應用此法調查鳥類。

選擇何種調查方法，須考慮想獲得的資料品質、棲地類型以及地形等外在條件；方法選擇的考量，可以參考圖 1-1。

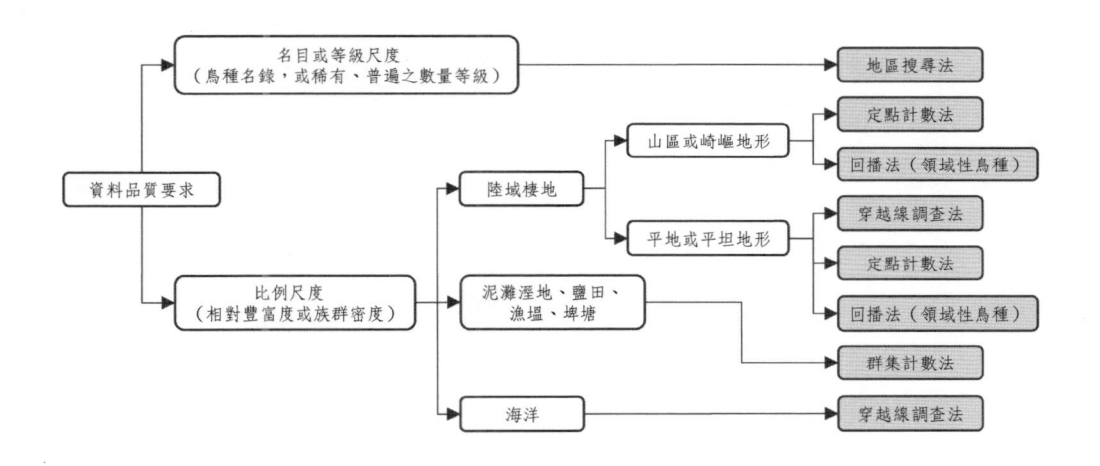

```
                                                          ┌─ 地區搜尋法
                              ┌─ 名目或等級尺度 ─────────┤
                              │  (鳥種名錄，或稀有、      
                              │   普遍之數量等級)         
                              │                           ┌─ 定點計數法
                              │              ┌─ 山區或崎嶇地形 ─┤
                              │              │            └─ 回播法（領域性鳥種）
                              │     ┌─ 陸域棲地 ─┤
  資料品質要求 ─┤              │            │            ┌─ 穿越線調查法
                              │              └─ 平地或平坦地形 ─┤ 定點計數法
                              │                           └─ 回播法（領域性鳥種）
                              └─ 比例尺度 ─┤ 泥灘溼地、鹽田、
                                 (相對豐富度    漁塭、埤塘 ────── 群集計數法
                                  或族群密度)
                                            └─ 海洋 ─────────── 穿越線調查法
```

圖 1-1 鳥類調查方法選擇的決策流程

如果只想要知道一個地區的鳥類名錄，至多，數量稀有或普遍的等級測量尺度時，地區搜尋法是最適合的方法。因為此法徹底搜尋樣區，比較有機會發現稀有種類。

如果目的在獲得群聚結構資料，包括鳥種及相對數量或族群密度，則調查方法的選擇應該先考慮該方法適用的棲地類型。因為棲地會影響鳥類察覺線索的類型及頻率。陸域棲地，包括樹林、灌叢、高草地環境，主要察覺線索來自聲音，距離取樣法是主要的調查方法。而視野開闊環境，例如泥灘溼地、廢棄鹽田、魚塭及埤塘，其察覺線索主要來自於視覺；這類環境出現的鳥類通常是在聚集覓食或休息，而可以從遠處觀察。這類棲地，群集計數法是較為適當的方法。海上調查鳥類時，雖也是開闊環境，但鳥類很少聚集。

7

海上調查需要動用船隻，成本較高，因此能調查的面積愈大，愈能降低單位成本。穿越線調查法是較佳方法。

　　在陸域棲地要獲得比例尺度資料（ratio scale；即隻數或單位面積的個體數），主要調查方法是距離取樣法。但是要採用距離取樣法當中的穿越線調查法或是定點計數法，則視地形而定。山區地形崎嶇，不太適合一邊前進一邊觀察記錄；定點計數法是比較適合在山區調查鳥類的方法。但若調查目的是具有領域性鳥類的數量估計，且適逢領域行為強烈的鳥類繁殖季，則在定點採用回播調查法，將是更有效率的方法。至於平地，不論都市、郊區、農地或森林，穿越線調查法與定點計數法都是適當的方法；同樣地，具領域性鳥類的族群調查，不論在定點或沿穿越線的鳥音回播調查，都可以提高調查效率。

第二章 距離取樣法

2.1 距離的影響

觀察者藉由聽覺及視覺線索察覺鳥類。聽覺線索大多來自於鳥類鳴聲，或鳥類個體刻意敲擊物體發出的聲音；例如大赤啄木在繁殖季會以嘴喙連續快擊樹幹發出聲響。偶爾，觀察者也可藉由鳥在地面走動踩踏或驚飛拍翅所發出的聲響，而察覺個體，再目視確認鳥種。至於視覺線索，則以直接目擊為主；或察覺枝葉晃動而發現個體，再搜尋以確認種類。

在陸域棲地調查鳥類時，不論繁殖季或非繁殖季，察覺線索大部分來自聲音。差別只在於繁殖季期間，藉由聲音察覺鳥類的比例，較非繁殖季來得高。但以筆者經驗，縱使在鳥音較少的非繁殖季，於森林調查鳥類時，藉由聽覺線索察覺鳥類的比例，也可以達到九成以上。

無論藉由聽覺或視覺線索察覺鳥類，察覺機率 (detection probability) 均隨觀察者與鳥類的距離增加而遞減。鳥類鳴聲為點音源，以圓球狀向四周擴散傳遞。因此在三維幾何空間上，隨距離拉長，音量本就會呈非線性衰減。加上空氣中的氣體分子、懸浮微粒、植物枝葉、地表土石等物質還會吸音，更加劇聲壓衰減幅度。這些因素使觀察者與鳥類的距離愈遠，察覺到鳥鳴的機率就愈低。此外，隨距離增加，不同頻率的聲壓之衰減幅度不同；高頻聲音衰減幅度大於低頻聲音。因此，距離愈遠，低音相對就愈為明顯。戶外音樂會，離表演台很遠處，只能聽到沉重的低音；經常做長距離溝通的鳥類，鳴聲主頻率通常較低，以利訊息傳遞（例如美洲麻鷺 American bittern, *Botaurus lentiginosus*），都是這個道理。也因此，遠距離鳥鳴，尤其以泛音 (harmonic songs) 為主的繁殖季鳴唱聲，也可能因其中的高頻音大幅衰減，低頻音相對突出，而影響觀察者的鳥類個體察覺及種類辨識。

至於目視發現鳥類的機率，也隨距離增加而降低。距離愈遠，枝葉遮蔽度就愈高，鳥類愈不容易被發現。而地面或枝葉等背景形成的隱蔽效果，也會隨距離增加而強化；鳥就算未被遮蔽，也不易被察覺。另外，距離愈遠，種類辨識度也愈低；就算發現到個體，也比較不容易辨別種類。

察覺機率隨距離增加而遞減的現象，影響鳥類個體數或族群密度估算。圖 2-1a 模擬察覺機率隨距離增加而遞減之下，1000 個隨機分布個體，被察覺與未被察覺者的空間分布情形。此模擬設定在穿越線上，察覺機率為 1，也就是只要存在，就一定會被發現；距離穿越線最遠端的察覺機率則設定為 0。察覺機率隨距離增加而遞減的樣式，設定為線性。圖中，愈靠近穿越線，個體愈容易被察覺到。將圖 2-1a 被察覺個體的空間分布，依距離帶統計，可以得到每一距離帶的察覺個體數，如圖 2-1b。沿穿越線垂直距離的維度上，察覺個體數分布的直方圖呈現線性遞減樣式。被調查到的個體數，約僅占總個體數的一半。也就是說，調查到的個體數還必須乘以校正係數 2，所得數值才是總個體數的估計值。

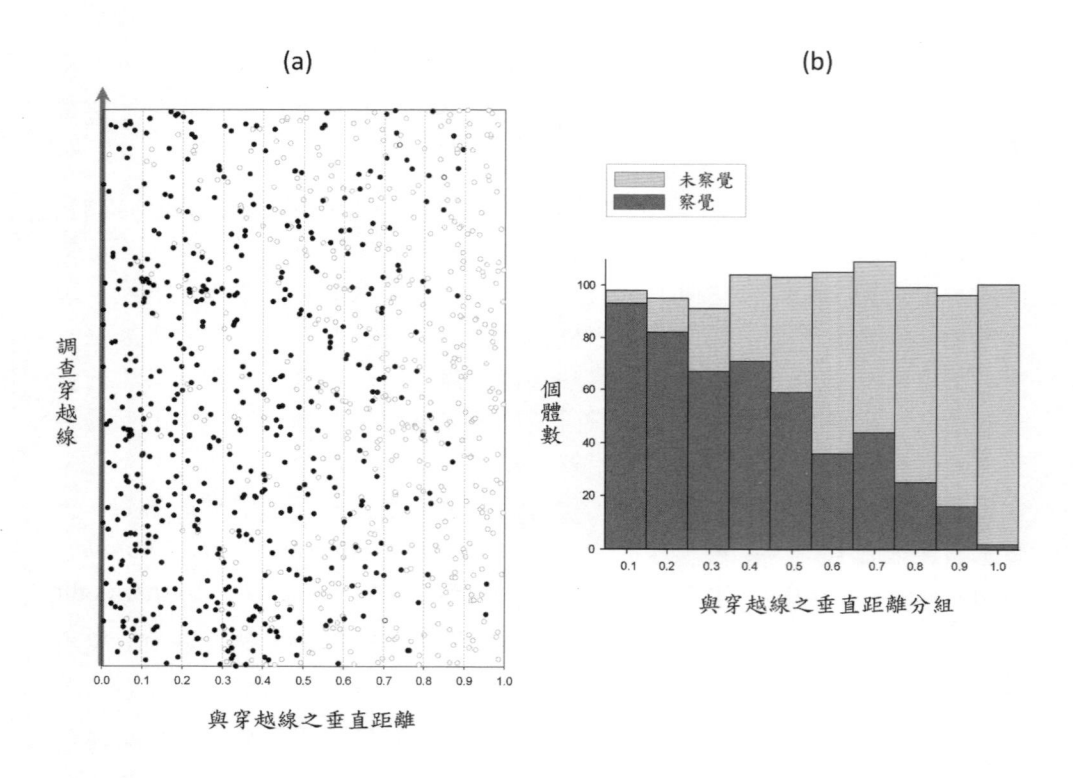

圖 2-1 以線性機率密度函數模擬 1000 個隨機分布個體被察覺情形。穿越線上察覺機率為 1，距離最遠處為 0；察覺機率隨距離增加而線性遞減。(a)被察覺（實心圓）與被遺漏個體（空心圓）的空間分布。(b)每一距離組的個體數直方圖；約僅一半的個體被察覺到。

2.2 個體密度估算

2.2.1 估算原理

　　與穿越線垂直距離維度上的察覺曲線形狀，是估算個體數的重要依據。要得到察覺曲線，必須記錄每一筆發現鳥類的距離；這類**需要估算及記錄察覺距離的調查方法，包括穿越線調查法與定點計數法，被統稱為距離取樣法 (distance sampling)**。

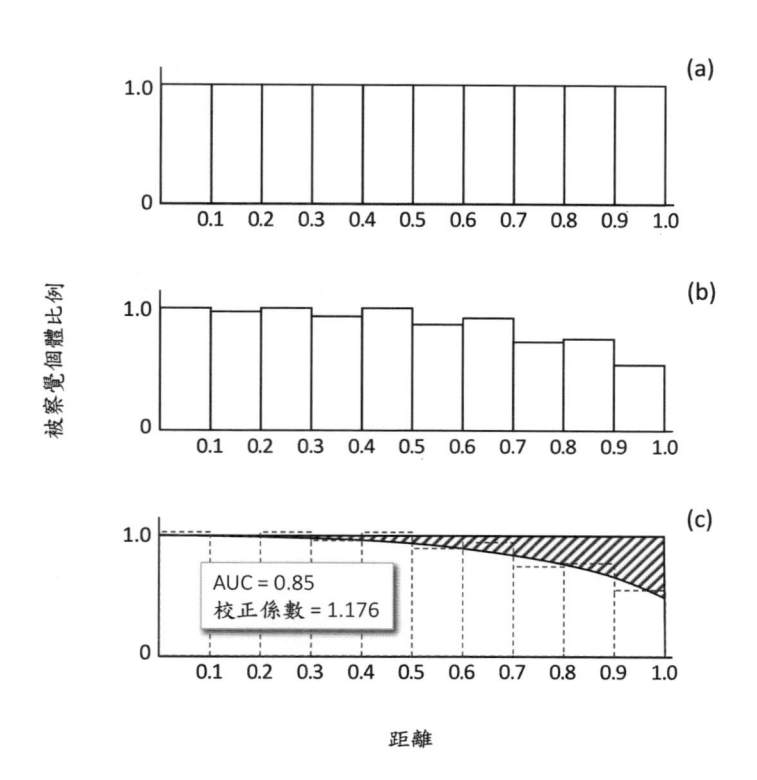

圖 2-2 距離取樣法估算鳥類密度的概念。(a)若鳥類的空間分布隨機，且都可以被察覺到，則只要穿越線夠長，每一距離組被察覺到的個體比例應該一樣；(b)但因為察覺機率隨距離增加而降低，因此觀察到的個體比例之直方圖呈現隨距離增加而遞減之分布；(c)以機率密度函數擬合，斜線區域是未被察覺到的比例；機率密度函數的曲線下面積 AUC 之倒數為校正係數，可用以校正調查結果，得到個體數正確估值。

距離取樣法的分析概念如圖 2-2 所示。假設樣區鳥類在空間上呈現隨機分布，則只要穿越線夠長，且所有個體被察覺到的機率都一樣，則沿穿越線垂直方向劃分的每一個距離帶內，被察覺到的個體比例應該相同，如圖 2-2a。然而實際上，察覺機率會隨距離增加而降低，因此實際被察覺到的個體比例，隨距離遞增而遞減。假設在垂直距離的維度上，被察覺到的個體比例之直方圖呈現如圖 2-2b 的樣式，則將此直方圖以適當之機率密度函數擬合，可以得到圖 2-2c 的察覺曲線。該察覺曲線的曲線下面積 (area under curve, AUC)，即為實際被察覺到的個體。而圖 2-2c 斜線區域則是未被察覺到的個體。因為圖 2-2 橫軸距離的全距為 1，為方便起見，將圖 2-2c 的矩形面積視為均一密度函數的總積分，其面積為 1，代表可能存在的所有個體。設若 AUC 為 0.85，則表示僅能察覺到所有個體當中的 85%，因此須將調查到的個體數乘以校正係數 1/0.85 = 1.176，才是樣區分布的總個體數。

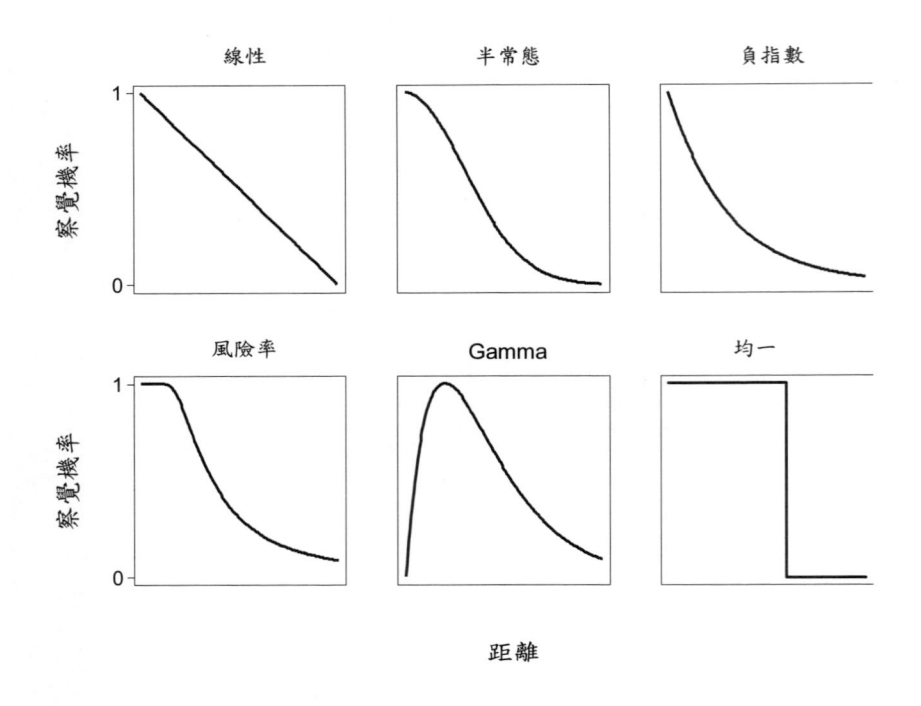

圖 2-3 常見的距離取樣法之察覺曲線類型。

從前述可知，察覺曲線的 AUC 是估計總個體數的關鍵。如何擬合距離資料的直方圖，以得到合理的察覺曲線，將決定總個體數估計的準確性。圖 2-3 顯示幾種常見的察覺曲線類型。線性遞減為最簡單形式，此時校正係數為 2，圖 2-1 的模擬案例即是；但實務中，此形式其實極為罕見。較常見形式包括半常態 (half-normal)、負指數 (negative exponential)、風險率 (hazard rate)、以及 Gamma 分布；而一定距離內能完全偵測，之後即急遽下降，則為均一 (uniform) 分布。線性遞減與均一分布，估算總個體數都相對簡單。但當察覺曲線樣式複雜時，則須另以其它方法計算曲線下面積，以估計個體數。

在穿越線上察覺到鳥類的機率 $g(x)$，是穿越線垂直距離 x 的函數。若穿越線寬度為 w，則由穿越線至距離穿越線 w 之間的機率密度函數之曲線下面積 $\hat{\mu}$，如圖 2-4 斜線區域，可以用積分求得。

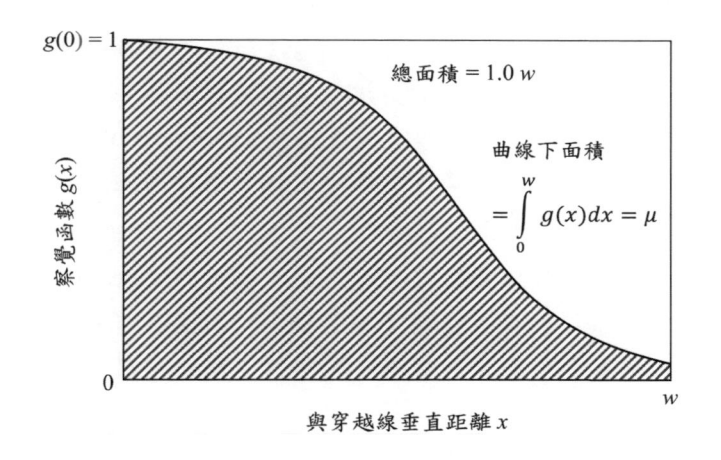

圖 2-4 在距離 w 之內被察覺的鳥類之機率，是機率密度曲線下面積（斜線區域）μ 除以全部面積 w，即 μ/w。

因為機率總和是 $1.0 \times w = w$，因此圖 2-4 的曲線下面積占全部機率的比例等於 $\hat{\mu}/w$。也就是距離 w 之內的鳥類被察覺機率為 $\hat{\mu}/w$。校正係數為其倒數，即 $w/\hat{\mu}$。若穿越線長度為 L，則穿越線兩側合計的樣區面積為 $2wL$。當

調查到的個體數為 n 時，未校正的鳥類個體密度為 $n/2wL$；乘以校正係數之後的鳥類個體密度估值則為：

$$\hat{D}=\frac{n}{2wL}\times\frac{w}{\hat{\mu}}=\frac{n}{2L\hat{\mu}}$$

式中，n 是調查到的個體數，L 則是穿越線的長度，均為已知數值。因此，能否正確估算鳥類個體密度，取決於曲線下面積 $\hat{\mu}$ 之估計。此有賴於以適當機率密度函數擬合距離資料，以得到察覺曲線之後估計之。

2.2.2 距離的記錄

察覺曲線可透過參數 (parametric approach) 或非參數方法 (nonparametric approach)，擬合距離資料而得。參數方法假設察覺機率隨距離增加而遞減的樣式，符合特定的機率分布模型；例如圖 2-3 的幾種常見之機率分布模型。而非參數方法則不假設特定機率分布模型。無論參數或非參數方法，若資料量足夠，則距離帶劃分得愈細，模型的配適度 (goodness of fit) 通常就愈好，愈能貼近數據分布樣貌。而配適度愈高，以機率密度曲線（即察覺曲線）推估個體密度的結果就愈準確。

各距離帶調查數據的獲得有兩方式，一是調查時，盡可能精細地測量每一筆發現個體與穿越線的垂直距離（圖 2-5a），再於分析時，依據距離分組統計；另一是事先規劃好數個距離帶，再於調查時，估計及記錄發現個體座落之距離級距（圖 2-5b）。其中，每一筆紀錄都盡可能仔細測量距離的做法，在分析上比較具有彈性。資料量愈多，分析時的距離帶級距就可以劃分得愈細。而若一開始即以規劃好的固定級距記錄，就無法劃分得更細；當資料量不足時，需要合併成更寬的距離帶時，組合方式也有限。

陸域鳥類調查，一般以事先規劃好的距離帶級距記錄。因為察覺線索頻繁的陸域鳥類調查，尤其繁殖季期間，鳥音常常此起彼落，經驗上，很難逐筆仔細測量距離。事先規劃距離帶級距，再依目視或鳥音遠近的距離感，迅速判斷發現個體座落的級距，是比較務實的做法。而逐筆精細測量，則多應用在動物出現頻度稀少的情況，例如海上鯨豚調查。

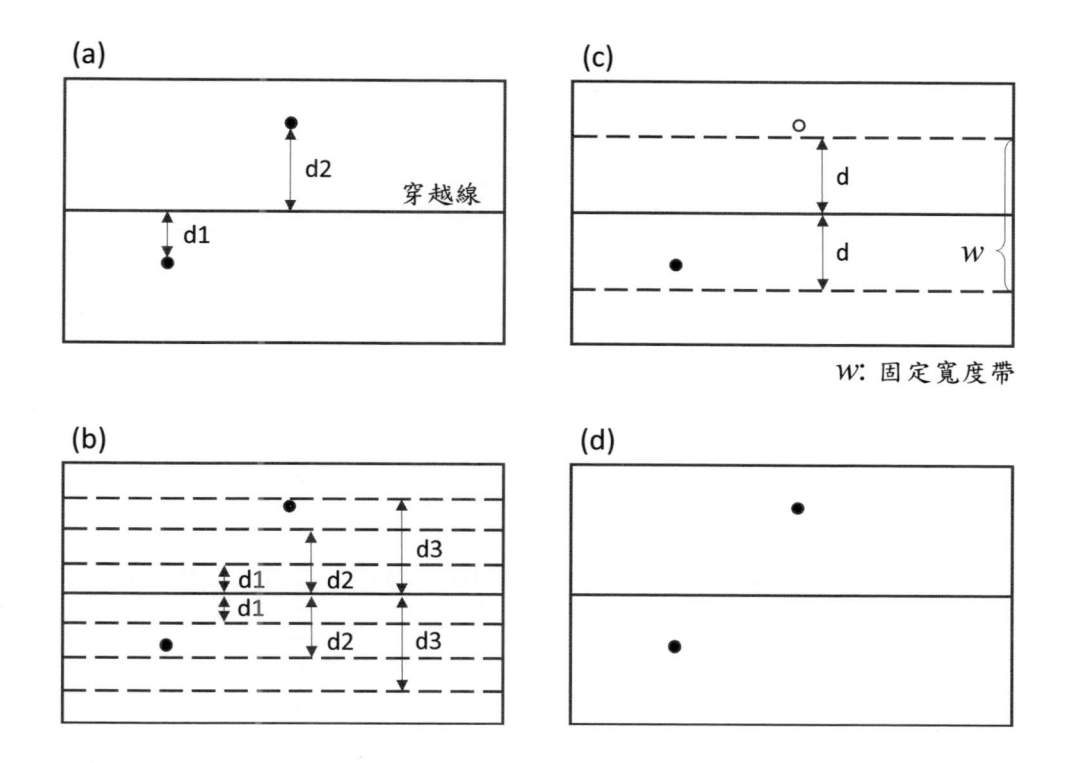

圖 2-5 個體與穿越線垂直距離的記錄方式，包括(a)逐筆測量及記錄個體與穿越線的垂直距離，例如圖中的 d1 及 d2；(b)事先規劃數個距離帶級距，如圖中的 d1, d2, d3，並估計及記錄發現個體位處的級距；(c)設定單邊寬度為 d 的固定寬度帶 w，記錄在此帶內發現到的個體（實心圓），並忽略寬度帶外的個體（空心圓）；或是(d)不管距離，只要發現到，就予以記錄，再依據有效帶寬計算密度。

　　規劃距離級距時，應考慮判斷難易度。距離帶不需等距，通常愈近愈容易正確判斷。因此，離觀察者較近的距離帶可以劃分得窄一些，而愈遠則跨距應該愈大；例如可劃分為 0–5, 10, 15, 20, 30, 50, 70, 100, 150, > 150 公尺的級距。另外，當難以要求調查者準確估算距離時，加大距離帶跨距，可能比任由調查者隨意填寫不正確的距離來得好。尤其公民科學計畫，加大距離帶跨距，可能是比較好的策略。就算只分兩個級距，都比不劃分來得好。BBS Taiwan 即規劃兩個級距，分別是 0–25 及 25–100 公尺（另有規劃 > 100 公尺之距離帶，但此資料通常僅用在建立物種名錄，不納入定量分析）。

穿越線調查的另一做法是以固定寬度，例如 30 公尺，設定調查範圍，並假設在此距離之內，不論鳥種為何，所有鳥類被察覺到的機率約略等於 1；只要存在，就一定會被發現。調查時，只記錄穿越線兩側在此寬度內發現到的個體（圖 2-5c）。也就是調查者只要練習 30 公尺的距離感即可。不過這樣的設計其實違反一般人的賞鳥習慣；明明發現到鳥了，卻不能記錄下來；尤其若是稀有種類，更為掙扎。所以如果採用固定寬度帶記錄，必須反覆提醒調查者，遠於設定距離的鳥類不可以記錄。要注意的是，固定寬度如果訂得太大，則在此範圍之內，所有鳥種被察覺的機率其實很難假設都約略等於 1，尤其是鳴聲較細微的種類；而如果訂得太窄，雖然可以使該距離之內的所有鳥種被察覺到的機率接近 1，但稀有種被發現的隨機性會增加，從而提高被遺漏的機會。當然，增加穿越線數目，以及增加重複調查次數，可以解決稀有種易被遺漏的困境，但如此也增加了調查成本。

距離紀錄應以發現的筆數 (detection events) 為計量單位，而非察覺到的個體數 (number of individuals)。前述的幾種距離估算方式，都應該以筆數為計量單位記錄之。只要是獨立線索，不論來自單隻、成對或鳥群所發出，都應該登錄為 1 筆紀錄。同樣地，調查過程中，應該就不同來源的線索，予以逐筆記錄，不可將之累加為察覺個體數。例如在定點停留 6 分鐘期間，若從不同方向陸續聽到 3 筆相同距離帶的山紅頭聲音時，仍應分別登錄為 3 筆紀錄，而不是登錄為該距離帶發現 3 隻，以免誤認為是單一筆由 3 隻山紅頭構成的鳥群。

記錄筆數而非個體數的理由在於，近距離鳥群，通常有較高機會仔細清點其數量，而遠距離鳥群，尤其僅依賴聲音線索發現者，準確判斷其個體數則極為困難，而很可能被當成單獨個體。若在擬合機率密度函數時直接使用個體數，將使近距離的紀錄在無形中被賦予較高權重，而使察覺曲線呈現不自然陡峭。因此，合理做法是先根據紀錄筆數擬合機率密度函數，再於密度估計階段乘以每筆發現的平均個體數。

實際上，目前常用的分析工具，如 Windows 環境下的 Distance 軟體，以及 R 語言中的 Distance 與 Rdistance 套件，皆依賴逐筆紀錄資料 (record-level data) 擬合機率密度函數，而非使用含個體數欄位的彙整表 (aggregated data)。個體數僅在估算密度階段才會用到。因此，不管鳥類調查當下，或在擬合機率密度函數的分析階段，都應避免將同一鳥種的多筆紀錄合併。

　　為獲得每一鳥種的平均出現隻數之資訊，調查者應該在完成一天正式的穿越線調查或定點計數工作之後（通常在日出後 3 小時左右），在樣區隨機走動尋找鳥隻；記錄遇到的鳥種是單獨、成對或結群，並仔細計數結群的個體數；於累積足夠樣本數之後，再統計每筆發現的平均隻數。又，平均出現隻數，應該依季節與海拔段分別統計之。

2.2.3 有效帶寬

　　距離取樣法估算個體密度的另一方式，是以**有效帶寬 (effective strip width, ESW)** 估計之。此法事先估算每一鳥種的有效帶寬。而在調查時，只要發現鳥類，即予以記錄，但不估算也不理會其與穿越線的垂直距離（圖 2-5d）。之後，再將調查得到的數據，依據有效帶寬計算個體密度。

　　有效帶寬的概念是，若在穿越線垂直距離 x 軸上一特定距離 μ，剛好讓 0–μ 之間被遺漏的個體數，等於 μ 之外被記錄到的個體數，如圖 2-6 所示，則穿越線與距離 μ 之間所形成的條帶之寬度，稱之為有效帶寬 ESW。穿越線的長度，與穿越線左右兩側的 ESW 所構成的矩形，則是有效面積。將不限距離所調查到的鳥類個體之總數，除以該矩形面積，即可得到鳥類個體密度。若穿越線長 L，ESW 估計值為 $\hat{\mu}$，則樣區有效面積為 $2L\hat{\mu}$。當調查到的鳥類個體數為 n 時，鳥類個體密度估值即為 $\hat{D}=\dfrac{n}{2L\hat{\mu}}$。

　　若 ESW 已知，則穿越線調查將變得非常有效率。如前所述，機率密度曲線是估計鳥類密度的關鍵；但調查時，除了辨識種類之外，還必須快速估算距離及測量方位角，實務上，並不容易。若能事先建立每一鳥種的 ESW，則調查者只要專心尋找、辨識及記錄所有發現的鳥種及數量即可，不用理會個體與穿越線的距離。這將使調查變得容易且有效率，也使公民科學計畫更容易推廣。

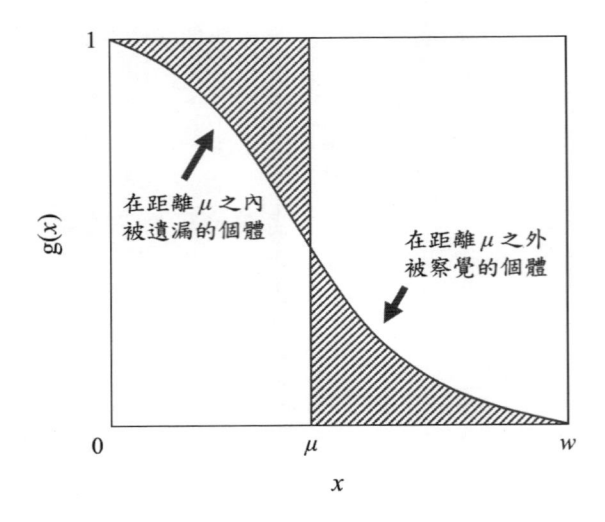

圖 2-6 在穿越線垂直距離 μ 之內被遺漏的個體數，等於 μ 之外被記錄到的個體數時，距離 μ 即為有效帶寬 (effective strip width, ESW)。

定點計數法也可採類似概念；**有效察覺半徑 (Effective Detection Radius, EDR)** 之內被遺漏的個體數，等於 EDR 之外被發現的個體數。調查得到的總個體數除以 EDR 所形成的圓之面積，即為鳥類個體密度。也就是若 EDR 的估計值為 $\hat{\mu}$，則樣區有效面積為 $\pi\hat{\mu}^2$。當調查到的個體數為 n 時，則該定點的個體密度估值即為 $\hat{D} = \dfrac{n}{\pi\hat{\mu}^2}$。要注意的是，ESW 不可以直接套用到定點計數法。因為隨距離增加，圓面積以 2 次方比例擴增。

ESW/EDR 受到棲地類型及季節的影響。棲地的物理結構影響鳥音傳遞及調查者視覺；季節則影響鳥類聲音線索的多寡。假設在相同季節與類似棲地之下，同一鳥種有相同的 ESW/EDR，則建立鳥類在主要棲地與特定季節的 ESW/EDR，調查將變得很有效率。

不同鳥種，或同一鳥種在不同季節或棲地的 ESW/EDR 都可能不同。包括棲地類型（例如密林或開闊草地）、森林垂直活動層次（樹冠或地面）、外形、行為及鳴聲特性等等，都會影響 ESW/EDR。例如在 200 公尺遠的樹冠上鳴叫的五色鳥，與相同距離灌叢中鳴叫的山紅頭，被調查者察覺到的機率一定不同；兩者的 ESW/EDR 預期有很大差距。而同一鳥種在不同季節的鳴叫行為，也可能使其 ESW/EDR 不一樣。例如深山鶯在繁殖季常發出典型一聲比一聲高的鳴唱聲，但在冬季則僅發出細碎且微小聲音；其 ESW/EDR 顯然會有明顯季節差異。

建立每一鳥種於繁殖季與非繁殖季期間，在其典型棲地之 ESW/EDR，將可以高效率地以距離取樣法調查鳥類，且容易以公民科學方式推廣，是未來值得努力的方向。但在有可靠的 ESW/EDR 數據可供參考之前，以距離取樣法調查鳥類，還是必須估算每一筆發現到的鳥類之距離。

估計 ESW/EDR 時，應以發現筆數 (detection events) 為計量單位，理由如 2.2.2 節說明。若以察覺個體數為記錄及分析計量單位，將導致 ESW/EDR 被低估，從而高估鳥類密度。而**即使某鳥種的 ESW/EDR 已被建立，調查時仍應以筆數為計量單位，再於計算密度時，乘以每筆紀錄的平均隻數**。

另外，若使用 BBS Taiwan 資料分析 EDR，須特別謹慎。BBS Taiwan 規範以 0–25 及 25–100 公尺兩個距離帶，以及 0–3 與 3–6 分鐘兩個時段，記錄出現的鳥種及數量。參與 BBS Taiwan 的公民科學家很可能依時段及距離，將每一鳥種的原始逐筆紀錄整併成 4 個類別之後提交。儘管在前文（2.2.2 節）指出，即使僅分為兩個距離帶，也比未分距離來得好，但因為 BBS Taiwan 的規範並未明確指出要逐筆記錄，因此所取得的資料很可能已被調查者整併。使用此類整併後的資料分析 EDR，可能導致結果的偏誤，須特別謹慎。

最後，**請勿使用特定基礎半徑 (specific basal radius, SBR) 估算鳥類密度**。此法假設定點調查鳥類時，在一定半徑範圍內，各距離環帶調查到的個體密度大致類似。而超過此半徑的環帶，察覺到的鳥類密度會急遽減少；該半徑即是此鳥種的 SBR。在 SBR 內，大部分鳥類都能被察覺到，察覺機率為 1；因此個體密度 $\hat{D} = n/(\pi r^2)$，其中 r 是 SBR，n 是 SBR 內記錄到的個體數。

SBR 的決定方法，是先計算每一距離帶的個體密度；當某一距離帶密度不到前一距離帶的一半，且之後的距離帶之密度再也沒有超過前一距離帶的一半時，則以前一個距離帶的距離為該鳥種的 SBR。但這其實不太精確，因為不見得可以找到個體密度急遽減少的距離帶。當下一距離帶的密度都只稍微比當前距離帶少一些時，就難以決定臨界半徑，且此時 SBR 會過於擴張；而此半徑內的察覺機率事實上也很難假設為 1。

　　過去臺灣鳥類群聚研究曾廣泛以 SBR 計算密度。雖然臺灣陸域鳥類大部分已有 SBR 估值（主要來自於碩士論文），但 SBR 概念不同於 EDR；雖已有 SBR 數據，調查時，仍須估算每一筆距離，以判斷其是否位於 SBR 內。但既然調查時已估算每一筆距離，即可用以計算 EDR，並以之估算密度。以 SBR 估算鳥類個體密度，是在 1970–80 年代尚未有便利分析軟體時的作法。現今既然距離取樣法的數學理論完整，且有相應的開放軟體及程式套件支援計算 EDR（請見附錄 A2），就沒有理由繼續以 SBR 估算鳥類族群密度了。

2.3 穿越線調查法

2.3.1 穿越線的空間設置

　　穿越線調查法是在樣區內設置一條以上的穿越線；每條穿越線的位置及方向不同，但長度相同，如圖 2-7a。理想的穿越線配置方式，是隨機決定每一條穿越線的位置及方向。如此，可以涵蓋大部分棲地類型，避免未知變因造成的偏差。穿越線橫跨的棲地類型及長度，也能反映棲地面積比例。

　　隨機設置穿越線雖然最符合統計抽樣要求，然而卻窒礙難行。臺灣山區地形崎嶇，隨機設置穿越線之後，卻很可能發現不容易抵達、倒木橫亙以至於穿越困難、或甚至橫跨斷崖峭壁。實務上，陸域鳥類調查的穿越線多只能沿既有步道配置。在這樣的限制之下，只能退而求其次地在細節上調整，以盡量符合統計抽樣要求。

　　規劃穿越線時，最容易發生的錯誤，是在樣區內直接將蜿蜒曲折、前進方向不斷改變的路徑視為穿越線，從頭走到尾，如圖 2-7b。在蜿蜒曲折的既有步道上，應該每隔一段距離設置一段穿越線；前一條穿越線終點與下一條穿越線起點之間，必須有足夠的距離，以維持樣本之間在統計分析上的獨立性。類似地，在之字形山路上設置穿越線時，應該在紙本地圖或 GIS 上檢視穿越線之間是否保持足夠的水平距離。當然，同一段穿越線應該盡量維持相同方向,避免含括山路的之字形轉彎;如此,除了可確保不同穿越線之間的取樣面積或努力量均等之外,也能減少同一個體在道路轉折前後被重複計數的可能。

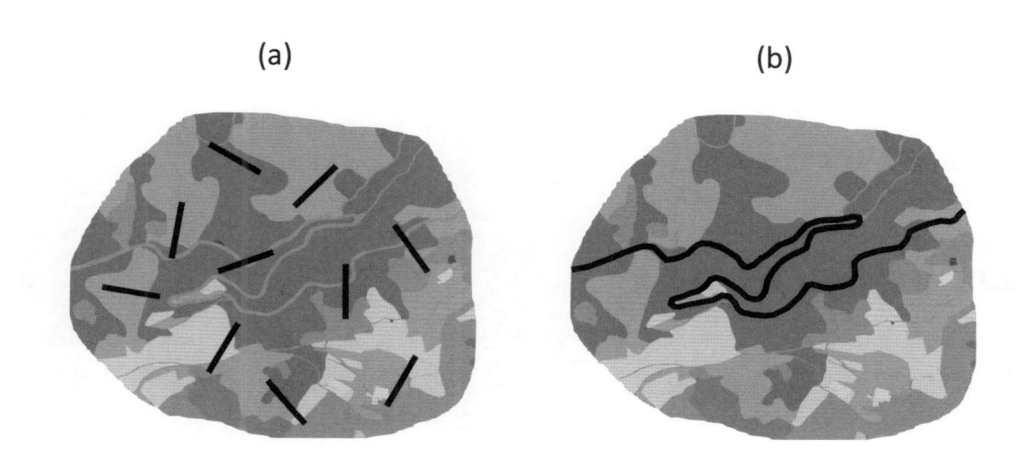

圖 2-7 穿越線的空間配置方式;圖中深黑色實線為穿越線。(a) 理想的空間配置,穿越線長度固定,但位置及方向隨機,可以涵蓋所有棲地類型,且比例能適當反映棲地面積;(b) 直接將蜿蜒的山徑作為穿越線,是一般常見的做法,但容易產生取樣偏差。

　　陸域鳥類調查的主要察覺線索是聲音,穿越線設置必須考慮噪音干擾。穿越線應該避免設置在沿河步道,以免水流聲音影響鳥音線索的察覺。類似地,在平地或低海拔地區,不要在交通流量很大的道路旁設置穿越線;一方面交通噪音影響鳥音察覺,另一方面,調查員在調查時也有較多安全顧慮。

　　穿越線長度的決定,主要考慮因素在於棲地均質性。穿越線長度愈長,愈可能通過不同類型棲地。這將導致同一穿越線有不同的棲地類型,造成後續分析的困擾,尤其難以釐清鳥類與棲地之間的關係。相對地,穿越線愈短時,跨越的棲地就愈容易維持均質。另外,沿既有步道的穿越線如果太長,也很難有固定的方向。在山區,過長的穿越線也可能導致較大的海拔跨幅。海拔是影響鳥類分布的重要因素之一[5];一條穿越線的海拔跨幅最好控制在 50

---

[5] 請見:許皓捷. 2003. 台灣山區鳥類群聚的空間及季節變異. 國立臺灣大學博士論文.

公尺之內。另外,穿越線長度也與樣本數有關。穿越線愈短,同一條山徑可以設置穿越線的數目也愈多。而且穿越線愈短,每條穿越線調查所需的時間就愈少;一個上午允許調查的時段,可以造訪的穿越線數目就愈多,從而增加樣本數。而樣本數愈多,其標準誤也就愈小,推論統計的結果也能更加明確。但穿越線也不是愈短愈好;穿越線過短,使調查時間有限,則稀有物種出現與否的隨機性就會增加。一般而言,穿越線長度200公尺即已足夠。前一條穿越線的終點與下一條穿越線起點之間則至少間隔100公尺,以確保相鄰穿越線之間資料的獨立性。

2.3.2 在穿越線上的前進速度

調查花費的時間,是努力量的指標之一。穩定的前進速度,目的在調控努力量,使同一穿越線的各旅次之間,或不同穿越線之間的調查結果具有相同比較基礎。一般成年人正常步行速度約每小時4–5公里;在穿越線上,則大略以散步速度前行,約略每小時1–2公里即可。如果速度太快,有些種類及個體可能還來不及被察覺,調查者就已離開可察覺範圍。不過這樣可以調查的穿越線距離或線段會比較多,可以增加樣本數。相反地,如果行進速度太慢,則雖然可以察覺大部分存在的鳥種及個體,但同一個體被重複記錄的可能性也會增加,而且能夠調查的穿越線總距離也會縮短,從而減少樣本數。

新手容易犯的錯誤是行進速度不定。遇到珍稀鳥種或鳥況好的時候,停下來花許多時間觀察;而當鳥類察覺線索貧乏時,則快步通過。**調查員必須時時提醒自己正在調查鳥類,而非賞鳥**。行進速度不定,會使努力量不一,從而影響調查結果的定量,以及後續的統計分析。行進速度可以藉由沿途標記及碼表計時來掌控。例如先以雷射測距儀或捲尺測量距離,每50公尺做一標記;若設定行進速度每小時1.5公里,則從一個標記到下一個標記的移動時間是2分鐘。開始正式調查之前先多次練習,以習慣該行進速度。

2.3.3 如何在穿越線上估算鳥類距離

穿越線調查需估算鳥類個體與穿越線之間的垂直距離。我們藉由雙眼視覺的距離感或雷射測距儀,估計與鳥類個體或聲源樹叢之間的距離;或在視線阻隔時，以聲音大小判斷發聲來源的遠近。不論藉由視覺或聽覺估測我們與鳥的直線距離，都比估算遠方個體或聲源樹叢，與前方穿越線的垂直距離來得容易且準確許多。因此實務上，調查時都是估算我們與鳥類個體的直線距離，並且測量鳥類所在方位與穿越線的夾角；之後再由三角函數式，換算得到鳥類與穿越線的垂直距離。如圖 2-8，若觀察者與鳥在第一時間被發現的位置之直線，與穿越線方向所形成的夾角為 θ，觀察者與鳥的直線距離為 r，則鳥與穿越線的垂直距離 $x = r \times \sin\theta$。

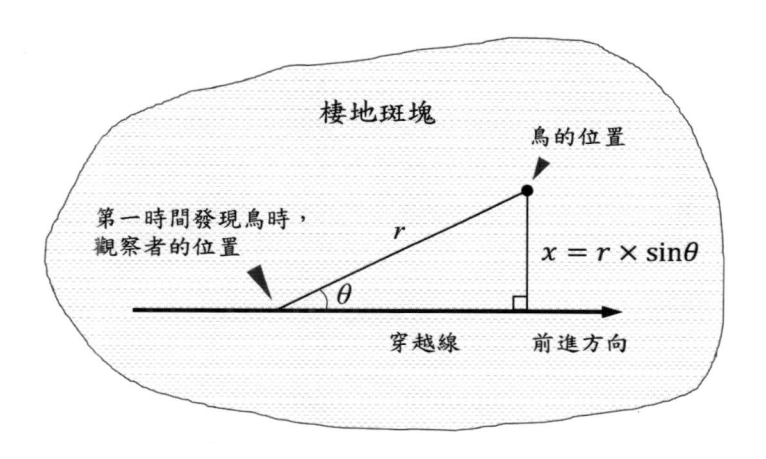

圖 2-8 在穿越線樣區，觀察者與鳥的相對位置之俯視圖。穿越線調查法必須測量每一隻發現到的個體之方位與穿越線之間的夾角 θ，以及觀察者與鳥的直線距離 r。再依據 $x = r \times \sin\theta$ 計算鳥與穿越線的垂直距離 x。

穿越線方向須固定。過於彎曲或轉折，都會對垂直距離的估算造成困擾。或若遇轉折，也應該以當下前進方向的延伸線估算鳥類與穿越線的垂直距離。

執行正式野外調查之前，必須先練習距離判斷。雖然觀察者與鳥類個體之間的直線距離，可以用雷射測距儀測量，但繁殖季清晨鳥音頻繁時，通常沒有足夠時間逐一測量每筆發現。另外，因為枝葉阻擋雷射光束，濃密灌叢後方深遠處的音源之距離也不易以儀器測量。因此必須事先練習距離判斷，讓調查變得有效率。

距離判斷的訓練可以分為兩階段；第一階段先練習目視距離估算，熟練之後，第二階段再練習聲音的距離判斷。第一階段的練習，選擇遠處一叢枝葉，先估算距離，再以雷射測距儀修正目視的距離感。若沒有雷射測距儀，則可以選擇一個觀察定點，以捲尺往外量取特定距離段，例如 20, 30, 50, 70, 100 公尺，綁上特定顏色的登山布條作為標記；若無捲尺，也可以先估算步伐的跨距，並量測步數代替之，但要注意在非平坦硬路面的跨距要盡量保持一致。練習時，以登山布條協助修正距離的判斷。距離估算精度不需要到公尺，劃分為距離帶更為實際；例如 0–5, 10, 15, 20, 30, 50, 70, 100, 150, > 150 公尺。等到熟練之後，即可進入第二階段。

　　第二階段訓練是在聽到鳥音時，先依據聲音大小及遠近的距離感，估算其距離；隨後盡量找到音源位置的樹冠或灌叢，目視估計距離並修正聲音大小的距離感。另外，**不同環境的距離感不同，在開闊環境與濃密森林，要分別練習距離判斷**。多練習幾次，可以提升判斷的準確度。實際調查鳥類時，如果可以找到傳出音源的灌叢或樹冠，仍然依賴目視判斷距離，不然則依賴聽覺判斷之。

　　夾角的測量可以使用有定向線的登山用指北針。「臺灣大地羅盤」手機 app 也具有指北針功能。調查開始前，先測量穿越線方位；注意，若該段穿越線中途有轉折，穿越線的方位角應分別測量及註記。調查時，逐一測量並記錄每一筆鳥類的方位角；若穿越線有轉折，也要註記發現鳥類時的穿越線段落。調查結束之後，再計算每一筆鳥類方位與穿越線方位所形成的夾角。另外，一般使用指北針測量方位時，必須考慮磁差；但因為穿越線方位與鳥類的方位有相同的磁差，所以無需校正磁差。

　　當接近穿越線盡頭時，須特別留意鳥類是否出現在穿越線端點的垂直線之外。事先站在穿越線端點，觀察穿越線兩側垂直線上是否有明顯地標，例如孤立突出的喬木、電線桿、房舍等。調查鳥類時，如果鳥出現在這些地標之外，則應予以忽略。若穿越線端點垂直線上沒有明顯地標，則當接近穿越線端點時，除估算鳥類的直線距離與方位之外，還要估算調查者與穿越線端點的距離 z。調查結束，整理資料時，若 $z < \cos\theta \times r$，則該筆紀錄即位於穿越線端點之外，應予以刪除。

2.4 定點計數法

2.4.1 樣點的空間配置

定點計數法的調查樣點一樣應遵循隨機設置原則。但就臺灣山區地形而言，實務上，也僅能沿山徑配置。樣點空間配置方式視樣區大小而定。比較小的樣區，當調查努力量足以負荷時，可以沿既有步道盡量設置調查樣點。樣點之間的距離必須 200 公尺以上；因為察覺鳥類的距離通常在 100 公尺以內，如此，可以避免同一個體被相鄰的兩個樣點重複記錄。而在比較大的樣區，則應以樣站 (sampling sites) 與樣點 (sampling points) 的概念規畫調查方法。以隨機方式設置樣站；樣站之間要有足夠距離，例如 3 公里以上的間隔。每一樣站則設置若干樣點；樣點數最好控制在 3–4 小時內可以全部調查完畢的量。BBS Taiwan 的調查點規劃，基本上就是以 1 × 1 公里網格系統隨機選取樣站，再於其中設置 6–10 個樣點。

設置樣點時，應注意周圍棲地是否均質。盡量避免在邊緣地帶（例如森林與草原的交界處）設置樣點。如果先設置樣站，再於樣站內設置若干樣點時，同一樣站的樣點，其棲地類型也必須相同；因為這時，資料的分析單元（也就是一份樣本）是樣站而不是樣點。樣點的棲地類型相同，才能保持樣站的棲地均質。當然，如果研究目的是單純地資源調查，或在探討邊緣效應或棲地異質性與鳥類的關係，則樣點的棲地是否需要均質，就會是不一樣的考量。另外，與穿越線設置的考慮原則一樣，樣點位置應該留意環境噪音的干擾，避免設置在溪流附近或交通流量大的地方。

2.4.2 在樣點的停留時間

定點計數法是在樣點停留一段時間，記錄出現的鳥種及數量。停留時間愈久，愈能調查到所有鳥類。但停留時間過久，已被記錄過的個體可能移動位置而被誤為新個體，或雖未移動，但觀察者忘記已記錄過，而重覆記錄同一個體，甚或有新個體從有效察覺距離之外飛入而被記錄。這些情形都會高估鳥類數量。此外，清晨適合調查的時間有限，停留太久，能造訪的樣點數也較少。相對而言，停留時間短，能調查的樣點數就多；在同樣努力量下，可增加樣本數而有助於統計分析。但停留時間過短，卻可能遺漏許多個體。

一般定點停留時間在 2–20 分鐘之間；也有停留 30 分鐘者。BBS Taiwan 則規定停留 6 分鐘，並區分為 0–3 及 3–6 分鐘兩時段。事實上，BBS Taiwan 的紀錄中，大部分種類及個體在 0–3 分鐘即已被調查到；因為是在繁殖季調查，此時鳥音線索相對頻繁。在非繁殖季，因為察覺線索相對少很多，調查時間需要適時延長。經驗上，延長到 10 分鐘也很合理。讀者在規劃自己的鳥類調查方案時，若考慮與 BBS Taiwan 的可比較性，繁殖季可以停留 6 分鐘。若調查樣區較大，考慮空間涵蓋面而有較多樣點時，每一樣點停留 3 分鐘其實也已足夠。而在非繁殖季時，樣點的停留時間則可以延長到 10–15 分鐘。

2.4.3 如何在定點上估算鳥類距離

定點計數法的距離估算無須測量角度，相對單純。與前述穿越線調查法的練習類似，正式調查之前，先以雷射測距儀或登山布條練習距離判斷。一樣分為兩階段練習，細節請參考 2.3.3 節。非繁殖季鳥音線索比較沒有那麼頻繁時，則可以每一筆都使用測距儀測量。

相較於穿越線調查法，定點計數法比較可能重複記錄個體，從而高估樣點的鳥類密度。穿越線調查法的觀察者不斷前進，已被記錄過的個體大部分位於觀察者身後，因此重複記錄的可能性較低。定點計數法則因為觀察者在定點停留一段時間，故容易發生個體被重複記錄的情形。尤其當剛抵達定點即發現的鳥類，有可能在沉寂一段時間之後又發出聲音，而被誤認為另一個體。如果在紀錄紙畫上距離環帶（圖 2-9），並將發現的鳥類記錄在紙上相對應的象限與環帶內，則可以降低重複記錄的可能。紀錄紙畫上兩個環帶即可。如果畫太多環，可能使間距過細，難以在紙上標記；但並非距離估算只有兩個環帶，而是照規劃的環帶估計距離，並在記錄時，於旁額外註記鳥所在環帶。

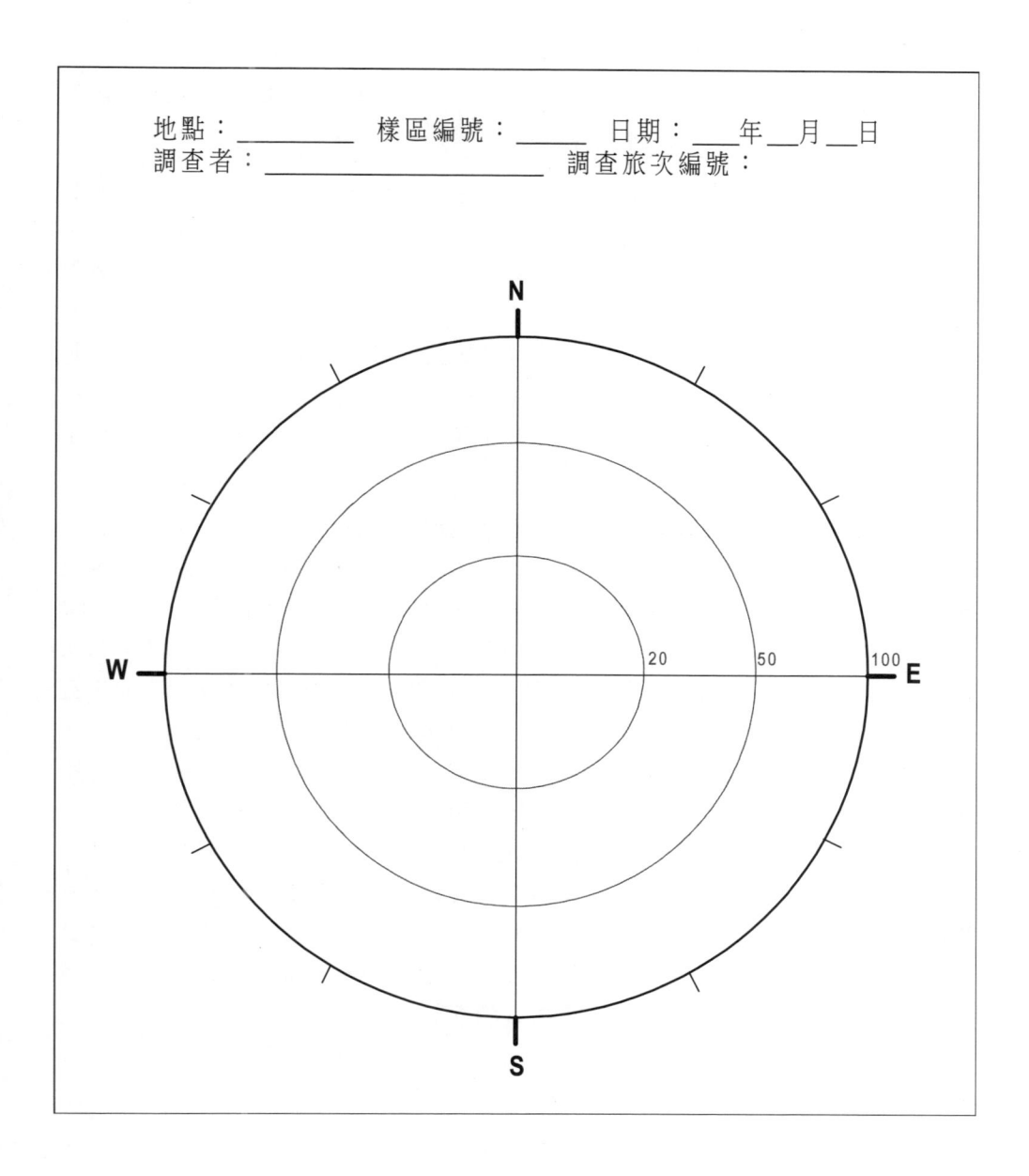

圖 2-9 定點計數法在調查時，可以將發現個體的位置標記在紀錄紙相對應的象限及距離環帶上，以降低重複記錄的可能。

2.5 選擇合適的方法

　　穿越線調查法與定點計數法都可以獲得定量的群聚資料；採用哪一種方法調查鳥類，主要看樣區環境或棲地類型。

　　在山區，建議以定點計數法調查鳥類。在地形陡峭的山地，多只能在既有步道調查，難以隨機設置樣線或樣點。但是穿越線調查法更不適宜使用，因為在地形陡峭且植被茂密的環境邊走邊觀察，還要保持定速前進，有實際操作困難。定點計數法不但在樣點與樣點之間可專心行走，在定點的停留時間也能以計時器控制。另外，山路常在短距離內呈之字形轉折，不符合穿越線固定方向設置之要求；同一個體很容易被重複計數。陡峭地形也常使同一條穿越線的海拔跨幅過大。而定點計數法只要樣點間距夠大，就可以降低重複計數的可能；一個定點的可察覺範圍內，其海拔跨幅也不至於過大。

　　在地形較為平坦的地區，建議採用穿越線調查法。同樣時間，穿越線調查法可調查的樣區面積，通常較定點計數法來得大；也因此較有效率。若依 BBS Taiwan 每一樣點停留 6 分鐘的設計，則在穿越線上行進速度每小時 1.5 公里時，6 分鐘可調查的穿越線長度是 150 公尺。若以有效察覺距離 100 公尺估算，穿越線調查法可察覺面積為 150 m × 100 m × 2 = 30000 m^2 = 3 ha；定點計數法的可察覺面積則是 π × 100 m × 100 m ≈ 3.14 ha。穿越線調查法與定點計數法的可察覺面積差異不大。但實際上，大部分陸棲鳥類的有效察覺距離不到 100 公尺，尤其是鬱閉林地；若以 50 公尺計算，則穿越線調查法的可察覺面積是 1.5 公頃，但定點計數法的面積僅約 0.8 公頃。又，若在平坦地形環境，可以設計較快的穿越線行進速度；若以每小時 2 公里計算，則有效察覺距離 100 公尺時，可察覺的面積為 4 公頃，50 公尺距離時的面積則是 2 公頃，均分別大於定點計數法的可察覺面積 3.14 與 0.8 公頃。因此，採用穿越線調查法調查鳥類，預期將有較充裕的調查努力量，故在規劃階段就可以設計長度較長或數量較多的穿越線。也就是說，相對於定點計數法，在平坦地形調查鳥類，穿越線調查法是比較有效率的方法。

　　棲地斑塊的形狀與大小，是選擇調查方法的另一考量因素。若調查目的在探討鳥類與棲地之間的關係，則個別樣線或樣點的棲地類型必須一致。由於同一條穿越線的方向必須固定，當單一類型棲地的斑塊形狀較不方正，或面積較小時，即難以配置符合要求的穿越線。相對而言，定點計數法的樣點之空間配置,受到棲地斑塊形狀與大小的限制較小。因此,當棲地斑塊面積足夠且外形完整而足以配置穿越線時,則穿越線調查法或定點計數法都可以使用。反之,若**棲地斑塊零碎,或斑塊外形曲折,使穿越線容易跨越不同類型棲地時,應該使用定點計數法**。

第三章 調查的誤差

當我們想知道一個地區有哪些鳥種，數量有多少時，最完整的做法就是用一張超大鳥網把整個區域罩起來，然後把裡面的鳥一隻一隻找出來。實務上，當然不可能架設超大鳥網。我們能做的，是設立樣區調查鳥類，然後根據調查結果，推估這個地區的鳥類種數及個體數。在統計學上，這個地區的所有鳥類個體的集合，稱之為母體 (population)。設立樣區調查鳥類，是對母體的抽樣 (sampling)；調查的結果，則是樣本 (samples)。我們再根據樣本的統計量 (statistics)，推估母體參數 (parameters)。

鳥類調查是統計抽樣行為。抽樣必定有誤差 (bias)。誤差可能來自隨機而難以避免。誤差也可能來自非隨機因素；瞭解誤差來源就有機會降低甚至避免。例如括大風的時候，鳥比較不會鳴叫，強風也會使枝葉發出噪音而干擾調查者聽覺；避免在風大的日子調查鳥類，就可以避免這類誤差。另外，標準化調查方法，例如只在一天中的特定時段調查，或是控制穿越線的行進速度或定點的停留時間等等，使抽樣條件一致，如此，縱使存在系統誤差，仍可以讓不同樣區或不同年份的樣本有相同比較基礎。

鳥類調查與賞鳥的本質不同，調查員必須建立正確觀念。賞鳥者以發現稀有及未見過的種類為樂，鳥類調查員則不能心存獵奇。在形態或聲音辨種遇到疑義時，賞鳥者或許可以猜想最可能的種類，但從事科學研究的鳥類調查者，則寧可忽略該筆紀錄，也不應猜測鳥種。

一位經驗豐富的賞鳥者，不必然能勝任鳥類調查工作，除非具備正確的鳥類調查觀念。本章討論鳥類調查可能的誤差來源及避免方法、如何以標準化調查方法控制系統誤差、以及鳥類調查應該具備的觀念與遵守的原則。

3.1 誤差來源

調查一定會有誤差。一個好的鳥類調查規劃案，應該要評估誤差來源，設計適當的調查方案，以減少或避免誤差。

誤差可分為抽樣誤差與非抽樣誤差。抽樣誤差是指在相同抽樣條件下，由於隨機所產生的誤差。非抽樣誤差，就鳥類調查而言，主要是系統誤差與樣本未涵蓋偏差 (undercoverage bias)。系統誤差是未校準產生的固定偏差，例如以距離取樣法調查鳥類時，習慣將距離估得較近或較遠，就屬於系統誤差。未涵蓋偏差則是指受限於所採用的調查方法、調查時間或季節，導致未能涵蓋到母體中所有個體而產生的偏差。例如霧網捕捉法很難調查到通常在地面步行的雉科鳥類；只在白天做鳥類調查，則夜行性的種類就無法被抽樣到；或是只在夏天調查鳥類，但母體設定是整年鳥類相時，冬候鳥就無法被涵蓋在樣本中。

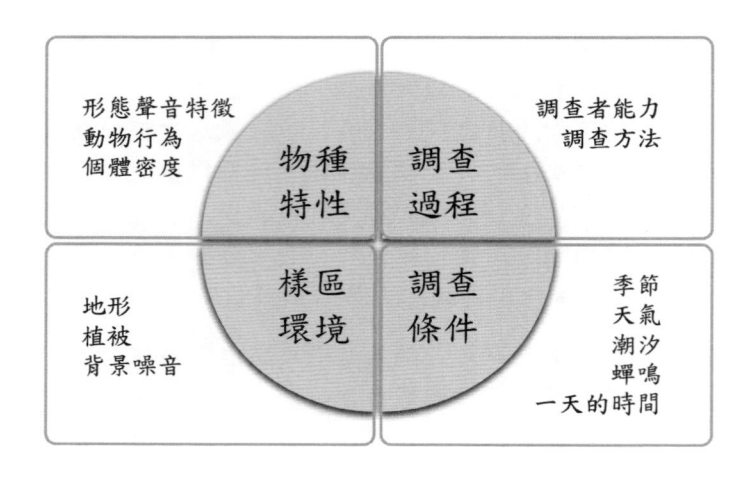

圖 3-1　鳥類調查的誤差來源有四大類，分別是物種特性、調查過程、樣區環境及調查時的條件。這些誤差來源，有些是可控制的，有些則無法控制。

　　一般認為增加樣本數是降低抽樣誤差的唯一方法（詳見本書 7.2 節統計推論概念）。固定抽樣條件下，的確如此；但規劃鳥類調查時，不應僅藉由增加樣本數來減少抽樣誤差，而是要檢視設定的操作細節是否已達到抽樣條件的最佳化。例如一般都在清晨的時候調查陸域鳥類。若未規範一天中的時段，而隨意在白天任何時候調查，就可能導致樣本的變異過大。在這情況下，增加樣本數以降低標準誤，只是事倍功半，徒增調查成本的做法而已。

鳥類調查的誤差來源，可以從物種特性、樣區環境、調查過程、以及調查當下的條件，四個面向檢視，如圖 3-1。控制所有可控制的誤差來源後，餘下的隨機變異，即是抽樣誤差。惟所規劃的調查方法仍可能存在難以察覺的系統誤差；但只要控制在相同條件下調查鳥類，使系統誤差一致，對於鳥類研究或長期監測，並不會有太大影響（請見 3.2 節關於標準化調查方法的討論）。

1. 物種特性

物種的生物及生態特性會影響偵測度，進而造成抽樣誤差。黑面琵鷺外觀顯眼且分布環境開闊；相對而言，栗小鷺具有良好保護色且棲息在視野遮蔽環境。以群集計數法調查溼地鳥類時，這兩種鳥的偵測度差異影響調查得到的相對豐富度。

鳥類行為也會影響偵測度。小卷尾常以單隻或小群出現在樹冠，且鳴聲響亮，調查者很容易計數。而小彎嘴則成群在森林底層濃密灌叢活動，聲音交疊混雜，使調查者難以精確估計個體數。另外，同一種鳥的偵測度常有季節差異。五色鳥在繁殖季聲音響亮；但非繁殖季期間幾乎沒有聲音線索而很難被發現。鳥類行為也可能導致樣本未涵蓋偏差；只在白天調查，很可能遺漏鷗鴉科或夜鷹等主要在夜間活動的鳥類。

鳥類個體密度也會造成誤差。當個體密度高的時候，每一個體的領域範圍侷限，尤其在繁殖季期間；鳥類的空間分布因此相對固定。高密度時，一隻鳥的鳴叫容易觸發其他個體跟著鳴叫，而易於被偵測到；惟在視線受阻的森林，頻繁鳴聲卻也讓調查者不易區別相鄰且接替鳴叫的個體。反之，低密度時，鳥的領域相對較大，因此增加調查者與鳥類個體相遇的隨機性；且鳥也較為安靜，進一步降低偵測度。

2. 樣區環境

樣區環境可能導致誤差。溪畔易受水流聲音干擾。峽谷或陡峭山壁會造成回音，使調查者對鳥音的距離及方位判斷失準。崎嶇地形，讓調查者在穿越線上難以維持穩定行進速度。另外，都市建築牆面會反射聲音；冷氣機與抽水馬達等機器運作，以及交通工具發出的低頻噪音，都影響調查者的鳥類偵測，以及鳥音的方位與距離判斷。

3. 調查過程

調查過程，包括調查方法及執行調查的人，都可能產生誤差。例如霧網捕捉法因為技術限制，難以調查到地面以及樹冠層活動的鳥類。再如穿越線調查法的行進速度、定點計數法的停留時間、距離估算、數量估算、記錄方式，以及調查者的能力或專注度，都可能造成誤差。

4. 調查條件

最後，調查時的條件，也是誤差來源。季節影響鳥類偵測。繁殖季時，鳥的察覺線索頻繁且活動範圍侷限；非繁殖季則不但聲音線索貧乏，而且鳥類常結成大群，在較大的空間範圍游移，使調查者遇到鳥群的隨機性增加。天氣也影響調查結果；例如刮風下雨使鳥類鳴聲減少，風吹樹梢的噪音也會干擾調查者對四周鳥類個體的偵測。另外，一天當中的某些特定時段是鳥類活動與鳴聲高峰；但其它時間則不易偵測到鳥類。特定季節調查時，可能受到蟬鳴或其它生物背景噪音干擾。最後，在鄰近海岸地區，水鳥活動模式可能受潮汐影響；在不適當的潮汐時間調查鳥類，可能造成嚴重誤差。

不管是物種特性、調查過程、樣區環境或調查當下的條件，這些誤差來源，可分為可控制及不可控制。物種特性導致的誤差大多是不可控制的，其它誤差的原因則大部分可以控制；我們要知道不可控制的誤差來源，以便謹慎的分析及詮釋資料。但是，我們更應該瞭解可控制的誤差來源是哪些，以及如何控制，以提升資料品質。

可控制誤差可區分為調查員本身因素與外在因素。調查員本身因素包括察覺鳥類的能力、辨識鳥類的能力、行進速度或停留時間控制、距離判斷、記錄過程的嚴謹度等等。外在因素則包括季節、天氣、一天中的調查時間、潮汐、地形及噪音干擾。藉由標準化調查方法及嚴守調查紀律，可控制誤差大多可以避免或盡量減少，或是使其在不同調查旅次中維持一致，從而降低誤差的影響。

3.1.1 人為因素

1. 察覺鳥類的能力

　　調查者依賴聽覺或視覺線索察覺鳥類。不同調查員對察覺線索的敏感度差異，會影響鳥類調查結果。除了鹽田、魚塭、埤塘等開闊環境外，在大部分棲地類型調查鳥類時，需要對鳥音及鳥類外形或剪影有敏銳的察覺能力。例如聽力好的人，可以察覺到遠處樹叢傳來的細微鳥音；但是對重聽的人來說，可能根本完全沒有察覺到鳥音存在，更遑論辨識種類。聽力或許很難改善，但目視尋找鳥類的能力，例如對於森林鳥類較可能停棲位置之掌握度，或對樹叢中隱藏的鳥隻外形剪影察覺判斷的敏銳度，則可以藉由野外經驗的累積而提升。鳥類察覺能力造成的誤差，可視為系統誤差。在同一個鳥類調查案中，應盡量**固定由相同人員執行調查**；非不得已，不要隨意更換。

2. 辨識鳥類的能力

　　辨識種類的能力，是能否勝任鳥類調查工作的最重要關鍵。調查者藉由外觀或聲音分辨發現到的個體之種類。一般而言，鳥類調查活動的主要執行者，對於以外觀分辨鳥種，應該都不會有太大問題[6]。因為分辨每一鳥種的外觀樣貌，與能否勝任鳥類調查工作之間的連結很直接。大部分對鳥類形態辨識沒有把握的人，不會有勇氣接手調查工作。比較容易被忽略的，是鳥音辨識。陸域環境的鳥類調查工作，主要依賴鳴聲察覺鳥類。但是賞鳥者通常較專注於以視覺尋找鳥類；相對而言，比較容易忽略鳥音，或只注意到自己熟悉的鳥種聲音。因此常發生資深鳥友參與鳥類資源調查，卻不認得普遍分布鳥種的聲音。所幸公民科學 BBS Taiwan 的推動，讓鳥音辨識在鳥類調查過程的重要性漸漸被瞭解與重視[7]。

　　另一個需要注意的是，冬季許多鳥種的聲音很類似，在分辨上可能產生困擾。正確做法，是在沒有十足把握之下，忽略該聲音，而非隨意猜測可能的鳥種。另外，有些調查者對高頻且細微的聲音，例如火冠戴菊鳥鳴聲，察

---

[6] 對鳥類形態辨識有困難的讀者，除了查閱圖鑑外，也可藉助 Merlin app。Merlin 是一款可以在野外現場協助使用者藉由形態及聲音辨識鳥種的免費手機 app。
[7] BBS Taiwan 網站提供鳥類鳴聲資訊，於網際網路搜尋 "鳥音補習班" 即可。

覺能力較弱，而可能錯失記錄這類鳥種。如果調查者已知自身對高頻且細微聲音的感知較不敏銳時，應特別注意樣區是否有類似鳴聲特性的鳥種，並在調查時加強目視搜尋。

3. 行進速度或停留時間

　　穿越線調查法以固定速度前進，定點計數法則在樣點停留一段時間。不論行進速度快慢或停留時間長短，都可能影響鳥類調查結果。因此同一計畫的相同季節與類似棲地之所有穿越線或定點的調查旅次，都應該控制相同的前進速度或停留時間。前進速度的調控比較困難；相對而言，定點的停留時間可以很容易地以計時器精準控制。若擔心因為在穿越線的行進速度不一，而對調查結果造成影響，可以採用定點計數法。

4. 距離判斷

　　穿越線調查法與定點計數法需要估算鳥類距離。正確判斷距離，才能準確估算鳥類密度。但是大部分調查者執行穿越線調查法或定點計數法時，只記錄看到及聽到的鳥類，很少估算距離；或未事先練習距離的判斷，而隨意猜測。或在穿越線調查法中，只粗略估算鳥類與調查者的距離，而忽略了測量方位，導致無法計算鳥類個體與穿越線的垂直距離。

　　BBS Taiwan 以定點計數法調查鳥類，設計了 0–25, 25–100, > 100 公尺三個距離級距；雖然跨距很大，但是調查者如果缺乏事先練習，也很難正確判斷鳥類的所在級距。本書前一章討論如何訓練距離判斷；調查者於正式調查之前，應勤於練習。

　　距離判斷容易產生調查人員的系統性誤差，也就是習慣性地估得較遠或較近。因此，**若採用距離取樣法，而且尚未建立 ESW/EDR 數據庫時，在同一個調查案中，應固定由相同人員執行調查。**

5. 數量估算

鹽田、泥灘溼地或剛曬池魚塭，經常出現大量鳥類聚集。面對大量鳥類的計數，常難以一一清點，而只能大略估算。若條件許可，盡量**使用計數器協助清點**以降低誤差，尤其是以群集計數法調查溼地鳥類時。

結穗稻田及冬季山區灌叢或樹林，常有鳥類結群並快速移動。猛禽遷移的中繼停棲點之落鷹或起鷹，空中不斷來回飛行覓食的燕科或雨燕科鳥類，也可見大量快速移動個體。對於空中大量飛行的鳥類，例如遷移猛禽、覓食的燕科或雨燕科鳥類、冬季結群並在樹冠層之間移動的紅嘴黑鵯、灰林鴿、紅山椒鳥等，如果可以，**拍一張背景透空照片，再慢慢計數**。另外，在可以計數清點的條件下，建議**以4隻一組計數，再將最後數值乘以4，得到總個體數**。不建議以5, 10, 15, 20…的方式直接累計總數；一來比較容易出錯，再者，5隻一組稍嫌多了一些，有時候不易正確清點。

如果樣區高度仰賴目視估計群集鳥類的數量，尤其溼地鳥類調查，則必須注意目視估計可能產生系統性誤差。也就是有些調查員習慣估得較多，有些習慣保守估計。因此同一計畫，每次調查應由相同人員執行。

另外，聲音的數量估算，最好只以聽到的音源計量。有些調查者會將僅由雄鳥發出的聲音，或雌雄輪唱 (duetting) 鳥種的聲音筆數乘以2，以估計總個體數。不建議如此處理。除了對所有鳥音的生物學特性並不是都能夠確實掌握外，性別比例也不見得是一比一；而且調查時，不一定所有雄鳥都會鳴唱。逕自將聲音筆數乘以2，反而可能產生誤差。

6. 記錄方式

將發現到的鳥類記錄下來的過程，也可能產生誤差。一個可能發生在繁殖季清晨森林鳥類調查的典型誤差，是當四面八方同時傳來大量鳥音時，會讓調查者手忙腳亂，來不及登錄或重複登錄。當鳥種繁多而來不及記錄時，可以考慮用代號速記。以筆畫少且不會與樣區其他鳥種混淆的代號為原則，例如以「秀」字代表繡眼畫眉，「冠」代表冠羽畫眉，「火」代表火冠戴菊鳥，「BB」代表紅嘴黑鵯 (Black Bulbul)。這尤其在如圖2-9距離環帶象限圖的狹小空間記錄時，代號非常方便而實用。當然，當天調查完，就應該整理建檔，一方面避免紀錄紙遺失，另一方面，也避免忘記代號意義。

若人力足夠，兩位調查者協同工作，一位觀察，另一位記錄，可以有效提升工作效率並降低錯誤發生率。另外，將發現的鳥類記錄在事先準備好的表格化紀錄紙，也可以改善手忙腳亂的狀況。藉由文獻回顧或 TBN[8]及 eBird[9]開放資料庫，事先瞭解樣區可能出現的常見鳥種，將其編製成勾選式表格；調查時，只要勾選鳥種，再填上數量及距離或方位即能完成工作。針對定點計數法，可以使用已畫好四個象限及環形距離帶的紀錄紙（請參考圖2-9）；將發現的鳥類標記在出現的象限及距離帶上，可以提升效率並有效降低重複記錄的可能。

或許有調查者使用 eBird 記錄調查結果。建議在只記錄種類及數量，且沒有行進速度或停留時間限制的情境下，例如採取地區搜尋法或群集計數法時，才使用 eBird。一方面，距離取樣法，包括穿越線調查法與定點計數法，必須就每一筆紀錄，估算其距離或方位，但 eBird 的操作介面難以滿足。再者，除非很熟悉 eBird 操作介面，並熟悉其使用的鳥類俗名，不然使用 eBird 記錄的速度，會比使用紙本慢。eBird 的中文鳥名必須從首字準確輸入其使用名稱，例如「臺灣竹雞」為 eBird 使用的鳥名，如果輸入「台灣竹雞」或「竹雞」，都會出現「找不到你發現的鳥？」的訊息，而無法順利記錄。另外，紙本紀錄的資料安全性較高；以 eBird 記錄，可能面臨手機沒電或碰撞損壞而無法繼續記錄，或是地點偏遠無網路訊號，導致資料未能即時上傳而遺失。

最後，養成**當次調查結束後，馬上將資料整理建檔，並與先前數據比對**的習慣。一是避免紀錄紙遺失；另一是經過比對或初步分析，才有機會即時發現調查設計或執行過程的缺失，適時修正。絕對不可等到整個季節過去或調查案結束，才檢查及整理紀錄。因為這時候若發現可以在方法中改善的缺失，也為時已晚。另外，每次調查結束，也應書寫調查工作日誌；除了檢討調查過程可以改善的缺失，並留下紀錄之外，也可以提供未來其它鳥類調查規劃案的參考。

---

[8] TBN 是台灣生物多樣性網絡 https://www.tbn.org.tw/ 英文名 Taiwan Biodiversity Network 縮寫。TBN 蒐集及介接生態調查開放資料庫，是提供臺灣野生生物分布查詢的線上服務平台。

[9] eBird https://ebird.org/region/TW 是由美國康乃爾大學鳥類學研究室開發的鳥類觀察紀錄及資訊分享平台；台灣的合作及推廣單位是農業部生物多樣性研究所及中華民國野鳥學會。

7. 同時做調查的人數

　　兩人同時做調查，通常比僅由一個人調查，能發現到更多種類及數量。不論穿越線調查或定點計數，如果一個人負責左側，另一位負責右側，就能各自更專注於小範圍的目視搜尋。而聲音察覺也常常出現互補現象，也就是兩位調查員各自聽到不同鳥種的細微聲音。因此兩人同時調查，可以察覺更多鳥種及數量。一位與兩位調查員產生的差異，可視為系統誤差；因此**同一個調查案，每次調查的人數必須固定。**當然，如果由兩位調查員同時執行調查工作，分工合作的方式必須協調好，尤其要避免常見或優勢鳥種的個體被重複記錄；另外，紀錄表也要清楚載明調查人員人數，以供後續分析之用。

3.1.2 外在因素

1. 一天中的調查時間

　　一般而言，**最適合調查陸棲鳥類的時間是清晨到上午的時段。**並不是任何時間都適合調查鳥類；如果聲音是察覺鳥類的主要線索來源，那麼就必須選擇在鳥音相對豐富的時候調查。但是**鳥鳴最豐富的時候，不一定是最佳調查時間。**因為大量鳥鳴會蓋過細微的鳥聲，影響調查者對發出這些聲音鳥種的偵測。另外，四面八方大量傳來的聲音，也會使調查者難以區分每一隻個體，因而影響數量估計。相較於很多個體同時鳴唱而使聲音重疊，若這些個體依然發出聲音，只是沒有那麼頻繁，使不同個體發出的聲音彼此之間有數秒的時間差區隔，則雖然鳥鳴顯得較不熱鬧豐富，卻反而能使個體數的估計更準確。繁殖季鳥音最豐富的時間通常是在日出到日出之後 3–4 小時內。日出半小時之內通常是鳥鳴最高峰時段；如果這段時間的鳥鳴，對數量估算產生困擾，可以考慮避開。而冬季寒冷山區則不一定在清晨鳥音最多；某些地形甚至要等到上午十點陽光直射入林，才會出現短暫鳥鳴高峰。無論如何，大抵上，以鳥鳴為主要察覺線索的陸域環境，應該在清晨到上午之間調查鳥類。一天中的調查時間若不固定，例如有時候上午，有時候中午調查，則會產生很大誤差，必須避免。

　　必要時，於剛入夜調查鳥類。有些種類只有在夜晚才容易察覺到，或整天活動，但活動高峰在夜晚，例如夜行性猛禽、夜鷹或鷹鵑。如果只在白天調查鳥類，那麼這些物種就很難被發現。在統計抽樣上，就會產生樣本未涵蓋偏差。為了避免這種情形產生，從事鳥類資源調查時，應該特別安排額外的夜間調查時段。最好的時間，是在剛入夜的時候。

2. 潮汐

調查溼地鳥類，主要依賴直接目擊；清晨不一定是調查鳥類最適當的時間。尤其沿海溼地的鳥類分布若受潮汐影響時，規劃調查時程，就必須考慮潮汐時間。但是應該在滿潮或乾潮期間調查鳥類？則要看樣區地理位置有沒有寬廣潮間帶、潮差大小為何、樣區是否會被潮水淹沒、以及調查的目的而定。

潮差與地理位置有關。臺灣東部海岸的潮差較西部小，加上海岸的潮間帶很窄，鳥類調查大抵不用考慮潮汐。

西部海岸的潮差以中部最大，並向南北遞減。臺中港在大潮時，潮差甚至可達 5 公尺；中部海岸的泥質潮間帶寬度因此隨潮汐而劇烈變化。從新竹香山溼地一路往南，到台中高美溼地、彰化芳苑及大城溼地、一直到嘉義東石沿海，調查海岸水鳥時，必須注意潮差影響。

台南高雄地區的潮差相對較小。台南安平的潮差，在大潮時大概還有 1 公尺；到了屏東東港，潮差只有 0.5 公尺。台南到屏東海岸的水鳥調查不太需要考慮潮汐時間，除了潮差較小，台南到屏東的海岸也缺乏寬廣泥質潮間帶。但是河口往內陸的感潮河段之河岸泥灘地面積，則仍然隨潮汐而有明顯變化；與潮溝連通的鹽田，其水位也受潮汐影響，須特別注意。

乾潮時調查溼地鳥類—如果樣區位於潮間帶或近河口的感潮泥灘地，或是與潮溝連通的廢棄鹽田，且研究者想要知道有哪些鳥類會利用這些灘地覓食，那麼就必須在泥灘地大量露出時，調查鳥類。例如在淡水河沿岸灘地、新竹香山溼地、台中高美溼地、彰化芳苑溼地、台南急水溪河岸灘地、台南將軍區與潮溝連通的廢棄鹽田等地的鳥類之棲地利用調查，就應該在乾潮時進行。通常選擇在乾潮的前後兩個小時內調查鳥類。

乾潮調查鳥類時，可能因為灘地面積過於遼闊，使鳥群分散而難以鑑種及計數；例如新竹香山溼地或彰化芳苑溼地。這種情形，如果旨在獲得鳥種名錄，則不必等到乾潮前後才調查；滿潮過後，潮水退去且水鳥開始回到潮間帶時，就可以調查鳥類。如果目的在獲得鳥類密度，則可以在滿潮與乾潮中間時段調查，也就是露出一定面積，而非最大面積泥灘地，即開始調查。但是每次調查的潮水條件要一致，灘地面積才具有相同比較基礎；可以由中央氣象署的潮高預報圖，控制在同樣的潮高條件之下調查。

滿潮時調查溼地鳥類—研究樣區不感潮，但鄰近地區有感潮泥灘地。水鳥在感潮泥灘地覓食；當灘地被潮水淹沒時，水鳥會飛到不感潮的樣區休息或覓食。如果目的在了解哪些鳥類會利用這些不感潮樣區，以及如何利用，就必須在滿潮的時候調查鳥類。例如新竹客雅溪口附近的農田，或是彰化王功海堤內的農田或魚塭的水鳥調查，就應該選擇在滿潮時進行。通常在滿潮的前後兩個小時內調查。

調查溼地鳥類無需理會潮汐時間—樣區雖在沿海地區，但不感潮，鄰近地區也沒有會被潮水淹沒的灘地。在這種情形下，鳥類調查無需考慮潮汐的時間；台南、高雄、屏東沿海魚塭或未與潮溝連通的鹽田，基本上屬於此情況。這些地方的鳥類調查，還是以清晨為佳。但是這些地區的潮溝或河口感潮段泥灘地，仍受潮汐影響，須特別留意。

潮汐時間可從中央氣象署網站查詢。該網站可以查詢當日及未來兩天的滿潮與乾潮時間及相對高程；也可下載整年潮汐預報表，預做調查時間規劃。

3. 季節

繁殖季鳥類因為求偶及宣示領域，會發出較多聲音線索。又因為固守領域或巢位，使其空間分布範圍較小且相對固定。因此在繁殖季期間的鳥類調查得到的資料之變異通常較小。相對而言，非繁殖季期間鳥類的聲音線索較少而不易偵測到。另外，鳥類在非繁殖季期間的活動範圍普遍較大，且常常成群游移。調查者遇到鳥群與否的隨機性很高；不是沒什麼鳥，不然就是偶遇一大群個體，使調查結果的變異很大。如果是**長期鳥類群聚監測，應該選擇每年繁殖季早期的求偶鳴唱高峰期間調查鳥類**，因為此期間的抽樣結果，資料變異最小。

不過，選擇在哪一季節調查鳥類，除了考慮察覺線索及鳥類空間分布的穩定性之外，還應該看統計母體如何界定。如果有特定目的，例如想要瞭解山區鳥類的季節性垂直遷移現象，則繁殖季是一個母體，非繁殖季又是另一個母體。這時候，季節就不屬於抽樣誤差來源。這與選擇在一天中的哪一時段調查鳥類，性質完全不一樣。一天當中，不管在什麼時候調查，抽樣對象都是同一母體；何時調查，考量的是如何減少抽樣誤差。但是選擇在哪一季調查鳥類，則是看如何界定母體範圍。

4. 天氣

天氣影響鳥類活動，也影響調查者察覺鳥類的能力。如果可能，**只在天氣晴朗且無風或微風條件下調查鳥類**。刮風或下雨都會使鳥類減少活動，因而導致視覺及聲音察覺線索變少。另外，強風在耳邊呼嘯，則直接影響調查者的聽覺；或狂風搖動枝葉發出噪音，而間接干擾調查者察覺鳥音。當然，於魚塭、鹽田或潮間帶以群集計數法調查鳥類時，因為主要依賴目視觀察鳥類，比較不受強風干擾的影響。尤其冬季海邊或空曠地區風力通常也較強，如果刮強風就不做鳥類調查，則適合調查的時間可能不多。另外，不建議在雨天調查鳥類，因為下雨讓調查者的活動極為不便，也不易記錄；但是準備防水筆記本及鉛筆仍有需要，以便在調查中途遇到稀疏降雨時，至少能在雨下大之前，完成當下的樣線或樣點的調查工作。

雖一般建議在天氣晴朗時調查鳥類，但臺灣北部冬季受東北季風影響，晴朗天氣不多，在陰天安排鳥類調查也無可厚非；但是低溫及強風時，仍應避免。起霧的影響很大，不但鳥類的移動與鳴聲都減少，也影響調查者的視覺；必須等霧散，陽光普照之後再調查。冬季低溫會影響山區鳥類活動；除非目的在探討低溫對鳥類的影響，如果有寒流，等鋒面離開且天氣回暖之後再調查。

5. 地形與環境噪音

避免在峽谷內、大岩塊或陡直山壁旁調查鳥類。狹窄地形使調查的空間範圍受限，因而與其它樣點缺乏一致的比較基準。在峽谷內或岩壁旁，調查者也容易因為回音，而對鳥音的距離及方位判斷失準。

在崎嶇地形最好採用定點計數法，因為調查者很難在穿越線上維持穩定行進速度。起伏地形，也可能使各穿越線的海拔跨幅不一；海拔是影響山區鳥類群聚結構最重要的因子[10]，如此將使各穿越線之間失去相同比較基準。定點計數法則較無海拔跨幅差異過大的顧慮。

噪音影響鳥音的察覺。除非目的就在調查溪流鳥類，不然應該避免沿溪流設置穿越線或樣點，因為溪水聲音會掩蓋大部分鳥音。同樣道理，避免在交通要道或工廠附近設置樣區，以免環境噪音的干擾。

郊區或淺山的鳥類調查，可能遇到登山活動民眾的音樂干擾。節慶鞭炮或廟宇進香活動，除影響調查者的鳥音察覺外，甚至可能使鳥類受到驚嚇而飛離。如果干擾源是長期的，例如山徑涼亭的卡啦OK，則設置樣線或樣點時，就要避開；短期干擾源，則將調查日期避開即可。蟬聲也會影響鳥類調查。通常蟬聲出現在鳥類繁殖季中後期；當然，依地區及蟬的種類而定。盡量在出現蟬聲的季節之前，完成繁殖季鳥類調查。

都市環境特性，包括建築物阻隔聲音及視線、建築牆面反射聲音、戶外冷氣壓縮機與抽水馬達等機器運作及交通工具發出的低頻噪音，都影響調查者對鳥類的偵測及方位與距離的判斷。**在都市，盡量於假日清晨調查鳥類**，並加強目視搜尋。因為戶外冷氣壓縮機與抽水馬達通常不會在清晨運作，而假日清晨的交通噪音則較少。

3.2 標準化調查方法

假設有一個非常準確的體重計，某甲為瞭解自己的減肥效果，每次都拿該體重計稱重。但某甲稱重時機不固定；想到，就稱一下。剛吃飽飯時稱，肚子餓時也稱；剛喝完 1000 c.c. 飲料時稱重，甫上完廁所也稱。這樣，雖然體重計非常準確，卻不容易監測體重的變化。

假設有另一個體重計，每次稱重時，都比正確數值多五公斤重。某乙同樣想瞭解自己的減肥效果，每次都拿這個體重計測量。但某乙非常有紀律，固定只在晚上洗澡時，在浴室稱重。雖然這個體重計測量得到的數值並不準

---

[10] 請參考：許皓捷. 2003. 台灣山區鳥類群聚的空間及季節變異. 國立臺灣大學博士論文.

確，但因為每次多出來的重量都一樣，仍然可以有效監測體重變化。這固定多出來五公斤重的測量誤差，稱為系統誤差。

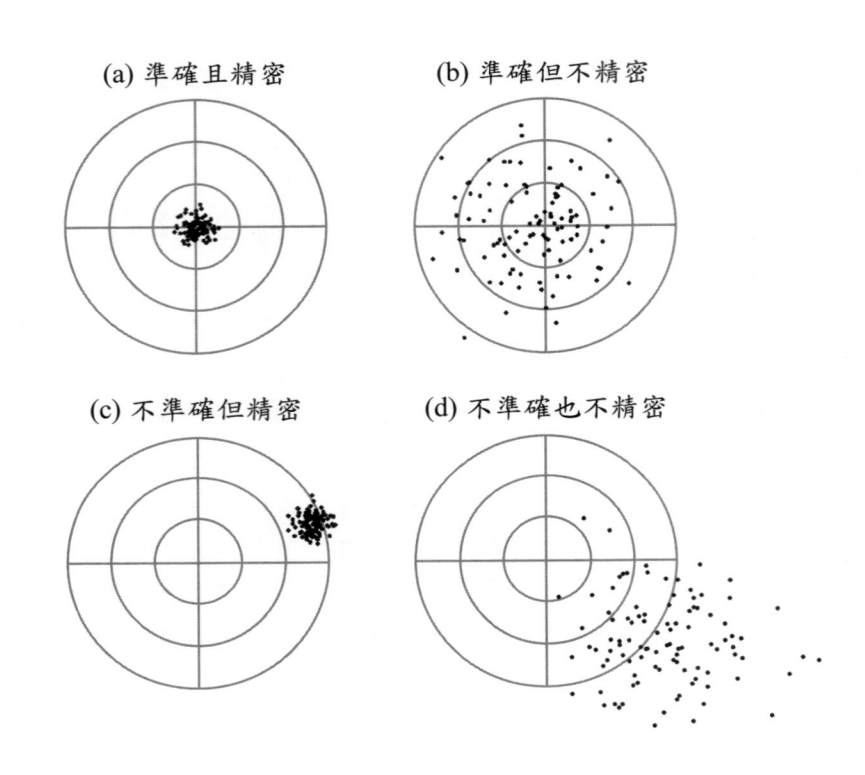

(a) 準確且精密　(b) 準確但不精密

(c) 不準確但精密　(d) 不準確也不精密

圖 3-2 測量精度分為準確度與精密度，兩者形成 4 種測量結果。

　　測量精度可以區分為準確度 (accuracy) 與精密度 (precision)。圖 3-2 以箭靶中箭情形，說明準確度與精密度概念；兩者有四種排列組合，以前述測量體重為例說明。圖 3-2a 使用的體重計很準，而且每次稱重時，都嚴守紀律；因此多次測量的結果都很接近，並且平均落在靶心，準確且精密。圖 3-2b 使用的體重計也很準，但測量隨興而為，毫無紀律；多次測量之後，雖然平均還是落在靶心，但每次結果的差異極大，準確但不精密。圖 3-2c 使用的體重計不準，但測量小心而有紀律；雖多次測量之後，平均與靶心有一段距離，但每次測量結果的差異不大，偏差但精密。圖 3-2d 是最糟糕狀況，體重計不準，測量又漫不經心；結果就是偏差且不精密。最佳的狀況當然是圖 3-2a；但若就監測減肥效果而言，圖 3-2c 同樣也可以達到目的。

鳥類調查就像是拿著測量工具丈量大自然。與體重計不一樣的是，我們不會知道大自然的靶心在哪裡。因為我們不可能將整個樣區罩上一張特大鳥網，把裡面的鳥一隻一隻找出來。我們不知道樣區的鳥類實際上有多少，也不知道採用的調查方法，也就是那個體重計，得到的結果準不準確。但我們其實也不需要知道靶心位置，不需要知道系統誤差到底有多少。只要嚴守調查紀律，還是可以比較樣區之間鳥類族群或群聚的差異，或監測同一樣區鳥類族群或群聚結構的長期變化趨勢。就像是使用固定多五公斤重的體重計，只要嚴守測量紀律，一樣可以比較不同人的體重差異，或是監測同一個人的減肥效果。

標準化調查方法，目的在控制影響鳥類調查結果的變因；藉由嚴守調查紀律，達到降低抽樣變異的目標。至於哪些項目需要標準化，必須看該項目操作上的可變動性，以及對調查結果的影響程度。例如一天中的清晨、中午或下午都可以調查鳥類；什麼時候調查，是可變動的，但對得到的結果卻有很大影響。尤其中午察覺線索相對貧乏，調查得到的鳥種或數量，相對於清晨調查得到的結果，勢必少很多。因此在一天之中，可以從事鳥類調查的時間範圍，就必須予以標準化；事先規範好，讓執行調查的人依循。

一般而言，需要訂立標準的項目，主要是：

- **一天的調查時段或潮汐**：通常陸域鳥類在日出至日出後 3 小時內調查。注意，規範日出後的完成時限，而非幾點鐘至幾點鐘的調查時刻，因為日出時間是變動的。感潮溼地則在白天可辨識鳥種下，視潮汐時間而定。
- **天氣**：只在晴朗或陰天調查；陸域棲地蒲氏風級應控制在 3 級以下，溼地開闊環境採用群集計數法或地區搜尋法時，風力應在 5 級以內。
- **行進速度、停留時間或搜尋時間**：穿越線的行進速度、定點計數法的定點停留時間、地區搜尋法的總搜尋時間必須規範。
- **執行調查人數**：結伴執行調查的人數須固定。這裡所指的是對調查有貢獻的人數；如果只是跟班，但無能力尋找及辨識鳥類者，則不應計入。

- **樣區規劃**：大規模公民科學計畫，若樣點的設立也委由公民科學家完成時，如何規劃樣區，也應該標準化。
- **記錄方式**：事先設計好記錄表格，可避免附帶資訊，例如日期、時間、雲量、風力等資訊，在記載時被疏漏。另外，距離取樣法如果以環帶估算距離，環帶級距也要事先規劃好。
- **數量估算**：若大量結群，尤其是以群集計數法調查溼地鳥類時的數量估算，如果可以，以計數器計數。如果一個調查計畫極度仰賴目視估計數量，例如在溼地環境以群集計數法調查鳥類，則應將調查者視為系統誤差；計畫結束之前，請勿更換調查員，不然樣點之間或調查旅次之間的數量落差可能很大。另外，陸域棲地**以穿越線調查法或定點計數法調查時，應該記錄發現的筆數，而非個體數**（詳見2.2.3節說明）；明顯結群的鳥類，則另外註記鳥群隻數，以便統計平均結群隻數。

最後，要注意的是，標準化調查方法中的「標準」，是指每一個調查計畫本身，依據執行該計畫的需求而訂立的鳥類調查標準或規範。全臺灣或全世界，對於鳥類調查，僅有原則性建議，並沒有任何僵硬的通用標準。例如原則上，陸域鳥類在清晨時調查；或是建議定點計數法在每一樣點停留2–20分鐘。但是在清晨的實際調查時段，或定點的明確停留時間，每一個調查計畫都應該視該調查案的主客觀條件自行訂定。

3.3 調查的一般原則

先記錄種類，再估算數量及距離。繁殖季清晨面臨大量喧囂鳥鳴聲，或冬季遇到龐大混種鳥群時，可能會來不及記錄；尤其還沒完整記錄所有發現到的個體前，鳥群可能就會離開。當有大量鳥類出現而來不及仔細清點每一鳥種的數量時，先記下有哪些鳥種，若還有機會，再一一計數與估算距離。就算是溼地鳥類，雖大部分時候可以長時間觀察，但仍應先掃視及記錄鳥種，再清點每一鳥種的個體數，以防計數期間意外驚飛。採取先記錄種類再清點數量及估算距離的理由是，某一鳥種有沒有分布，比起分布數量有多少，是更為重要的資訊。數量估計就算有很大誤差，有時候對分析結果的影響其實並不大。尤其當研究的空間及時間尺度很大時，甚至0/1的二元資料就已足夠。

不確定的鳥種，要當作沒發現。沒紀錄的鳥種不一定沒有，可能只是剛好沒被發現；努力量再多一些，或許就能遇到。但是一旦記錄了，就代表這個樣區存在這種鳥。生物分布，「有」與「沒有」並不對等；「沒有」可能變成「有」，但「有」，就是「有」，不會變成「沒有」。因此要記錄「有」，必須非常保守；一定是在肯定狀況下才記錄。如果有隻鳥一閃而過，沒看清楚，或聽到不完整樂句(phrases)或音節(syllables)就再也沒聲音；好像是，又好像不是某種鳥時，就應該當作不是，尤其疑似稀有種時，更應如此。

遇到不熟悉鳥種或聲音，嘗試繪圖或文字描述，再慢慢找答案。如前所述，不確定的鳥種，要當作沒發現過。但如果能夠仔細端詳或清楚聆聽，卻根本不認識時，就不能當作沒看到或沒聽到。對於不認識的鳥，必須確認牠們的種類。可以先描繪形態、標記特徵、記錄棲枝位置及特別的行為；或用文字描述聲音，例如冠羽畫眉聲音用"吐—咪—酒"記述。在未確認種類前，可以被清楚描述的陌生物種，每次調查到時，都先以代號記錄下來，之後再代換成正確鳥名。另外，白天在結束當天次的所有調查之後，也可以帶相機或錄音機仔細搜尋樣區，或許可以再遇到這些不熟悉的鳥，進而確認其種類。

避免種類稀有化，種數極大化。前面說過，不確定的鳥種，要當作沒發現。鳥類調查最忌諱將不確定的鳥種，猜想為稀有罕見種類。賞鳥人常抱持尋寶心態，發現稀有罕見鳥種，或是記錄到比別人數量還要多的種類，總可以拿來炫耀。但是一位負責任的鳥類調查者，必須忠實地記錄所調查到的結果。

避免種類平常化，種數極小化。與前述相反的另一極端，是商業性質的鳥類調查，例如環境影響評估，有時會為了業主能順利通過審查，而刻意模糊事實。惡意地將調查到的種類予以常見化，將種數極小化。或在不恰當時間，例如正中午調查陸鳥、漲潮時調查灘地涉禽、或僅在夏季調查沿海溼地水鳥。

稀鬆平常的鳥種也必須記錄。避免有意或無意地忽略常見種。一定要丟棄賞鳥心態；不特別關注珍稀或外觀亮麗鳥種，也不要忽略稀鬆常見種類。

飛越樣區的鳥，要特別註記。樣區上空偶爾有鳥穿越；這些穿越樣區上空的鳥類，與樣區環境可能沒有任何有意義的連結。例如在台北市區，偶爾可看到遷移性猛禽從高空飛越。但絕不能因此說，都市高樓大廈是這些遷移性猛禽的棲地。但是持續在空中盤旋滯留的燕科或雨燕科鳥類，或是高空定點滯留的小雲雀，則與該樣區環境有密切關係。穿越線調查法或定點計數法一般不會特別觀察及記錄行為（鳥類行為有專門的調查及記錄方法），但是遇到高空穿越的鳥類，要特別註記其飛行的行為特徵，以便事後確認這些鳥類與該棲地的關聯性。

不確定個體數時，也要給個估計值。執行定量調查時，若遇到數量龐大而難以計數的鳥種，例如快收割稻田的大量麻雀，也要給個大略估計值。切忌在調查表上，只以打勾或其它符號代表數量龐大。僅給予大略估計值，雖誤差很大，但總比未估計好。鳥類調查的測量尺度 (measurement scale) 可以分為名目 (nominal)、等級 (ordinal)、以及比例 (ratio)。某鳥種有分布或未分布，是名目尺度。某一鳥種未分布、數量稀有、普遍、極普遍，則是等級尺度。有明確個體數量者，則是比例尺度。測量尺度愈精細，其訊息量愈大，資訊價值也愈高。而若以符號代表數量龐大，卻未給估計值，其資訊價值其實與名目尺度沒什麼不同；如果給予大略的估計值，則至少有等級尺度的價值。

避免僵化的時程安排。許多資源調查或環境監測，習慣每月調查鳥類1次。這樣的規劃，其實沒什麼道理；事實上，也從未聽聞採取每月調查1次的研究計畫之主持人，能夠依據鳥類生態學或統計抽樣理論，闡述其調查頻度設計的理由。不過無論如何，如果安排每月1次，就要真的有每月1次調查的效果。切忌在前一個月月底及下一個月月初，接連調查同一樣區兩次，並當作是兩個月的調查。因為這樣得到者，並非獨立樣本；樣本數仍然是1，而不是2。同一樣點的兩次調查，至少應該間隔兩星期，以確保樣本的獨立性。

每次都變換調查順序。通常不會一個清晨只調查一個樣點。數個位置相近的樣點被安排在同一調查旅次時，每次的調查順序都必須變換，以避免總是在剛日出時調查特定樣點，而在太陽很大時，調查到另外的樣點。如果是一條很長的穿越線，每次的起點與終點也都應該調換。

不用額外在日落前調查。農地或森林棲地，黃昏的確有一段鳥鳴高峰；有些人會因此在黃昏安排鳥類調查。但是除非有鳥種只在黃昏出現，或為了調查群集過夜鳥種在夜棲地的族群量，否則這樣的規劃完全沒有必要。比起清晨到上午的鳥鳴高峰，黃昏的鳥鳴高峰相對短暫。相較於只能在天黑之前短暫調查，移動到樣區所花費的時間可能更多；是否值得，必須考慮清楚。而且不是所有鳥種在黃昏都有鳴聲高峰。會在黃昏出現鳴聲高峰的鳥種較侷限，日落前的調查，反而會影響各鳥種之間相對豐富度的估算。

第四章 調查規劃

　　鳥類調查目標，在反映族群密度或群聚結構。樣本數愈多，得到的結果就愈精確。但能投入調查的資源，不管人力、時間或經費，都有其極限。如何在有限努力量下，得到符合品質要求的資料，就成為規劃鳥類調查時的重要課題。本章以統計抽樣及試驗設計概念，討論如何合理規劃調查方案。

　　試驗設計概念，可協助規劃鳥類調查。試驗設計三個基本原則：控制、隨機及重複。控制，是藉由多個處理 (treatments) 之間的比較，控制潛在變數 (lurking variables) 對反應變數的影響，以釐清因子的效果。隨機，是指受試者被分派到哪一個處理組，完全由隨機決定；可避免來自未知變因的影響。重複，則是每一處理方法都要有足夠樣本，以減少偶然造成的變異。重複，包括空間上的重複，也就是在同一類棲地設置多個樣點；以及時間上重複，也就是同一樣點重複造訪多次。

4.1 空間規劃

4.1.1 空間配置

　　鳥類調查樣點的空間配置應該盡量隨機。即使是同一類型棲地，例如玉山塔塔加地區全由臺灣雲杉構成第一喬木層的雲杉純林，林內鳥類也不會呈現規則或隨機的空間分布。森林的環境資源（食物、巢材、適合築巢的位置等）以及環境條件（溫度、溼度、風速等）在空間上的分布並不均勻；例如林緣與林內、或是森林孔隙與鬱閉林分之間，微棲地條件一定不同。此外，種間交互作用、種內領域行為、婚配系統與社會結構等因素，也會使鳥類的空間分布呈聚集狀，導致某些地區的個體密度較高，而其它地區較低。因此**即使在同一類型棲地內，樣點的空間配置仍必須隨機，並且重複**。隨機設置樣點可避免調查者下意識地偏向在特定條件地點採樣，確保所有鳥類個體被抽取為樣本的機率都相同。重複則能減少非均勻分布產生的偶然變異。透過隨機與重複抽樣，可以讓未考慮到的潛在變數之干擾，在各個樣本之間被抵消掉，從而降低或消除未知變數對研究結果的影響。

如果研究區域包含多種類型棲地，應該在每一類棲地皆設置樣點。不同鳥種對棲地的利用程度不一，有些高度專一，例如火冠戴菊鳥幾乎只棲息於針葉林的樹冠層；有些則較為廣適，例如煤山雀能同時利用針葉樹與闊葉樹的冠層。而即便是適應力較強的廣適性鳥種，仍可能傾向於利用某些棲地，例如同樣會利用樹林底層及林緣灌叢或高草地的小彎嘴與大彎嘴，前者較常見於林緣的灌叢與草地，而後者則更常出現在森林底層的濃密環境。因此，研究區域若有不同類型棲地時，應將其視為試驗設計中的不同處理，每種類型都應配置樣點。

　　樣點的空間配置需視調查目的而定。如果目標是生物資源調查，主要關心研究區域的鳥種組成與相對豐富度，則應該廣泛地隨機設置樣點，使不同棲地類型與地景特徵（如棲地邊緣、森林孔隙、生態交會帶）均有機會被涵蓋。但若研究目標是探討鳥類與棲地的關係，應採用分層隨機抽樣，即先依棲地類型分配調查努力量，再於各類型棲地內隨機設置樣點。此時，棲地斑塊 (habitat patches) 的大小與形狀需納入考量，若某棲地類型的面積過小或形狀零碎，則可能無法設置足夠的樣點。

　　此外，棲地分類尺度亦影響樣點設置策略。除非研究目標有特殊需求，否則建議採用較高層級的分類，例如「樹林」、「灌叢」與「草地」即可。過於細緻的分類，例如將低海拔樹林進一步區分為「闊葉林」、「竹林」與「竹闊葉混合林」，可能導致棲地斑塊零碎，樣點難以合理分布。此外，大多數鳥種的棲地選擇並非高度專一，過細分類反而不切實際。

4.1.2 樣點的數目

　　以定點計數法調查陸域鳥類，最好在日出至日出後 3 小時內進行。因此一個上午可以完成的樣點數目，可以用 3 小時規劃。依 BBS Taiwan 的設計，一個定點的停留時間為 6 分鐘。兩樣點之間距離至少 200 公尺。若以成人正常步行速度每小時 4 公里計算，200 公尺的行進時間 3 分鐘。則 3 小時（180 分鐘）差不多可以調查 20 個樣點（20 個樣點調查費時 120 分鐘，移動 19 次費時 57 分鐘，合計 177 分鐘）。但是樣點之間的距離可能不止 200 公尺，而且行進與停步調查之間，也需要一些緩衝時間，因此 **15 個樣點是一個上午可以完成調查的合理目標**。或者，也可以先設置樣點，再試著走一趟，估算包括調查所需要的時間是否在 2.5–3 小時之間；若超時太多，就必須刪減樣點。

樣點空間配置的數量及策略，視研究區域的空間規模而調整。如果研究範圍不大，設置 15 個樣點就可以涵蓋大部分區域時，就直接隨機設置最多 15 個定點。如果範圍很廣，則應使用兩階層的設置策略。第一層設置樣區，在每一樣區之下為第二層，最多設置 15 個樣點；一個上午只做一個樣區的調查。樣區與樣區之間距離，則以樣區中心計算，必須間隔至少 3 公里。這是假設兩個樣區共 30 個樣點呈一直線排列，則第 8 個及第 23 個樣點分別是兩個樣區的中心點；以樣點之間至少相隔 200 公尺計算，則兩中心點至少必須相距 3 公里。兩階層的樣點配置，建議棲地類型的區分應該在第一階層，也就是同一樣區的樣點，盡量維持相同棲地類型。

如果是以群集計數法調查溼地鳥類，則樣區規劃必須依據該區域是否受潮汐影響（請見 3.1.2 節有關潮汐的討論）。若不用考慮潮汐，則白天任何時間均可調查。考慮調查人員連續工作的體力及精神負荷，建議上午及下午各做最多 4 小時的調查。如果上午七點開始調查，十一點即可結束；中午休息兩小時；下午一點開始午後調查，下午五點結束。以一天大約 6–8 小時能調查的樣區數量規劃。但若是必須在滿潮或乾潮時調查，則以 4 小時能負荷的樣區數量規劃；因為最適調查時間是在滿潮或乾潮的前後兩個小時。

4.1.3 隨機決定地點

樣點的設置可以利用 GIS[11] 完成。GIS 可以很容易地產生隨機點。隨機點可以設定彼此之間的最小距離。如果只有一層，可以設定 200 公尺；兩階層設置，則第一層設定 3 公里為最小距離。產生隨機點之後，再移動或刪除位於交通不便、湖泊中心、懸崖、私人產業等等之不適當點位。若是兩階層設置時，則再於隨機點所處棲地斑塊設置最多 15 個樣點。

如果不熟悉 GIS，還是可以達到隨機設置樣點的目的。將紙本地圖攤開來，以鉛筆及直尺畫等間隔的網格線，並予以編號。第一層設置時，畫 3 公里間隔；第二層設置，則改為 200 公尺間隔。再用亂數表（統計學教科書大

---

[11] GIS 是地理資訊系統 Geographic Information Systems 的縮寫。GIS 軟體中，QGIS 是最被廣泛使用的免費軟體，可於網際網路找到非常多教程。

多會附上亂數表）選取；或在 MS Excel 試算表的第一欄鍵入網格編號，第二欄鍵入 =rand() 得到亂數 $x (0 \leq x < 1)$，並將第一欄網格編號依據第二欄亂數排序，再依排序，依序抽取所要的網格數即可。

　　事先規劃，是隨機設置樣點的最重要原則。當你宣稱樣點為隨機設置，卻是到了現場之後，再決定時，那就不是隨機，而是隨便。因為現場設置過程，一定會受到潛意識的干擾。最常見的，就是依據野外經驗，認為這裡不會有什麼鳥、那裡鳥況應該會很好、另外那邊的路徑障礙太多或路程太遠⋯之類的，然後決定了樣點的位置。再提醒一次，縱使你的經驗是對的，某些地方的確如預期般，鳥況出奇的好，但隨機，就是要讓母體的所有個體，被抽取為樣本的機率都一樣。以樣點選擇而言，就是讓所有地點被選為調查樣點的機率都一樣，不論其鳥況好壞。因此，必須事先在地圖或 GIS 圖面上作業，決定好樣點之後，再出門調查。

　　以群集計數法調查有明顯邊界的漁塭、鹽田、農地時，可以將每塊地編號，再以亂數抽取為樣區做調查。但是若研究範圍的面積遼闊，則可能耗費許多時間移動一大段距離，卻只調查 1 個魚塭。因此可用兩階層概念設置，以增加調查效率；即隨機產生點位，再於該點位調查相鄰的數個魚塭。

4.2 時間規劃

4.2.1 重複次數

　　在時間維度上，一個樣點需要重複調查的次數，可以從三個面向討論。其一是個體在一個定點的出現頻率及被偵測度；另一是在群聚層次上，組成鳥種的相對豐富度結構。最後，則是群聚組成在時間軸上的穩定度。

　　鳥類有一定活動範圍，而非固守於一定點。分布在一個樣點的鳥類，在該樣點出現情形，與資源及環境條件的時間動態、鳥類行為、鳥的移動能力與活動範圍、以及與其牠生物的交互作用等因素有關。分布於一個樣點的個體，不一定在調查時會出現；而出現的個體，也不一定會被偵測到。鳥類的出現情形及被偵測率，影響分布鳥類在單次調查中，能否被調查員記錄到。重複調查次數愈多，分布鳥類最終被察覺到的機率就愈高。

一般而言，**繁殖季重複調查次數可以較少**。鳥類在繁殖期間，成鳥育雛及維護領域行為，使其活動範圍較小，調查者與鳥類相遇的機率因此較高。而且求偶或宣示領域發出的聲音察覺線索，也會提高鳥類被偵測到的機會。這些都使得繁殖季的察覺機率較高，樣本的資料變異程度因而較低。較少樣本，即可將標準誤或邊際誤差收斂到可接受範圍。

　　相對地，大部分鳥類在非繁殖期的領域行為不明顯。此時期食物資源也相對貧乏；鳥類會在較大空間範圍移動覓食，使調查者在樣點與鳥相遇的機會變少。而且此時期聲音察覺線索也少，使得縱使相遇，但偵測到鳥類的機率也變低。尤其在山區，此時鳥類常結成大群到處游移。調查者與鳥類相遇的隨機性因而增加；不是遇到龐大鳥群，不然就是悄無聲息。樣本的資料變異程度因此很大，導致**非繁殖季期間需要重複調查的次數相對較多**。

　　群聚組成鳥種的相對豐富度結構，也會影響需要重複調查的次數。察覺機率是豐富度的函數；愈優勢鳥種，愈容易被察覺到。因此，群聚組成物種的稀有種比例愈高，單次調查得到的群聚組成愈不完整；這樣的群聚，需要較多樣點數及/或重複調查次數，才能有效偵測到稀有種，以建構完整群聚樣貌。物種—豐富度分布模型 (species-abundance distribution models) 反映群聚結構當中，各組成物種的相對豐富度所形成之樣式，因此也反映了需要重複調查的次數。例如對數序列分布 (log-series distribution) 群聚是由少數優勢種與大量稀有種所組成；相較於稀有種比例較少的斷棒式分布 (broken-stick distribution) 群聚，對數序列分布群聚需要的重複調查次數較多。一般而言，極端惡劣或變動較大的環境，或處於演替早期階段的群聚，例如溼地鳥類群聚，多呈現對數序列分布，需要重複調查較多次。而穩定環境或處於演替中後期階段的群聚，例如森林鳥類群聚，則多屬於稀有種比例較少的對數常態分布 (log-normal distribution)，需重複調查的次數較少。當然，在調查的規劃階段，不會知道所面對的群聚結構為何；因此，在調查過程中，隨時就已經調查得到的樣本，推估總物種數（請見 12.2 節有關物種數估計的討論），以評估得到的資料及努力量是否已足夠，或仍需繼續調查，是必要的[12]。

　　另一個重複調查需要考慮的面向，是群聚結構在時間維度上的穩定性。動物的出生、死亡、遷入、遷出，影響族群動態，進而反映在群聚結構上，

---

[12] 請見：許皓捷. 2019. 動物調查努力量應隨棲地與季節調整. 台灣生物多樣性研究 21: 41–57.

而可能使其在時間軸上呈現週期性動態變化。一般而言，因為出生率及死亡率差異而造成的群聚結構改變，多反映在長期趨勢上。短期（一年內）的結構波動，則主要源自遷入與遷出量的時間差。例如沿海溼地鳥類在秋季大量遷入，而於翌年春季大量遷出，造成水鳥群聚結構呈現明顯季節波動。規劃的野外調查期程若較短，且群聚結構處於相對穩定狀態時，則重複調查日期的安排只要遵循簡單隨機抽樣即可。但若研究期程較長，群聚結構不但隨時間改變，還可明顯區分出不同時期時，就必須將之視為試驗設計上的不同處理，分別隨機重複抽樣。

4.2.2 時程安排

　　最常看到的重複調查方案，是每月調查 1 次，持續一整年。一般認為鳥類調查應每月 1 次，持續一整年，才是完整的；這想法其實不完全正確。若目標是掌握全年鳥類相，則全年調查無妨。但為何是一個月調查 1 次？為什麼不是每 10 天或 15 天調查 1 次？或不定時間間隔地隨機調查 10 次或 20 次？

　　就統計抽樣觀點，調查幾次是樣本數的課題，考量的是抽樣分布的離散程度，或做統計推論時，可接受的邊際誤差範圍。而在甚麼時候或甚麼季節調查，考慮的則是樣本涵蓋。沿海溼地鳥類群聚結構通常具有明顯的季節波動，如果想知道整年的鳥類相，就不能只在某一季調查，不然會產生未涵蓋偏差。至於要不要調查一整年，或只在某一季調查就好，涉及的，則是研究計畫所要回答的科學問題，以及基於回答此一問題所界定的母體範圍。

　　設計鳥類調查的關鍵在於母體界定。明確的母體範圍有助於規劃適當的抽樣策略，確保統計推論能準確回答研究問題。並非所有鳥類調查都要持續一整年；母體界定應與研究問題相符。一個環境影響評估的生態調查案，目標在瞭解案場及周圍一定範圍內，分布有哪些生物及其相對豐富度，以評估開發案可能帶來的生態衝擊。在假設年間變異可忽略的情況下，則「樣區全年出現的所有鳥類個體的集合」就是這個命題的統計母體。但是以 BBS Taiwan 公民科學計畫為例，其目標在調查繁殖季鳥類分布及數量，因此「繁殖季的所有鳥類個體之集合」，而非全年鳥類個體集合，才是這個命題的母體。又例如想知道漁電共生案場的延長曬池策略，是否真能彌補因架設光電板而減少的水鳥覓食棲地面積，則「漁塭曬池並呈現泥灘溼地狀態期間的所有鳥類個體的集合」是統計母體；而調查整個冬季或整年分布的水鳥種類及數量，並沒有辦法回答延長曬池策略是否符合環社檢核時的預期。

「全年為母體」與「特定時期為母體」的調查設計邏輯完全不同。比起整年的調查規劃，BBS Taiwan 公民科學計畫與延長曬池策略的有效性探討，其調查的時間尺度都較短；調查期間的變異大多可視為組內變異，即資料變異主要來自於隨機抽樣產生的誤差。相較之下，若將全年視為母體，則必須考慮年內的變異程度與樣本涵蓋性。如果年內變異幅度不大，可將其視為單一母體。例如，平地農地或都市的鳥類群聚通常較為穩定，此時可在全年內進行簡單隨機抽樣。即便存在輕微的時間動態變化，但由於樣本已在時間軸上隨機分布，故時間的潛在影響，也可被部分抵消。

然而，當鳥類群聚結構在年內出現顯著階段性變化，則應將不同時期視為試驗設計的不同處理，分別進行抽樣。例如在山區，鳥類因垂直遷移而導致繁殖季與非繁殖季的群聚結構明顯不同，此時應分層隨機抽樣，以確保兩時期均有適當代表性。類似地，沿海濕地鳥類群聚因候鳥遷入與遷出，全年呈現週期變動。此類系統至少可劃分為度冬期、春過境期、夏季、以及秋過境期四個時期；應針對各時期分層隨機抽樣。而無論採取何種試驗設計處理方式，每一層內的抽樣仍**須遵循隨機與重複的原則，以確保樣本的代表性。**

在探討鳥類群聚季節動態時，陸域棲地概分為繁殖季與非繁殖季即可。繁殖季隨海拔梯度而有些許差別；平地及淺山丘陵的繁殖季鳥類調查時間適合安排在三至五月，中海拔山區四到六月，高海拔地區則適合在五到六月調查。非繁殖季期間，部分鳥類會有沿海拔梯度的垂直遷移現象；如果要探討非繁殖季較為穩定的鳥類群聚結構，在十一月至翌年二月上旬是適宜的調查時間。而二月下旬在低海拔地區可能就會開始出現繁殖配對；此時仍有尚未返回繁殖地的高海拔鳥種，因此應盡量避免在季節交替期間調查鳥類，除非目的就在探討群聚結構動態轉換的現象。

沿海溼地因為候鳥的遷入遷出，而使鳥類群聚結構呈現明顯季節動態。大致上，秋過境期約在九月至十月，度冬期則在十一月至翌年二月，春過境期大致在三至四月，而五月至八月則是繁殖鳥為主的夏季。但這只是粗略劃分，一方面，各地鳥類群聚動態略有不同，另一方面，鳥類群聚沿時間梯度的改變是連續過程，以公曆曆法武斷區分，並不完全恰當。

　　分層隨機抽樣時，不同層之間，是分類概念；但是鳥類群聚沿時間的改變，則是連續過程。因此應該盡量讓抽樣的母體「乾淨」。例如若溼地鳥類群聚的度冬期是十一月至翌年二月，則調查日程最好安排在十一月下旬至二月上旬之間。因為十一月上旬或二月下旬容易與候鳥的過境期混淆，應盡量避免。當然，這是基於探討各時期群聚結構時的考慮。但是若目的即在於探討群聚結構動態變化的過程，那麼在時間梯度上的抽樣設計，就應涵蓋群聚結構劇烈轉換的時期。再次強調，什麼時候調查，涉及抽樣的母體範圍。而母體範圍的界定，則應該視研究所欲探討的課題而定。

　　題外話，環境部的《動物生態評估技術規範》將季節明訂「以三月至五月為春季，六月至八月為夏季，九月至十一月為秋季，而十二月至隔年二月則是冬季」。這樣的劃分方式，至少有三個問題。首先，該技術規範將季節以等距時間尺度劃分，每三個月一季；但是群聚結構的季節動態，隨各該分類群的自然物候，極可能不是等距的。其次，南部與北部，或低海拔與高海拔的季節時序可能會有所差異；但該技術規範的季節定義並未因應不同地理氣候區域而調整。最後，依該技術規範，所有分類群的季節時序相同，但實際上，不同分類群的季節動態可能不一樣，而且依據各分類群的物候，也不見得都可以區分為四個季節循環。做生態調查時，應特別注意如何反映自然實情，而非固守該技術規範的死板規定。

4.3 努力量

　　所謂重複調查，包括空間上，在同一類棲地設置多個樣點，及時間上，在同一樣點重複造訪多次。應該設置多少樣點？重複調查幾次？是規劃調查時，最常遇到的問題。努力量需求，與調查目的有關；是要建立物種名錄？或是要估算母體參數？兩者需要的調查努力量可能有很大差異。

　　重複調查可以達到兩個效果：累積察覺到的物種數，以及降低母體參數估計值的誤差。這兩個效果的努力量需求不一樣。前者隨調查次數增加，一開始物種數快速累積，但在接近漸近線 (asymptotic) 之後，物種數即不太增加；重複調查的實質效益變得很低，卻增加無謂的調查成本。要多少努力量才夠,須檢視初期樣本,藉由種類估計器 (species richness estimators) 或稀釋曲線 (rarefaction curves) 估計之(詳見 12.2 節的討論)。當然,如果只要種類多樣性資料,由少量樣本估計即可。但若要建立名錄,就必須依據估計的努力量,實際調查得到。

至於族群密度或相對豐富度等等的母體參數之估計,則隨樣本數增加,其標準誤不斷呈樣本數平方根倒數的趨勢減小(假設樣本標準差不變);樣本數愈大,統計結論的穩定性 (robustness) 就愈高。當然,還是要在邊際誤差與樣本數之間取得平衡;在經濟效益上,避免無謂的努力量。無論如何,調查目的不同,努力量需求就可能不一樣。

除調查目的影響努力量之外,最小的分析單元是什麼?也會影響努力量規劃。最小分析單元,就是從母體抽出來的一份簡單隨機樣本;換句話說,樣本是最小分析單元。在推論統計上,這份樣本裡的每一觀察體彼此之間的變異,被認定屬於隨機造成的抽樣誤差;分析或探究樣本裡的每一觀察體,基本上沒有意義;所以才會說,樣本是最小的分析單元。我們要看的,是樣本裡的所有觀察體所集體表現出來的特徵,也就是統計量,例如平均值及標準差。這些統計量用來描述這份樣本的分布中心與離散情形(在本書第六章詳述)。我們也用這份樣本,推論母體參數(第七章詳述)。試驗設計中的每一處理,不管是每一棲地類型,或時間動態上的每一穩定時期,於其中重複調查結果的集合,即是一份樣本。

規劃樣點數或重複調查次數時,為什麼需要知道分析單元,或者說,為什麼要知道怎樣算一份樣本?因為依據中央極限定理 (central limit theorem),一份樣本最好有 25 個以上的觀察體,有 30 個以上則更好(詳細理由,在第七章介紹)。因此,清楚界定怎樣算是一份樣本,才能估算需要的樣點數,以及重複調查次數。樣本數可以用樣點數與重複調查次數之乘積估算。一個棲地在一段群聚結構穩定期間的所有鳥類個體之集合,可視為單一母體。如果樣點與樣點之間距離夠遠,則每一樣點可視為獨立。而兩次調查之間的時間間隔如果夠久,也可視為彼此獨立。此時,樣本數即是樣點數乘以調查次數之乘積。調查規劃上,此乘積應該要大於或至少等於 25。如果客觀條件很難達到此樣本數之要求,例如經費或人力問題,或是棲地斑塊的限制等等,使樣本數過小,其實還是可以處理。近代統計學有一些方法,例如自助法

(bootstrap methods) 或置換檢定 (permutation tests) 可以處理小樣本的分析課題（在第十一章詳述）。不過在這個章節，仍以傳統抽樣分布概念，討論調查努力量的規劃。

隨機抽樣，是規劃鳥類調查的重要原則。空間與時間軸上的抽樣都應該隨機。空間上的隨機比較容易達成（請見4.1節空間規劃），但是時間軸上的隨機抽樣面臨兩個問題。一是調查員有自己的日常生活作息安排，要隨機插入一天做鳥類調查，實際執行較為困難。但這不表示調查日期不能隨機或不應該隨機。比較可行的替代方法是隨機設定一段時間，例如一段連續10天的日期，請調查員從中挑方便的一天做調查。時間規劃的另一難題是，時間無法回頭。如果規劃的隨機調查日期，恰好天氣不適合，而群聚穩定期又已近尾聲時，是沒有辦法回頭挑一天調查的。解決方法是將時間軸分為數段，並將最後一段作為預備段；也就是最後一段時間就算不調查，樣本數也還算足夠。每一段請調查員隨機挑方便的一天調查。

重複調查規劃的另一事項，是調查日程的間隔。兩次調查之間的日期若太近，樣本可能缺乏獨立性。但要求的間隔太久，能重複調查的次數又非常有限。應該間隔多久，可以用半分差分析 (semi-variogram analysis) 或是群聚結構相似性距離遞減 (distance–decay of similarity) 的概念與方法討論。這兩方法都在討論距離上的群聚結構變異，只是在此，可以將距離改成日期。但不幸地是，目前並沒有很好的數據可以確認兩次調查需要多久的間隔，才能保持樣本的獨立性。但是過境期兩次調查之間至少間隔5日；群聚結構較穩定的繁殖季或非繁殖季，則至少間隔2星期，應該是足夠的。

若以每月為母體，則為了避免月與月之間的混淆，調查應該在當月五日至二十五日之間隨機進行。每月調查還是要有重複，但因為一個月的期間很短，所以重複次數視樣點數而定。若空間上設置15個樣點，則做兩次調查；而因為只有30天，難以間隔過久，間隔至少10日應該足夠。但如果有25個以上的樣點，則只要做1次調查即可。

第五章 野外風險管理與生態調查法規

　　生態調查有一定的安全風險,如急性高山疾病、失溫、熱傷害、抽筋、足部水泡、外傷、迷途、墜崖、落水、被虎頭蜂螫或遊蕩犬攻擊等。這些安全危害事件,可以藉由嚴謹的活動規劃、正確觀念的建立、野外活動技能的提升、適當的裝備、以及身心與體能的調整等等,將其發生風險控制在最低程度。本章討論野外鳥類調查的安全風險控管,尤其是長天期山域鳥類調查活動之安全風險管理。討論焦點在觀念、原則、規範與制度建立。至於山野活動的相關技能,例如困難地形通過、溪流橫渡、野營與炊事的技術細節,以及急性高山疾病、失溫、熱傷害等的診斷與處置,則請讀者參加相關單位的登山訓練課程,或參考野外活動的專業書籍。另外,在某些場域從事生態調查時,必須遵守特定法令規定。本章也說明與鳥類調查有關的法令規章。

5.1 風險控管

5.1.1 風險管理制度

　　意外事件發生的風險,可以藉由制度設計及教育訓練等方式降低。在制度上,風險控管至少有四個層面可以努力:

1. **法規或契約**:由法規管理風險,而非任由機構或調查員自行評估。就像規定騎機車一定要戴安全帽,而不是任由騎士自己評估風險,決定是否戴安全帽。目前雖然沒有生態調查相關之安全法規,但是可以在契約載明。例如以契約規定在特定場域做調查時,必須兩人結伴同行,且不可分頭行事。

2. **教育訓練與復訓**:機構應該就場域特性,聘請適當師資做安全訓練。例如在水域或臨水環境做調查前,應該先安排落水自救科目演練。如果調查的場域在山區,尤其是中級山,則應安排登山技能與野外急救訓練。而且除了新進人員訓練,也要有復訓機制。個人則可以參加中華民國山難救助協會各地的登山教育訓練,以及紅十字會等機構的急救訓練。

3. **活動過程的風險控管**：建立風險控管的觀念與制度。部門應該要由專人負責安全管制；以值星方式由管理階層人員輪流負責也可以。安全負責人必須確保安全風險控管的流程可以落實，而非流於形式。在城鎮或鄉村以外的偏遠地區，尤其是**在山地調查鳥類，每次執行鳥類調查工作之前，都應該擬妥活動計畫書**（詳見 5.1.4 節）。機構要由有經驗的內部或外聘專家組成委員會，審核活動計畫書。如果是個人，可以將計畫書上傳登山相關的網路社群平台，請有經驗的人協助檢視。另外，行前要有任務提示；除提醒鳥類調查的重點之外，更應強調活動安全相關之注意事項。**出發前，必須有安全量表**，用以檢視任務風險、確認任務的必要性、是否有其他安全替代方案（例如替代路線）、是否有應變方案、人員訓練資格及登山經驗是否符合該次活動風險等級要求、成員身心健康狀態、有無保險、通訊器材運作是否正常、技術裝備是否有合格認證、技術裝備的保養及堪用狀態等等。活動中，要有工作日誌，記錄工作細節；尤其若發生與安全相關的事件，應該詳細記錄經過。活動結束後，不論過程順利與否，都要有檢討報告。**有完整的檢討與改善機制，才能累積每次的野外活動經驗，使往後的調查活動更順利，也使危害風險可以降至最低**。

4. **建立風險通報與資訊流通機制**：若發生特殊安全危害事件，當事人一定要向所屬機構報告，必要時，應公告業界周知。許多風險樣態不是坐在辦公室就可以憑空想像出來的。某甲遇到危險且脫險，若沒有講出來，就只會是某甲的個人經驗，無法成為同事或業界的共同知識。因此機構與業界應該**建立通報平台與分享機制，並讓資訊分享成為企業文化，如此，才能降低類似風險再次發生的可能**。通報內容包括意外事件樣態及即時風險資訊。有些意外事件樣態較為罕見，不幸發生後，應公告周知事件發生的時地及原因，以及如何預防再次發生的因應措施。即時風險資訊，則是例如虎頭蜂巢位、遊蕩犬襲擾地點、山徑落石與崩塌位置、溪流特殊水文等等與野外安全相關且有時效性的資訊。

5.1.2 風險評估

執行鳥類調查工作之前，應先識別調查過程的所有可能危害，並評估其風險等級，同時擬定降低風險的措施。可能發生的危害包括兩個面向，一是生態調查作業的操作過程可能產生的危害；另一是前往樣區的路途，包括以交通工具移動，以及徒步前往樣區可能發生的危害事件。

生態調查作業執行過程發生危害的風險，以方法本身而言，霧網捕捉法有較多器械操作，也有被鳥啄以及感染共通傳染病的潛在風險；其它以目視及聽覺為主的調查方法，風險主要來自於生態調查的場域環境。就場域風險而言，通常，海上的風險較大；惟本書不討論海上調查作業的風險控管，有興趣的讀者，請參考海洋保育署之《110年度臺灣保育類海鳥開發衝擊因應措施評估計畫》。至於陸域環境的危害風險，在都市主要是交通意外；在鄉間則除了交通安全顧慮之外，還要特別注意遊蕩犬襲擾的問題。而在山野環境，不論是前往樣區，或在樣區內移動，其危害風險與一般登山活動類似；在5.1.3節詳述。

至於以交通工具移動過程的安全風險控管，基本上，遵循交通法規，以及恪守防禦駕駛原則即可。比較需要注意的是，由單一林道進出的山域鳥類調查，去程抵登山口時，應先迴轉並讓車頭朝向下山的方向停車，再入山做調查。因為林道通常狹窄而路況不佳，且常常是一邊山壁一邊懸崖。完成鳥類調查工作並長途跋涉回到登山口時，通常已經疲憊不堪且精神不濟；在此情況下，若還要在狹窄林道調轉車頭，只會徒增風險。剛上山時，精神及體能狀況較佳，應該在此時先調轉車頭方向。

5.1.3 山野活動風險

針對將要從事的生態調查工作之特性，辨識所有可能發生的危害情境。山域生態調查可能的危害事件，包括高海拔疾病（急性高山症、高海拔腦水腫、以及高海拔肺水腫）、失溫、迷途、熱傷害（熱抽筋、熱暈厥、熱衰竭／中暑）、抽筋、足部水泡、意外傷害（扭傷或外傷）、動植物傷害（虎頭蜂、毒蛇、遊蕩犬、有毒植物）、雷擊、困難地形通過、溪流橫渡、急迫露宿等。應該先對這些危害安全事件的發生條件（例如海拔2500公尺以上地區需顧慮高海拔疾病的可能）、預防方法、發生後的處置方式等等有所瞭解，平時就做好相關的演練。機構應該聘請專業教練，演練危害事件的預防及因應對策，並要定時復訓。個人則可以參加各機關團體舉辦的登山安全講習。

每次有調查任務時，應先評估可能發生的安全風險事件，並做好充足的準備。安全風險事件依據任務特性、場域環境及季節因素等等面向而定；例如高山鳥類調查需評估高海拔疾病風險，而秋季淺山鳥類調查則需注意虎頭蜂威脅。另外，要蒐集路況、水源、虎頭蜂威脅等情報。瞭解沿路有無困難地形，是否須器材確保？人員是否受過相關確保技術訓練及熟練程度？有無容易落石的邊坡，是否需要岩盔及其它因應器材？預定路線需不需要渡河？如果需要，渡河方式與工具？人員的渡河能力？有沒有虎頭蜂危害風險？是否須準備應急藥物？樣區及前往樣區路上有無遊蕩犬？規模及危險性如何？根據事先蒐集的情報，編製風險評估表，詳細評估此次生態調查的風險及因應對策。

5.1.4 山野活動計畫

一趟野外調查，從出發到歸來的過程，應有詳細規劃，並撰寫活動計畫書。活動計畫書不是鳥類調查的研究計畫書。鳥類調查的計畫書，是說明如何取樣，包括樣點設置、調查頻度、調查方法、記錄方式等等。但是活動計畫書，指的是一次野外調查活動，從出發前的準備、出門執行調查、直到回到出發地的過程之完整規劃。

一、計畫書內容

1. 人數及人員組成

除非樣區位於都市、鄉村聚落、鄉道以上道路，不然建議至少兩人結伴同行。需要登山的鳥類調查活動，成員人數至少兩人。如果是長天期山域鳥類調查，應至少3人（意外時，一人陪伴、一人求救），但4人以上為佳（一人陪伴、兩人結伴求救）。

應述明領隊、嚮導、成員，以及新手比例（野外活動的新手，而非鳥類調查的新手）。領隊是該次調查活動的領導者，維持隊伍運作，完成工作；領隊必須依據專業建議（來自嚮導、隊員或自身）做決策，負活動成敗之責。

如果是山域的長天期鳥類調查，應該要有嚮導。嚮導具備處理登山事務的知識、技術與能力，協助隊伍完成登山活動，協助領隊做出正確判斷。長天期山域鳥類調查，路徑清楚之 4 日內行程，新手不超過 80%；縱走或探勘（雖然生態調查比較少此情況），未具縱走經驗者的比例應控制在一半以內。

如果預定路程有困難地形需要技術裝備確保，或是有溪流需要橫渡，應確認成員是否受過相關訓練，以及技術裝備操作的熟練程度。

2. 成行條件

何種氣候條件之下，活動才可以進行？通常鳥類調查對氣候條件的要求較高；可以做鳥類調查，就可以前進至樣區。但如果是多日的行程，移動日的氣候條件就必須另外考量。夏日長天期山域鳥類調查活動，太平洋有熱帶擾動而可能發展成颱風時，就應暫緩活動。

3. 交通工具及行程規劃

出發日期及時間，以及交通方式及各地點之間的預計時程。如果開車，要寫明最後油料與食物補給點（尤其前往偏遠山區調查時）、交通管制時間（山區道路有管制時）、抵達地點之停車位置等等資訊。如果是沿海地區的鳥類調查，還要核對潮汐時間。

4. 徒步路線規劃

若有較長徒步行程，例如山區鳥類調查，從停車點至樣區，需徒步很長距離時，應該有徒步行程規劃。徒步行程規劃應包括出發時間、休息地點、每一休息點或地標間的路程距離與時間、預計紮營的營地與水源位置等資訊。

行程的時間估計，應以體能最差之成員為標準。抵達營地或回到登山口的時間規劃，應控制在下午四點之前。

高海拔鳥類調查的行程規劃，應考慮急性高山疾病的風險；在海拔 2500 公尺以上地區，就有發生的風險。上升速度太快，容易引發急性高山疾病。以安全風險控管的角度而言，在行程安排上，應該注意高度適應時間，緩慢爬升；在海拔 2500–3000 公尺之間，一定要安排過夜。另外，急性高海拔疾病會有 6–96 小時的延遲發作時間。因此若條件許可，可以安排在海拔 2500 公尺以下地區過夜，第二天清晨上到高海拔的樣區調查鳥類，並在 6 小時內回到營地。

5. 路線圖與地圖

　　前一項徒步路線，應該要有紙本地圖，標記預定路線、附近其它登山路線、撤退路線、營地、備用營地、水源、危險地形位置、稜線、溪流、手機訊號點、預定通訊聯絡點。手機導航雖然方便，但一方面，手機離線地圖通常缺乏營地、水源等資訊，另一方面，必須考慮電子器材萬一沒電或故障的可能。關於紙本地圖，上河文化出版的登山地圖非常實用，可惜已停業不再販售；另也可以由「地圖瀏覽器」[13]下載及列印，並在其上標註重要資訊，再以透明膠帶護背。

6. 風險評估

　　識別預定行程的風險，並研擬防範策略。預定路線與樣區的潛在風險，可以從地形研判、過往發生案例、以及媒體或網路社群的即時資訊獲得；如有大略地點，例如虎頭蜂窩位置，應標示在地圖上。依據風險評估結果，檢視調查活動的人員組成，確認參與活動的人員是否具有因應風險的資格與能力（例如攀岩或溪流橫渡）；並且詳列因應降低風險所必須攜帶的裝備器材。

7. 個人及團體裝備檢核表

　　鳥類調查與山野活動需要的裝備、糧食、文件等等的檢核表。依調查類型（距離取樣法、回播法、鳥類繫放等）、活動型態（單日、隔夜、長天期山域活動、探勘行程）、及活動地點（山域、溼地或水域）、風險類型（是否有困難地形、是否需橫渡溪流），準備各情境適用之檢核表。詳細裝備清單，在網路搜尋登山裝備檢查表下載，再依個人習慣及活動性質修改即可。

---

[13] https://twmap.happyman.idv.tw/map/ ，或網際網路搜尋 "地圖瀏覽器"。

8. 緊急應變計畫

迷路、被蜂螫或毒蛇咬、急性高山症、失溫、中暑或熱衰竭、扭傷或其它意外傷害、人員墜落等意外發生時之處置預想，包括消防單位聯絡電話、最近醫療院所位置、毒蛇血清儲備地點資訊等。另外，撤退路線也需要事先瞭解或規劃。

9. 留守人與留守計畫

山域活動，應指定留守人、約定聯絡時間及方式、通訊中繼、各階段預警時間與作為、緊急救援人力、相關單位與聯絡方式…等；並應約定非預期斷訊之處置方式。地圖上應該標記與留守人的聯絡點。留守人應隨時注意天氣預報，隨時回報隊伍狀況給機構主管。

聯絡應以電信公司簡訊留言為主，因為山區網路訊號可能不穩。領隊留言內容應敘明現在時間、隊伍位置、行進概況、成員概況、以及下次聯絡時地。留守人員則提早在約定時間之前 10 分鐘，以簡訊留言氣象預報。領隊在開啟手機時，即可接收訊息；無需來回多次通訊。

二、計畫書審核

企業應該要由有經驗的機構內部或外聘專家組成委員會，審核活動計畫書。讓有經驗與熟悉該地區的人審查活動的行程設計、風險評估、隊伍結構、團體裝備、糧食計劃與應變計劃等等的合理性與可行性。非屬任何機構團體的個人，應該尋求有經驗的朋友，或於網路社群請有經驗者，協助審閱活動計畫書。

三、行前會議

行前會議的目的是讓所有參與人員，以及留守人瞭解行程、注意事項（領隊應事先準備好地圖與行程資料，留意山區資訊與天候近況）。並在行前會議與留守人約定狀況處理方式與山難預警時間，提供完整留守資料。留守人必須有完整活動計畫書、以及成員家人的聯絡方式。所有成員應告知家人留守人資訊；關心隊伍安危時，請家人第一時間聯絡留守人。

除瞭解活動計畫之外，行前會議的功能也在分工，例如文件申請、保險、採買、接駁交通的聯絡等等。領隊也可以藉由行前會議，掌握成員的飲食習慣、個人裝備準備情形、身體近況等等。

5.1.5 山野活動裝備

裝備可分為調查裝備、個人裝備、團體裝備。調查裝備是鳥類調查或其它生態調查需要的裝備。個人裝備是整個行程從頭到尾，由個人攜帶與使用的物品，例如睡袋、睡墊等。團體裝備則是多人共用裝備，包括入山及入園文件、衛星電話等等。在網路搜尋，可以找到裝備清單建議；另外，一般的裝備清單，多將鍋具、爐具、瓦斯、帳篷列為團體裝備。但強烈建議應以獨攀需求，條列裝備清單；理由後述。

一、穿著

山野活動建議三層式穿著，內層排汗、中層保暖、外層防風防雨。內層勿穿純棉內衣，因為會吸汗而整件溼掉，導致失溫。中層以刷毛保暖衣、pile 或 polyester 材質衣服為佳；不建議羽毛衣，因為溼了就失去保暖效果。外層穿著以排汗透氣材質，例如 GORE-TEX 雨衣為佳。長褲以快乾褲為佳。不可以穿著牛仔褲或棉質長褲；溼了不但重，且不易乾，容易因此失溫。雨褲一樣以排汗透氣材質為佳。

秋季淺山活動，若有虎頭蜂威脅，應戴淺色帽子，避免暴露黑色頭髮。穿著要避免深色衣服及帽子。

二、繩索

在非大眾化山域的鳥類調查活動，個人裝備應攜帶 10 公尺扁帶、20–30 公尺的 6 mm 編織繩、以及兩個 D 型鉤環。增加的重量不多，但在渡河或困難地形通過而有確保需求時，會非常實用。扁帶用於製作簡易吊帶，以及利用水結連接為長繩使用。編織繩在通過困難地形時，可以當作確保繩；在營地則可用於架設避難帳。欲知如何利用繩索通過困難地形或渡河，請參加各登山社團或相關機構開設的登山教育訓練課程。

另外，請特別注意，非不得已，**不要使用前人繫在山徑上的繩索**；若非得使用，也應限於輔助性質；若評估繩索斷裂，即會直接墜落或因失去重心而間接墜落時，就絕對不可以使用。因為繩索會受機械性（在受力狀態下通過下降器）、化學性（油汙、酸雨）、日照紫外線、溫度（下降器通過產生的高溫）等因素而減損其強度；更何況繩索有一定壽命，就算完全沒使用的新繩，超過十年也必須淘汰，而我們並不清楚遺留在山徑上的繩索的歷史。

三、定位與導航

手機一定要安裝定位及導航軟體。定位軟體請安裝「臺灣大地羅盤」，Android 與 iOS 系統都可以使用；為免費軟體。導航軟體[14]，Android 手機請安裝 OruxMaps、綠野遊蹤、或蛙弟，OruxMaps 須付費，後兩者則為免費軟體；蘋果手機可以安裝 GPS Hiker。離線地圖請安裝魯地圖。網路搜尋「魯地圖」，可以找到安裝及使用方式，網路社群也有關於手機導航及離線地圖的相關討論平台。

使用定位及導航時，手機請開啟飛航模式，以延長電池使用時間。與留守人聯絡時，再關閉飛航模式。

除手機之外，手持式 GPS 是長天期山域活動較為可靠的導航設備。電力消耗小，通常使用 3 號電池，更換方便；而且防水又耐摔。另外，非常推薦 Garmin inReach Mini 2，此設備可讓留守人隨時掌握隊伍動態，且有雙向簡訊功能；但除購置設備的花費外，還需額外服務費用。另外，PLB (Personal Locator Beacon) 在發生緊急狀況時，可以傳送定位訊息給搜救單位（但前提是遇險者仍有能力開啟天線）；雖無簡訊傳遞功能，但也無需額外服務費用。若需要頻繁在山域或海域活動，建議鳥類調查員個人可以購置 PLB。

---

[14] 手機導航可參考 https://sites.google.com/view/mobilegpshiking

四、以獨攀需求規劃野營及炊事

　　縱使結伴登山，仍必須有獨攀的準備，不管是裝備上或心理層面。傳統登山隊伍，過夜及炊煮裝備與食材，不是集中在登山協作身上，就是分配給每位成員。當脫隊，甚至迷途時，這種裝備分攤揹負模式，將難以應付急迫露宿及炊煮需求。因此**強烈建議養成個人開伙習慣**，以及隨身攜帶單人天幕與 6 mm 編織繩，以備急迫露宿之需；輕量化天幕及編織繩增加的重量僅約半公斤。

　　登山活動應該個人開伙，並將爐具、鍋具、瓦斯罐列為個人裝備。個人開伙有許多好處。除了脫隊或迷途時可以自救之外，個人開伙的食物分量容易掌握，不會產生廚餘。個人炊事還能縮短時間、節省用水與瓦斯；個人開伙時，一罐瓦斯約可使用一星期。同樣地，攻頂爐及鈦合金個人炊具也都非常輕巧；與分擔炊事的團體裝備相比，並不會增加額外負擔，甚至可以更輕。另外，山域活動的飲食，只需考慮是否能吃飽；至於營養均衡的需求，補充維他命即可。山珍海味美食，則請等到下山慶功再滿足。登山菜單以輕、乾、耐保存（耐久、耐擠壓）、體積小、烹煮方便（甚或不須烹煮）、烹煮不耗水、不會產生骨頭等無法食用之廚餘為原則，例如事先炒過的小魚乾、已炒熟的花生或四破魚乾、乾香菇、香鬆、肉鬆、已風乾的傳統香腸、鴨賞、脫水蔬菜等。

五、求生盒

　　求生盒是迷途時，求生用的工具盒，應隨身攜帶；縱使是一日郊山或百岳的輕裝攻頂，也應該帶著。求生盒容器可以選用不鏽鋼便當盒，必要時可作為鍋具；但若個人開伙已帶鍋具，求生盒也可選擇塑膠保鮮盒，以減輕重量。內容物可分為以下幾項：

- 備忘：求生卡，可將迷途、急性高山疾病、失溫等的判斷及處置方式縮小列印，並護貝。
- 生火工具：小塊橡膠（自行車內胎當火種）、防風打火機、萬用刀。
- 緊急食品：巧克力、糖果、沖泡包、鹽錠等。

- 緊急藥品：優碘及酒精棉片、抗生素軟膏（眼藥膏）、透氣膠帶、OK繃、彈性繃帶、普拿疼、口服抗生素、小瓶裝生理食鹽水。
- 求救工具：哨子、鏡子、油性筆、黃或紅色電工膠帶、自動鉛筆及筆芯、防水紙。
- 保暖用品：求生毯或大型垃圾袋。

除非必要，不動用求生盒內的物品。常用物品，例如打火機、糖果（行動糧），應另外攜帶。但要記得時時檢查求生盒內物品的保存狀況及有效期限，按時更換。

5.2 調查法規

保護區系統—在國家公園範圍內調查鳥類，若樣區或前往樣區的路徑位於生態保護區內，應向國家公園管理處申請入園證。如果沒有其它採集需求，僅以目視及鳥音線索調查鳥類，無需申請學術研究及標本採集證。而進入自然保留區、自然保護區、野生動物重要棲息環境，則應向林業及自然保育署各主管分署申請許可。進入野生動物保護區，則應向地方主管機關申請許可。另外，在重要溼地調查鳥類，應先查明各溼地的保育利用計畫及主管機關。如果樣區位於溼地的核心區，應該向主管機關申請許可。但若僅在外圍遊客可抵達地區，以單筒望遠鏡調查，則無需額外申請。

入山證—依「國家安全法」及「人民入出臺灣地區山地管制區作業規定」，進入山地管制區，需要申請入山證。網路申請辦理，或是至管轄的警察局臨櫃辦理即可。

要塞堡壘地帶—要塞堡壘地帶不可隨意進入調查鳥類。例如高雄大崗山、萬壽山的部分範圍屬於公告之要塞堡壘地帶。前往鄰近地區調查鳥類，應該先仔細查明禁制區域，以免觸法。

私人土地—若需踏進私人土地調查鳥類，或前往之路徑會經過非供公眾通行之私人土地，應先取得地主許可。當然，如果是委託計畫，在開發案場計畫用地調查鳥類，自然沒有問題。但在案場周圍區域，應注意在公眾通行道路上調查，不要進入私人土地，或事先獲得同意才可進入調查。

保險—保險不能降低發生意外的風險；保險的功用是降低遇到意外之後的經濟風險。登山有特別的登山險。另外，企業應該投保雇主意外責任保險。

登山自治條例—包括**苗栗縣、台中市、南投縣、花蓮縣、屏東縣**，都訂有「登山活動管理自治條例」。在這些縣市公告山區調查鳥類，應注意自治條例規定。雖許多規定不盡合理，但建議瞭解並遵守，以免損及鳥類調查工作。

第二部 基礎統計

　　統計方法是解析數值資料的工具。對於非統計學正科班的人來說，學習統計學的目的，在於了解如何正確使用統計分析工具。至於這些工具是如何被打造出來的，也就是統計分析公式的推導過程或數理基礎，則在行有餘力時再深入了解即可。就像木工需要知道刨刀、鋸子、鑿刀、電鑽、磨砂機等等工具的適用場合與正確使用方法。但不知道這些木工工具是如何被發明與製造出來的，並無損於其工藝創作。

　　這也是本書第二部的主要書寫邏輯：概要地介紹基礎統計學概念及常用分析方法，包括其用途及正確使用方式。但是這些方法的數理推導，能免則免。這本書將重點放在鳥類資料分析常用的統計方法：包括每一統計分析方法的概念、可以解決甚麼問題、使用上有甚麼先決條件或限制，同時整理常見錯誤，釐清易混淆的統計學觀念。書寫風格盡量淺顯易懂，避免長篇大論。至於如何以統計軟體 R 實際操作，則在附錄介紹。另外，群聚資料分析，例如多樣性指數、分類及排序技術，並非一般基礎生物統計學講授內容；本書另在第三部介紹。

第六章 描述調查到的資料

　　統計學可概分為敘述統計 (descriptive statistics) 與推論統計 (inferential statistics)。敘述統計描述資料概況，例如數據分布的樣式、平均或中間位置的數值、資料的離散程度等等。都市常見的綠繡眼很小隻，但是有多小呢？我們可能很想知道牠的體重平均有幾克重，或是嘴喙平均幾公分長；個體之間的重量差異是不是很大，或大小其實差不多？描述所蒐集到的數據，就是敘述統計。而郊山森林與市區公園綠地都有綠繡眼，但是環境條件及資源不同，面臨的掠食與競爭壓力也不一樣。如果想知道郊山森林與都市分布的綠繡眼，其體型大小會不會因此有所差異，除分別描述兩地綠繡眼的體型數據之外，還要看這些數據大小的不同，是抽樣誤差造成的，還是真的不一樣；這就是推論統計。

　　描述資料有兩個途徑，一是繪圖，另一是以數值描述。但是不管繪圖或數值描述，都必須先弄清楚變數的類型：所收集的資料，是屬於類別變數 (categorical variables)，還是計量變數 (quantitative variables)？這兩者，不論繪圖或以數值描述，方式都不一樣。鳥類個體的性別、羽色、是否有蹼，是類別變數。鳥的體重、身長、跗蹠長，則是計量變數。計量變數還可進一步區分為連續計量變數 (continuous quantitative variable) 與離散計量變數 (discrete quantitative variable)。測量綠繡眼的體重有幾克，數值可以到小數點之後；小數點位數，視測量工具精密度而定。體重是連續計量變數。另一方面，一個研究樣區有幾隻綠繡眼，也就是綠繡眼的個體數，則只會是整數，不會有小數點。有幾隻鳥，是離散計量變數。但如果問每公頃森林平均有幾隻綠繡眼？此時變數是綠繡眼的族群密度，數值可能有小數點，屬於連續計量變數。

6.1 繪圖

　　拿到資料，一定要先畫圖！ 繪圖是瞭解一組資料的樣貌，例如數據分布的中心位置、離散情形、形態（兩側對稱或偏態、單峰或多峰分布）、有無極端值等等，最直接而簡便的做法。**繪圖也是檢視數據適不適合使用某些分析方法的簡便判斷方式。** 例如在簡單線性迴歸分析之前，先繪製散布圖，若兩變數之間的資料分布呈非線性關係，就應該先經過數值轉換之後再分析，或以非線性方式分析之；若未繪圖檢視資料，即直接以線性迴歸分析之，就會發生錯誤。

6.1.1 長條圖

長條圖 (bar charts) 用在類別資料的繪圖，目的在比較不同類別的數量。例如比較調查到的每一種鳥的數量；一種鳥是一個類別。注意，由多到少的排序，會讓長條圖所要傳遞的訊息更容易被接收到。圖 6-1 是一個典型的長條圖例子。這是以臺南龍崎某一 BBS 樣區在 2024 年的調查資料繪製而成。將鳥種依調查到的個體數之多寡排序，可以更清楚瞭解該樣區各鳥種的相對豐富度。

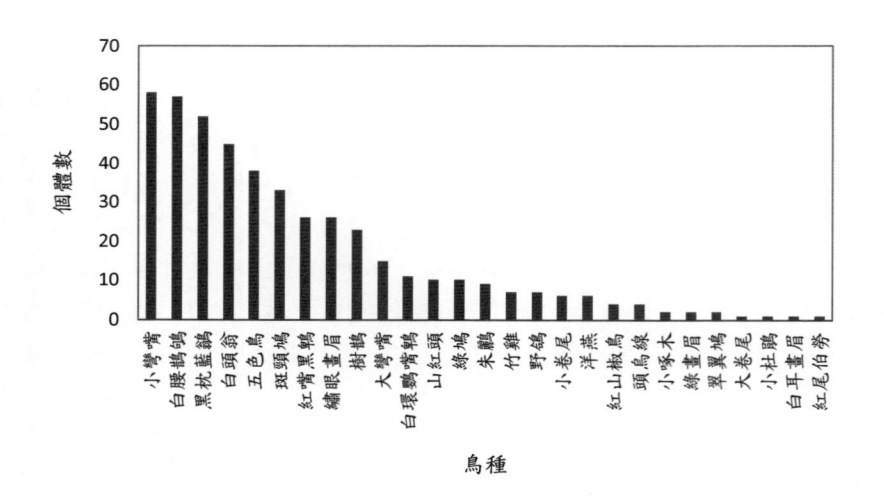

圖 6-1 臺南龍崎一 BBS 樣區在 2024 年調查得到的各鳥種個體數之長條圖。

另外，也有人使用圓餅圖 (pie charts) 做類似比較。但圓餅圖有以下缺點：
1. 只能以百分比呈現；
2. 難以比較不同類別之間的差異；長條圖可以直觀地比較每一類別的長條高度，但是圓餅圖很難一眼看出每一分切的面積或圓弧長度的差別；

3. 長條圖可以在每一長條標上誤差線 (error bar)，以方便評估其差異的顯著性，但圓餅圖無法如此操作；
4. 雖然用顏色或圖形區分每一分切，但還是很難與圖例對照；尤其超過 4 類就很難閱讀。當然，也可以將類別的名稱標示在每一分切的旁邊；但是當類別太多時，每一分切會變得很狹小，還是難以在旁標示名稱。

無論如何，除非少於 4 個類別，並且要表現類別之間的比例，不然**科學論文或報告非常不建議使用圓餅圖**！另外，雖然不建議使用圓餅圖，但還是要提醒，圓餅圖一定是一個「完整」的圓，也就是全部比例加起來必須是 100%。如果不到 100%，類別中要加入「其它」項，使之成為一個完整的圓。

6.1.2 直方圖

直方圖 (histograms) 用來展現計量變數的資料分布情形。圖 6-2 是 2007 年在太魯閣國家公園的中橫公路沿線，繫放的 87 隻繡眼畫眉之跗蹠長直方圖。從圖中可以發現數據呈輕微右偏的左右對稱之單峰分布。圖中的平滑曲線也清楚地呈現直方圖鐘形分布的樣式；惟必須注意的是，趨勢線並非直方圖內容的要素。從圖中也可以看到數據分布中心大約在 21–21.5 mm 之間；實際之樣本平均值 21.42 mm，中位數 21.36 mm。另外，在 24–24.5 mm 之間，存在離群值。

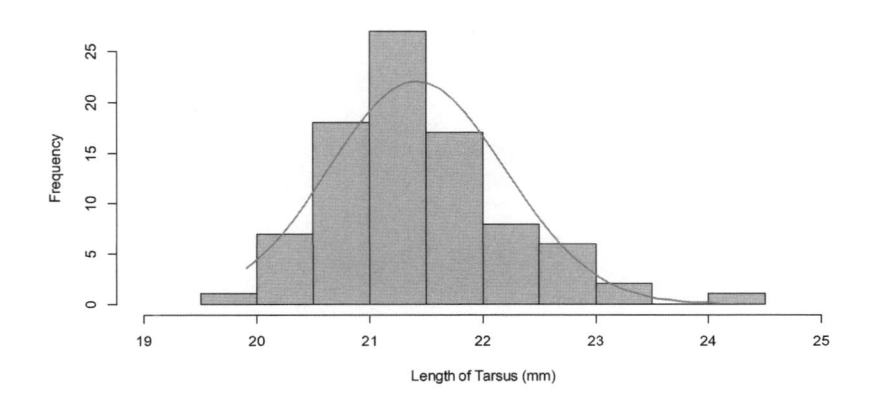

圖 6-2 於 2007 年在中橫公路東段沿線繫放的繡眼畫眉之跗蹠長直方圖。

如圖 6-2，從直方圖，可得到數據分布的形狀。關於數據分布形狀，通常關注是否左右對稱，或右偏（有少數極大值，使分布的右尾往右延伸）、左偏（有少數的極小值，使分布的左尾往左延伸）、或是多峰分布等。如果是完美的左右對稱，則平均值即為中位數。如果右偏分布，或右尾有極端值，則平均值大於中位數；若為左偏分布，或左尾有極端值，則平均值小於中位數。這是因為**平均值容易受偏離數值影響**的緣故（詳見 6.2.1 節）。

直方圖可以檢視分布形狀之外，還可以觀察數據的分布中心、資料分散情形、或有沒有極端值 (outliers)。不過一張圖只能處理一個變數，所以在實際應用上，多以盒形圖 (box plots) 取代之。另一個與直方圖功能類似的，是莖葉圖。但莖葉圖只有在樣本數很少的情形下，才有辦法繪製，且功能與直方圖雷同；**科學研究領域很少使用莖葉圖，可以不用理會**。

6.1.3 盒形圖

盒形圖 (box plots) 同樣展現計量變數的分布情形；由 5 個數值構成：最小值、第一四分位數（數值由小到大排序的第 25%之數值；簡稱 Q1）、中位數（排序中間位置的數值）、第三四分位數（排序第 75%的數值；簡稱 Q3）及最大值，如圖 6-3。

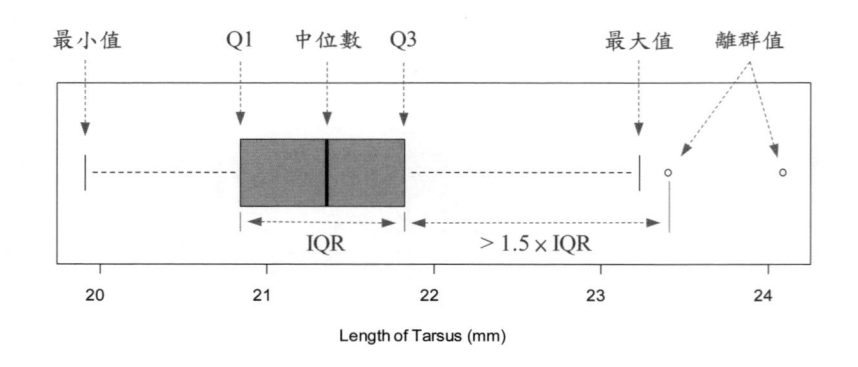

圖 6-3 於 2007 年在中橫公路東段沿線繫放的繡眼畫眉之跗蹠長盒形圖。

盒形圖的中位數指出中心位置。Q1 與中位數及中位數與 Q3 的距離及差異，以及最小值與 Q1 及 Q3 與最大值的距離及差異，反映數值的分布形狀及離散情形。圖 6-3 一樣是 2007 年在中橫公路東段繫放 87 隻繡眼畫眉的跗蹠長。圖中可以看到 Q1 到中位數，以及中位數到 Q3 的兩段距離相近，是一個接近左右對稱的分布。但最小值到 Q1 的距離，比 Q3 至最大值的距離短，因此這個分布存在稍微右偏現象。盒形圖另可檢視有無離群值 (outliers)；Q1 到 Q3 的距離稱為 IQR (interquartile range)；一般而言，若觀察值小於 Q1 或大於 Q3 的程度，達到 1.5 倍 IQR，可視為離群值，但此規則並非鐵律。圖 6-3 可看到在最大值之外，另有兩筆離群值。

比較圖 6-2 與 6-3，兩張圖都呈現輕微右偏分布，且有離群值。盒形圖與直方圖都在展現計量變數的分布，但盒形圖可以同時展現及比較多組計量資料，使用上較直方圖靈活而實用。

6.1.4 折線圖

折線圖 (line charts) 用於呈現計量變數在時間序列 (time series) 上的變化趨勢。圖 6-4 是臺南龍崎一個 BBS 樣區自 2012 至 2024 年的白腰鵲鴝個體數紀錄，是一個典型的時間折線圖範例。此圖呈現白腰鵲鴝個體數紀錄隨時間增加的趨勢；2017 年個體數紀錄開始明顯增加，至 2021 年達到高峰並一直維持。

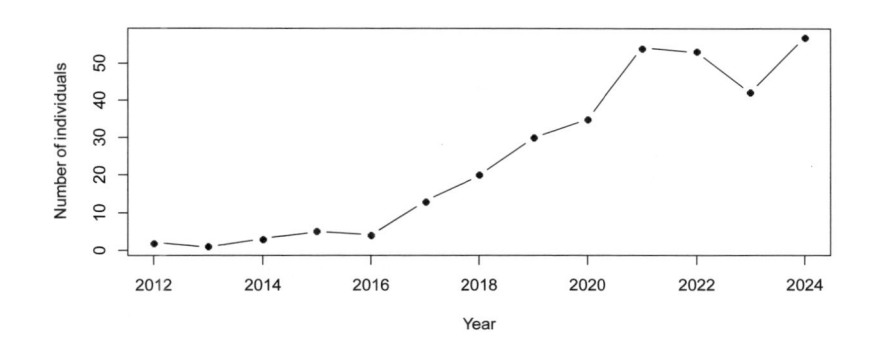

圖 6-4 臺南龍崎一 BBS 樣區 2012–2024 年的白腰鵲鴝個體數紀錄。

折線圖常被誤用在類別資料上。例如以折線圖呈現不同棲地的鳥類個體數紀錄之變化。因為各棲地類別之間，並不具有任何先後順序關係；以線段呈現類別之間數值的變化趨勢，並沒有任何意義。圖6-5以虛構數據解釋為何折線圖不可以使用在類別變數的資料上。圖6-5a鳥類個體數與棲地類型的關係呈現負趨勢，圖6-5b則呈倒U字型變化趨勢。兩組資料完全相同，卻呈現不一樣的變化趨勢，只因為棲地類型的排列順序不同而已。很顯然，不論數據呈現何種變化趨勢，都沒有意義。類別資料的呈現，應該使用長條圖。

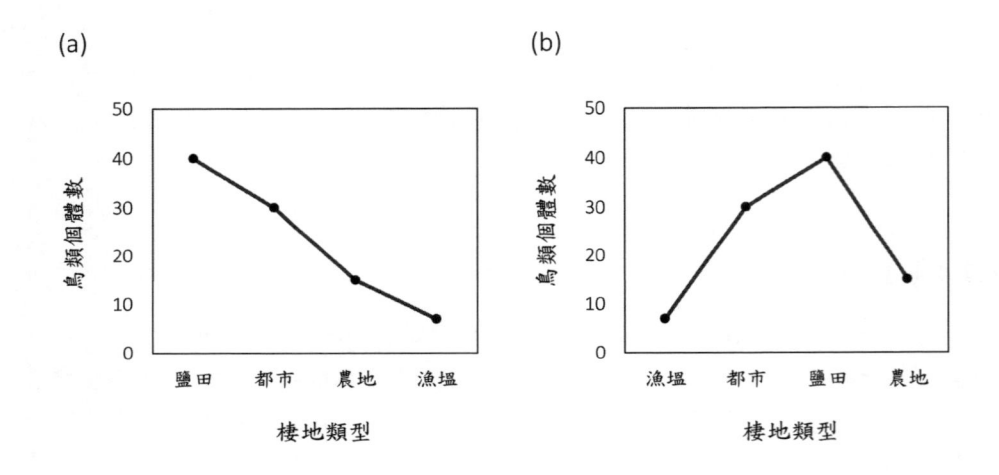

圖6-5 類別變數誤用折線圖的範例。不同的棲地類型之間，並沒有大小或先後順序，不能使用折線圖；圖中(a)與(b)僅僅因為棲地類型的排序不同，資料趨勢即完全不一樣，說明類別變數資料不應使用折線圖。（圖中數據為虛構）

6.1.5 平均值與誤差線

　　平均值常會搭配誤差線 (error bars)。例如在長條圖中，長條頂端為平均值，於其上再加上一段誤差線；或點表示平均值時，以點為中心，向兩側延伸對稱的誤差線。誤差線常用的統計量包括標準差（standard deviation, s.d.; 請見6.2.2節）、標準誤（standard error, s.e.; 請見7.3節）、以及95%信賴區間（95% confidence interval, 95% CI; 請見7.2節）。

圖 6-6 是依據 2007 年中橫公路東段沿線繫放的 87 隻繡眼畫眉之附蹠長繪製而成的平均值、三個誤差線統計量、及盒形圖。圖中誤差線最長的是標準差，最短的是標準誤；因為標準誤是標準差除以樣本數的平方根，因此標準誤一定比標準差小。在這個例子中，95% CI 的誤差線長度在中間，這是因為樣本數夠大 ($n = 87$)，故自由度夠大而使 t 值較小之故。另外，圖中可看到平均值（中間圓點）大於中位數（盒形圖中間線），且盒形圖的最小值到 Q1 長度也小於 Q3 到最大值長度，說明這是一個右偏的分布（詳見 6.1.3 節及圖 6-3）。

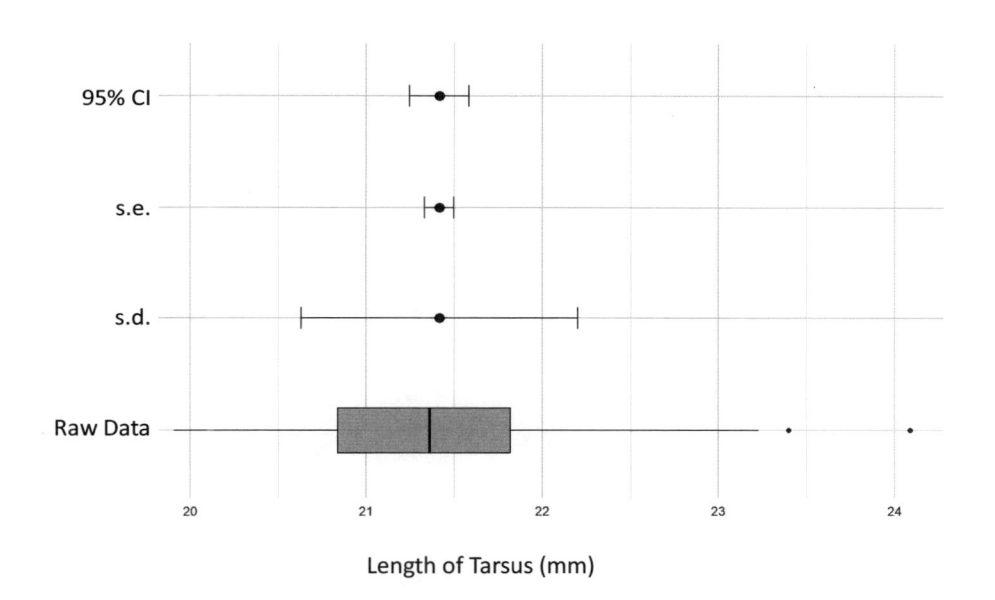

圖 6-6 於 2007 年在中橫公路東段沿線繫放的繡眼畫眉之附蹠長平均值及 95%信賴區間 (95% CI)、標準誤 (s.e.)、標準差 (s.d.)，以及盒形圖 ($n = 87$)。

使用什麼統計量當誤差線，視欲傳遞的資訊而定。標準差顯示樣本數據的離散程度（詳見 6.2.2 節）。標準誤與 95% CI 則用於推估樣本所來自的母體之平均值範圍（詳見 7.1 至 7.3 節）。也就是說，**敘述統計用標準差，以顯示資料結構變異性；推論統計用標準誤或 95% CI，以指出母體平均值範圍**。

誤差線的統計量建議使用 95% CI。一般而言，若只有一組資料，則繪圖目的多在展示資料結構，因此應該繪製直方圖或盒形圖，但以直方圖較為合適；無論如何，僅有一組資料時，很少繪製長條圖或平均值，再加上誤差線。而若同時繪製多組資料在一張圖上，則目的顯然在比較不同組別之間的平均值差異。因為目的在比較，屬於推論統計範疇，應該使用標準誤或 95% CI。然而在視覺判斷上，95% CI 提供更直接的訊息。

兩樣本的 95% CI 之重疊度，可大致反映平均值差異在統計上的顯著性 (Cumming and Finch 2005)[15]。若完全未重疊，則可以合理推測兩者平均值差具有統計上的顯著性（關於統計顯著性，請見 7.5 節）。若重疊寬度小於兩樣本平均值差的絕對值之 1/2，即 overlap width $< 0.5 \times |\bar{x}_1 - \bar{x}_2|$，其中 $\bar{x}_1$ 與 $\bar{x}_2$ 分別是兩樣本的平均值，則兩者平均值差也非常可能具有統計上的顯著性。或者，如果重疊寬度小於單組的 95% CI 長度的一半，經驗上，也意謂著平均值有顯著差異。上述各種情形，都很容易藉由視覺予以直觀判斷。當然，這些視覺判斷方法並非嚴格的統計檢定，且在樣本數較小或變異數不均時，可能會導致誤判。因為 95% CI 是基於單一樣本的組內變異估計而得；而兩樣本的平均值差之檢定，涉及的，卻是兩樣本的合併變異（pooled variance；請見 8.3 節）；因此，平均值與誤差線只能提供一個粗略的視覺判斷。謹慎做法，還是必須透過統計檢定，以確認平均值是否有顯著差異。

相對而言，標準誤無法在視覺上，直觀地比較類別之間的平均值差異。標準誤還必須乘上設定的信心水準及樣本自由度所對應之 t 值，以得到邊際誤差。而樣本大小不同時，因自由度不同，在一樣的信心水準之下，會有不一樣的 t 值。這使得標準誤更難被用來直觀地比較樣本之間的平均值差異。統計圖的目的在於視覺化地傳遞數據訊息，**資訊傳遞的效率或有效性是繪圖重點**。而多組樣本的平均值加誤差線的目的既然是在比較樣本平均值，當然應該直接以 95% CI 為誤差線，以有效傳遞組間平均值差異的資訊。

最後，若同時繪製多組資料，目的卻僅在於展示各組資料的結構，而非比較各組平均值差異，則誤差線統計量當然應該使用標準差。但使用平均值加標準差誤差線有兩個缺點，一是很容易被認為樣本的分布左右對稱，但實

---

[15] Cumming, G. and S. Finch. 2005. Inference by eye: confidence intervals and how to read pictures of data. American Psychologist 60(2): 170–180.

情不見得如此；其次是，只能指出資料的平均值及離散程度。另一方面，盒形圖則藉由最小值、Q1、中位數、Q3 及最大值，提供更多資料結構細節。一般在展示多組資料的數據結構時，不會繪製平均值加誤差線；相較之下，盒形圖提供更豐富的數據結構資訊，尤其適合資料分布可能不對稱的情境。

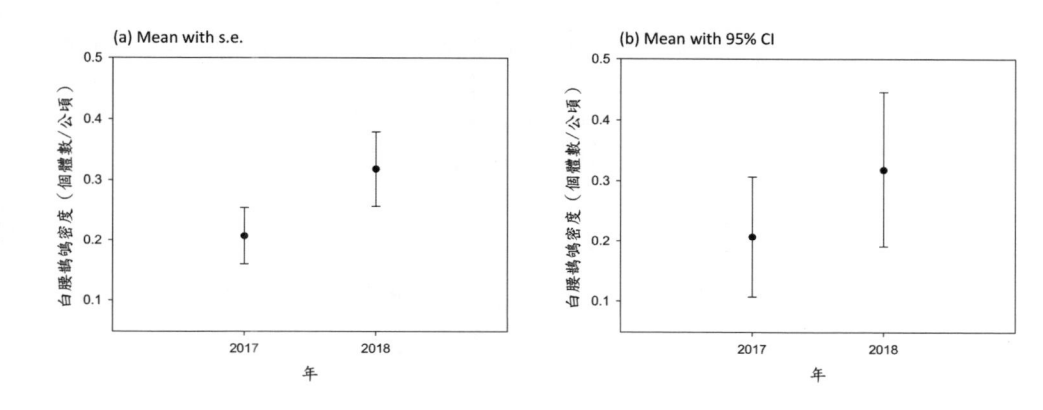

圖 6-7 臺南龍崎一 BBS 樣區 2017 及 2018 年繁殖季的白腰鵲鴝平均密度（個體數/公頃）。圖中(a)誤差線為標準誤；(b)誤差線 95% CI。

    圖 6-7 是臺南龍崎某一 BBS 樣區 2017 及 2018 年白腰鵲鴝的平均密度。個體密度是以樣點半徑 100 公尺為有效察覺面積計算而得。圖 6-7a 誤差線為標準誤，2017 與 2018 年完全沒有重疊，兩年之間的密度看起來似乎不同。圖 6-7b 誤差線為 95% CI；2017 與 2018 年的 95% CI 重疊寬度幾乎與兩年間的平均值差相當，意謂著兩年之間的平均值沒有統計上的顯著差異。很顯然，比起 95% CI，標準誤無法直觀且簡潔地傳達樣本之間平均值差異的訊息。當然，本例若以 two-sample *t* test 或 permutation test 推論兩者平均值差異，會更為嚴謹。

6.1.6 散布圖

散布圖 (scatter plot) 用來描述兩組計量資料之間的關係。

圖 6-8 的四個小圖是以模擬資料繪製而成的散布圖。從散布圖，可以觀察兩組計量資料所構成的樣式，是線性、曲線、群集狀或沒有任何具體樣式；若有線性趨勢，則可以看趨勢是正向或負向；也可以藉由資料點的離散情形，瞭解趨勢的強度；另外，還可以觀察是否有離群值。當欲進行兩組計量資料的統計推論時，應該先繪製散布圖，以確認兩者關係，是否適用特定的統計分析方法。例如兩計量變數必須具有線性關係，才能做相關分析（詳見 9.1 節）。切忌未繪圖檢視資料，即做統計推論。

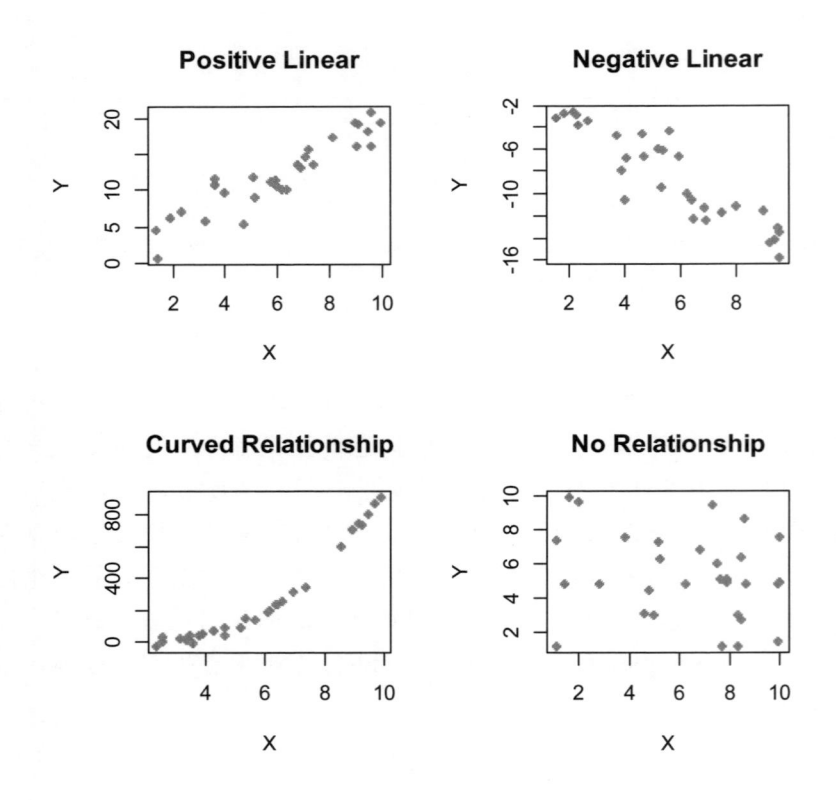

圖 6-8 以模擬資料繪製的四個散布圖樣式，包括線性正向關係、線性負向關係、曲線關係、以及無關係。

6.2 以數值描述

6.2.1 中央趨勢

中央趨勢有兩個統計量，一是平均值 (mean)，另一是中位數 (median)。平均值一般使用算術平均。中位數則是將數值由小到大排序，取中間位置的觀察值之數值大小為中心位置的指標；若有偶數個觀察值，則取中間位置的兩個觀察值之平均為中位數。

平均值與中位數都是一組數據的中央位置之指標。當數據呈現近乎左右對稱時，平均值與中位數差異不大。但是極度偏態或有極端值時，**平均值會受到極端值影響**；但**中位數不太受極端值影響**。若數值呈現偏態或有極端值時，用中位數指出數據中心，會是較佳的選擇。例如想要知道一般人的綜合所得時，用中位數，比用平均值更能貼近普遍受薪階級的真實狀況。

6.2.2 離散情形

一組數據的離散情形，用標準差描述。標準差 standard deviation；常簡寫為 SD 或 s.d.。標準差描述數據的離散程度，數值愈大，表示數據的變異性愈高。在測量數據的情境下，標準差也反映測量結果的穩定性。

如果要觀察一組數據的分散情形，最直觀的想法就是看每一個觀察值與這組數據平均值的偏離程度。我們將每一觀察值減去平均值，得到觀察值與數值分布中心的距離。如果我們想知道這個偏離值的平均有多少，直觀的想法就是把每一個觀察值與平均值的差值加總起來，再除以樣本數。但既然是每一觀察值與平均值的差值，則累加起來，結果就會是零：

$$\sum_{i=1}^{n}(x_i - \bar{x}) = 0$$

為解決這個問題，我們將該距離先平方以消除正負號，再予以加總。也就是：

$$\sum_{i=1}^{n}(x_i - \bar{x})^2$$

這數值稱為離均差平方和（sum of squared deviations from the mean；中文也

稱為「差方和」），一般以符號 SS (sum of squares) 代之。此數值即是一組數據的總變異量。

但這時出現另一問題：由於 SS 是數據變異總和，隨樣本數增加而變大，無法作為衡量數據離散程度的標準化指標，這樣還是無法評估數據離散程度。我們因此將全部平方和除以自由度 (degrees of freedom, df)，即 $n-1$（n 為樣本數），以解決樣本大小產生的問題；得到的數值稱為變異數 (variance)：

$$s^2 = \frac{1}{n-1}\sum_{i=1}^{n}(x_i - \bar{x})^2$$

樣本平均值是由所有樣本點計算得出，因此各樣本點與樣本平均值的差異，即離均差，並非完全獨立。在 n 個樣本點中，只有 $n-1$ 個離均差是獨立的，因為最後一個離均差可由前面的差異推算出來。因此自由度即為 $n-1$。自由度反映了估計過程中用掉的參數量。在計算樣本變異數時，已先用樣本數據估計一個參數，即樣本平均值 $\bar{x}$，所以自由度從 n 減為 $n-1$。

樣本總變異量 SS 之所以要除以自由度，是因為自由度代表了貢獻 SS 的獨立資訊數量。換句話說，每個獨立的離均差都為 SS 提供了一個額外的資訊來源，因此應使用自由度來標準化變異量。

從另一個角度來看，當使用樣本平均值 $\bar{x}$ 而非母體平均值 μ 計算變異數時，所得到的期望值會系統性地小於母體變異數 σ^2。具體而言，這個期望值比母體變異數稍小，為 $(n-1)/n \times \sigma^2$。為了獲得母體變異數的無偏估計，需要將離均差平方和除以自由度 $(n-1)$，而非樣本數 n。這樣修正後的樣本變異數 s^2 的期望值剛好等於母體變異數，從而達到無偏估計的目的。

變異數衡量數據的變異程度，但其單位是原單位的平方，與原始數據的單位不同。因此，在直觀描述離散程度時，通常取其平方根，即標準差，以回復與原始數據相同的單位。例如本來單位是公尺，變異數的單位卻是平方公尺。原始數據是線段長度，卻用面積大小當作離散情形的指標，顯然不合理。因此必須取平方根，以回復測量單位；變異數的平方根，就是標準差：

$$s = \sqrt{\frac{1}{n-1}\sum_{i=1}^{n}(x_i - \bar{x})^2}$$

6.2.3 標準差的表示方式

敘述標準差時，應**避免使用「平均值 ± 標準差」的寫法**。例如若森林鳥類調查結果，平均 10 隻鳥，標準差 3 隻，不應該寫成「10 ± 3 隻」，因為此一表達方式容易與信賴區間混淆，讓人誤以為它代表母體平均值的範圍（誤解之實例請見 7.4 節）。

標準差在衡量樣本數據的離散程度。以「平均值 ± 標準差」呈現數據的變異性，除了容易與信賴區間混淆外，還有幾個問題。首先，樣本數據未必左右對稱分布，但「±」符號卻暗示它是對稱的，因此可以左右各加減一個標準差。其次，標準差只是數據變異性的指標，不代表特定範圍的涵蓋率。即使數據分布對稱，也未必符合常態分布；事實上，t 分布更為常見。因此，單純加減一個標準差，無法根據常態分布機率，推知數據範圍。若想描述數據範圍，與其使用「平均值 ± 標準差」，不如考慮更直觀的指標，例如最小值與最大值，或 Q1（第一四分位數）與 Q3（第三四分位數），這些數據能更直接反映變異範圍，且不受對稱性假設的影響。最後，即便數據符合常態分布，但平均值加減一個標準差也僅涵蓋約 68% 的數據，而一般關心的範圍通常是 95%。總之，「平均值 ± 標準差」的寫法容易造成誤解，特別是當讀者誤將其視為母體平均值範圍時，可能導致錯誤解讀。建議在內文明確表達「每個樣點平均發現 10 隻鳥，標準差 3 隻」；若在表格中呈現，則應將平均值與標準差分開列示，而非合併呈現。

另外，也經常看到「平均值 ± 標準誤」；這是合理寫法。標準誤是抽樣分布的標準差；只要樣本數夠大，樣本平均值的抽樣分布就會近似對稱。且標準誤本來就是用來估計母體平均值的統計量，因此用「平均值 ± 標準誤」表達抽樣分布的變異性及母體平均值範圍，是合理的。然而，即便如此，若目的是提供母體平均值範圍的資訊，直接使用 95% CI 會更為直觀易讀。

6.2.4 其他用來描述數據的統計量

變異係數 (coefficient of variation, CV)：變異係數是標準差除以平均值，通常以百分比顯示：$CV = s/\mu \times 100$。標準差度量一組數據的離散程度。但是當要比較不同樣本之間的資料離散程度時，則必須考慮數據的量級是否相當。

當數據集 (dataset) 之間的量級不同時，例如一組數據的數值範圍介於 50–100 之間，另一組數據的數值範圍則在 5000–10000 之間時，則單純比較兩者的標準差可能產生誤導。因為量級較大的數據集，標準差也可能較大。變異係數則透過標準差與平均值的比值來衡量變異性，使其適用於跨量級的比較。

眾數 (mode)：一組計量數據中，出現最多次的數值，稱之為眾數。這是最不切實際且毫無應用價值的統計量；大概只有迷信樂透明牌數字的人覺得眾數是有用的。連續計量資料不會有眾數；如果有，可能是測量儀器不夠精密所致。只有離散計量資料，才有眾數的可能；但問題是，**出現最多次的數值是哪一個，通常不是什麼有用的資料特徵**。另外，可能有人認為飲料店統計最受歡迎的品項，或選舉時得票最高的候選人，都是眾數的實際應用例子；但飲料品項或每位候選人，都是類別變數，出現次數最多者，並非所謂眾數。總之，眾數是沒有實用價值的統計量，現代的統計學教科書完全沒有必要詳細解說眾數這種過時的內容。

峰度 (kurtosis) 與偏態 (skew)：峰度與偏態在衡量數據分布形狀，常被用以判斷是否符合常態性。因為計算簡單，適合手算，於電腦不發達年代至為重要。但在現代統計分析中，以 Q-Q plot 的視覺化方法評斷更為直觀，或以如 Shapiro-Wilk test 的統計檢定判斷則更為嚴謹。在可以方便地使用統計軟體分析資料的今天，峰度與偏態已經顯得過時。一樣地，現今統計學教科書已完全沒有必要詳細講述峰度與偏態。

第七章 推論統計的基礎

古典統計推論，例如 Z 檢定 (Z-test)、t 檢定 (t-test)、卡方檢定 (Chi-square test) 或變異數分析 (Analysis of Variance, ANOVA) 等，都屬於頻率學派統計 (frequentist statistics)，又稱頻率學派推論 (frequentist inference)。另一常見的統計學派是貝氏統計 (Bayesian statistics)。在頻率學派的觀點中，母體參數 (population parameters)，例如平均值 μ，被視為未知但固定的值，而非隨機變數。透過重複隨機抽樣，可以得到樣本統計量 (sample statistic) 的抽樣分布 (sampling distribution)，例如樣本平均值的相對頻率分布。在樣本數夠大時，這種抽樣分布通常可以用某個機率分布，例如常態分布來描述。因此，可由樣本統計量估計母體參數的可能範圍，亦即信賴區間 (confidence intervals)；並透過 p 值來衡量在虛無假設 (null hypothesis) 為真時，觀察到樣本統計量極端程度的機率，以此推論樣本統計量是否與虛無假設的母體參數有顯著差異。

目前統計學教學與應用主要仍以頻率學派為基礎，但在某些應用領域，貝氏統計也逐漸受到重視。本章介紹頻率學派推論的基本概念。

但在推論統計之前，必須先瞭解何謂樣本。

樣本是一組來自母體的觀測資料，是統計分析的基本分析單元。統計學的核心在於探究整體趨勢，而非關注個別觀察值的隨機變異。我們利用樣本中所有觀察值所呈現的集體特徵，例如平均值與標準差，來推論母體參數。然而，除非是極端離群值，我們通常不會特別關注樣本中的單一個體，因為個別觀察值受隨機性影響，大多數情況下，沒有予以詮釋的必要。

在規劃鳥類調查，或分析 BBS、eBird 等開放資料之前，應先界定母體的時空範圍，以明確定義「一份樣本」的標準。例如，決定樣本是否應涵蓋所有季節，或僅特定月份；決定取樣空間的地理邊界、棲地斑塊、或是棲地類型。這樣才能合理規劃鳥類調查，包括設定樣區位置、選擇調查方法、確定每份樣本應包含的樣點數量與重複調查次數。

另外，在同一研究報告中，分析單元應保持一致。例如，在迴歸分析（9.2 節介紹）將 BBS 樣區 (sites) 視為分析單元時，在排序分析（第十四章介紹）就不宜改為以樣點 (points) 為單元，否則可能導致不同分析方法的結果難以比較，甚至影響解釋的一致性。

7.1 中央極限定理

從母體抽取大小為 n 的簡單隨機樣本（simple random sample, SRS；亦即母體的每一個體被抽到的機率完全相等之下，所抽取得到的樣本），計算樣本平均值 $\bar{x}$；若重複抽取非常非常多的 SRS，例如 1,000,000 個，就可以得到 1,000,000 個 $\bar{x}$。這些 $\bar{x}$ 所形成的分布，稱為樣本平均值的抽樣分布 (sampling distribution of the sample mean)。

抽樣分布的形狀會受到樣本大小的影響。圖 7-1a 的母體極度右偏。每次從該母體隨機抽取 $n = 2$ 的 SRS，其樣本平均值的抽樣分布呈右偏形狀。若每次抽取的 $n = 10$，則抽樣分布趨近於左右對稱，但仍些微右偏。而當 $n = 25$ 時，則抽樣分布不但左右對稱，且形狀近似於常態分布。從圖 7-1a 可知，不論母體分布長甚麼樣子，就算極度偏態或多峰分布，只要每次抽取的 n 夠大（一般建議至少 30，但也有認為 25 即已足夠；尤其若母體分布接近左右對稱，25 甚至更小即可），則樣本平均值的抽樣分布就會近似於常態分布。

大樣本 ($n \geq 25$) 的抽樣分布，除了形狀近似於常態分布之外，其平均值（也就是全部的樣本平均值 $\bar{x}$ 的平均值）會等於母體平均值 μ，而抽樣分布的標準差則等於母體標準差 σ 除以樣本數 n 的平方根，即 $\sigma/\sqrt{n}$，如圖 7-1b 上半部所示，此即中央極限定理 (central limit theorem)。也就是說，若可以重複抽取夠多的隨機大樣本 ($n \geq 25$)，例如 1,000,000 個，就可以從這 1,000,000 個 SRS 的平均值之平均，得到母體平均值。但實務上，我們只會抽取一份樣本。幸好依據中央極限定理及常態分布機率，我們仍然可以由單一樣本，在給定的信心水準之下，推論母體平均值的範圍（詳見 7.2 節討論）。另外，從以上可知，**抽樣有兩個重點，一是要隨機，另一是要夠大 ($n \geq 25$)**。

附帶一提，經常有人將：「樣本數必須達 30 以上，以符合推論統計的常態分布要求」之說法，誤解為樣本數必須夠大，以使樣本本身的分布呈常態分布。但這裡所謂的常態分布，是指抽樣分布，而非單一樣本自身的分布。

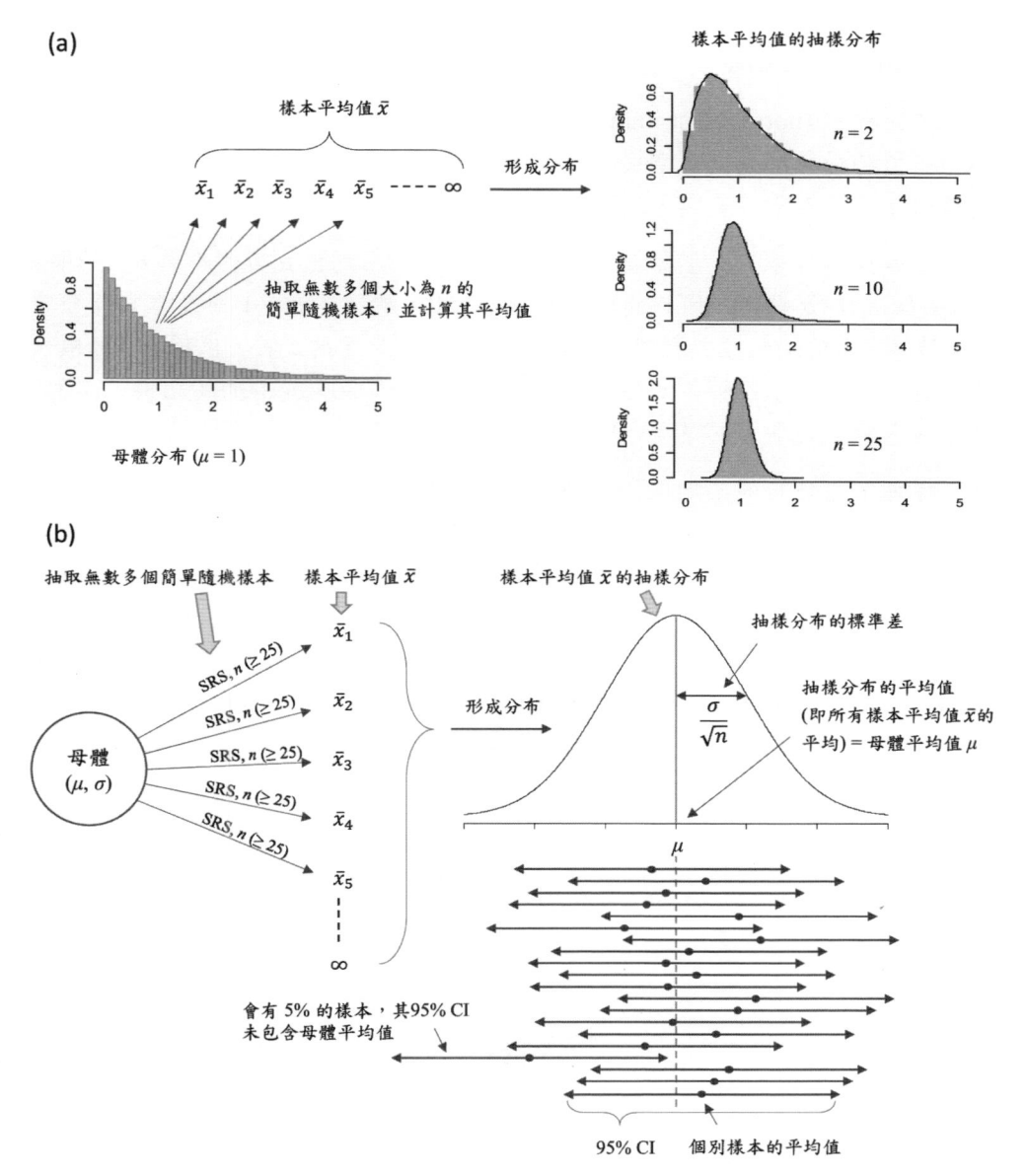

圖 7-1 抽樣分布及推論統計概念。(a)從極度右偏分布且 $\mu = 1$ 的母體抽取大小為 n 的簡單隨機樣本。當 $n = 2$ 時，樣本平均值 $\bar{x}$ 的抽樣分布呈現右偏；隨著 n 增大，抽樣分布漸漸趨向於左右對稱；當 $n = 25$ 時，已近似於常態分布，且其平均值等於母體平均；(b)從平均值 μ，標準差 σ 的母體抽取 $n \geq 25$ 的簡單隨機樣本，則由這些樣本的平均值 $\bar{x}$ 得到的抽樣分布會近似於常態分布，而抽樣分布的平均值則等於母體平均，標準差等於母體標準差 σ 除以樣本數的平方根；依此特性，可由單一樣本，在給定的信心水準之下，推估母體平均值範圍。

7.2 統計推論概念

常態分布 (normal distribution) 是呈鐘形對稱的機率分布；自然界中常見的連續型特徵，如鳥的跗蹠長、種子的重量等，往往近似符合此分布。因為這樣的分布型態非常普遍，故稱之為「常態」(normal) 分布。

常態分布機率密度函數參數包括觀察值 x、平均值 μ 與標準差 σ。若將 x 以 $z = (x - \mu) / \sigma$ 轉換，可以得到平均值 $\mu = 0$，標準差 $\sigma = 1$ 的標準常態分布；將 x 轉換為 z 的過程稱為標準化 (standardized)。此處的 z 值，也稱為 z 分數，其正負號，反映了觀察值 x 在平均值 μ 的左側（負值）或右側（正值）；而 z 分數的絕對值大小，則顯示觀察值與平均值的距離有多少個標準差。

標準常態分布的某個區間之機率，是常態分布機率密度函數在該區間的積分，也就是機率密度曲線的曲線下面積 (area under curve, AUC)。我們可以直接查常態分布機率表，得到 z 值對應的累積機率（統計學教科書幾乎都會附此表；統計軟體或 MS Excel 試算表也可以計算得到）。常態分布機率表通常列出的是左尾累積機率；$z = -1.96$ 時的 $p = 0.025$，$z = 1.96$ 時的 $p = 0.975$；因此 $z = -1.96$ 至 1.96 的區間之機率 $p = 0.95$（因為 $0.975 - 0.025 = 0.95$），如圖 7-2；而 99% 機率範圍的 $z = -2.326$ 至 2.326。

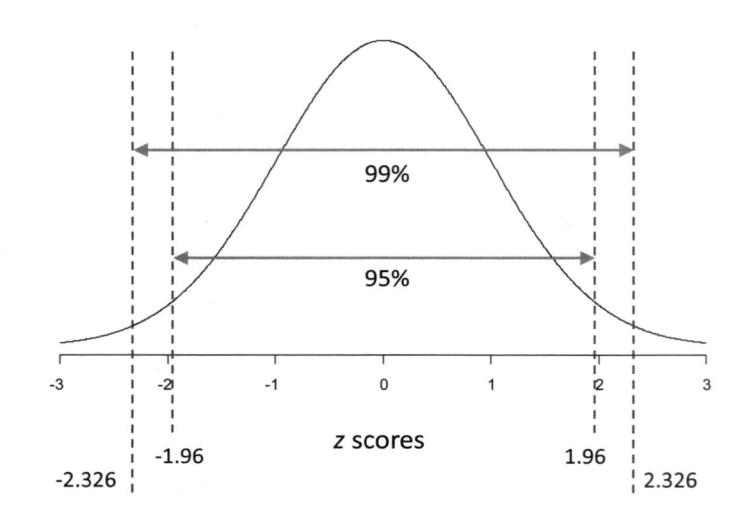

圖 7-2 標準常態分布及 95% 與 99% 機率的 z 值範圍。

延續 7.1 節的討論；我們當然不會抽取 1,000,000 份樣本；實務上，只會抽取 1 份，但**只要隨機且 n 夠大，這份樣本所屬的抽樣分布一定呈現常態分布**。因此雖然只有一份樣本，仍然可以藉由常態分布特性，推估母體平均值。

依據常態分布特性，我們抽取的這份樣本，會有 95% 的機率落在抽樣分布的平均值（也是母體平均值）減 1.96 個抽樣分布的標準差，到平均值加 1.96 個抽樣分布標準差的區間中。反向推論，我們也可以用單一樣本的平均值估計母體平均值範圍。因為抽樣分布的標準差是 $\sigma/\sqrt{n}$，因此若以 95% 的機率範圍估計，則母體平均值會落在樣本平均值 $\bar{x} \pm 1.96 \times \sigma/\sqrt{n}$ 之間；我們把這個數值範圍，稱為信賴區間 (confidence interval, CI)，如圖 7-1b 下方的個別樣本之橫向線段。也就是說，雖然不知道母體平均值為何，但我們有 95% 的信心，知道它會出現在 $\bar{x} \pm 1.96 \times \sigma/\sqrt{n}$ 之間；只是在 100 次的估計中，會有 5 次估計出來的區間，其實並未包含母體平均值。要注意的是，95%信賴區間經常被錯誤解讀成「母體平均值有 95% 的機率出現在此區間之中」。但母體平均值是多少，並非機率問題；母體平均值是一個確定的數值，只是我們不知道而已。**信賴區間是在多次重複實驗中，真實參數值落入此區間的比例**。因此 95% 信賴區間的正確說法是「100 次估計得到的區間，其中有 95 次會包含母體平均值，而有 5 次會猜錯」。

信賴區間 CI 可用下式表示：

$CI = \bar{x} \pm m$

$m = z^* \times \sigma/\sqrt{n}$

其中，m 稱之為邊際誤差 (margin of error)；z^* 則是給定的信心水準之下，對應的 z 之絕對值，例如 95% CI 的 $z^* = 1.96$，而 90% CI 的 $z^* = 1.645$。

我們對信心水準與邊際誤差的期盼其實是扞格的。信心水準愈高，邊際誤差就愈大。但理想上，我們卻希望信心水準愈高愈好，而邊際誤差則愈小愈好。信心水準太低，例如 50%，則推估得到的信賴區間，有一半可能，會漏掉母體平均值，那麼這個推估根本沒有意義。如果提升信賴水準到很高，例如 99%，則估算的信賴區間，幾乎一定會包含到母體平均值；但這樣的信賴區間卻會非常大，而失去實用價值；例如推估臺灣成年男子平均身高，若信賴區間介於 100 到 240 公分，看起來絕對不會有錯，卻一點實用價值也沒有。如何在高信心水準之下，卻又有小信賴區間？唯一做法是增加樣本數，使 $\sigma/\sqrt{n}$ 變小。所以，在母體標準差已知的情況下，**要增加母體平均值估算的精確度，唯一可行做法是增加樣本數**。當然，鳥類調查實務上，我們不會知道母體標準差。因此要增加估算的精確度，有兩個努力方向，一是增加樣本數，使 $s/\sqrt{n}$ 變小（有關 $s/\sqrt{n}$，請見下節說明）；另一是標準化調查方法（請見 3.2 節），以降低樣本標準差 s。

7.3 標準誤

　　如前所述，雖然我們不知道母體平均值 μ 為何，但如果知道母體標準差 σ，還是可以藉由常態分布特性，由樣本的 95%信賴區間（或其它給定的信心水準，例如 90%之信賴區間），推估母體平均值 μ 的範圍。但不幸的是，我們不但不知道母體平均值 μ 為何，其實也不知道母體標準差 σ 是多少。我們知道的，只有樣本的標準差 s。既然如此，我們只好以樣本標準差 s 代替母體標準差 σ。也就是以 $s/\sqrt{n}$ 代替 $\sigma/\sqrt{n}$。這個 $s/\sqrt{n}$，是大小為 n 的樣本，其平均值抽樣分布的標準差，稱之為樣本平均值標準誤 (standard error of the mean, SEM)，用以衡量抽樣分布的離散程度，或是樣本平均值抽樣誤差的大小。如果我們**要估計母體平均值的信賴區間，或是做平均數的統計推論，必須使用 SEM**。

　　一個統計量的標準誤 (standard error)，是該統計量抽樣分布的標準差。任何樣本統計量 (sample statistic) 都可以構成抽樣分布。例如每次隨機抽樣並計算樣本的中位數。如果隨機抽樣 1,000,000 次，就可以得到 1,000,000 個中位數；這 1,000,000 個中位數所構成的抽樣分布，也會有一個標準差，稱之為樣本中位數標準誤 (standard error of the median)。但通常我們會使用的，是樣本平均值標準誤 SEM；如果沒有特別說明，標準誤 (standard error, SE) 通常指樣本平均值標準誤，即 $s/\sqrt{n}$。

7.4 標準差與標準誤的誤用

先說結論：**描述用標準差，比較及推論用標準誤**。只想描述一組數據的離散情形，請用標準差。但若想知道母體平均值介於什麼範圍，例如 95% 信賴區間，或是比較兩組數據的平均值，這是推論，則用標準誤。

很多人搞不清楚何時該用標準差，何時該用標準誤。標準誤是樣本標準差 s 除以樣本數 n 的平方根，即 $s/\sqrt{n}$；因此標準誤的數值比標準差小。常見的誤用是描述一組數據的離散情形時，使用標準誤；因為標準誤數值比標準差小，以為這樣可以顯現所收集到的是高品質或高精密度數據。

另一**常見錯誤，是將標準差當做邊際誤差**。以樣本平均值減標準差推估母體平均值下界，樣本平均值加標準差推估母體平均值上界。犯這樣錯誤的案例並不少見，有可能是受到「平均值 ± 標準差」的習慣表示方式誤導的結果。例如曾有國外學者研究珊瑚礁系統的碳儲存，發現在沉積物上部 25 公分當中，每公頃儲存 7.23 ± 1.30 (mean ± SD) 百萬克的碳 (Mao et al., 2020)[16]；臺灣則有大學教授依此研究結果，在社群媒體發文表示「珊瑚藻生態系每一公頃平均可以封存七百多萬克的碳，標準差正負約一百萬克的碳（最多可達八百萬，最低六百萬）」。這是一個常見的典型錯誤，該文括弧的註解，很明顯是將敘述樣本數據離散情形的標準差，當成估計母體平均值範圍的邊際誤差；而且「標準差正負約一百萬克」的陳述，對於定值且為非負實數的標準差，敘述方式也明顯不適當。標準差正確的呈現方式，請見 6.2.3 節。

所以到這裡，概念應該很清楚了。標準差，是在描述一組資料的離散情形，屬於敘述統計。**要描述一組資料分布的集中或分散情形，請用標準差**；且最好不要與平均值一起，寫成「平均值 ± 標準差」（請見 6.2.3 節）。標準誤，則是描述樣本統計量的抽樣分布之離散情形；目的在推估母體參數。**要推論母體平均值的信賴區間，也就是上界及下界，以及比較或檢定樣本之間的平均值是否相同，請用標準誤**。繪圖或製表要附上誤差線或誤差值時，請先想一下做這些圖表的目的是什麼：是要展現樣本資料的特性，還是要比較不同樣本之間的差異？先想清楚，再選用適當的統計量。若一個表，目的

---

[16] Mao, J., et al. 2020. Carbon burial over the last four millennia is regulated by both climatic and land use change. Global Change Biology 26: 2496–2504.

僅在呈現樣本資料特性，應該使用標準差；而若一個表的欄位有統計方法與 p 值，製表目的顯然在於比較或推論，則應該使用標準誤或 95% CI。另外，不論使用標準差或標準誤，都應該附帶提供樣本數，才能讓讀者可以進一步探究分析結果。

7.5 虛無假設與 p 值

如前所述，依據中央極限定理，從母體抽取大小為 n 的隨機樣本，只要 n 夠大 (≥ 25)，則樣本平均值的抽樣分布會呈常態分布，且抽樣分布的平均值等於母體平均值 μ，抽樣分布的標準差則等於 $\sigma/\sqrt{n}$。抽樣分布的 95% 機率區間介於 $\mu \pm 1.96 \times \sigma/\sqrt{n}$。

假設我們手上有一個大小為 n 的樣本，我們可以檢視這個樣本的平均值 $\bar{x}$ 與母體平均值 μ 的距離（即 $|\bar{x} - \mu|$）是否大於 $\mu \pm 1.96 \times \sigma/\sqrt{n}$；若是，則我們手上的這個樣本，從平均值為 μ 的母體抽取而來的機率低於 5%。因為這樣的機率很低，所以我們可以據此推斷這個樣本不是從該母體抽取得來的。換句話說，樣本平均值 $\bar{x}$ 與母體平均值 μ，具有統計上的顯著差異。

頻率學派的統計推論概念大抵如上所述。我們先假設樣本是從母體抽取而來，故樣本平均值應與母體平均值相同，此為虛無假設 (null hypothesis)。但因為樣本是隨機抽取得到的，因此樣本平均值與母體平均值兩者的數值，不太可能剛好完全一樣；兩者的差異即是抽樣誤差。這差異可以換算成標準誤的倍數，即 $(\bar{x} - \mu) / (\sigma/\sqrt{n})$。如果樣本是從母體隨機抽取得到，則兩者之間的差異只會是抽樣誤差。抽樣誤差應該不會太大；大部分時候，例如 95% 的情況下，這差異的絕對值應該不超過標準誤的 1.96 倍。如果超過，也就是樣本從設定的母體抽取而來的機率不到 5%；因為這機率實在太低了，可以認定兩者的差異不全然是因為抽樣誤差造成。是故，我們斷定樣本不是從該母體隨機抽取而得的；樣本平均值與假設的母體平均值之間，具有統計上的顯著差異。

統計推論的機率值不用百分比，而是以 0 到 1 表示；例如 95%機率就是 $p = 0.95$。決斷的機率值 p，是抽樣分布尾端之累積機率，即 $1 - 0.95 = 0.05$。也就是若樣本是從設定的母體抽取而來，則在 95%的情形下，$p > 0.05$；樣本與母體平均值雖有差異，但僅僅是由於抽樣誤差造成。而若 $p \leq 0.05$，則認為樣本很可能不是來自預想的母體，也就是樣本平均值與設想的數值（即母體平均值）具有統計上的顯著差異。以上的邏輯與過程，即所謂的虛無假設檢驗 (null hypothesis significance testing, NHST)。

虛無假設通用符號 H_0；虛無假設，是假設兩組數據的平均值沒有差異、兩變數之間沒有相關、互相獨立而沒有關聯、或解釋變數不影響反應變數。相對的是替代假設 (alternative hypothesis)，也就是兩組數據的平均值有差異、兩變數彼此相關、兩變數有所關聯、或解釋變數會影響反應變數；通用符號是 H_a 或 H_1。

7.6 單尾或雙尾檢定

推論統計會因為替代假設的樣態，而有兩種決策模式：單尾或雙尾檢定（圖 7-3）。以單一樣本的平均值檢定為例，虛無假設是樣本平均值 μ_1 與設定的數值 μ_0 相同，替代假設為不同時，即：

$H_0: \mu_1 = \mu_0$；$H_a: \mu_1 \neq \mu_0$

則決策依據的 p 值，是抽樣分布兩尾端各自的累加機率值之加總；因為不論大於或小於 μ_0，都是不等於。因此若以 $p \leq 0.05$ 作為決策依據，那麼單一尾端的臨界機率值就是 $p = 0.025$。此稱為雙尾檢定。相對地，若替代假設為 μ_1 大於 μ_0，即：

$H_0: \mu_1 = \mu_0$；$H_a: \mu_1 > \mu_0$

則只需檢視右尾是否達到臨界機率 $p = 0.05$ 即可；此即單尾檢定。同樣道理，若想知道 μ_1 是否小於 μ_0，則假設就會是：

$H_0: \mu_1 = \mu_0$；$H_a: \mu_1 < \mu_0$

此時要檢視的，則是左尾是否達到臨界機率 $p = 0.05$。

假設龜山島及臺灣本島都分布 A 種鳥。依據島嶼法則 (island rule)，龜山島 A 鳥的體型可能比臺灣本島大。若想知道龜山島 A 鳥體重是否比臺灣本島重，就可以在龜山島繫放 A 鳥收集體重資料，並且做統計檢定。假設已知臺灣本島分布的 A 鳥平均體重為 9 g，則此時虛無假設與替代假設分別是：

H_0: $\mu_1 = 9$ g; H_a: $\mu_1 > 9$ g

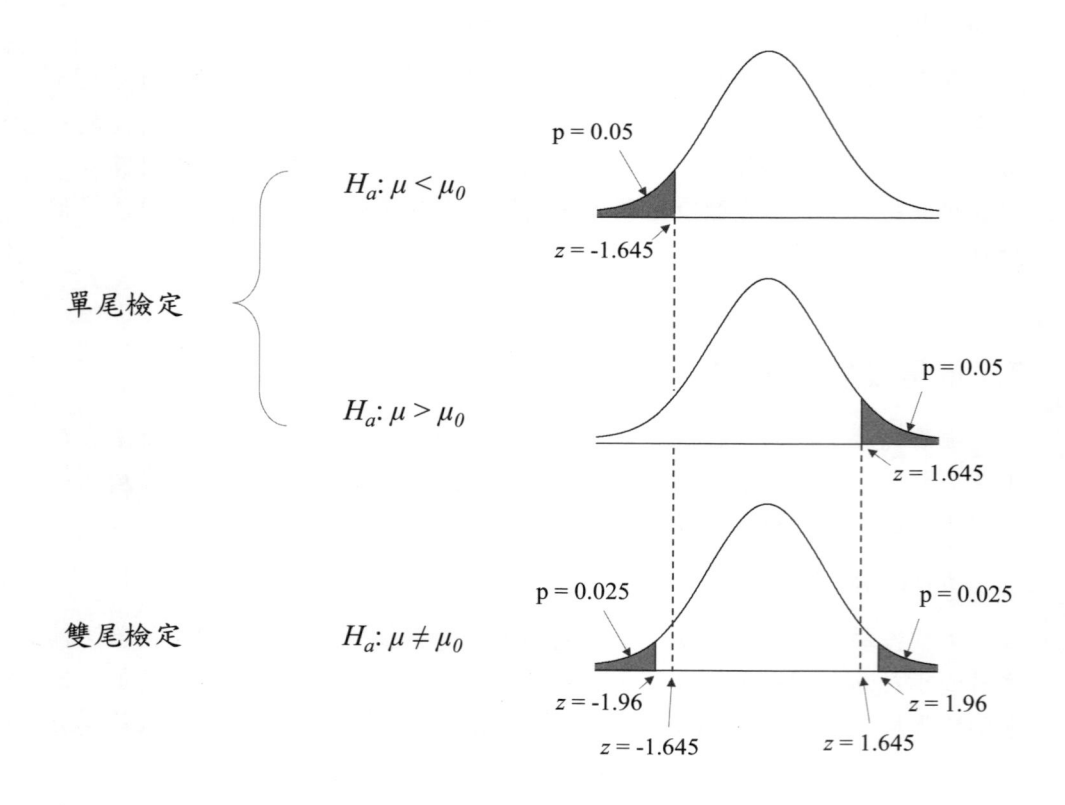

單尾檢定 $\{$ H_a: $\mu < \mu_0$

H_a: $\mu > \mu_0$

雙尾檢定 H_a: $\mu \neq \mu_0$

圖 7-3 單尾與雙尾檢定的概念。當檢定樣本平均值 μ 是否等於母體平均值 μ_0 時，決策依據會因 H_a 的設定而不同。同樣以 $p = 0.05$ 為決斷標準時，不論 H_a 為 $\mu < \mu_0$ 或 $\mu > \mu_0$，拒絕 H_0 的臨界 z 值之絕對值均為 1.645；因為只依據單邊累積機率，稱為單尾檢定。但是若 H_a 的設定是 $\mu \neq \mu_0$，則不論 $\mu < \mu_0$ 或 $\mu > \mu_0$，均是 $\mu \neq \mu_0$，因此須同時考慮兩尾端的累積機率，此時臨界 z 的絕對值為 1.96；稱為雙尾檢定。

要注意的是，決定雙尾或單尾檢定，是看如何問問題。例如前述例子，基於島嶼法則的前提，我們問龜山島 A 鳥的體重是否比較重，這是單尾檢定。但若只是單純地想知道龜山島與臺灣本島的 A 鳥體重是否相同，則是雙尾檢定；因為不論比較重或比較輕，都是不相同。

單尾檢定更易拒絕 H_0，得到在統計上差異顯著的推論。以標準常態分布的 Z 檢定為例，若以 p = 0.05 為拒絕 H_0 的決策標準，則在雙尾檢定中，單一尾端拒絕 H_0 的臨界值是 p = 0.025，其 z 的絕對值為 1.96；但單尾檢定的臨界 z 之絕對值為 1.645。因此若左尾 z 值介於 -1.645 至 -1.96，或右尾 z 值介於 1.645 至 1.96 時，雙尾檢定須接受 H_0，單尾檢定則拒絕 H_0（圖 7-3）。

單尾或雙尾檢定，一定要在做統計推論之前就決定好。常見的錯誤是一開始使用雙尾檢定，但因為統計上不顯著而改採單尾檢定，以達到拒絕 H_0 的期望。這是必須絕對避免的做法。要讓統計分析結果更明確，應該是增加樣本數、採取標準化方法收集及清理數據，而不是在統計分析上隨意操弄程序。

7.7 顯著水準與錯誤推論

到目前為止，我們一直以 p = 0.05 當做決斷標準。如果 p > 0.05 就接受 H_0，也就是統計上不顯著；如果 p ≤ 0.05 則拒絕 H_0 而接受 H_a，而認為統計上顯著。但這引發了兩個問題：一是，難道不會判斷錯誤嗎？另一則是，為什麼決斷標準是 p = 0.05？

	H_0 為真	H_a 為真
拒絕 H_0	第一型錯誤 (Type I error)	正確推論
接受 H_0	正確推論	第二型錯誤 (Type II error)

圖 7-4 兩型統計錯誤：錯誤拒絕 H_0 的第一型錯誤，及錯誤接受 H_0 的第二型錯誤。

統計推論會不會出錯？當然會。錯誤有兩種情形，如圖 7-4：虛無假設 H_0 為真，卻拒絕 H_0，此為第一型錯誤 (Type I error)；另一是 H_a 為真，卻接受 H_0，此為第二型錯誤 (Type II error)。

犯第一型錯誤的機率為 α，其值即是 p 值。例如若 p = 0.05，因而拒絕 H_0，則此決策犯錯的機率就是 0.05。

統計決策判斷的臨界機率，視 Type I error 的代價而定。一般決斷臨界機率值 p = 0.05，是統計學家 Ronald Fisher 於 1925 年在其著作中提出。以常態分布而言，此機率值大約就是平均值加及減兩個標準差的範圍（精確地說，是 1.96 個標準差）。在計算機還不普及的年代，此機率值相對容易由統計表查找出對應的統計量。因此，以 p = 0.05 作為拒絕 H_0 的決斷標準，成為科學研究慣例。但也只是習慣而已。事實上，若能承受較高犯錯代價，將決斷 p 值訂高一點也無妨，例如 p = 0.1。惟若犯 Type I error 的代價很高，則要降低決斷的臨界 p 值，例如改採 p = 0.01 或 0.001。更低的臨界值，可以確保在證據更強的情形下，再拒絕 H_0；也就是讓犯 Type I error 的機率更低。例如若研究人員開發出可有效提升產品品質的新製程，因此有望增加公司收益，但卻需要投入大量成本更動既有生產線硬體，且萬一失敗，營運將出現問題；公司因此需要謹慎評估新製程是否真的能有效提升品質。此時 H_0 是新舊製程的品質沒有不同，H_a 則是新製程品質高於舊製程。因為失敗的代價非常高，這時候就必須將拒絕 H_0 的決斷機率訂得很低，例如 0.01，甚至是 0.001。也就是若要改採新製程，需要有非常確信的結果。相對而言，假設新製程不需要投入硬體建設，只是簡單調整一下生產流程，不用花太多資金。這時候，我們可能就會抱著不妨一試的心態；那麼決斷的 p 值就可以訂得較高，例如 0.05，甚至是 0.1。也就是說，用以決斷的 p 值是浮動的，沒有規定 p 值多少才可以拒絕 H_0，完全是看研究者可以承擔的統計決策錯誤之代價而定。

H_a 為真，卻接受 H_0 的第二型錯誤 (Type II error)，其機率則是 β。要估計 β，必須先明確指出要檢測的效應大小 (effect size)。效應大小是 H_0 與 H_a 的距離，常用 Cohen's d 指標（μ_0 與 μ_1 平均值差，除以聯合標準差 (pooled s.d.)）估計；此距離影響 β 的估計。也就是說，期望的 H_a 不同，犯第二型統計錯誤的機率 β 就會不一樣（圖 7-5）。而 $1 - \beta$ 則稱之為統計檢定力 (statistical power)，即 H_a 為真時，能夠正確拒絕 H_0 的機率。

(a) $H_0: \mu = \mu_0 = 0$

接受 H_0 ← → 拒絕 H_0

$\mu = 0$ 時，$\bar{x}$ 的分布

$\alpha = 0.05$

$\bar{x} = 1.645$

(b) $H_a: \mu = 2.5 > \mu_0 = 0$

接受 H_0 ← → 拒絕 H_0

$\mu = 2.5$ 時，$\bar{x}$ 的分布

$\beta = 0.2$

power = 0.8

(c) $H_a: \mu = 4 > \mu_0 = 0$

接受 H_0 ← → 拒絕 H_0

$\mu = 4$ 時，$\bar{x}$ 的分布

power = 0.991

$\beta = 0.009$

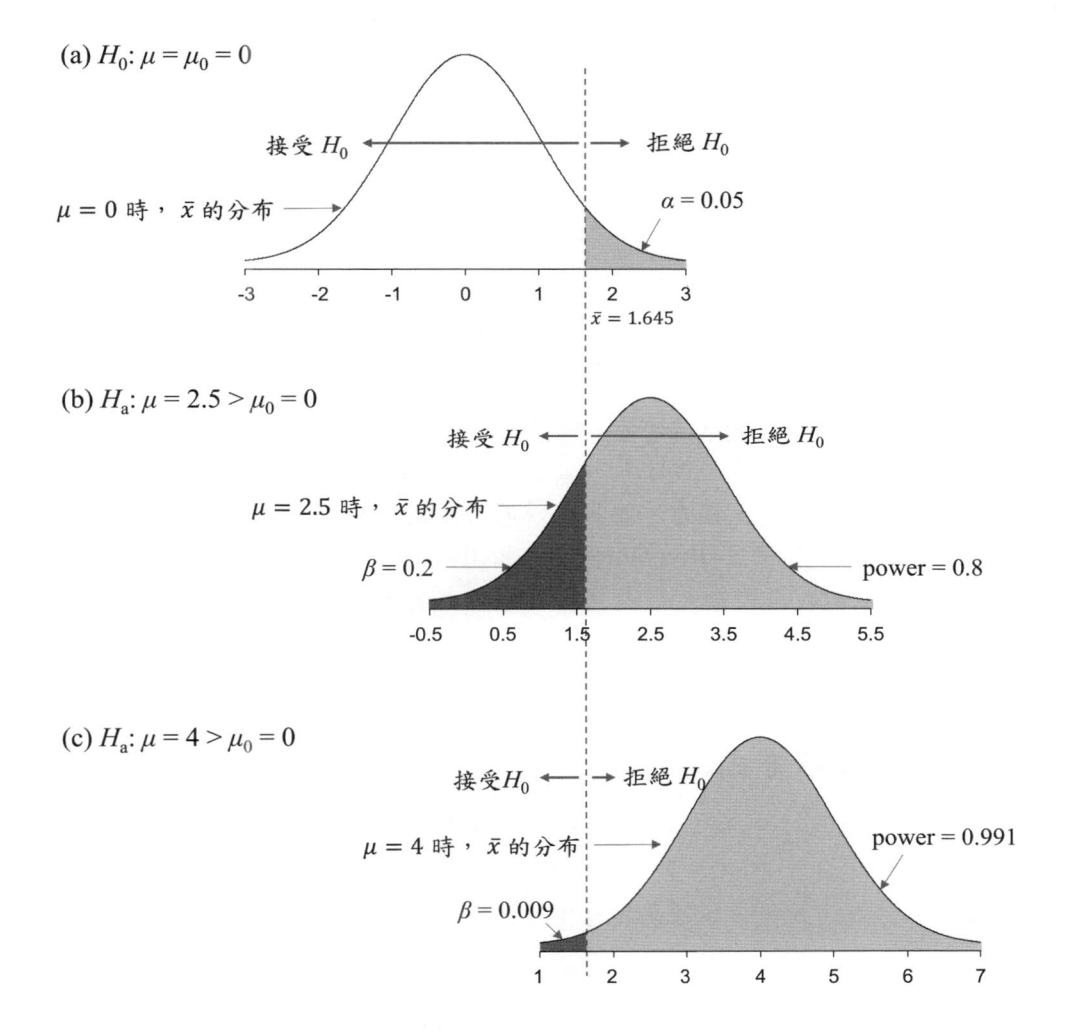

圖 7-5 第一及第二型統計錯誤機率與統計檢定力概念。當 $H_0: \mu = 0$ 且樣本平均值的抽樣分布為標準常態分布時，若單尾檢定的樣本平均值 1.645，則 $p = 0.05$。此時，若(a) H_0 為真，但拒絕 H_0，則犯 Type I error，犯錯機率 $\alpha = 0.05$。若(b) $H_a: \mu = 2.5$ 且 H_a 為真，但接受 H_0，則犯 Type II error，機率 $\beta = 0.2$，統計檢定力 $1 - \beta = 0.8$。若(c) $H_a: \mu = 4$，則 Type II error 機率 $\beta = 0.009$，統計檢定力 0.991。也就是 H_0 與 H_a 差距愈大，統計檢定力愈高。

一般認為 Type I error，也就是錯誤地拒絕真實的 H_0，要比 Type II error，亦即 H_a 為真，卻錯誤地接受 H_0，要來得嚴重。我們通常抱持較保守與謹慎的態度做統計推論。除非有強而有力的證據，否則不輕易接受新的或非常規的現象或解釋。我們因此設立虛無假設 H_0，也就是假設樣本之間的平均值沒有差異、因子之間沒有相關、沒有影響，或假設所觀察到的現象，隨機就能發生，避免強加無謂的解釋。在此邏輯之下，犯 Type I error，要比犯 Type II error 嚴重。因為統計分析結果推論為不顯著時，研究者可以增加樣本數以降低標準誤，或改用其它統計方法（例如 bootstrapping），以得到更確信的結果；或是修改研究方法或研究的假說、甚至是放棄研究。但若是 H_0 為真卻將之拒絕，而犯了 Type I error，則錯誤的研究結論可能被廣為散布而影響深遠。

P 值愈小，發生 Type I error 的機率就愈低。當發生 Type I error 的代價非常高時，我們傾向於讓拒絕 H_0 的決斷機率值愈低愈好。但要注意的是，**接受 H_0，並不代表它就是正確的，而只是說明目前的證據尚不足以拒絕它**。這與科學研究的假設演繹法 (hypothetico-deductive method) 精神類似；科學研究過程不在證明假說是對的，而是想辦法證偽。當無法推翻假說時，只好暫時接受，但不表示假說就是對的。

7.8 P 值的表示方式

傳統在描述統計推論的結果時，常以符號代替 p 值。最常見的是以 * 代表 $p \le 0.05$，** 代表 $p \le 0.01$，*** 代表 $p \le 0.001$；而以 NS (non-significant) 代表 $p > 0.05$。傳統的統計分析結果之符號及意義如表 7-1。

傳統顯著性表示方式至少兩個缺點。一是將等比尺度 p 值化約為序位尺度符號；讀者因而缺乏評估犯錯機率的重要資訊。其次，NS 與 * 之間的分野過於武斷。例如若 p = 0.051 而接受 H_0，但報告只會顯示 NS。讀者無從知道其實只與拒絕 H_0 的臨界值 0.05 差了 0.001。事實上，若願意多承擔 1/1000 的 Type I error 代價，則拒絕 H_0，也未嘗不可。但若不提供 p 值，讀者就無從評估推論結果。因此當今較推薦的做法是如實地報告 p 值，而不是以符號代替。

表 7-1 常用的統計決策符號及對應的 p 值與意義

符號	p 值	決策	意義
NS	$p > 0.05$	接受 H_0	不顯著
*	$p \leq 0.05$	拒絕 H_0	顯著
**	$p \leq 0.01$	拒絕 H_0	很顯著
***	$p \leq 0.001$	拒絕 H_0	非常顯著

7.9 寫下統計假設再分析

P 值用來判斷是否接受或拒絕虛無假設 H_0。最常見的錯誤，是將 p 值當成效應大小或解釋變數重要性的指標。要避免對 p 值過度的解譯，最好的做法，就是**養成寫下虛無假設與替代假設的習慣**。

想清楚虛無假設 H_0 與替代假設 H_a 的設定，可以更清楚瞭解如何解讀分析結果。以簡單線性迴歸（在 9.2 節介紹）為例；此法在檢定解釋變數 x 是否可以解釋反應變數 y。迴歸式 $y = b_0 + b_1 x$，其虛無假設是 $b_1 = 0$，即斜率等於零，也就是不管 x 怎麼改變，y 仍然等於 b_0；解釋變數無法解釋反應變數的變異。而替代假設則是 $b_1 \neq 0$；亦即解釋變數的數值改變時，反應變數的數值會跟著改變；也就是說，解釋變數可以解釋反應變數的變異。如果檢定結果 p 值非常小，代表我們所觀察到的這組數據，來自斜率 $b_1 = 0$ 的母體機率很小。那麼我們就有很大信心說它的斜率 $b_1 \neq 0$，也就是解釋變數可以解釋反應變數。但也僅此而已！至於解釋變數可以解釋多少百分比的反應變數變異，那是另一回事。常見的錯誤解讀：「因為 $p < 0.05$，所以解釋變數很大程度地影響反應變數」。P 值很小，只能說解釋變數可以影響反應變數，但是影響程度是否很大？或雖然會影響，但其實程度微乎其微？要看的是模型的判定係數 (coefficient of determination) r^2。事實上，當樣本數很大很大的時候，縱使是很小的 r^2，p 值也可以很小很小，而達到顯著水準。但是這個統計上的顯著，是指 $b_1 \neq 0$ 這件事情是確信的，而非 r^2 的數值是顯著地大。如果 p 值很小而 r^2 也很小，正確解讀應該是：「解釋變數對反應變數的影響雖然存在，但是解釋變異量的比例非常有限，只有（r^2 的百分比）而已」。再次強調，

迴歸分析的虛無假設與替代假設是在看斜率是否為零；p 值僅在於判斷是否接受或拒絕 H_0。至於解釋變數對反應變數影響的程度、可解釋的比例、或是解釋變數在迴歸模型中的重要性，則完全與模型的 p 值無關。防止這類錯誤解讀的有效方法，是養成做推論統計之前，先正確寫下虛無假設 H_0 與替代假設 H_a，並且謹記 **p 值只在於判斷是否接受或拒絕 H_0**。

再以 two-sample *t* test（在 8.3 節介紹）為例；此法在檢定兩組樣本的平均值是否相同。任意比較兩個計量變數樣本的平均值，絕對可以得到相應結果。例如放一組體重測量值與一組身高測量值，還是可以得到這兩組樣本的平均值有沒有顯著差異的檢定結果，但這顯然沒有意義。我們不會問一群人的平均體重是否與平均身高相同；體重的測量單位通常是公斤重，而身高的測量單位則是公分。問不同單位的測量值是否相同，沒有任何意義；如果兩者的平均值沒有不同，那麼把公分換算成英寸再比較，不就有差異了。

比較測量單位不一樣的兩組樣本平均值是否相同，沒有任何意義；但是在教學現場，卻確確實實發生過這樣的謬誤。曾有學生以 two-sample *t* test 檢定兩組不同計量變數的樣本之平均值。會發生這樣的錯誤，除了未仔細思考每一統計分析方法可以解決的問題外，也是因為沒有先寫下統計假設。如果養成在執行統計檢定之前，先習慣性地寫下該統計檢定的虛無假設 H_0 與替代假設 H_a，就很有機會發現，問平均體重 μ_1 是否等於平均身高 μ_2 這樣的問題，是多麼荒謬的一件事。

任何統計方法都是一個神奇黑箱，只要數據格式沒有問題（例如該用計量變數，就用計量變數），丟數據進去，就會吐出相對應的結果。但是丟垃圾進去，吐出來的，依然是垃圾。這就是所謂的 GIGO，即 Garbage In, Garbage Out。做任何統計檢定，若要避免 GIGO，一定要先想清楚該檢定的虛無假設與替代假設；你會因此更了解這個統計方法是在回答甚麼問題。

第八章 比較平均值

8.1 t 分布與 t 檢定

如前一章所述，依據中央極限定理，若樣本數 n 夠大，則抽樣分布會呈現常態分布，抽樣分布的平均值等於母體平均值，而抽樣分布的標準差則等於 $\sigma/\sqrt{n}$，其中 σ 為母體標準差。我們因此可藉由常態分布機率，推估母體平均值的信賴區間，並進行虛無假設 H_0 的檢驗。但實務上，母體標準差 σ 很難得知，而只能以得到的樣本之樣本標準差 s 取代。小樣本估計有較高的不確定性；不論平均值或標準差，都很容易受到觀察值隨機變動的影響。因此，以樣本標準差 s 取代母體標準差 σ 時，為反映其估計的不確定性，統計推論必須採取保守做法，而以 t 分布取代常態分布。此時，抽樣分布標準差，亦即標準誤，為 $s/\sqrt{n}$。

t 分布的形狀也是左右對稱，通常比常態分布扁平；也因此較為保守，均值差要夠大，才會拒絕 H_0。但 t 分布的峰形會隨自由度增加（即樣本數增加），愈來愈集中而接近常態分布，如圖 8-1；這是因為樣本數增大，估計的不確定性會減小。

相較於常態分布，以 t 分布推論時，信賴區間比較寬；或是相同均值差下，統計推論的 p 值比較大；這反映小樣本的高不確定性。若要以相同的 p 值推翻虛無假設 H_0，則觀察值與平均值之間，以標準誤為度量單位的距離（也就是 t 檢定時的 t 值之絕對值），必須更大；也就是要有更明確證據，才能拒絕 H_0。因為小樣本的不確定性高，需要更保守的推論。而隨著樣本數增加，自由度增加時，t 分布的保守性逐漸減弱，這個決斷的距離也跟著縮短；即相同的 p 值之下，t 值的絕對值會變小。或是相同均值差之下，p 值會隨樣本數增加而減小；因為隨著樣本數增加，小樣本的不確定性漸減，所以 t 分布的形狀漸漸由扁平變為瘦尖。此現象以圖 8-1 說明。圖中分別為常態分布，以及 $df = 2$ 及 $df = 10$ 的 t 分布，以及三個分布的 95% CI。當 $df = 2$ 時，其 95% CI 的 t 值在 -4.303 至 4.303 之間；而 $df = 10$ 的 95% CI 之 t 值則在 -2.228 至 2.228 之間。相同的 95% CI 條件，自由度增加，t 值範圍縮減。

Normal Distribution and *t*-Distributions with 95% CI

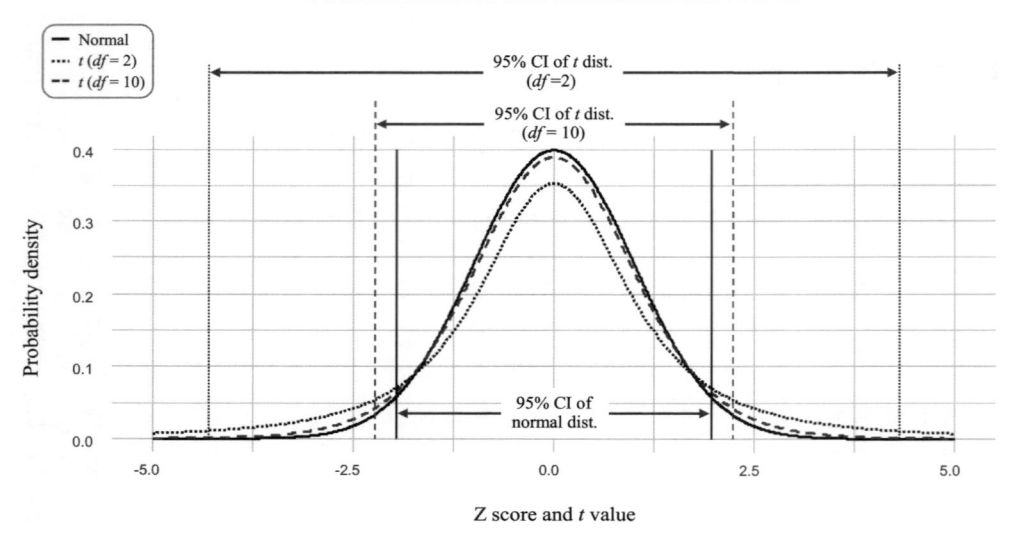

圖 8-1 常態分布及 *t* 分布，以及其 95% CI 範圍。圖中展示常態分布及 *df*=2 及 *df*=10 的 *t* 分布形狀及 95% CI 範圍。隨自由度增加，*t* 分布形狀由扁平而趨於尖凸，並趨近常態分布；95% CI 的範圍也變窄。亦即同樣的均值差，隨樣本數增加，其 *p* 值減小；或是同樣的 *p* 值，樣本數增加，*t* 值的絕對值變小。

8.2 單一樣本平均值的推論 (one-sample *t*-test)

【用途】

檢定單一樣本的平均值 $\bar{x}$ 是否與某特定數值 μ 相同。

【概念】

檢定單一樣本平均值 $\bar{x}$ 是否與某特定數值 μ 相同，其實就是在檢定平均值 $\bar{x}$ 的樣本，是否抽取自平均值 μ 的母體。假設樣本抽取自平均值 μ 的母體，則樣本平均 $\bar{x}$ 應該與母體平均 μ 相同；虛無假設 $H_0: \bar{x} = \mu$。兩者之間若有差異，也是抽樣誤差而已。我們只要檢視 $\bar{x}$ 與 μ 之間的距離有多少個標準誤，也就是計算 $(\bar{x} - \mu) / (s/\sqrt{n})$ 的值，此即為 t 值。再依據該自由度下的 t 分布，得到相對應的 p 值，並據以判定接受或拒絕 H_0。整個推論概念，基本上與 7.5 節相同，差別只在於標準差由母體 σ 改為樣本 s。而平均值 $\bar{x}$ 與 μ 之間距離的度量，則由常態分布的 z 分數改為 t 統計量。而機率分布也由 t 分布取代常態分布。

我們以 t 分布取代 Z 分布（平均為 0，標準差為 1 的常態分布）做統計檢定；當母體為常態分布時，t 檢定結果是完全正確的。但是樣本的真實數據不見得是常態分布；而偏態分布與離群值影響平均值，也因此影響 t 檢定。而依據中央極限定理，此影響隨樣本數增加而減弱。

進行 t 檢定的樣本必須是簡單隨機樣本。當樣本數 $n < 15$ 時，資料必須接近常態分布，且不能有離群值。當 $15 < n < 40$ 時，樣本資料輕微偏態分布還可以接受，但不能有離群值。而當 $n > 40$ 時，此時樣本數已經夠大，即使資料明顯偏態，t 檢定結果仍然是合理可信的；亦即 t 檢定是穩健的 (robust)，推論結果不太受偏態分布及離群值影響。

與 7.6 節討論的單或雙尾一樣，t 檢定也分成單尾或雙尾。至於是單尾或雙尾檢定，要看問題怎麼問？例如假設已知一般狀況下，A 鳥個體密度平均為 μ_0，想知道某樣區 A 鳥的密度 μ_1 是否與平均密度 μ_0 相同，即 $H_0: \mu_1 = \mu_0$，$H_a: \mu_1 \neq \mu_0$，此時是雙尾檢定。而若某樣區受嚴重干擾，想知道 A 鳥密度是否因而少於平均值，即 $H_0: \mu_1 = \mu_0$ 與 $H_a: \mu_1 \neq \mu_0$，則是單尾檢定。

【分析條件】

1. 必須是簡單隨機樣本。
2. 必須是連續計量變數。
3. 樣本數 $n < 15$ 時，樣本的資料必須是常態分布，且不能有離群值。
4. 樣本數 $15 < n < 40$ 時，可以接受輕微偏態分布，但仍不能有離群值。
5. 樣本數 $n > 40$ 時，t 檢定結果是穩健的。

【注意事項】

1. 當樣本數 $n \leq 40$ 時，應以 Q-Q plot 檢查樣本分布是否為常態分布。
2. 應檢查是否有離群值。若有離群值，應瞭解成因；若為數據誤植，則修正；若為真實數據，應選擇其它統計分析方法，而非逕行刪除。
3. 特定數值 μ 必須有理論或明確研究背景支持，而非任意給定。

【常見錯誤】

1. 數據不是簡單隨機樣本。
2. 沒有檢視數據是否為常態分布，或是否有離群值。
3. 沒有先做統計假設（H_0 與 H_a）及決定單尾或雙尾，即進行檢定。
4. 任意決定特定數值 μ。

8.3 兩獨立樣本平均值的比較 (two-sample *t*-test)

【用途】

檢定兩獨立樣本的平均值是否相同。

【概念】

若一計量變數有兩獨立樣本，我們想知道兩樣本的平均值是否相同，這時可以使用兩樣本 *t* 檢定 (two-sample *t*-test) 推論之。兩獨立樣本 *t* 檢定的概念如下：若從一母體每次獨立且隨機抽取兩份樣本，可以得到兩個平均值，$\bar{x}_1$ 與 $\bar{x}_2$。既然抽取自同一母體，則預期 $\bar{x}_1$ 應等於 $\bar{x}_2$，而 $(\bar{x}_1 - \bar{x}_2)$ 則等於 0。但因為抽樣誤差，$(\bar{x}_1 - \bar{x}_2)$ 的值很少剛好等於 0，而是在 0 左右擺盪，有正值，也有負值。而 $(\bar{x}_1 - \bar{x}_2)$ 的抽樣分布，則會是一個平均為 0 的左右對稱分布，如圖 8-2；若母體標準差已知，則此抽樣分布會是標準差 $\sqrt{\sigma_1^2/n_1 + \sigma_2^2/n_2}$ 的常態分布。但當母體標準差未知，而以樣本標準差取代，且只抽取一份樣本時，我們以 *t* 分布估計之；此時抽樣分布的標準差，是兩樣本的合併標準誤 (pooled sample standard error)。

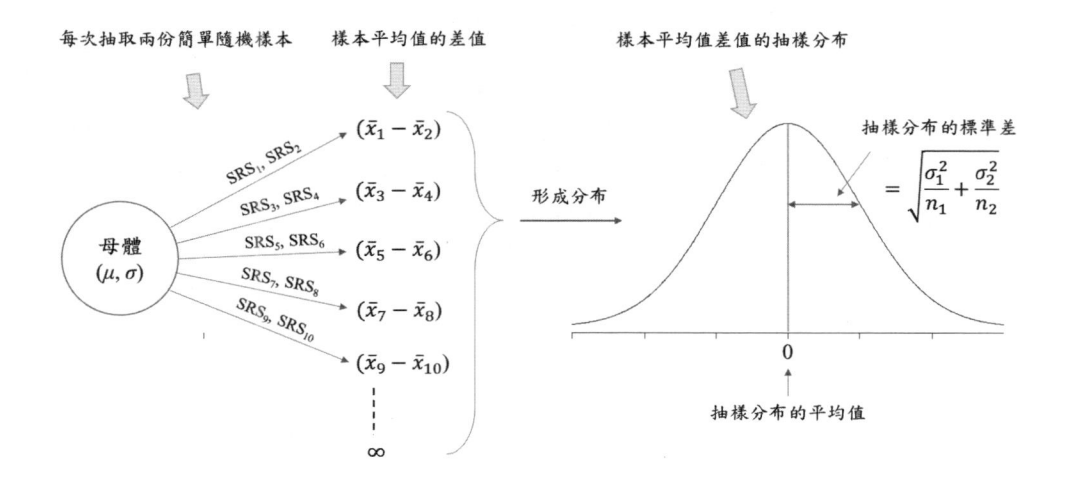

圖 8-2 兩樣本平均值差值的檢定，其實是在檢視兩樣本是否抽取自同一母體。如果抽取自同一母體，則樣本均值差的分布，應該是平均值為 0 的抽樣分布。

如果我們要檢定兩樣本平均值是否相等，其實就是在看兩樣本是否來自同一母體。也就是看樣本均值差($\bar{x}_1 - \bar{x}_2$)是否屬於 $\mu = 0$ 的抽樣分布。因此虛無假設 H_0: $\bar{x}_1 = \bar{x}_2$，其實就是 H_0: $(\bar{x}_1 - \bar{x}_2) = \mu = 0$。在檢定上，這就與 one-sample t test 很類似。我們檢視($\bar{x}_1 - \bar{x}_2$)與 0 之間的距離有多少個合併標準誤；得到的即是 t 值。再依據該自由度的 t 分布，得到相對應的 p 值，並據以判定接受或拒絕 H_0。只是這時自由度計算較複雜，但統計軟體會代勞，不需費心。

傳統兩樣本的 t 檢定 (Student's t-test) 假設兩組樣本的變異數相等，並合併樣本變異數以計算 t 值及對應的 p 值。然而，當變異數不相等時，此方法可能導致檢定結果產生偏誤。特別是當樣本數差異過大且較小的樣本具有較大的變異數時，檢定結果可能更容易拒絕 H_0，增加 Type I error 的風險；反之，若較大樣本的變異數過大，則檢定可能過於保守，導致檢定力下降。

因此，現代統計學通常以 Welch's t-test 取代傳統 Student's t-test。Welch's t-test 根據各組樣本的變異數計算檢定統計量，並透過 Welch-Satterthwaite 方

程修正自由度，使其適用於變異數不等的情境。事實上，在實際應用中，變異數完全相等的情況極為少見，故 Welch's t-test 更符合現實需求。

　　Welch's t-test 的一大優勢是，即使在變異數相等的情況下，其檢定效能 (power) 幾乎與傳統 t 檢定相當，但在變異數不等時，則能有效降低 Type I error 的風險，提供更可靠的檢定結果。此外，Welch's t-test 不需事先檢測樣本同質性，省略了檢定變異數是否相等的步驟。雖然其計算相對較複雜，但現代統計分析通常藉助電腦程式運算，因此也已不算缺點。

【分析條件】
1. 兩組樣本均是獨立且隨機抽樣獲得。
2. 兩樣本均為連續計量資料，且測量單位一致。
3. 兩樣本的變異數相等；若不相等，應該依變異數不同的假設分析之。
4. 樣本數及分布要求與 one-sample t test 相同，但 two-sample t test 更為穩健，若兩樣本 $n_1 + n_2 \geq 40$，即使偏態分布也能有穩健結果。

【注意事項】
1. 比起單一樣本的平均值推論，兩獨立樣本平均值檢定更為穩健，尤其樣本數相等時；如果可以，在抽樣階段就**盡量讓兩獨立樣本的大小一致**。
2. 確認兩樣本的獨立性，避免以非獨立樣本（即 paired t-test，見下一節介紹）檢定之。
3. 檢查兩樣本的測量單位是否一致。
4. 檢查兩樣本的分布樣態及變異數是否相同，以及是否有離群值。
5. 若變異數不相等，或沒有檢查同質性 (homoscedasticity)，也就是沒有檢查兩樣本的資料變異是否一致，應該依變異數不同的假設分析。

【常見錯誤】
1. 非獨立樣本卻以兩獨立樣本檢定之。
2. 兩樣本的測量單位不一樣。
3. 沒有檢視數據分布是否常態、是否有離群值、是否具備同質性。

4. 兩樣本變異數不同，或沒有檢查同質性，卻以變異數相同的假設分析之。
5. 未先設立假說及決定單尾或雙尾，即做統計檢定。
6. 過度解譯分析結果；若 p 值非常小，僅表示兩獨立樣本的平均值相等的機率很低，但卻過度解譯為造成兩樣本均值差異的因子之效應很大。

8.4 兩相依樣本的比較 (paired *t*-test)

【用途】

成對樣本的數值差檢定。

【概念】

當我們對同一群體進行某一處理，而每個觀察體在處理前後，各有一次測量，且測量值為計量變數時，可以使用 paired *t*-test 來檢驗處理前後的差異。這個檢定比 two-sample *t*-test 更敏感；概念如圖 8-3。圖中的實線與虛線分別代表處理前樣本 x_{before} 與處理後樣本 x_{after} 的分布。圖中兩分布非常接近，若使用 two-sample *t*-test，兩樣本的平均值預期不會有顯著差異。然而，同一觀察體在樣本 x_{after} 的測量值，大部分高於在樣本 x_{before} 的測量值。Paired *t*-test 透過檢驗同一觀察體的兩次測量值，以消除個體差異的影響，從而凸顯出處理的效果。如果處理沒有效果，則所有觀察體的兩次測量值之差的平均數應等於 0；此為虛無假設。如果效果顯著，則差值的平均數應不等於 0。以圖 8-3 的例子，因為假設同一觀察體在樣本 x_{after} 的測量值大多高於在樣本 x_{before} 的測量值，故同一觀察體的前後差值應該大於 0，此為替代假設，為單尾檢定。此時，同一觀察體前後差值檢定的課題，其實就是 $H_0: \mu = 0$ 的 one-sample *t* test。這樣，paired *t*-test 可以在控制個體差異之後，更敏銳地檢測出處理前後的差異。注意，paired *t*-test 除了圖 8-3 所舉例子為單尾檢定外，一樣有雙尾檢定；單尾或雙尾檢定，就看需要做統計推論的問題是如何問的。

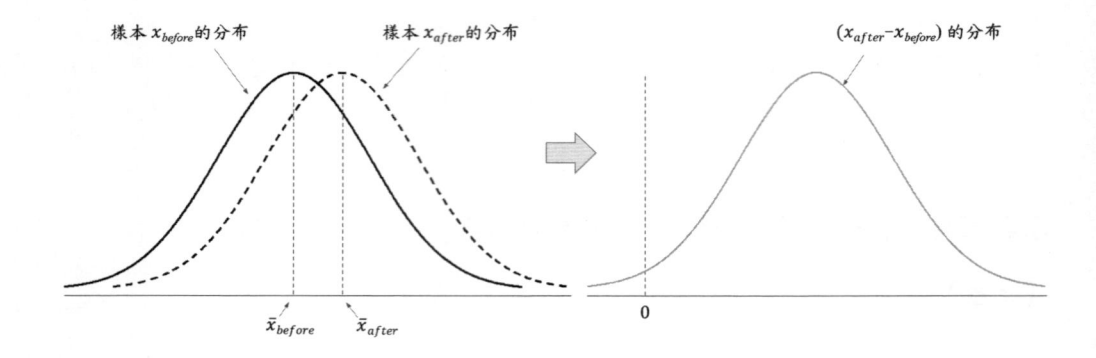

圖 8-3 Paired *t*-test 的概念。每一觀察體在處理前後各有一次測量，假設處理後的測量值高於處理前；前後兩樣本的分布非常接近。若以 two-sample *t* test 檢定，平均值沒有顯著差異。將同一觀察體的後測值減前測值，以消除個體差異；差值形成的分布，可用 one-sample *t* test 檢定平均值是否為零。

【分析條件】

1. 必須是獨立隨機抽樣的觀察體。
2. 同一觀察體，必須有對應的兩次測量資料。
3. 前後兩次測量都必須是連續計量資料。
4. 前後兩次測量的差值必須是常態分布。

【注意事項】

1. 檢查配對樣本是否確實成對，避免將兩獨立樣本誤以 paired *t*-test 分析之。
2. 配對差值（也就是同一觀察體前後兩次測量值的差值）的常態性假設比個別樣本的觀測值是否為常態分布更為重要。
3. 配對差值的檢定，是 $H_0: \mu = 0$ 的 one-sample *t* test，因此樣本數及分布樣態的要求，與 one-sample *t* test 相同。也就是 $n < 15$ 時，必須為常態分布且不能有離群值；$15 < n < 40$ 時，可接受輕微偏態分布，但不能有離群值；$n > 40$ 時，縱使偏態，檢定結果仍是穩健的。

【常見錯誤】

1. 誤將樣本數相同的兩獨立樣本以 paired *t*-test 分析之。
2. 沒有檢查配對差值的分布是否符合常態分布假設。
3. 未檢查配對差值是否有離群值。
4. 若 p 值非常小，僅表示配對差值的平均值為零的機率很低，但卻錯誤解釋為前測與後測之間處理的效應或影響很大。

8.5 *F* 分布與 *F* 檢定

前一節我們說，若從一母體每次獨立且隨機地抽取兩份樣本，得到平均值 $\bar{x}_1$ 與 $\bar{x}_2$，則預期 $\bar{x}_1$ 與 $\bar{x}_2$ 應該相等，而 $(\bar{x}_1 - \bar{x}_2)$ 則等於 0。我們藉由 $(\bar{x}_1 - \bar{x}_2)$ 構成的抽樣分布，依據 *t* 分布機率，推論兩樣本平均值是否相同。

同樣地，從這兩份樣本，我們還可以得到兩個變異數 s_1^2 與 s_2^2。因為來自同一母體，所以兩個變異數預期也應該相等。若將兩變異數相除，則其值應該等於 1，即 $s_1^2 / s_2^2 = 1$。而 s_1^2 / s_2^2 構成的抽樣分布，會是右偏的 *F* 分布；其形狀受分子及分母自由度的影響。若將兩組樣本當中，變異數數值較小者置於分母，觀察 s_1^2 / s_2^2 值在 *F* 分布右尾的機率，就可推估其是否屬於 $s_1^2 / s_2^2 = 1$ 的抽樣分布，進而推論兩樣本的平均值是否相同；此方法稱為 *F* 檢定。不過此法較不穩健；兩樣本平均值差的檢定，建議還是使用 two-sample *t* test。但是 *F* 檢定在其它方面還是很有用，例如接下來要介紹的變異數分析。

8.6 變異數分析

【用途】

變異數分析 (**An**alysis **of V**ariance, ANOVA) 在比較多組數據的平均值是否完全相同。

【概念】

ANOVA 雖在比較多組數據平均值是否相同，但並非直接比較均值差，而是藉由拆解數據的組內與組間變異量，以 F 檢定推斷各組平均值是否全部相同 (H_0)，或至少有 1 組的平均值與它組不同 (H_a)。以變異數推論平均值是否相同，其概念如圖 8-4。圖中 6 組數據都左右對稱分布，因此盒形圖的中位數也是平均值。圖 8-4a 與 8-4b 相對應的樣本之平均值一樣，假設樣本數也一樣，則圖 8-4a 與圖 8-4b 的總平均值相同。因此，左右兩組數據的組間變異量完全一樣（組間變異量是分組平均值與總平均值的差值平方，以樣本數加權之後的和，即 $\sum n_i(\bar{x}_i - \bar{x})^2$）。

　　由盒形圖分布，可以看到圖 8-4a 各組數據都非常離散，也就是組內變異大。因為組間盒形的重疊度很高，可以合理推論組間平均值沒有顯著差異。相對而言，圖 8-4b 各組數據分布非常集中，離散程度小，亦即組內變異小。因為組間盒形的重疊度低，合理推論組間平均值並不完全相同。

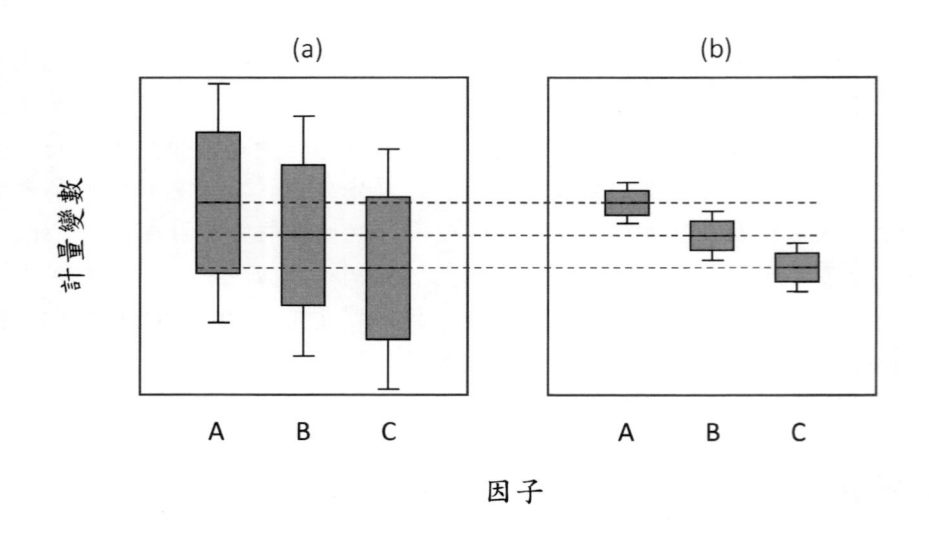

圖 8-4 以變異數分析檢定數組樣本平均值是否相同的概念。圖中所有樣本的數據都是左右對稱，因此盒形圖的中位數也是平均值。當(a)組內變異很大時，每一樣本的平均值都位於其它樣本的 50%區間 (Q1–Q3) 範圍內，樣本之間的平均值沒有顯著差異。但是當(b)組內變異很小時，雖然樣本平均值不變，但都在其它樣本的最小值或最大值之外，樣本之間的平均值有顯著差異。

兩圖的組間變異量都一樣，但是圖 8-4a 的各組平均值沒有顯著差異，而圖 8-4b 各組平均值卻明顯不同。顯然，從盒形圖的重疊程度，可以看到**組間變異相對於組內變異的程度，是平均值有無顯著差異的關鍵之一**。當組間差異遠大於組內差異，也就是各組盒形圖重疊少時，則組間平均值差異顯著；反之，則不顯著。變異數分析，就是在量化組間與組內的資料變異，並以 F 檢定推論是否接受 H_0。

上述不同組別，是在相同因子 (factor) 之下的不同處理 (treatments)。其中，因子即是變因 (variable)，可以區分為好幾個不同的處理，也就是不同的組。將試驗樣本隨機分派到各個處理組，這樣的設計，稱為完全隨機設計 (completely randomized design)。例如假設想知道水溫是否影響某種蝌蚪發育，於是將數個水族箱分別調控水溫在 20, 25, 30 ºC，其它飼養條件一樣。將蝌蚪隨機放置到這些飼養箱中。在飼養一段時間之後，測量蝌蚪體長。在這實驗中，溫度是因子，不同水溫是不一樣的處理。因為蝌蚪是隨機放置在不同的飼養箱，所以是完全隨機試驗；若不同溫度的發育情形不同，可以推論是水溫不同所致。飼養一段時日之後，以 ANOVA 分析不同溫度處理的蝌蚪體長是否相同。因為只調控一個因子，其它條件都一樣，此分析是單因子變異數分析 (one-way ANOVA)。若分析結果拒絕 H_0，也就是不同水溫處理的蝌蚪發育不同，則水溫具有主效果 (main effect)；即水溫會影響蝌蚪發育。

若同時控制另一因子，例如水體 pH 值；假設調控成 pH 4.5 與 5.5 兩個處理，以便探討酸雨（雨水 pH < 5.0）是否影響水池中的蝌蚪發育。這時是一個 3 × 2 的試驗設計；也就是水溫有三個處理，pH 值兩個處理。一樣以 ANOVA 分析；這是雙因子變異數分析 (two-way ANOVA)。這時候，除了主效果，也會討論因子之間是否有交互作用 (interaction)。若 x_1 因子對 y 的效果，視 x_2 因子而定時，則兩因子有交互作用。例如若 pH 5.5 時，水溫影響蝌蚪發育，但 pH 4.5 時，水溫對蝌蚪發育影響不顯著，則兩因子有交互作用。關於交互作用，稍後再詳細說明。

ANOVA 步驟如下（本節介紹流程與概念，因此僅以 one-way ANOVA 為例；其它試驗設計，例如 two-way、nested、或 block design 等等的運算步驟或細節，就留給 R 統計軟體）：

1. 先寫下虛無假設與替代假設。**H₀:** 所有組別的平均值都相同；**Hₐ:** 至少有一組的平均值與其它組不同。
2. 計算資料矩陣的總變異量。整個資料矩陣的總變異量，是觀察值與平均值的距離之平方和，即 $\sum (x_{ij} - \bar{x})^2$；以符號 SS (sum of squares) 代表變異量。總變異量通用代號是 SST。
3. 總變異量 SST 可拆解成組間變異量 (between groups; SSG)與組內變異量 (within groups or error; SSE)；即 SST = SSG + SSE。組間變異量 SSG，是每組的平均值 $\bar{x}_i$ 與總平均值 $\bar{x}$ 的距離之平方，並以每組樣本數 n_i 加權後的和，即 SSG = $\sum n_i(\bar{x}_i - \bar{x})^2$；而組內變異量 SSE = SST - SSG。
4. 計算自由度（degrees of freedom；符號 DF）。資料矩陣總變異量的自由度 DFT = $n-1$，其中 n 為總樣本數。DFT 可拆解成組間自由度 DFG 與組內自由度 DFE；DFT = DFG + DFE。DFG = $I-1$，其中 I 是組別數。而 DFE = DFT - DFG。
5. 計算平均變異量（mean square；以 MS 表示）。變異量隨樣本數的增加而增多，因此要比較組間與組內變異量之差異，必須先將變異量除以各自的自由度。組間平均變異量 MSG = SSG/DFG；組內的平均變異量 MSE = SSE/DFE。
6. 計算 F 統計量；F = MSG/MSE。再由該自由度下，與 F 值對應的 p 值，決定接受或拒絕 H₀。

所有計算內容，可以編製成變方分析表 (the ANOVA table)，方便檢視不同變異來源的變異量、自由度、平均變異量、以及 F 檢定的結果。變方分析表如表 8-1；以統計軟體執行 ANOVA 時，應該都會自動產出。

　　平均組內變異 MSE 的來源是抽樣誤差，是同一處理下，隨機抽樣造成的誤差；亦即誤差是隨機的結果。如果平均組間變異 MSG 遠大於平均組內變異 MSE，則可以認定分組有效，因而拒絕 H₀；即不是所有組別的平均值都相同。但若 MSG 與 MSE 差不多，顯示不同組別之間的差異，與隨機造成的差異沒什麼兩樣。意謂這樣的分組與隨機分組沒有不同。因此不同的處理，對於結果不會產生差異；也就是所探討的因子沒有主效果。另外，從 ANOVA table，我們可以很容易得知因子的解釋變異量。組間變異量是 SSG，總變異量是 SST，所以因子可以解釋資料變異的比例就是 r^2 = SSG/SST。

表 8-1 變方分析表

變異來源	變異量 (sum of squares, SS)	自由度 (Degrees of freedom, DF)	平均變異量 (Mean square, MS)	F	P值
分組之間 (Group)	$\sum n_i (\overline{x}_i - \overline{x})^2$ (SSG)	I − 1 (DFG)	SSG/DFG (MSG)	MSG/MSE	-
組內 (Error)	$\sum (n_i - 1) s_i^2$ (SSE)	N − I (DFE)	SSE/DFE (MSE)		
全部 (Total)	$\sum (x_{ij} - \overline{x})^2$ (SST = SSG + SSE)	N − 1 (DFT = DFG + DFE)			

交互作用

兩因子的主效果與交互作用有無的各種情境，如圖 8-5。若單一因子不同處理的反應變數均值差顯著時，此因子具有主效果。而若**單一因子對反應變數的影響程度，取決於另一因子時，則兩因子具有交互作用**；在圖中的線段或延伸線則呈交叉狀，也就是兩線段非平行。圖 8-5e 至圖 8-5h，兩因子均有交互作用。

以學歷、年資及薪資為例。假設圖 8-5 的因子 A 為員工年資，B 為員工學歷，C 為薪資。圖 8-5d 顯示學歷不同，薪資也不一樣；但不論學歷為何，薪資均隨年資累積而增加，且增幅相同。兩因子主效果顯著，但沒有交互作用。圖 8-5h 學歷不同，薪資也不同；同樣地，不論學歷為何，薪資均隨年資累積而增加，但是不同學歷的增加幅度並不一樣，圖中 B2 的增幅大於 B1。此時，年資對薪資影響的程度，因為學歷的不同而不同。因子 A 對反應變數 C 的影響程度，視因子 B 而定；因此因子 A 與因子 B 有交互作用。

當交互作用項顯著時，應優先解釋交互作用項的結果。而若主效果也顯著時，此時主效果的解釋要非常謹慎，因為交互作用可能影響主效果的穩定性。在交互作用項顯著的情況下，A 因子的影響，可能因為 B 因子的不同水準有所不同。若僅檢視 A 因子主效果在各處理組別之間的均值，可能無法反映實際情況，甚至導致錯誤結論。因此，必須搭配交互作用圖（如圖 8-5），以直觀呈現因子之間的交互影響，從而完整解釋結果。

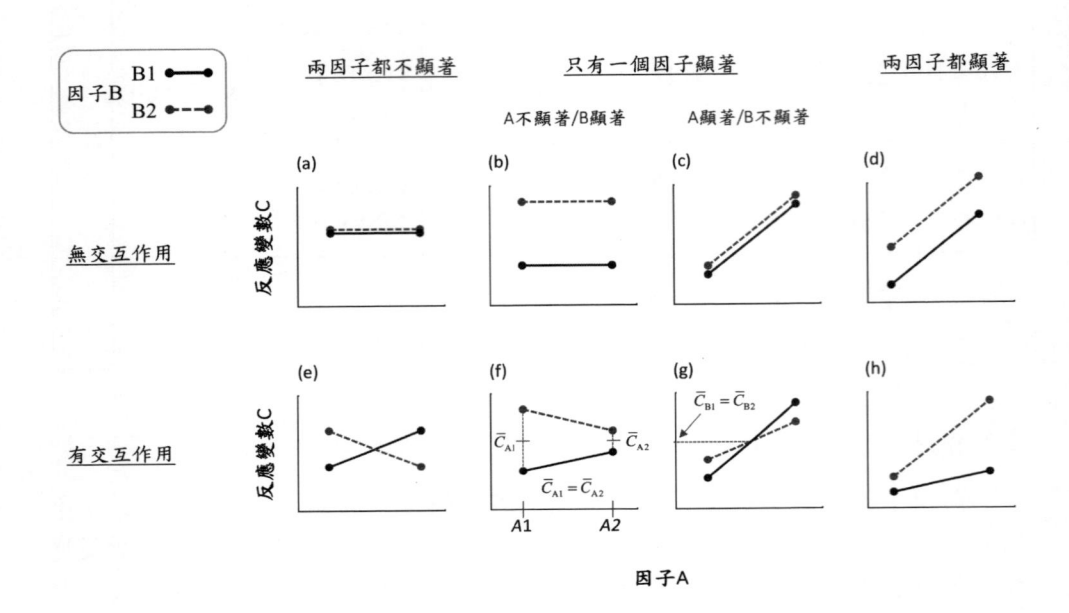

圖 8-5 兩因子的主效果與交互作用。因子 A 與因子 B 各自對反應變數 C 的影響，稱為主效果。一個因子的不同處理之反應變數 C 的均值差顯著時，則有主效果。而若一個因子影響 C 的程度，因另一因子而有所差異，也就是圖中兩線段或其延伸線呈現交叉狀時，則此兩因子具有交互作用。

ANOVA 的優點

既然是要比較平均值，為何不多做幾次 *t*-test 就好？ANOVA 的理由是：

1. 省事，只要做 1 次檢定即可；這在數十年前計算機還不普及的年代，是明顯優點。現在當然沒差；
2. 減少統計錯誤。做愈多次統計檢定，就愈可能犯統計錯誤；這是非常重要的理由；
3. 二因子以上的實驗，ANOVA 除了檢定是否有主效果之外，還可以檢定是否有交互作用。

事後多重比較 (post-hoc multiple comparisons)

ANOVA 的 H_0 是所有組別的平均值相同。當檢定結果拒絕 H_0，也就是至少有 1 組的平均值與它組不同時，必須找出是哪些組別之間的平均值不同，此稱為事後多重比較。方法很多，以下舉出常用幾種方法及選擇依據：

- Tukey's HSD (honest significant difference) test: 比較兩兩處理組間的平均值差異是否超過預期的標準誤。**適用於各組樣本數相等的情況**；若樣本數不相等，檢定結果通常會變得較為保守。
- Scheffé's: 此法檢驗所有可能的對比組合。由於需比較的對比數量多，因此臨界值較大，使得結果偏向保守，亦即較難檢出處理組間的顯著差異。此法**適用於各組樣本數不相等的情況**。
- LSD (least significant difference): 使用 *t*-test 進行所有成對組別平均數的比較。LSD 檢定不會對多重比較的誤差率進行任何調整，因此當組別較多時，犯 Type I error 機率增加。此檢定**適用於預先計劃好的成對比較**。
- Bonferroni: 此法基本上是對 LSD 檢定的改進，將顯著水準依檢定次數進行校正。例如，如果有三個處理組，則進行三次兩兩比較；若顯著水準設定為 0.05，則校正後的顯著水準為 0.05/3 = 0.017。此方法相對保守。
- Dunnett test: 此檢定用於將多個處理組與一個控制組進行比較。如果有控制組，通常使用 Dunnett's 檢定。

【分析條件】

1. 每一組資料都必須是獨立的**簡單隨機樣本**。
2. 每一組資料都必須是連續計量資料。
3. 母體須為**常態分布**；若否，依中央極限定理，樣本數要夠大 ($n \geq 30$)。
4. 各組資料必須具備同質性，亦即資料的變異要一致。

【注意事項】

1. 非獨立樣本使用 repeated measure ANOVA 或 linear mixed model (LMM)。
2. 檢查各組資料是否呈常態分布。如果不為常態分布,則樣本數必須夠大 ($n \geq 30$),或是做數值轉換,或採用非參數統計方法。
3. 檢查各組資料的同質性。經驗上,各組之間的標準差,最大者為最小者的兩倍以內,即 $s_{largest} / s_{smallest} \leq 2$,可以認定為同質;或是執行同質性檢定,例如 Bartlett's test,若顯著,則為同質。若非同質,可用一般化線性模型 (Generalized Linear Models, GLM) 分析,單因子試驗另可採用 Welch's ANOVA(但如此則不能使用 Tukey HSD 做事後比較)。
4. 各組樣本數可以不一樣,但極端差異可能降低檢定效能;如果可能,讓各組的樣本數一樣,分析結果會更穩健。
5. 若檢定結果,拒絕虛無假設 H_0,必須做事後比較。
6. 事後比較要慎選適當方法,以降低 Type I error 的可能。
7. 兩因子以上試驗設計,若交互作用項顯著,應優先解釋交互作用項結果,並謹慎解釋主效果;另外,盡可能可視化交互作用(繪製交互作用圖)。

【常見錯誤】

1. 以多次 t test 取代 ANOVA。
2. 未檢查常態性與同質性即執行分析。特別是在小樣本情況下,可能導致錯誤結論。
3. 忽略樣本獨立性假設,對相關或重複測量數據使用 two-way ANOVA(應使用 repeated measure ANOVA 或 linear mixed model)。
4. 拒絕虛無假設 H_0 之後,未進行事後比較。
5. 僅依據 p 值詮釋結果;若 p 值非常小,僅表示各組之間的平均值非常可能不完全相同,但卻錯誤解釋處理的效應或影響很大。
6. 交互作用項顯著時,過度解釋主效果。
7. 各處理之間的樣本數極端不平衡。

第九章 兩個變數之間的關係

9.1 相關

【用途】

相關 (correlation) 討論兩個計量變數之間的**線性關係**之方向與強度。

【概念】

「相關」與其英文 "correlation" 都是有嚴格定義的統計學專有名詞，使用上，要非常謹慎。除非特別強調「等級相關」(rank correlation)，否則「**相關**」一定是線性的；分析前，一定要先以散布圖確認兩計量變數之間是否為線性關係。

兩變數之間的相關性以相關係數 r 度量；統計檢定的假設如下：

$H_0: r = 0$

$H_a: r \neq 0$

兩計量變數之間相關的量化方法，是分別將 x 變數與 y 變數的觀察值標準化，也就是轉換成 z 分數。再將對應的 z 分數相乘之後加總，並除以自由度。所得到的數值，就是相關係數 r：

$$r = \frac{1}{n-1} \sum_{i=1}^{n} \left(\frac{x_i - \bar{x}}{s_x} \right) \left(\frac{y_i - \bar{y}}{s_y} \right)$$

上式 x 變數與 y 變數互換，不影響 r 統計量。另外，因為 z 分數沒有單位，所以**相關係數沒有測量單位。相關係數的數值範圍從 -1 到 1**。如圖 9-1，相關係數的正負值，反映兩變數之間的變化方向。當 x 的數值愈大，而 y 數值也愈大時，係數為正；反之，x 數值愈大，y 數值卻愈小，則係數為負。另外，相關係數的絕對值大小，反映兩變數關係的強度。愈大，散布圖的點愈集中在一直線上，表示兩變數的關係愈強烈；而絕對值愈小，則資料點的分布愈鬆散，兩變數的關係愈微弱。

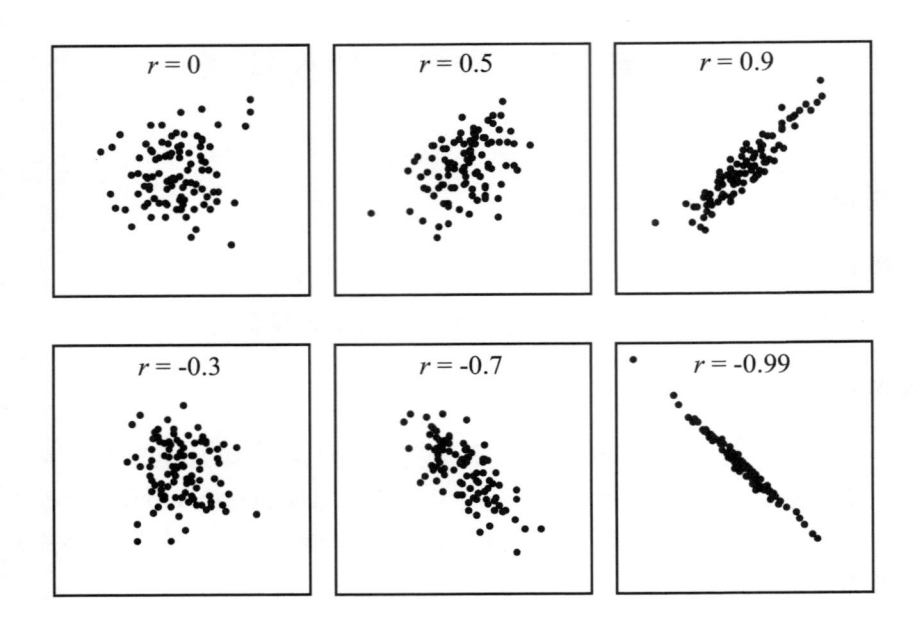

圖 9-1 相關係數反映兩計量變數之間的線性關係。相關係數 r 介於-1 至 1；正負號，反映兩變數之間變化的方向。係數的絕對值大小，則反映兩變數之間關係的強弱程度；資料點愈集中也就是兩者的關係愈強烈，則係數的絕對值愈大。

【分析條件】

1. 兩變數都必須是連續計量資料。
2. 母體均為常態分布。
3. 兩變數呈線性關係。
4. 樣本數要夠大，最好 $n \geq 25$。

【注意事項】

1. 分析前，應繪製散布圖，以檢視是否呈線性。
2. 從散布圖檢視是否有離群值。若有，確認是否為輸入錯誤，或為真實數據。若為真實數據，應檢討成因或確認為偶發事件，而非冒然刪除。

【常見錯誤】

相關分析有以下常見錯誤：

1. **混亂地使用「相關」一詞**。只有線性關係，才討論相關。也就是說，相關一定是線性的；「線性相關」一詞的線性是贅字。若兩計量變數之間並非線性，不可以使用「相關」，但可以用「關係」或「關聯」。英文使用 association 或 relationship；無論如何，非線性不可使用 correlation。另外，也有在描述其它統計方法結果時，使用「相關」一詞者，這也是不對的。例如以 χ^2 test 做兩類別變數的獨立性檢定，分析結果拒絕 H_0，也就是兩變數並非互相獨立，而是有關聯的，但卻結論說兩變數相關。

2. **沒有先畫散布圖就分析**。要先繪製散布圖，以確認兩者之間是否呈線性關係。只要兩者均為計量變數資料，丟到程式中做相關分析，一定可以產生相應的分析結果；但若非線性，該結果就會是 GIGO (Garbage In, Garbage Out)。另外，相關係數非常容易受到離群值 (outliers) 的影響；畫散布圖還可以看到是否有需要事先處理的離群值。

3. **在散布圖上擅自加上迴歸線或趨勢線**。加上線段的用意可能在強調兩變數之間的關係，但若是單純地相關分析，絕對不能這樣做。在相關分析中，兩計量變數的地位是相等的；誰在 x 軸誰在 y 軸，不影響分析結果。也就是說，如果把 x 軸與 y 軸的變數對調，得到的相關係數會完全一樣。但加上迴歸線，就表示是迴歸分析。迴歸分析區分 x 軸與 y 軸；x 軸是解釋變數，y 軸是反應變數。兩者對調，結果就完全不一樣。如果兩變數之間沒有因果關係，**僅單純地分析其相關性，則散布圖絕對不能加上趨勢線**。

4. **將相關係數平方，得到 r^2，並加以解釋**。但 r^2 是在度量迴歸分析當中，反應變數的變異量，可由解釋變數解釋的比例；與相關分析無關。單純相關分析，不應該出現 r^2。

5. **以非線性迴歸的 r^2 推算兩變數之間的相關係數 r**。不管何種迴歸分析，都會產出 r^2，用以表示反應變數的變異，有多少比例可以被解釋變數所解釋。非線性分析，例如多項式迴歸，一樣可以產出 r^2；常見的錯誤是將該 r^2 取平方根以得到 r，並報告兩變數之間的相關係數。再次提醒，只有線性關係，才能討論相關，才會有相關係數 r。

6. **僅以 p 值判斷兩變數之間相關的強弱**。相關係數統計上的顯著性受樣本數影響。相關係數絕對值與 p 值並非固定的對應關係。也就是說，並不是係數絕對值達多少，p 值就會是多少。因此不能以 p 值反推相關性；並非 $p \leq 0.05$ 就表示兩者具有強烈相關。相關分析的 $H_0: r = 0, H_a: r \neq 0$；若 $p \leq 0.05$ 而拒絕 H_0，只說明兩變數之間的相關係數不是 0，但並不表示兩者之間有很強的相關性。事實上，只要樣本數非常大，就算小小的 r，也可以得到小小的 p 值。在解讀上，必須非常小心。

9.2 迴歸

【用途】

迴歸分析 (regression) 的功用包括：

1. **推論**解釋變數與反應變數之間是否存在因果關係。例如某企業員工的薪資 y 與年資 x 的關係式 $y = b_0 + b_1 x$；若檢定結果推論 b_1 不為 0，則顯示年資與薪資存在因果關係。
2. **描述**解釋變數與反應變數之間的關係。例如上述關係式中，b_0 是起薪，b_1 為每年加薪金額；而 r^2 則反映薪資變動受年資影響的比例。
3. 以迴歸模型**預測**反應變數之值。例如上述例子中，新進員工可以預測未來某一年的薪資。

【概念】

　　迴歸分析在建立單一反應變數與一或多個解釋變數之間的關係之數學模型，以推論兩者因果關係。模型通式 $y = b_0 + b_1 x_1 + b_2 x_2 + \ldots + b_n x_n$。迴歸分析在找出 $x_1, x_2, \ldots, x_n$ 個解釋變數的最佳線性組合，使其對反應變數 y 的資料變異有最佳解釋。此最佳線性組合的係數，常以最小平方法 (the least squares method) 求得；其概念，以簡單線性迴歸為例說明，如圖 9-2：

Simple Linear Regression

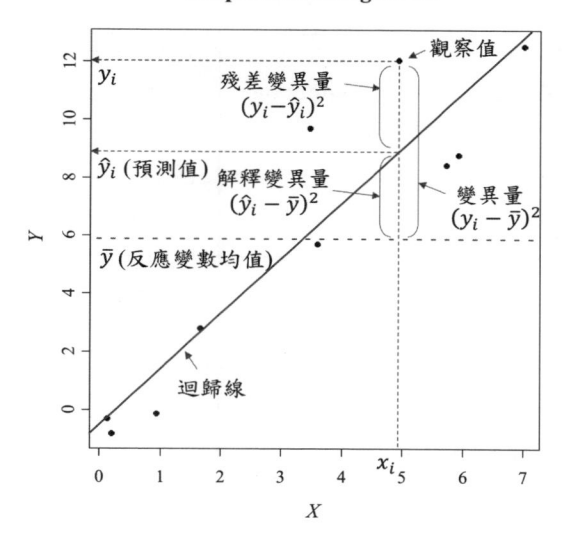

圖 9-2 簡單線性迴歸的變異量拆解。x_i 對應的單一觀察值 y_i 的變異量，是 y_i 與均值 $\bar{y}$ 的差值之平方；可拆解成解釋變數可解釋的變異量，即預測值 $\hat{y}_i$ 與均值 $\bar{y}$ 的差值之平方，與無法解釋的殘差 e_i 之平方，即觀察值 y_i 與預測值 $\hat{y}_i$ 的差值之平方。所有觀察值的殘差變異量總和最少的迴歸線，即最小平方迴歸線。

圖中解釋變數 x_i，其對應的反應變數之觀察值為 y_i，但由迴歸模型對應的預測值則是 $\hat{y}_i$。觀察值與預測值之間的距離 $e_i = y_i - \hat{y}_i$，是預測不準確產生的誤差，稱為殘差 (residual)。全部觀察值的殘差平方和 SSE $= \sum (y_i - \hat{y}_i)^2$ 是總變異量當中，無法被迴歸模型所解釋的變異量。就模型建構而言，無法解釋的部分當然愈少愈好。迴歸模型建構目標，就是找出 SSE 最小的迴歸線；稱之為最小平方迴歸線。

簡單線性迴歸的數學式 $y = b_0 + b_1 x$。其統計假設：

$H_0: b_1 = 0;\ H_a: b_1 \neq 0$

上式的迴歸係數可用 t test 或 ANOVA 檢定之；兩者得到的 p 值一樣。在此，以 ANOVA 解構迴歸模型的反應變數之變異量及統計推論邏輯。迴歸模型變方分析表的資料結構，如表 9-1。

表 9-1 簡單線性迴歸的變方分析表

變異來源	變異量 (sum of squares, SS)	自由度 (Degrees of freedom, DF)	平均變異量 (Mean square, MS)	F	P 值
迴歸模型 (Model)	$\sum(\hat{y}_i - \bar{y})^2$ (SSM)	1 (DFM)	SSM/DFM (MSM)	MSM/MSE	-
殘差 (Error)	$\sum(y_i - \hat{y}_i)^2$ (SSE)	$n-2$ (DFE)	SSE/DFE (MSE)		
全部 (Total)	$\sum(y_i - \bar{y})^2$ (SST = SSM + SSE)	$n-1$			

由變方分析表及圖 9-2，反應變數的總變異量 SST，是觀察值 y_i 與平均值 $\bar{y}_i$ 之間距離的平方和，即

SST = $\sum (y_i - \bar{y})^2$

SST 可拆解成迴歸模型可解釋變異量 SSM，及無法解釋的變異量 SSE；亦即 SST = SSM + SSE。其中，SSM 是預測值 $\hat{y}_i$ 與平均值 $\bar{y}_i$ 之間距離的平方和，也就是

SSM = $\sum (\hat{y}_i - \bar{y})^2$

SSE 則是 SST – SSM。將 SSM 與 SSE 各自除以其自由度 DFM 與 DFE，得到平均變異量 MSM 及 MSE。以 F = MSM/MSE 計算 F 統計量（請見 8.5 節），再根據 F 分布的 p 值，判斷迴歸模型的顯著性。其中，MSE 是抽樣誤差的平均變異量，由隨機造成。若 F 值非常大，表示模型可解釋的平均變異量 MSM，遠大於隨機造成的平均變異量 MSE，則模型有效。反之，若 F 值不大，也就是 MSM 竟然與 MSE 差不多，表示觀察到的 MSM，顯然隨機就可能發生，則模型無效。另外，因為迴歸模型可以解釋的變異量是 SSM，而反應變數的總變異量是 SST，所以迴歸模型可以解釋反應變數變異量的比例 r^2 = SSM/SST。

【分析條件】

1. 條件常態分布：在特定的 x 條件之下，y 應為常態分布（但全部的 y 是否為常態分布，並不重要）；
2. 均質性：不同 x 條件之下的 y 之變異數應該相同；
3. 獨立性：資料獲取過程應該獨立，上次抽樣的結果不會影響下一次的抽樣；
4. 線性關係：各 x 條件之下的平均值可以連成一直線；即反應變數與解釋變數之間有線性關係。若未呈線性，可以試著將兩變數其中之一或兩者做數值轉換，例如平方根或對數，再分析。

【注意事項】

1. **確認變數之間有因果關係的可能**。有相關不一定有因果；但必須有因果的可能，才可以進行迴歸分析。尤其，避免將解釋變數與反應變數錯置。
2. **分析前，應該先繪製散布圖**，以確認 x 與 y 的關係。如果是線性，則使用簡單線性迴歸；非線性則用多項式迴歸，或數值轉換使呈線性再分析。如果有多個解釋變數，則應該一一繪製每一解釋變數與 y 之間的散布圖。
3. 從散布圖**注意是否有離群值**。若有，應探究其成因，再決定是否刪除。
4. 迴歸分析的解釋變數及反應變數都是計量的連續型資料，但類別資料仍可藉由定義虛擬變數 (dummy variable)，利用一般線性模型分析。虛擬變數的數目是類別數減1，例如若某一類別變數有 A, B, C 三類，則可用 D1 及 D2 兩個虛擬變數設定之，A 為 (1, 0)，B 為 (0, 1)，C 則是 (0, 0)；設定好之後，再進行一般的迴歸分析即可。
5. 解釋變數若為循環或週期資料，應避免以原始數據分析。例如月份資料不能用 1–12 月的數值分析。一方面，月份其實是類別變數，若以英文月份賦值，就很清楚。另一方面，月份是循環資料，一月與十二月，好似隔了 11 個月，但其實是相鄰月份。若要做為連續計量資料分析，應以事件發生首日開始計數。例如猛禽過境第一天開始計數，而非拘泥於曆制。
6. 若是方位資料，1° 與 359° 之間，好似差了 358°，但事實上只相差 2°；如果以原始資料分析，將發生嚴重錯誤。在生態研究上，常會將方位資料轉換為水分梯度指標之後，再做分析。臺灣山地受到東北季風影響，東北向坡面常較為潮溼，而西南向則相對乾燥。水分梯度指標之給定，可以由西南往東北遞增；如圖9-3，內圈為方位，外圈為水分梯度指標。

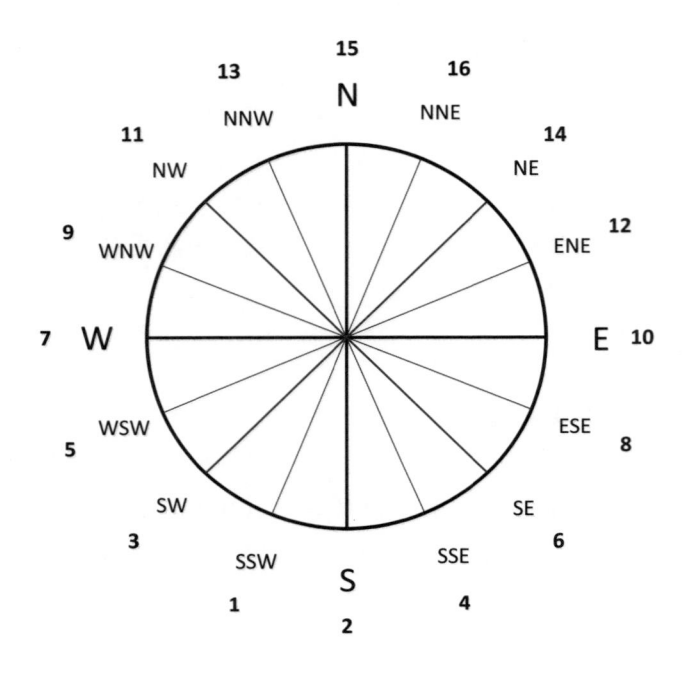

圖 9-3 當以方位為解釋變數時，不應以原始度數分析，必須做適當資料轉換；以臺灣山區生態研究為例，方位與水份梯度有關，因此可將 360° 方位轉換為 16 等分的水分梯度指標。

7. 不只迴歸分析，其它分析方法，例如群聚排序（請見第十四章），當有方位或月份資料時，也必須先做類似處理之後再分析。

8. 迴歸模型也可能通過原點，即 $y = b_1 x_1$。使用時機：1.有學理依據；2.一般線性迴歸分析，發現 b_0 不顯著時。

9. **完成迴歸分析後，應繪製殘差圖**。殘差是對一組資料極盡所能分析後，再也萃取不出什麼有用資訊的剩餘雜訊。沿解釋變數梯度分布的殘差，應呈現隨機狀態。若有可識別的分布樣式，例如曲線，則表示還有未被萃取的有用資訊。也就顯示出迴歸模型並不能完全配適 (fit) 原始資料。

10. 以迴歸模型進行預測時，解釋變數應該限制在建構模型時的數值範圍。

【常見錯誤】

1. 未繪製散布圖以確認是否線性，即著手迴歸分析。
2. 未繪製殘差圖以檢視迴歸模型是否配適。
3. 非線性卻進行線性迴歸。養成分析前繪製散布圖，分析後繪製殘差圖的習慣，可以避免此錯誤。
4. 錯誤地以 p 值評估解釋變數對反應變數的重要性。但 p 值只在於判斷接受或拒絕 $H_0: b_1 = 0$。若拒絕 H_0，僅僅意謂著迴歸線的斜率不為零，也就是反應變數的數值變異，的確受到解釋變數的影響；但是影響程度有多大，並不表現在 p 值；p 值只是告訴我們，拒絕 H_0 的信心程度。至於解釋變數的重要性，應該是在拒絕 H_0 之後，再視 r^2 的數值大小而定。當樣本數很大時，是有可能出現 p 值很小很小，但是 r^2 的數值也很小很小的情形。當這種情形發生的時候，正確的解讀是：「解釋變數的確會影響反應變數，而且這件事情是非常確信的，因為 p 值非常小；但是解釋變數對反應變數的影響程度其實並不大，因為 r^2 的數值不大。」請記住，會不會影響，與影響程度大不大，是兩回事。也就是說，迴歸分析結果的判讀有兩階段，第一階段只看 p 值大小，以決定接受或拒絕 H_0。只有在拒絕 H_0 之後，才進入第二階段；這時候就不管 p 值了，單純只依據 r^2 數值大小判定解釋變數對反應變數的重要性。
5. 選取錯誤或不適當的模型，只因為這樣得到的 r^2 比較高。例如沒有證據顯示迴歸線通過原點，卻採用通過原點的模型；使用沒意義或多餘的解釋變數；以及在多項式迴歸時，選用無法或難以解釋的指數，例如 $x^{1.1}$，但指數 1.1 難以解釋其意義。
6. 將 r^2 誤解為迴歸模型預測的準確度；例如將 $r^2 = 0.7$ 認為是迴歸模型有 70% 的預測準確度，即預測 10 次，其中 7 次正確。但 r^2 的實質意義，是反應變數的資料變異量，有多少比例起因於解釋變數的變異。
7. 混淆信賴區間 (confidence interval) 與預測區間 (prediction interval) 的意義與用法。信賴區間是解釋變數的某值 x，其對應的反應變數 y 之值的母體平均值估計範圍。若迴歸式 $\hat{y} = b_0 + b_1 x$，則信賴區間為 $\hat{y} \pm t \times SE(\hat{y})$。信賴區間主要用於檢驗迴歸模型參數的準確性；其意義在量化母體平均值之不確定性，適合檢驗模型的趨勢或參數估計的精確度。預測區間則是基於已建構的迴歸模型，當給定某一解釋變數值 x 新的單一觀測值時，預測該觀測值的反應變數 y 之真實值可能出現範圍。預測區間為：

$$\hat{y} \pm t \times \sqrt{SE(\hat{y})^2 + \sigma^2}$$

其中 σ^2 是殘差的變異數，也就是預測區間考慮了單一觀測值的隨機誤差或變異性，因此其範圍大於信賴區間。預測區間用於量化單一觀測值的不確定性，並在實際應用中提供具體觀察值的可能範圍。

8. 任意延伸解釋變數的預測或解釋範圍。解釋變數對反應變數的有效預測範圍，應該限制在建構模型時的解釋變數之數值範圍內。

第十章 卡方檢定

【用途】

卡方檢定 (Chi-square test, χ^2 test) 主要用於**分析類別變數之間的關聯性**，或比較觀察頻率與期望頻率之間的差異。它包括以下三種主要類型：

1. 同質性檢定 (test of homogeneity)，比較來自不同母體或同一母體不同處理的**多個簡單隨機樣本**，在某一類別變數的**分布是否一致**。

2. 獨立性檢定 (test of independence)，分析來自單一母體的**單一樣本中的兩個類別變數是否相互獨立**，或存在統計上的關聯性。

3. 適合度檢定 (goodness of fit test)，檢驗觀察到的頻率分布，**是否與某一期望頻率分布一致**。

【概念】

卡方分布是由標準常態分布隨機變數的平方構成的分布。卡方分布是 gamma 分布的特例；當 gamma 分布的形狀參數 $\alpha = k/2$，尺度參數 $\beta = 2$ 時，就是自由度為 k 的卡方分布。Gamma 分布具有可加性，獨立的 gamma 隨機變數的和，仍然是 gamma 分布；故卡方分布亦具有可加性。

一平均為 0，標準差為 1 的標準常態分布，其所有 z 值（$z = (x - \mu)/\sigma$，請見 7.2 節）的平方，也就是 z^2，所構成的分布，是自由度為 1 的卡方分布。若從標準常態分布每次獨立且隨機抽取 z_1 及 z_2 兩個 z，各自平方之後，將之相加得到 $Q_2 = z_1^2 + z_2^2$，Q_2 所形成之分布，則是自由度為 2 的卡方分布。若從標準常態分布每次獨立且隨機抽取 z_1、z_2 及 z_3 三個 z，並讓 $Q_3 = z_1^2 + z_2^2 + z_3^2$；則 Q_3 所形成的分布，為自由度 3 的卡方分布。以此類推，可以得到各自由度的卡方分布。卡方分布形狀取決於自由度，在自由度小的時候，為右偏分布。隨自由度增加，逐漸形成左右對稱；當自由度很大時，接近常態分布。

卡方檢定在分析類別變數當中，每個類別 i 的計數 O_i 與其期望值 E_i 的偏差。假設觀察值服從多項分布 (multinomial distribution)，則每個類別 i 的期望值 E_i，是樣本數 n 乘以類別出現的理論機率 p_i，即 $E_i = np_i$。當樣本數很大時，依據中央極限定理，每個類別 i 的計數 O_i 近似服從平均值 E_i，標準差 $\sqrt{E_i(1-p_i)}$ 的常態分布。當 n 足夠大而 p_i 很小時，$(1-p_i) \approx 1$，因此 O_i 的變異數（即標準差的平方）約等於 E_i。利用卡方分布的可加性：

$$\chi^2 = \sum_{i=1}^{k}(O_i - E_i)^2 / E_i \approx \chi^2_{k-1}$$

也就是 k 個類別的統計量 χ^2，服從自由度 $k-1$ 的卡方分布。我們由 k 個類別的實測資料，量化觀察值與期望值的偏差，計算統計量 χ^2。如果虛無假設為真，則統計量 χ^2 服從自由度 $k-1$ 的卡方分布。在此情形下，觀察值與期望值之間的差異僅由隨機造成，故 χ^2 值不會太大。計算出 χ^2 值之後，再檢視其在卡方分布當中的位置及右尾累積機率，據以決斷是否接受或拒絕虛無假設。

【分析條件】

1. 類別變數：必須是類別變數；資料型態必須是計數 (count data)。
2. 獨立性：所有樣本資料應相互獨立。
3. 隨機抽樣：樣本必須來自於隨機抽樣。
4. 期望值：期望值太低時，因為隨機造成影響的可能性增加。因此每個分類細項的期望值應 ≥ 1，平均期望值則應 ≥ 5。但是對於 2 × 2 列聯表，所有 4 個細項的期望值都應該 ≥ 5。
5. 樣本數：樣本應該足夠大，以確保檢定的有效性和結果的可信度。

【注意事項】

1. 過多分類會降低每一項的期望值，也降低統計檢定效果，應合理分類。
2. 確保每個分類細項的期望值符合最低要求。若無法滿足，應增加樣本數。
3. 獨立性檢定在討論兩變數之間是否獨立。若分析結果拒絕虛無假設，只表示兩變數互有關聯。但因果關係，必須另就學門理論判斷。
4. 獨立性檢定的兩變數若有因果關係，習慣將「因」置於列聯表直欄 (column)，「果」置於橫列 (row)。雖對調不影響結果，但習慣如此。
5. 當自由度為 1 時，應做 Yates' Correction，使檢定結果較為保守。

【常見錯誤】

1. 將等距或等比尺度的連續計量資料任意分組，並以分組的計數做卡方檢定。這是最常見的濫用方式。一方面，將資訊量豐富的連續計量資料，轉換為資訊量相對貧乏的類別變數，丟失了寶貴訊息；另一方面，分組是武斷的，而且可能被作為操弄分析結果的手段。當分組的檢定結果不顯著，而心裡卻期望檢定結果顯著時，分析者可能改變分組組界，直到分析結果符合預期為止；這是非常不應該的做法，但很容易在卡方檢定中發生。

2. 不是使用計數資料分析。例如鳥類計數資料的卡方分析，應該用調查到的隻數 (count)，卻使用個體密度資料（例如每公頃隻數）。

3. 無視最小期望值要求。期望值過小時，應該增加樣本數使期望值達到要求，或是以其他方法，例如 Fisher's exact test 分析之。

4. 過度細分類別，造成每一細分項的樣本數過小、期望值過低。

第十一章 非參數統計方法

11.1 無母數統計

前面幾章介紹的統計分析方法，都是基於已知或假設母體分布具有特定形式，且該分布可以用某些參數來描述的情況下，所發展出的推論方法。例如，常態分布由平均值和標準差決定其分布的中心和形狀。如果假設樣本來自於常態分布的母體，我們可以利用樣本來估計母體的參數，並根據相應的機率分布進行統計推論。這種依賴分布和參數進行分析的方法，稱為參數統計 (parametric statistics)。

當數據來自未知分布或不符合已知的特定分布形式時，無法有效估計參數或依賴參數進行推論。在這種情況下，可依靠數據本身的順序或排名等特徵進行統計推論，這類方法稱為無母數統計 (non-parametric statistics)。常用的無母數統計方法與對應的參數統計方法，如表 11-1。

表 11-1 常見分析標的適用之參數統計與無母數統計方法

分析標的	參數統計	無母數統計
單一樣本	One-sample t-test	Wilcoxon signed rank test
兩獨立樣本	Two-sample t-test	Mann-Whitney U test (Wilcoxon rank sum test)
兩相依樣本	Paired t-test	Wilcoxon signed rank test
三個以上獨立樣本	ANOVA	Kruskal-Wallis test
兩變數之間的相關	Pearson's correlation	Spearman's rank correlation Kendall's rank correlation

無母數統計不需假設母體分布形式，應用條件較為寬鬆，因而被廣泛使用。然而，由於其僅依賴數據的順序或排名資訊，推論效率通常不如參數統

計，因此應避免濫用。原則上，**研究者應該將無母數統計方法視為最後的選項**，只有在參數統計方法無法適用時才使用。這是因為無母數方法僅使用計量資料中的順序或等級資訊做推論，效率往往不如參數統計。而且若可以使用參數統計，卻只利用資料中的部分資訊做無母數統計分析，對辛苦得到的資料而言，無疑也是一種浪費。

採用無母數方法的分析報告，應該避免使用「平均」一詞。因為無母數方法僅使用數值的順序資訊進行推論，並不檢定平均值。另外，無母數方法的統計假設很少使用數學符號。例如，以 Mann-Whitney U test 比較兩個獨立樣本時，虛無假設並不是 $H_0: \mu_1 = \mu_2$（均值相等）；雖然也有人假設中位數相等，即 $H_0: \eta_1 = \eta_2$，但這必須建立在兩樣本具有相同分布形狀的假設之上。因此，一般使用文字描述，例如虛無假設 H_0 為「兩樣本的分布相同」，替代假設則是「其中一組的數值系統性地大於另一組」。無論如何，既然非基於參數，也不估計參數，在報告中應避免使用任何描述參數（例如平均值）的用語。

11.2 自助法

自助法 (bootstrapping or bootstrap methods) 是以原始樣本重複抽樣非常多次，以估計母體參數區間或進行統計檢定的方法。此法程序如下：

1. 重複抽樣：以抽後放回方式 (sampling with replacement)，重複抽取與原始樣本同樣大小的樣本非常多次；這些樣本稱為自助樣本 (bootstrap samples) 或重複樣本 (resamples)。
2. 計算自助分布：每一份自助樣本都計算所感興趣的統計量，例如平均值；或如果是線性迴歸的自助法，則計算迴歸係數或 r^2。這些統計量構成的分布，稱為自助分布 (bootstrap distribution)。
3. 以自助分布推論：**自助法不會改變原始樣本的平均值或迴歸係數，但可以得到自助標準誤 (bootstrap standard error)**，即這些統計量自助分布的標準差。我們以這些自助標準誤估計母體參數區間，或進行統計檢定。

經驗上，從母體抽取的數個原始樣本，縱使彼此之間有很大變異，但其自助分布的形狀及離散情形卻非常近似；也就是不同的原始樣本，其自助標準誤近似。因為以自助法做統計檢定，使用的是自助標準誤，而非參數統計的樣本標準誤 $s/\sqrt{n}$。故以自助法做統計檢定，可以得到穩健而可信的結果。

自助法的優點是不需要依賴母體分布的假設。這尤其特別適用於母體分布未知，或母體不為常態分布時的統計檢定。當原始樣本不符合參數統計要求時，例如嚴重偏態或多峰分布，自助法是非常實用的解決方案。但是自助法也有其限制，當原始樣本非常小，或是自助分布不是常態分布時（通常發生在原始樣本分布嚴重偏態，且重抽次數不夠時），不能過度信任自助法的結果。

11.3 置換檢定

置換檢定 (permutation test) 是透過將兩組數據隨機置換，得到置換統計量的分布來進行假設檢定的方法。其程序如下：

1. 定義虛無假設：先定義虛無假設，例如兩組數據的平均值沒有顯著差異。
2. 計算統計量：計算兩組數據平均值的差值；此為觀測統計量。
3. 隨機置換：將兩組數據隨機置換；也就是將兩組樣本的數據以抽後不放回 (sampling without replacement) 方式，重新抽取與原樣本一樣大小的置換樣本 (permutation resamples)，計算置換樣本平均值差，得到置換統計量。
4. 置換分布：重複步驟 3 非常非常多次，例如 999 次，以得到由置換統計量形成的置換分布 (permutation distribution)。
5. 計算 p 值：因置換統計量的平均值等於零，因此可由觀測統計量在置換分布的相對位置計算 p 值，以進行統計決策。例如若 999 次的置換統計量都小於觀測統計量，則單尾 $p = 1/(1 + 999) = 0.001$。

當兩組樣本無法滿足參數檢定要求時，例如非常態分布，置換檢定可有效進行統計檢定。置換檢定特別適用於小樣本或樣本呈現非常態分布的時候。

置換檢定不限於平均值差的檢定，也可以用於其它統計量。例如兩個矩陣之間的相關性，即可以使用隨機置換的方式檢定（請參考 15.1 節）。其概念是在一個變數保持不變，隨機置換另一個變數的觀測值順序，每次置換之後均計算相關係數。重複非常多次以後，會得到一個相關係數的分布；再檢視原始觀察到的相關係數在此一由隨機置換構成的分布中的位置，以確定其 p 值。如果 p > 0.05，意謂著所觀察到的相關係數之值，在隨機置換產生的分布中並不特別極端；也就是觀察到的相關係數，其實隨機即可能發生。因此我們未能拒絕零假設，即未能證明兩者間存在顯著相關。這種方法的優勢在於不受理論分布假設的限制，尤其適用於小樣本或資料不符合常態分布等傳統參數檢定假設的情況。

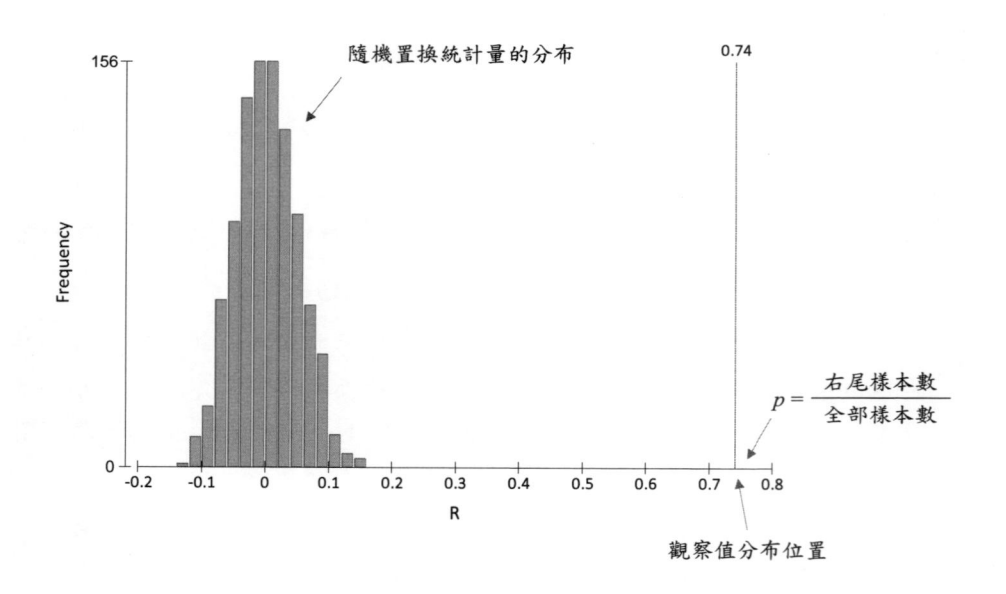

圖 11-1 隨機置換檢定的典型案例。檢定兩分類群是否有效時，先計算兩組資料的組間距離與組內距離之差值，此為觀察值。再隨機置換兩組數據非常多次，每次置換都計算該差值；最後，以觀察值及大於觀察值的隨機次數占全部次數比例計算 p 值，完成統計決策。

置換檢定另一常見例子，是檢定分類是否有效（i.e., analysis of similarity, ANOSIM；請見 13.4 節），例如圖 11-1。此法先計算兩個分組的平均組間距離與平均組內距離之差值，此為觀察值；再隨機置換組間成員非常多次，每次均計算隨機分組的差值。最後，隨機差值可以得到一個分布，再比較觀察值位於該分布的相對位置，以決定其 p 值。

　　不建議將置換檢定常規性地應用於無母數方法的統計推論。置換檢定原本主要用於參數統計，例如檢定平均值、相關係數、迴歸係數、判定係數等統計量；技術上，確實可以與無母數方法結合，透過每次隨機置換後計算等級統計量即可。R 的 coin 套件即提供 Mann–Whitney U 與 Kruskal–Wallis 等無母數檢定的置換版本。然而，從統計邏輯來看，這樣的做法並不合理。置換檢定與無母數方法的設計目的皆在處理類似的問題，例如分布偏態、極端值影響，以及樣本數不足而無法滿足常態性假設等。無母數方法是透過轉換資料為等級資訊，以減少對分布假設的依賴；置換檢定則是藉由重建虛無假設下的抽樣分布，直接從數據本身導出檢定依據。若已經使用置換方式建立統計量的經驗分布，卻又將原始資料轉換為等級使用，不僅重複處理同一問題，也會喪失原始數據中的部分訊息，導致統計檢定力下降。邏輯上，僅有如 Spearman's rank correlation 這類以等級為核心的統計量，才適合與置換檢定結合。這是因為 Pearson's correlation 假設兩變數間為線性關係，而隨機置換後，資料間的線性關係不一定仍然成立。

　　事實上，多項理論與實證研究均指出，針對相同的檢定對象，使用原始數據進行置換檢定，通常能提供比基於等級統計量更高的效力 (e.g., Good 2005[17])。因此，若分析目的是處理資料分布的偏態與異常值問題，應優先採用以原始數據為基礎的置換檢定，而非與無母數方法疊加使用。

---

[17] Good, P. 2005. Permutation, Parametric, and Bootstrap Tests of Hypotheses, 3rd ed. Springer.

第三部 群聚資料分析

　　同一時空的兩個或兩個以上物種的所有個體之集合，稱為群聚。動物生態學界較常使用「群聚」一詞，而植物生態學界則習慣使用「群落」或「群集」。英文一般使用 community，但也有學者認為 community 是指同一時空所有物種的集合。實務上，我們可能只討論其中的某一分類群，例如只討論鳥類，因此使用 assemblage 可能更為恰當。

　　一般而言，資源調查所得之群聚資料的解析或詮釋，至少應有兩個處理步驟或分析層面。一是描述群聚樣貌，例如種數、個體數、多樣性指數等群聚參數，以及這些參數的時空動態。另一是分析與群聚參數或群聚結構（包括種類組成及/或相對豐富度）的時空分布樣式相關的生物及非生物因子。

　　生物群聚資料的分析具有極高挑戰。群聚資料通常由多樣區與多物種構成，再加上環境因子，形成複雜的高維度數據矩陣。這樣的數據結構，傳統的統計分析方法大多難以處理。為了解決這些挑戰，生態統計學家發展出一系列專門針對群聚資料的分析技術。

　　本書第三部分將有系統地介紹群聚資料分析方法，涵蓋從描述性統計到多變數分析的範疇。首先，第十二章討論常用的群聚參數，包括多樣性指數與物種豐度估計方法，以量化生物多樣性並比較不同群聚之間的特性。接著，第十三章探討群聚相似性分析方法，以及基於群聚相似性所衍伸的群集分析及非度量多元尺度分析；這些方法可以將樣區或物種區分成具有生態意義的類群。本章也討論如何檢定分類結果是否具有統計顯著性。

　　第十四章聚焦生物群聚的排序技術，介紹常用非束縛型排序 (unconstrained ordination) 與束縛型排序 (constrained ordination)，以解析並視覺化群聚資料與環境因子之間的關係。第十五章討論矩陣相關性分析及其應用，包括 BIO-ENV 與 BIO-BIO 程序，用於評估生物群聚與環境因子的匹配程度，以及篩選指標物種。最後，第十六章專注於鳥類的長期監測；探討長期監測應涵蓋的內容、實施方法及實務操作，提供具體建議以提升長期監測的實質效益。

本書希望透過第三部的介紹，為研究者提供一個全面的群聚資料分析工具箱，使鳥類調查成果不僅限於物種數與個體數的呈現，或簡單的 Shannon index 計算，而是能夠深入分析群聚結構的時空變異趨勢及其與環境因子的關聯性。希望這些內容能有助於讀者提升鳥類調查資料的分析品質，增進對鳥類群聚生態的理解，並有助於鳥類及環境生態的保育。

第十二章 群聚參數

12.1 多樣性指數

　　鳥類群聚調查結果的呈現，除了詳述每一鳥種的數量之外，大多還會以單一指標描述群聚的特徵。比較常用的指標包括鳥種數、個體數、以及多樣性指數 (diversity index)。鳥種數及個體數很容易理解，但多樣性指數則較為抽象。

　　多樣性包含兩內涵：物種數的多寡，以及各物種之間個體數分配的均勻程度。物種數愈多，群聚的多樣性愈高。例如 A 群聚有 10 種鳥，B 群聚有 5 種鳥，則 A 群聚的多樣性比 B 群聚高。另外，群聚的組成物種之間，其個體數分配愈平均，多樣性也愈高。例如若 A 與 B 群聚均由 10 種鳥組成，且均有 100 隻個體。若 A 群聚的每一種鳥均有 10 隻個體，也就是種間的個體數分配非常平均；B 群聚其中 1 種有 91 隻，但另 9 種都只有 1 隻，也就是群聚由少數優勢種與多數稀有種組成，個體數分配極度不均勻。在此情形下，A 群聚的多樣性比 B 群聚高。

　　只比較物種數，或物種數相同而僅比較個體數分配的情形，都很容易判斷多樣性的高低。但若 A 群聚的物種數不多，可是各物種之間的個體數很平均，而 B 群聚雖然有很多種類，但各物種之間的個體數分配極度不均勻時，哪一個群聚的多樣性比較高？這時候就必須依據物種數與種間個體數分配這兩項特徵，予以綜合評估。多樣性指數同時涵括物種數及個體數分配均勻程度的訊息，可以協助回答 A 與 B 群聚，哪一個的多樣性較高。

　　幾乎所有環評書件的動物生態評估或監測報告內容都有多樣性指數，這應該是由於環境部公告的《動物生態評估技術規範》當中明文要求之故。該技術規範言明「野外調查資料經過各種生態指標分析後，更易看出樣區的生態狀況，因此，野外調查資料應視資料性質分別計算適合之生態性指標⋯至少在報告中需列出一種多樣性指標」。事實上，《動物生態評估技術規範》列舉的三個較常使用的多樣性指數，並無法「更易看出樣區的生態狀況」（詳見 12.1.2 節討論）。

《動物生態評估技術規範》介紹 Simpson、Shannon-Wiener、及 Margalef 指數。該技術規範介紹這些指數的公式,並說明 Shannon-Wiener 指數愈大,表示群聚種數愈多或種間分配較均勻;Margalef 指數愈大,表示該群聚內動物種類愈多。除此之外,並未對公式的數理基礎及意義多做解釋。

本節介紹常用三種多樣性指數的數理基礎與意義,以及實際應用的問題與解決方案。

12.1.1 數理概念及意義

1. Simpson index

    Simpson index $R = \sum_{i=1}^{S} p_i^2$

    其中 s 是總物種數;$p_i = n_i / N$,是第 i 個物種的個體數 n_i 在群聚總個體數 N 中的比例,亦即第 i 個物種的出現機率。**Simpson index 是重複遇到同一物種的機率**;也就是,如果現在遇到的個體是物種 A,且該個體隨後又混入群體中(相當於抽樣後放回,sampling with replacement),則接下來再遇到的個體還是物種 A 的機率。或是隨機遇到兩獨立個體,其為同一物種的機率;此時雖第二個個體為 i 物種的機率是 $(n_i - 1)/(N - 1)$,但只要樣區不要太小,數據集很大,則 $(n_i - 1)/(N - 1) \approx n_i / N = p_i$,其結果大致相同。

    Simpson index 的數值介於 0–1 之間;種數愈多及/或個體數分配愈平均,則數值愈低。在實際使用時,通常以 Gini-Simpson index $R' = 1 - R$ 代之,使多樣性愈高,指數愈大。其意義則是**遇到兩個體,這兩者是不同種的機率;或是下次遇到的個體與現在遇到的這一個體是不同種的機率**。

2. Shannon index

    Shannon index $H = -\sum_{i=1}^{S} p_i \log p_i$

    式中符號意義與前述相同。對數的底可以是 2 或 10 或自然對數,但須標註清楚。Shannon index 的意義是**在群聚中隨機抽取一個個體時,抽到的是什麼種類的不確定性之度量值**;可以理解成,**在觀察到當前個體之後,猜對接**

下來遇到的個體會是什麼物種的困難程度。物種數目愈多及/或種間個體數分配愈平均，則指數愈大，表示隨機遇到的個體會是什麼種類的不確定性愈高。

Shannon index 基於資訊理論 (Information theory)。資訊理論其中的一個核心議題是如何量化資訊，而熵 (entropy) 正是用來測量系統的資訊量、無序或不確定性的重要指標。若一系統的狀態有限，且其狀態轉移過程符合馬可夫性質 (Markov property)，亦即轉移至下一狀態的機率，僅僅取決於當前狀態，則該系統在經過長期運行後，將達到穩態分布 (stationary distribution)，也就是系統中各狀態出現的機率分布將趨於穩定平衡。在此穩態下，系統的訊息量或狀態的不確定性，可用機率統計予以量化；Claude Shannon 推導出 $H = -\sum_{i=1}^{S} p_i \log p_i$ 度量之；其中 p_i 是第 i 個狀態的機率。

Ramon Margalef 將 Shannon 的訊息熵概念應用到生物多樣性的量化，並將公式中的 p_i 以族群的個體數或生物量之比例代之。如果將生物群聚視為系統，每一群聚組成物種代表系統的一個狀態，且假設狀態轉移（即觀察到一個物種後，下次遇到的個體之種類）符合馬可夫性質，就可以用 Shannon index 量化此生物系統的訊息熵，也就是群聚的多樣性。

3. Margalef index

Margalef index $R = (S - 1)/\ln N$

式中 S 為總物種數，N 為總個體數。隨樣本數增加，調查到的物種數也可能增多。Margalef index 嘗試修正調查努力量（即總個體數）效應，因此將物種數除以總個體數的自然對數。但 Margalef index 事實上仍對樣本數高度敏感。

另外請注意，Margalef index 是物種豐度 (i.e., number of species) 的相對指標，而非多樣性指數。多樣性指數，例如前述 Simpson 與 Shannon 指數，同時反映物種數的多寡及個體數分配的均勻程度。但是 Margalef index 只蘊含物種數資訊，缺乏物種之間的個體數分配訊息。

12.1.2 實際應用問題

種類多樣性 (species richness) 可進行四則運算，用以量化不同群聚之間的多樣性差異。例如 A 溼地的鳥類種類數為 20 種，B 溼地為 10 種，因此 A 溼地的種類多樣性是 B 溼地的兩倍。而若 C 群聚物種數為 D 群聚的 1.5 倍，意謂著若 D 群聚有 10 種鳥時，C 群聚應該有 15 種。換言之，種類多樣性可按比例比較或換算。此外，當兩群聚資料合併時，種類多樣性可直接相加。例如，若某濕地可細分為泥灘與水塘類型棲地，在泥灘發現 7 種涉禽，水塘發現 5 種游禽，且兩者無重複物種，則該濕地的種類多樣性即為 7 + 5 = 12。

然而常用的多樣性指數，包括 Gini-Simpson、Shannon、以及 Margalef indices，並無法進行四則運算。以 Gini-Simpson index 為例，假設泥灘與水塘各有 5 種鳥類，每種各 1 隻，則兩者的 Gini-Simpson index 均為 0.8。但合併後的整體溼地鳥類群聚，其 Gini-Simpson index 並非 0.8 + 0.8 = 1.6，而是 0.9，顯然無法直接相加。因為 Gini-Simpson index 代表物種出現機率，數值範圍介於 0–1 之間，當然不會出現 1.6 這樣的數值。

Shannon index 亦然。上述例子中，泥灘與水塘的 Shannon index 分別為 1.61，但合併後的 Shannon index 為 2.3，而非 1.61 + 1.61 = 3.22。同理，Margalef index 亦無法直接相加，泥灘與水塘各為 2.49，合併後為 3.91，小於 2.49 + 2.49 = 4.98。

除了加與減，這些指數亦無法進行乘除運算，因此無法用來直觀比較不同群聚的多樣性差異。例如，若 A 濕地有 20 種鳥，每種 1 隻，B 濕地有 10 種鳥，每種亦各 1 隻，則 A 與 B 濕地的種類多樣性比值為 20 / 10 = 2，表示 A 濕地的種類多樣性是 B 濕地的兩倍。這個例子控制了種間的相對豐富度，使之一致。然而，Gini-Simpson index 在 A 濕地為 0.95，在 B 濕地為 0.9，兩者比值為 0.95 / 0.9 = 1.06，並非 2 倍。同樣地，Shannon index 在 A 濕地為 3.0，B 濕地為 2.3，兩者比值 3.0 / 2.3 = 1.3，而 Margalef index 的比值則為 6.34 / 3.91 = 1.62。由此可見，這些指數的變化幅度與種類多樣性不成比例，難以直觀比較。

從數學意義來看，Gini-Simpson index 代表物種出現的機率，而 Shannon index 則代表出現特定物種的不確定性，因此都無法進行四則運算。例如一個

Shannon index 3.0 的群聚，其多樣性並非 Shannon index 1.5 群聚的兩倍。因為這些指數涉及對數或平方等非線性轉換，使其不具加法性或比例性質，因此無法進行簡單的四則運算。是以，這些指數並不適合作為比較不同生物群聚多樣性的比例指標。相較之下，種類多樣性 (species richness) 因其直觀的計數特性，才適合進行加減乘除運算。

除了無法直接比較之外，事實上，我們也很難透過這些指數，想像群聚多樣性的實際樣貌。我們可以想像一個有 30 種鳥分布的溼地的景象，但是一個 Shannon index 3.0 的群聚會長什麼樣子，卻非常抽象。

所以回過頭來檢視環境部《動物生態評估技術規範》所言：「野外調查資料經過各種生態指標分析後，更易看出樣區的生態狀況」，真的嗎？這些指標不但無法直觀地比較或有效量化多樣性，反而可能造成誤解。除了需遵循《動物生態評估技術規範》規定的環評及相關案件，不得不計算 Simpson 與 Shannon 指數外，其它生態資源調查案或群聚生態研究計畫，主持人真的要好好思考 Simpson index 以及 Shannon index 的適用性！

12.1.3 以 Hill number 量化多樣性

Hill number 可以解決傳統多樣性指數應用上的困境。當群聚內所有物種的個體數相等時，多樣性指數達到最高值。換句話說，在相同的多樣性指數下，個體數均等的群聚，其物種數最少。Hill number 透過將 Simpson 或 Shannon 指數轉換為「個體數完全相等時的等效物種數」，提供了一種更具直觀意義的多樣性衡量方式。

Hill number 的一般方程式 $D = \left(\sum_{i=1}^{S} p_i^q \right)^{1/(1-q)}$，其中參數 q 為等於或大於 0 的整數，其值隨欲計算的多樣性指數而異：若 $q = 0$，則 $D = \sum_{i=1}^{S} p_i^0 = S$，此時得到的是種類多樣性；若 $q = 2$，則 $D = 1 / \left(\sum_{i=1}^{S} p_i^2 \right)$，為 Simpson index；而當 q 接近 1 時，依據極限定義，$D = \exp\left(-\sum_{i=1}^{S} p_i \log p_i \right)$，則是 Shannon index 的 Hill number。

Hill number 可視為群聚的「有效物種數」(effective number of species)，因為其本質是物種數，故具有可加性，並允許進行乘除運算，使其適用於不同群聚之間的直接比較。

假設 A 群聚有 5 種鳥，個體數分別為 1, 2, 3, 4, 5；而 B 群聚有 10 種鳥，個體數分別為 1, 2, 3, 4, 5, 1, 2, 3, 4, 5。我們設定 B 群聚的多樣性是 A 群聚的「兩倍」。以自然對數計算 Shannon index，A 與 B 群聚分別是 1.49 與 2.18；B 群聚的多樣性並沒有如設定般地為 A 群聚的兩倍 (2.18/1.49 = 1.46)。但若計算 q = 1 的 Hill number，則 A 群聚為 4.436，B 群聚為 8.872；B 群聚的多樣性是 A 群聚的兩倍 (8.872/4.436 = 2)，完全反映設定的兩個虛擬群聚之多樣性差異。

Hill number 不但可用以直接比較群聚之間的多樣性差異，我們也很容易藉由 Hill number 想像群聚的多樣性樣貌。例如上例的 B 群聚，假設我們其實不知道它由 10 個鳥種構成，且個體數如上述設定。我們從 Shannon index 2.18 並沒有辦法瞭解 B 群聚的樣貌；2.18 的多樣性到底算高還是低？沒有人可以回答。另一方面，B 群聚 q = 1 的 Hill number 為 8.872，接近 9；這時，我們終於可以想像一個由 9 種數量相同的鳥類所構成的群聚是怎樣的景象，也可藉由經驗，評價其多樣性的高低，因為 Hill number 本質上就是種類數。

因此，除非須要遵循環境部《動物生態評估技術規範》的案件，不得不計算 Simpson 或 Shannon index，建議其它生態調查或群聚生態研究，可以使用 Hill number 描述或解析群聚的多樣性。

12.2 物種數估計

我們很少只做 1 次調查。隨著到調查的次數增加，鳥種數也會累積。我們好奇一個地區到底有多少鳥種？或種類多樣性 (species richness) 有多高？但能投入的調查努力量不可能無限。因此有必要利用數理方法，推估一個地區可能存在的鳥種數。另一方面，既然察知的鳥種數與投入的調查努力量有關，各樣區之間的調查努力量如果不一樣，也很難直接比較其鳥種數差異。因此有必要推估努力量無限或特定努力量之下的鳥種數。

估計物種數的方法有三類，一是以物種累積方程式 (species accumulation functions) 擬合物種累積曲線 (species accumulation curves)，以得到方程式參數，再據以外推求得曲線達到漸近線 (asymptotic) 時之物種數；另一是參數方法 (parametric approach)，假設母體符合某一特定的物種—豐富度模型 (species-abundance models)，並以之推論總物種數；最後是利用非參數方法 (nonparametric approach)，也就是不假設母體符合某特定分布模型，而是以稀有種資訊校正觀測值。現在主流做法是以非參數方法估計。本節介紹其中較常用的 Chao1 及 Chao2 估計器。另外，也介紹稀釋曲線 (rarefaction curves)；它估計特定努力量之下，物種數的期望值，可用以比較在相同努力量之下，不同樣區或樣本的種類多樣性。

稀有種提供一個地區到底還有多少未被調查到的種類之資訊。做鳥類調查時，普遍種的存在顯得理所當然。但若發現稀有種，我們可能會想，這是不是意謂著還有其他稀有種沒被發現？也就是說，在推估一個地區的物種數時，稀有種的資訊，比普遍種更為重要。

Chao1 使用察覺到的個體數之資訊估計物種數。以只調查到 1 隻個體及 2 隻個體的物種數，推估還有多少物種未被調查到。其估計式

$$S_{Chao1} = S_{obs} + F_1^2/2F_2$$

其中，S_{Chao1} 是估計物種數，S_{obs} 是實際觀察物種數，F_1 與 F_2 分別是只調查到 1 隻及 2 隻的種數。當 $F_2 = 0$，則估計式改為 $S_{Chao1} = S_{obs} + F_1(F_1 - 1)/2$。

Chao2 使用出現次數的資訊估計物種數。如果在樣區重複調查很多次，則可以用出現與否的二元資料分析之。其估計式

$$S_{Chao2} = S_{obs} + Q_1^2/2Q_2$$

其中，Q_1 與 Q_2 分別是只出現在 1 個樣本及 2 個樣本的種數。當 $Q_2 = 0$ 時，則估計式改為 $S_{Chao2} = S_{obs} + Q_1(Q_1 - 1)/2$。

稀釋曲線 (rarefaction curves) 用於估計在特定調查努力量 (effort) 之下的預期物種數。一般而言，努力量愈高，調查得到的物種數也愈多。例如以個體數為基準時，調查到的個體愈多，累積的物種數通常也愈多；而若以樣點數或重複調查次數為基準，則樣點數與重複調查次數愈多，發現到的物種數

也會隨之增加。因此調查努力量通常以個體數或樣本數衡量。稀釋曲線依努力量形式，可以分為基於個體數的稀釋曲線 (individual-based rarefaction)，以及基於樣本數的稀釋曲線 (sample-based rarefaction)。

稀釋曲線一般用於內插 (interpolation)，以比較不同樣區的物種數。當兩個樣區的努力量不同時，通常以努力量較低的樣區為基準，將努力量較高的樣區內插至相同努力量，以獲得該基準努力量下的預期物種數。此外，稀釋曲線也可用於外推 (extrapolation) 物種數，但應限制在原努力量的兩倍以內，否則估計值的變異性會大幅增加。

除了以個體數或樣本數控制努力量，以比較樣區之間的物種數外，樣區之間的物種數也可以用涵蓋率稀釋曲線 (coverage-based rarefaction) 比較之。樣本涵蓋率 (sample coverage) 在評估樣本完整性，能有效修正多樣性差異懸殊時的比較偏差。當兩樣區的種類多樣性差異極大時，單純以相同努力量比較種類多樣性，可能產生誤導性結果。例如在種類貧乏樣區，同樣努力量可能已涵蓋大部分或全部物種，即使增加調查努力量，也難以發現新物種；反之，在多樣性較高樣區，相同努力量可能僅覆蓋一部分物種，若繼續調查，仍能發現更多新物種。因此這類情境下，比較樣區之間的多樣性時，應在相同樣本涵蓋率下進行，而非單純以努力量作為基準。

最後，稀釋曲線與物種累積平滑曲線在圖形外觀上非常近似，但兩者其實完全不同。稀釋曲線來自理論方程式計算，後者則藉由在各努力量規模之下的大量重複隨機抽樣模擬得到。兩者曲線雖然近似，但並不相同，須特別注意。

第十三章 群聚相似性與分類

13.1 相似性係數

量化兩個樣本之間鳥類群聚相似性,依資料型態,有兩類方法:一是以出現與否的二元資料量化;另一是使用豐富度 (abundance) 資料量化之。

13.1.1 定性資料的相似性

使用二元資料計算得到的值,稱為相似性係數 (similarity coefficients);構成的矩陣稱為 S 矩陣。兩樣本出現的物種數及共有種數,有 4 個參數;參數代碼如圖 13-1。相似性係數依據這些參數計算而得。較常用的係數有 3 個,分別是 Jaccard index、Sorensen index、以及 Simple matching coefficient。

樣本 A

	出現物種數	未出現物種數
出現物種數	a	b
未出現物種數	c	d

樣本 B

圖 13-1 兩樣本出現的物種數及共有種數的 4 個參數之代碼。

1. Jaccard index: $S_J = a / (a + b + c)$,即兩樣本共有種比例。**當努力量非常充分時,Jaccard index 是直觀而易於明瞭的係數**。但是當努力量仍非常欠缺時,則 b 及 c 會有很高的不確定性;此時,兩樣本之間共有種的資訊顯得更為重要,因此以 Sorensen index 度量兩樣本相似性,可能更適當。

2. **Sorensen index**: $S_S = 2a / (2a + b + c)$。此係數認為「未出現」可能是調查努力量不足或其它原因造成；因此 A 物種在甲地出現，卻未在乙地出現，不必然反映甲乙兩地環境的差異。相對地，在甲乙兩地都有出現的物種，其攜帶的資訊顯然比較重要。Sorensen index 因此對 *a* 加權。當 gamma diversity（即整個研究樣區的總物種數）很高，但 alpha diversity（單一取樣單元或調查樣區）不高的時候，除侷限分布物種的因素外，也意謂著整個樣區存在許多稀有而不易偵測到的種類。這時候，兩樣本都有出現的資訊相對比較重要。在此狀況下，Sorensen index 會比 Jaccard index 合適。

3. **Simple Matching Coefficient**: $S_{SM} = (a + d) / (a + b + c + d)$。此係數認為兩樣本都沒出現的種類，也是兩者相似的一部分，因此將 *d* 的資訊納入。不過這想法存在一些風險。假設物種在環境梯度上的適應性呈高斯分布。兩樣本都未出現的物種，可能這兩地點的環境都高於或都低於該物種分布的最適值；這時候，都未出現，的確是兩樣本相似的一部分。但若一地點的環境高於分布最適值，另一地點低於最適值，則兩樣本同樣都不會出現該物種。當兩樣本都沒有出現某一物種時，我們事實上無法判斷是哪一種情況。例如若有沿海拔梯度的數個樣本，假設中海拔的 A 樣本出現藪鳥，而兩個位於高海拔的 B 及 C 樣本則都沒有藪鳥；這時候，都沒有藪鳥，的確是 B 及 C 相似的一部分。假設另有一個平地的樣本 D 也未分布藪鳥，但 B 及 D 都沒有藪鳥，卻不能因此認為兩者相似。然而若沒有樣本的海拔分布資訊，事實上沒辦法如此簡單判斷。

相似性係數的數值範圍從 0 到 1；數值愈大愈相似。兩樣本完全沒有共有種時，係數為 0；物種完全一樣時，係數為 1。

　　二元係數只採用物種出現或未出現的資訊。不管該物種出現的個體數有多少，只要出現，就是 1。這相當於對稀有種加權，使其與優勢種有同樣的影響力。當有詳細的豐富度資料時，使用二元係數是非常可惜的，因為丟失了大量寶貴的生態訊息。因此只有努力量嚴重不足或樣本之間的努力量不均勻，或是原始資料就只有名錄清單時，才使用二元的相似性係數。

13.1.2 定量資料的距離

以豐富度資料測量樣本之間的相似性時，計算得到的，是樣本之間的「距離」。數值愈大，表示兩樣本間的鳥類相差異愈大；因此豐富度資料計算得到的，是相異性係數 (dissimilarity coefficients)；構成的矩陣稱為 D 矩陣。

歐氏距離 (Euclidean distance)

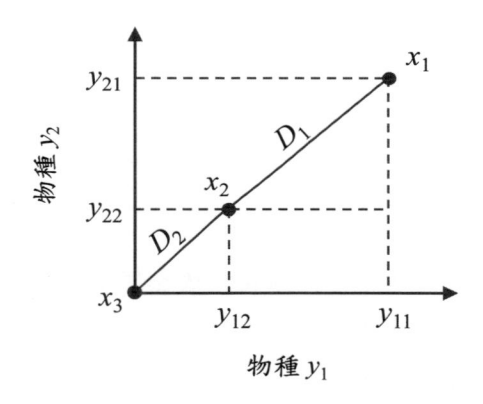

圖 13-2 樣本 x_1 與 x_2 之間的直線距離 D_1 即是歐氏距離 (Euclidean distance)。一般而言，歐氏距離愈短，兩樣本的相似性愈高。但在生物群聚應用上，歐氏距離容易產生雙零問題；樣本 x_3 雖無物種 y_1 與物種 y_2 的分布，但與 x_2 的距離 D_2 反而較短。此錯誤使歐氏距離不適合應用於生物群聚資料分析。

歐氏距離計算向量空間中的兩點之直線距離。如圖 13-2 所示，假設在樣本 x_1 中，物種 y_1 被記錄到的數量是 y_{11}，物種 y_2 的數量是 y_{21}；而在 x_2 樣本中，物種 y_1 與 y_2 被記錄到的量分別是 y_{12} 與 y_{22}。則在 y_1 與 y_2 構成的空間中，x_1 與 x_2 的歐氏距離 $D_1 = \sqrt{(y_{11}-y_{12})^2 + (y_{21}-y_{22})^2}$；在二維空間，此即畢氏定理。將該式推廣到 n 個物種，則樣本 j 與樣本 k 之間的距離 $E_{jk} = \sqrt{\sum_{i=1}^{n}(x_{ij}-x_{ik})^2}$。

歐氏距離不適合用於計算群聚樣本之間的相異性。歐氏距離計算兩樣本之間，在物種空間中的直線距離，雖然非常直觀且易於理解，但卻有雙零問題 (double-zero problem)。以圖 13-2 為例，如果有一個樣本 x_3，既沒有物種 y_1，也沒有物種 y_2 的分布紀錄，其坐標位於原點 (0,0)。但樣本 x_3 與樣本 x_2 的距離 D_2，卻比具有共有種的樣本 x_2 與樣本 x_1 之間的距離 D_1 還短，即 $D_2 < D_1$，顯然不合理！

在歐氏距離的計算中，零僅是座標軸上的一個數值。例如 0 °C 並不表示「沒有溫度」，而是溫度恰好為攝氏零度。這種數學上的零值概念，與生物群聚資料中的零值，性質完全不同。在群聚資料中，零並非僅為測量值，而是表示某個物種在某個特定樣本中完全缺失。因此，歐氏距離適用於環境因子資料，可用來計算樣區之間的環境相異性，但不適用於生物群聚資料的相異性分析。

Bray-Curtis distance

樣本之間**生物群聚的相異性測量**，**適合使用 Bray-Curtis distance**。Bray-Curtis distance 修正自 Manhattan distance。Manhattan distance 將物種在兩樣本個體數紀錄之差值的絕對值相加，即 $d_{M(j,k)} = \sum_{i=1}^{n} |X_{ij} - X_{ik}|$。但此係數同樣有雙零問題，也隨 n 的增加而增大。Bray-Curtis distance 則是將前述差值絕對值，除以該物種在兩樣本個體數之和，即 $B = \sum_{i=1}^{n} |X_{ij} - X_{ik}| / \sum_{i=1}^{n} (X_{ij} + X_{ik})$。以此方式標準化之 Bray-Curtis distance，其值因此介於完全相似的 0，到完全不相似的 1，避免了雙零問題，以及物種數 n 的影響。但要注意的是，優勢種與稀有種對此係數的貢獻相同。

13.1.3 刪除稀有種與數值轉換

在做相似性分析之前，通常會有兩個前置工作，一是刪除稀有種，另一是對定量資料，例如個體數做數值轉換。

刪除稀有種的理由是認為，一個樣區是否出現某一稀有種，機遇的成分遠大於環境因素。這使稀有種的出現，形同我們在偵測群聚分布模式，以及分析群聚與環境之間關係時的干擾雜訊，而有必要予以濾除。是否刪除，通常以出現於樣本的頻度為評估標準。例如若有 100 個鳥類調查樣點，某一鳥種只在其中的 3 個樣點被記錄到，那麼出現頻度就是 3%。如果以 5% 為刪除標準，那麼此鳥種就要予以刪除。稀有種刪除沒有一定標準，視情況，從 2% 至 20% 都可能。實務上，通常以相似度矩陣的後續分析之結果，判定刪除標準。例如以相似度矩陣進一步做階層群集分析，則檢視分析結果的樹狀圖 (dendrogram)；如果刪除 3% 與 4%，其分析得到的樹狀圖有很大差異，但是刪除 4% 到刪除 10%，得到的樹狀圖都沒有什麼太大差別，則可將僅分布 3% 的種類視為會干擾分析結果的雜訊，而予以刪除。不論是定性或定量資料，分析之前，都有必要先檢視是否存在需要刪除的稀有種。

定量資料的數值轉換則是相反的思考模式。如果少數物種非常優勢，則可能過度主導分析結果，因而掩蓋住其它物種的時空分布訊息。例如溼地鳥類群聚，可能出現少數兩三種特別優勢，個體數紀錄達上萬隻的水鳥，而其他幾十種鳥類的個體數紀錄則都在三位數以內。如果這些極度優勢的鳥種有特定的環境或棲地分布，就可能使得其餘鳥種的主要利用棲地之重要性被忽略。但我們希望偵測到的，是整個生物群聚，而非少數優勢種的時空分布模式。這時候，就有必要適度地削減優勢種對分析結果的過度影響。

常見數值轉換方式包括平方根、對數、以及 Hellinger 轉換。對數轉換通常使用 $log(x+1)$，以避免 0 取對數時的錯誤。Hellinger 轉換公式 $h_{ij} = \sqrt{x_{ij}}$；其中，x_{ij} 是第 j 個物種在第 i 個樣本中的相對豐富度（即該物種個體數占該樣本總個體數的比例）；Hellinger 轉換的目的是減少極端值的影響。經驗上，若群聚由少數優勢種與多數稀有種組成，其物種—豐富度模型服從 Geometric series model，如演替早期、惡劣環境、溼地或耕地群聚，適合以 $log(x+1)$ 或 Hellinger 轉換。而演替中後期或成熟林鳥類群聚，其物種—豐富度模型服從 log-normal 或 log-series models 者，則適合取平方根的數值轉換。

相似性分析是分類（13.2 節）以及多元尺度分析（13.3 節）程序的一部分；執行分類與多元尺度分析前，應先處理稀有種刪除及數值轉換的程序。生物群聚排序（14.2 及 14.3 節）也一樣要先考慮稀有種刪除及數值轉換。

13.2 分類

　　分類 (classification) 的目標在將相似樣本聚為同一類群，將相異樣本區分為不同類群。此類分析方法，稱為 cluster analysis；中文稱為群集分析、集群分析、或聚類分析。依據數值技術與聚類程序，可如圖 13-3 分為幾種方法。其中，單一屬性分割的物種關聯分析 (species association analysis)，除用在分類之外，更常用於分析物種之間的空間分布或生態區位之重疊。而多屬性分割方法常見的 TWINSPAN，比較常用於植群分類，鳥類群聚研究則較少見。因此本章節僅介紹鳥類群聚分析常使用的聚合法（即傳統階層群集分析），以及非階層方法的 K-means clustering。

```
                    ┌─────────────┴─────────────┐
              非階層方法                    階層方法
           例如 K-means clustering
                                    ┌─────────────┴─────────────┐
                                 分割法                      聚合法
                          從整個資料集開始，先分為兩      階層群集分析；從底層開
                          群，再將各分群進一步區分；      始，將最相似樣本合併，
                          為從上到下的分類方法            自底向上，逐步形成群集
                     ┌──────┴──────┐
                單一屬性分割      多屬性分割
            基於單一屬性，例如單一物種   基於多個屬性，例如多個物
            做分割，物種關聯分析 species  種進行分割，雙向指標種分
            association analysis 屬之     析法 TWINSPAN 即是
```

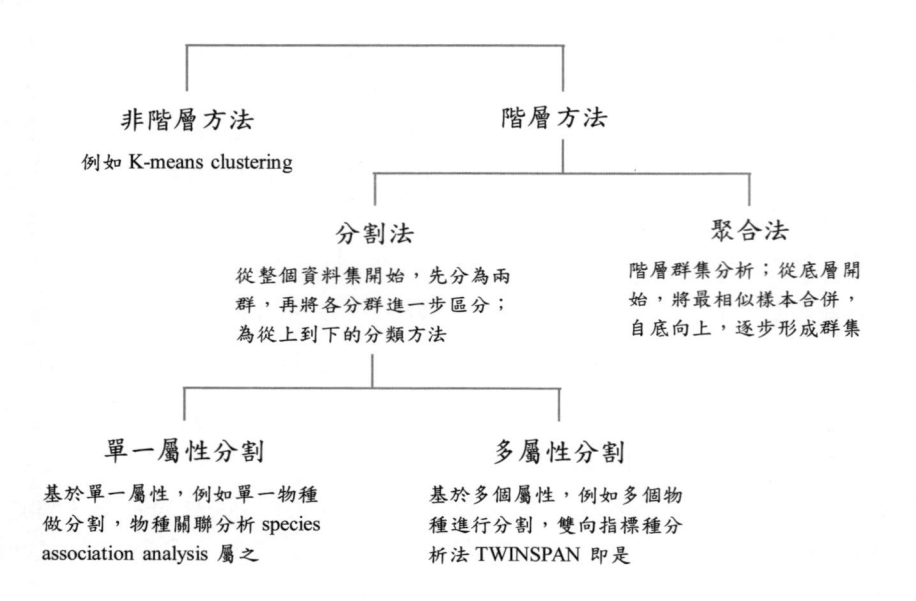

圖 13-3 分類方法可以依據數值技術與聚類程序區分之。

13.2.1 階層群集分析

傳統聚合式階層群集分析 (hierarchical agglomerative clustering) 的流程可用圖 13-4 概括。首先由樣本與物種構成的數據集，計算樣本與樣本間，物種出現與否的相似性，或基於相對豐富度計算而得的距離係數矩陣（請見 13.1 節）。再依據樣本與樣本的相似性或距離，將最相似或距離最短的兩個樣本合併，形成一個群組。接下來，再將此合併後的群組，與其它樣本共同比較；再次將最相似或距離最短的樣本或群組合併。以此類推，逐步將所有樣本合併。最後，再將整個聚合過程，包括樣本聚合先後，以及合併時的相似性或距離係數，繪製成一個樹狀圖 (dendrogram)。在此過程中，合併群組與其它樣本或群組的距離計算方法，會影響之後的聚合，以及最後的樹狀圖。幾種常用方法介紹如後：

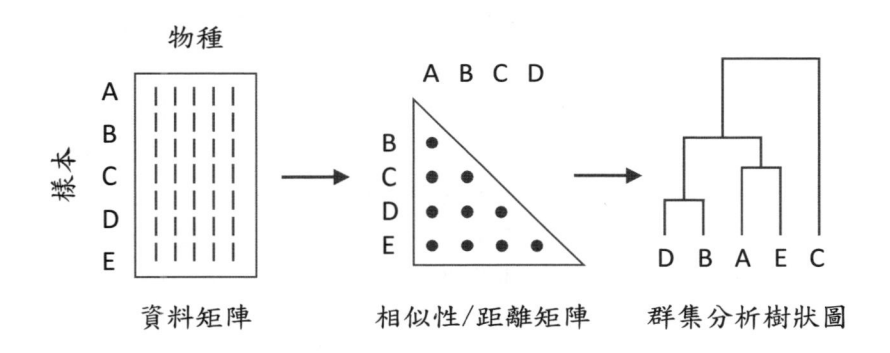

圖 13-4 階層群集分析流程概要。

近鄰法 (nearest neighbor method) 或單一連結法 (single linkage method)：如圖 13-5，以兩群組當中，最短距離的樣點，計算兩群組之間的距離。本法合併兩個群組後，新群組與其它群組的距離，是原來兩個群組與它組距離的最小值；此造成空間收縮 (space contraction)，也就是合併兩個群組後，新群組與其它任何群組之間的距離，都不會大於原來的兩個群組與其它群組之間距離的最大值。換句話說，新距離不會比原來距離更大。此情形通常會促使樣本更快地合併，造成鏈狀聚合，失去聚類的效果而難以分群。**在生態資料分**

析上，**非常不建議使用單一連結法**；之所以在此介紹，是因為曾有學者在鳥類覓食同功群 (foraging guilds) 分類時使用此法，其結果如預期般地形成鏈狀聚合[18]，完全無法分類，故在此介紹此法並特別提醒讀者注意。

單一連結法 (近鄰法)

圖 13-5 近鄰法以兩群當中最近樣本決定兩者距離。

遠鄰法(farthest neighbor method)或完全連結法(complete linkage method)：如圖 13-6，以兩群組中，最大距離的樣點，計算兩群組間的距離。本法合併兩群組後，新群組與其它群組的距離，是原來兩群組與它組距離的最大值；此造成空間擴張 (space expansion)，也就是合併兩群組後，新群組與其它任何群組之間的距離，都不會小於原來的兩個群組與其它群組之間距離的最小值。換句話說，新距離不會比原來距離更小。空間擴張性拉大群組之間距離，而得到明顯不連續的聚類；這往往是群集分析想要的結果，因此非常適合群聚資料分析。

完全連結法 (遠鄰法)

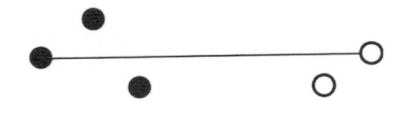

圖 13-6 遠鄰法以兩群當中最遠樣本決定兩者距離。

---

[18] 請見《全球變遷---福山森林生態系研究---鳥類群聚生態之研究(III)》
https://www.grb.gov.tw/search/planDetail?id=188563

平均距離法 (average linkage method or group-average method)：也稱為 UPGMA (Unweighted Pair-Group Method using Arithmetic averages)；如圖 13-7，兩群組距離，是以群組內所有樣點與另一群組所有樣點之平均距離計算而得。此法合併後的新群組，與其它群組距離，是原來兩群組與其它群組之間距離的平均值。此法具空間守恆 (space conservation) 特性，即新群組與它組距離，既不收縮，也不擴張。**本法聚類效果好，在群聚生態研究被廣泛使用。**

平均距離法

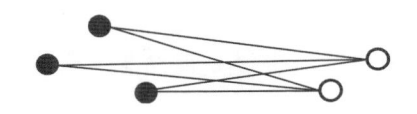

圖 13-7 平均距離法是兩群之間所有樣本的距離之平均。

Ward's method (Ward's minimum variance method): 本法目標是讓合併後的新群組之組內聯合變異量最小。設 i 為變數（鳥類群聚的每一鳥種；或是環境因子矩陣的各環境變數），j 為樣本，則目標是讓 $SS = \sum_{i=1}^{p}\sum_{j=1}^{m}(x_{ij} - \overline{x}_i)^2$ 的值最小。此法的分類效果很好，應用廣泛。但是在生物群聚應用上，有一致命缺陷；因為本法初始聚類距離被定義為點與點之間的歐氏距離平方 (squared Euclidean distance)。這在生物群聚資料上，就會面臨雙零的錯誤（請見 13.1.2 節有關歐氏距離之敘述）。因此雖然 **Ward's method 以變異量概念分群，而且聚類效果很好，但只能應用於環境因子矩陣。**

　　除上述方法外，還有其它聚類法，但在群聚生態學領域較少被使用，故略過。總結來說，前述介紹的方法中，若是生物群聚樣本的分類，可使用平均距離法與遠鄰法。環境因子的樣本分類，則建議使用 Ward's method，但平均距離法或遠鄰法也可使用。另外，生態同功群 (ecological guilds) 分類，例如覓食同功群分類，並沒有雙零問題，可將與覓食有關的變數標準化後，計算歐氏距離，並以 Ward's method 聚類。

13.2.2 K-means clustering

　　K-means clustering 是基於距離的分群方法。K-means 必須事先決定分為 K 個類群。目標是讓這 K 群的群內變異 (within-cluster sum of squares) 達到最小，而不同群組之間的變異則最大。其過程如下：
1. 事先決定分為 K 個群組，並隨機選擇 K 個分布中心；
2. 計算樣本與每一隨機分布中心的歐氏距離，將樣本分派給最近的一群；
3. 全部樣本都分派完畢後，重新計算並更新 K 個群組的每一群之分布中心；
4. 重複步驟 2 及 3，直到移動任一樣本，都無法降低群內平方和，或是降低幅度小於事先設定的閾值為止。

　　K 個群組的隨機初始值可能影響分群結果，而無法達到最小的群內變異。因此一般會重複運行多次，從中挑選最小群內變異的分群結果。**K-means clustering 採用歐氏距離，因此不適合生物群聚樣本的分類。**

13.3 非度量多元尺度分析

　　多元尺度分析 (multidimensional scaling, MDS) 是將高維度資料轉換為相似性係數或相異性距離矩陣，再投射到二或三維的低維度空間之資料分析技術；其分析流程如圖 13-8：

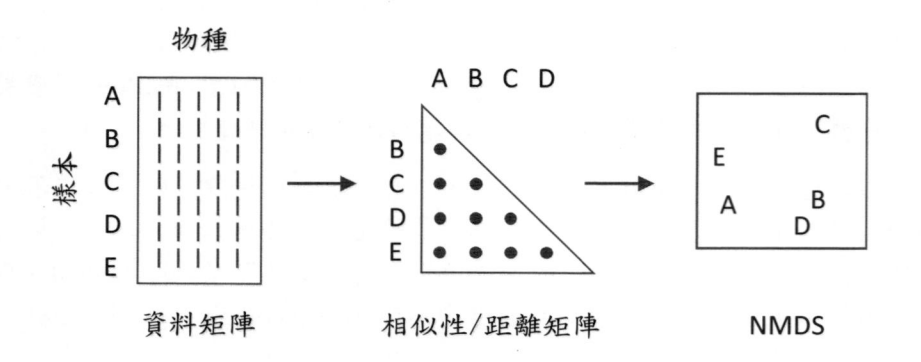

圖 13-8 非度量多元尺度分析 (NMDS) 之分析流程概要。

多元尺度分析 (MDS) 可區分為 metric MDS（也稱為 Classical MDS 或主坐標分析 principal coordinates analysis, PCoA）與 non-metric MDS (NMDS)；NMDS 中文可稱為「非度量多元尺度分析」。

Metric MDS 直接使用樣本間的原始距離矩陣，並透過特徵值分解將其嵌入低維空間。其數學基礎在於將距離矩陣轉換為內積矩陣 (Gower matrix)，再進行特徵值分解。若距離矩陣符合歐氏性質（即其 Gower matrix 為正半定矩陣），則能正確還原樣本間距離。由於環境因子矩陣通常以歐氏距離計算相異性，因此適合以 Classical MDS 呈現樣本在低維空間的分布與相互關係。

生物群聚資料則不適合使用 Classical MDS。首先，生物群聚樣本間若以歐氏距離計算，會受到「雙零問題」影響（詳見 3.1.2 節）。其次，群聚資料常採用的距離指標如 Bray-Curtis distance，雖在於度量樣點之間的距離，符合三角不等式，但並非歐氏距離，因此無法保證轉換後的內積矩陣為正半定，進而導致 MDS 結果中產生負特徵值與空間失真。也就是說，若直接以 Classical MDS 分析生物群聚資料，將無法忠實反映樣本間的相異性結構。

NMDS 則是將精確的距離矩陣數值給予序位值之後，再映射到低維度空間。由於 NMDS 僅保留距離的相對順序，不要求距離本身具歐氏性質，因此可適用於如 Bray-Curtis distance 等生物群聚常用的距離指數。NMDS 透過最小化排序誤差（即最小壓力係數 stress；後述）來尋找樣本之間在低維空間的分布，使其最符合距離矩陣的資料結構。一般生態群聚資料若要做多元尺度分析，多使用 NMDS，而很少使用 Classical MDS。

NMDS 的目標，是使投影在低維度空間的點與點之距離，盡可能接近其在原始相異性矩陣之距離。兩者吻合的程度，可用壓力係數 (stress) 評估。常用的壓力係數：

$$Kruskal's\ stress = \sqrt{\sum\left(d_{ij} - \delta_{ij}\right)^2 \Big/ \sum d_{ij}^{\ 2}}$$

式中 d_{ij} 是每一配對樣點在原始相異性矩陣之距離，δ_{ij} 則是配對樣點在 NMDS 空間中的距離。吻合度的判斷標準如表 13-1。映射維度愈多，樣點在 NMDS 空間的排列就愈靈活，其壓力係數就愈小。但是維度一多，就難以繪圖及解讀。因此 NMDS 一般僅設定二維，至多三維。

表 13-1 NMDS 空間距離與相異性矩陣吻合程度之指標

壓力係數	吻合度
20% (0.2)	不好
10% (0.1)	還好
5% (0.05)	好
2.5% (0.025)	非常好
0% (0)	完全吻合

NMDS 通常被視為排序方法之一（關於排序方法請參見第十四章）。與其它排序方法相較，NMDS 有一些顯著優點：

1. 無需討論機率問題：NMDS 基於距離或相似性矩陣進行分析，因此數據不需要符合特定的機率分布模型。

2. 不需符合常態分布：由於 NMDS 不依賴數據的分布特性，它可以適用於非常態分布的數據。

3. 不要求變數之間的線性關係：NMDS 適用於變數之間存在非線性關係的數據，而其它降維方法，例如 PCA，則假設變數之間存在線性關係。

由於不需要假設數據符合常態分布或線性關係，NMDS 可以應用於各種不同類型的數據，包括非結構化數據。

雖被歸為排序方法（請見第十四章），然而 NMDS 並不會產生排序軸。排序方法基於植被連續體概念（在 14.1 節及 14.5 節討論），目的在找出群聚結構的變異梯度。一般而言，排序第一軸攜帶群聚結構的主要變異訊息，第二軸則是次要變異梯度軸。隨排序軸的維度遞增，攜帶的變異訊息遞減。但 NMDS 並不尋找群聚的變異梯度，而是關注資料點在 NMDS 空間中的相對位置。NMDS 的空間，事實上可任意旋轉，因為旋轉不會改變樣點之間的相對位置。因此樣點在 NMDS 空間沒有絕對坐標，當然也就沒有固定的排序軸。

在植被連續體概念下，NMDS 可能不如典型排序方法適合用於描述群聚結構在環境梯度上的變化。NMDS 的分析結果高度依賴相似度或距離矩陣的選擇，此影響其解釋生態梯度的能力。相比之下，CA（對應分析；14.2.2節介紹）及其衍生方法係基於物種與樣點的聯合分布；CA透過卡方距離排序，特別適合描述及分析群聚組成沿環境梯度的變化模式。

儘管常被歸類為排序方法，但大部分時候，**NMDS更適合用於分類**，以及檢視不同類群的空間重疊或分隔程度。**NMDS的重要功用是將樣點之間龐雜的距離矩陣可視化**。在NMDS生成的二維空間構面圖中，研究者可根據資料點的空間分布和聚集情況，主觀進行分類；也可以檢視不同類群的重疊情形。但NMDS並不會如同階層群集分析可依據特定連結方法，產生客觀類群，這點要特別注意。

13.4 分類顯著性檢定

以階層群集分析得到的分類結果，是否具統計上的顯著性？還是說，閉著眼睛隨便亂分，也可以得到這樣的分組結果？我們以 Analysis of Similarity (ANOSIM) 回答這個問題。

分組要有效，則組內各樣本愈相似愈好，不同分組的樣本則愈不相似愈好。組間與組內的相似性差異，可用統計量 R 予以量化：

$$R = (\overline{r}_B - \overline{r}_W)/(M/2)$$

其中 $\overline{r}_B$ 是平均組間距離，$\overline{r}_W$ 是平均組內距離；樣本配對數 $M = n(n-1)/2$，其中 n 是樣本數。也就是計算組間與組內的所有樣本之每一可能配對的相異性距離，並以上式計算實際分類的統計量 R。R 的數值介於 -1 到 1 之間。

ANOSIM 的虛無假設 H_0 是觀察到的分類結果，其實隨機就可以得到。H_a 則是觀察到的分類結果是有意義的，並非隨機的結果。接下來，將不同分類群之間的樣本隨機置換，並再次計算統計量 R。然後再次隨機置換，計算 R。這樣的步驟重複很多很多次，就可以得到很多很多隨機分群的統計量 R。

接著，以所有的 R 畫直方圖，會是一個左右對稱的鐘形分布。觀察到的實際分群之 R，要有統計上的意義，就應該在這個隨機分布的右尾，如圖13-9。我們可以計算觀察值 R 的機率 p 值。如果隨機置換了 99 次，且沒有任何

1 次的隨機 R 值大於觀察值 R，則 $p = 0.01$；若隨機置換 999 次，觀察值 R 仍然大於所有隨機 R 值，則 $p = 0.001$。也就是說，p 值與隨機置換次數有關。因此在報告時，不能只敘述 p 值，還必須交代隨機置換的次數。可以隨機置換的次數，受到樣本數的影響。如果樣本數太少，則隨機置換的排列組合有限，甚至就無法執行 ANOSIM。如果可以的話，至少應該隨機置換 999 次。

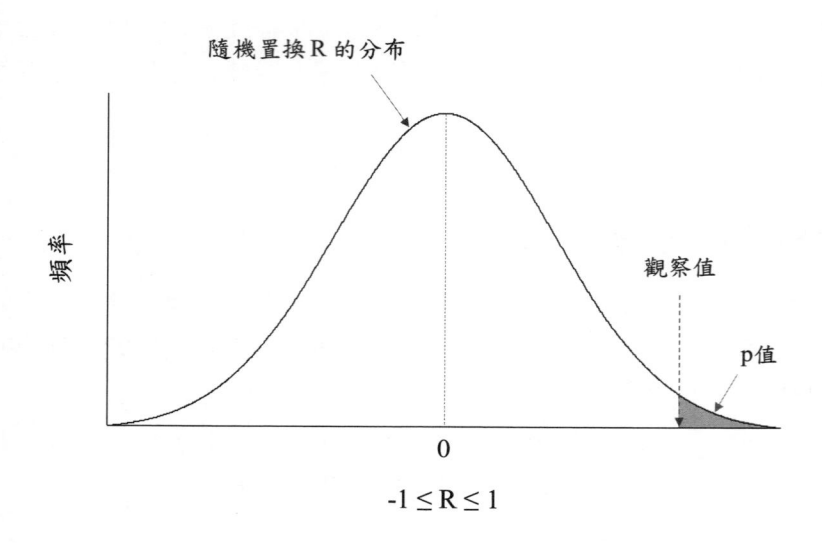

圖 13-9 ANOSIM 概念。本法先計算觀察到的分類群之組間與組內相似性距離的統計量 R，並以隨機置換產生統計量 R，為平均等於 0 的抽樣分布。再依據觀察值在此分布的右尾位置，決定顯著性 p 值。

第十四章 群聚排序

14.1 排序概念

每一物種在環境梯度上，都有各自的耐受（或分布）範圍。生物群聚結構，包括物種組成及相對豐富度，因此沿環境梯度呈現連續性變化；如圖 14-1a。我們感興趣的是，群聚結構的連續變化與甚麼環境因子有關？排序方法 (ordination methods) 就是在解決這一類課題的統計分析方法。

如果在圖 14-1a 的群聚變異梯度上設立 5 個採樣點 A, B, C, D, E，並調查物種 1 到物種 10 在這些採樣點的豐富度，將可以得到如圖 14-1b 的數據。實務上，我們並不清楚這 5 個樣點在群聚梯度上的排列順序。圖 14-1b 表格的數據乍看之下沒甚麼規律，因此必須先設法找出各樣點之間有序的排列方式。如果可以得到樣點之間，在生物群聚空間上的排列順序，即可依據各樣點的環境因子，例如溫度、溼度、植被覆蓋度等等之測量值，找出與此一排列順序最相關的環境因子。圖 14-1c 是將圖 14-1b 的數據以降趨對應分析 (detrended correspondence analysis, DCA) 排序的結果（DCA 方法，請見 14.2.3 節）；與圖 14-1a 相較，樣本在 DCA 空間中的排列順序與模擬數據完全一樣，樣本與樣本之間的相對距離也與原本梯度上的距離近似。

如上所述，排序是依據物種組成及相對豐富度，將樣點在生物群聚空間上依序排列的統計分析方法。其目標在於將群聚結構相似的樣點排列得較為靠近，相異的樣點彼此之間分隔得比較遠。並且找出與此一排列順序有關的環境因子。藉由排序分析，我們可以了解生物群聚結構的空間變異趨勢，以及與之有關的環境因子；或是在時間梯度上，可以了解生物群聚結構的季節動態或演替方向。

排序方法很多，較常被使用者包括主成分分析 (principal component analysis, PCA) 以及與 PCA 相關的冗餘分析 (redundancy analysis, RDA)，以及對應分析 (correspondence analysis, CA) 及其衍生之降趨對應分析 (DCA) 與典型對應分析 (canonical correspondence analysis, CCA)。

(a)

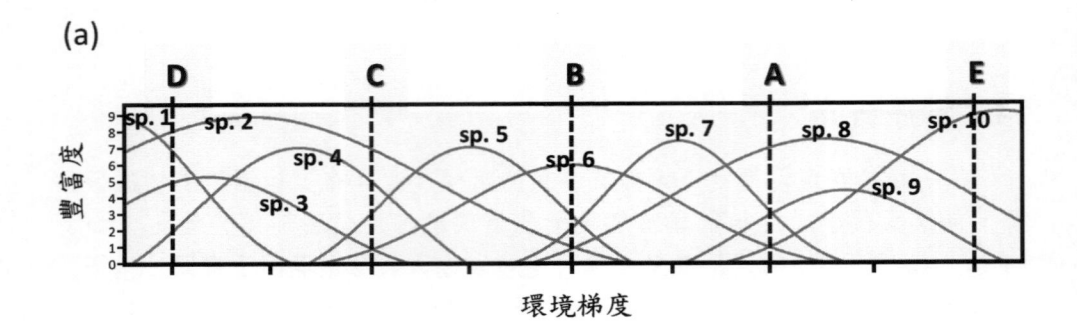

(b)

site	sp1	sp2	sp3	sp4	sp5	sp6	sp7	sp8	sp9	sp10
A						1	3	7	3	1
B		1			3	6	2	1		
C		7	1	5	3	1				
D	7	8	5	2						
E								4	1	9

(c)

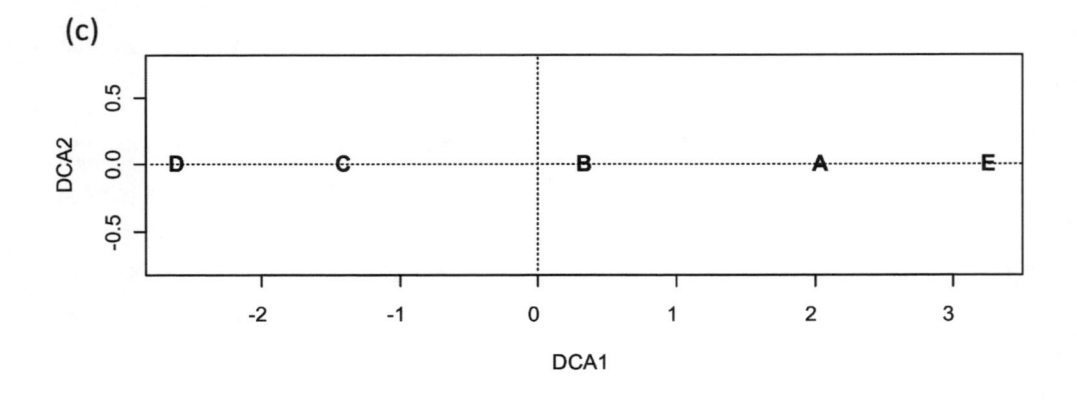

圖 14-1 排序的概念。(a)植被連續體概念認為生物在環境梯度上有各自的耐受範圍，使群聚結構呈連續變化；若在其上設置5個採樣點，可以得到(b)物種在每一採樣點的豐富度資料；將此資料矩陣以 DCA 排序，則(c)樣點在 DCA 空間的排列順序與在環境梯度上的順序相同，相對距離也與在環境梯度上的相對距離近似。

排序方法依據納入環境因子分析的先後次序之流程不同，而分為兩類。一是僅依據生物群聚資料，對樣本排序，之後再分析排序軸與環境因子之間的關係。因為生物群聚與環境之間關係的分析，是先透過樣點排序之後再進行的，故稱為間接梯度分析 (indirect gradient analysis)；臺灣的植群生態學界，則習慣稱之為分布序列、分布序列法、或分布序列分析。又，早期的排序 (ordination) 一詞，也是專指間接梯度分析。另外，因為樣本在排序空間的分布，僅與樣本的群聚結構有關，不受其環境因子測量值影響，故也稱為非束縛型排序 (unconstrained ordination)。常用的非束縛型排序方法有 PCA、CA、以及 DCA。

另一類是在分析過程中，即直接將環境因子納入。這類方法因而被稱為直接梯度分析 (direct gradient analysis)。而因為排序結果受到納入的環境因子之影響，因此這類方法稱為束縛型排序 (constrained ordination)。常用的束縛型排序方法有 RDA 及 CCA。

14.2 非束縛型排序

14.2.1 PCA

主成分分析 (principal component analysis, PCA) 是一種用來簡化和濃縮多維數據的統計方法。PCA 藉由尋找一組數據的最佳線性組合，將原本多個變數轉換為少數互相獨立的向量軸，同時保留原數據中絕大部分重要資訊，以達到降維與簡化變數的目的。其過程大抵如圖 14-2 所示：平移坐標至數據中心，再旋轉坐標使新坐標具有最大資料變異，最後，僅保留含有最大變異的軸（主成分），而達到降維與簡化變數的目的。

PCA 過程會先對數據做中心化處理，也就是將坐標原點移到數據分布中心，讓各變數的均值為零。接著，計算數據的共變異數矩陣，求出特徵向量和特徵值。特徵向量決定新坐標軸方向，特徵值則反映數據在該方向上的變異程度。特徵向量按特徵值大小排序，形成主成分。最後，將原始數據投影到主成分軸上，保留對應較大特徵值的主成分，並捨棄對數據變異影響較小的次要成分，從而達到降維效果。注意，如果變數測量單位不同，應先將數據標準化，也就是使用相關矩陣計算特徵向量和特徵值。

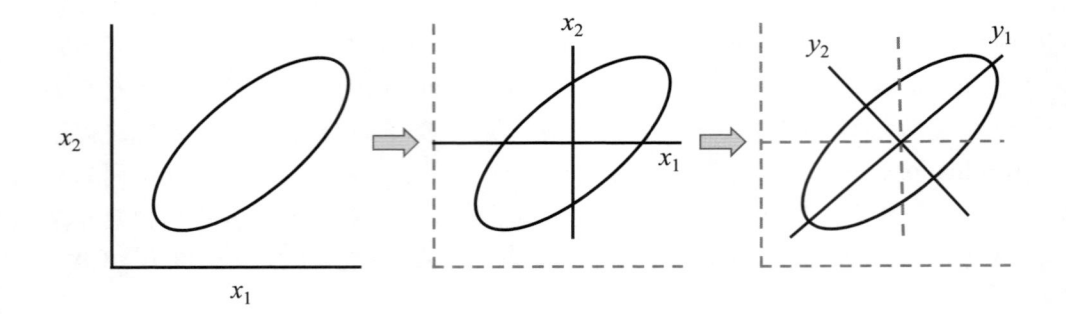

圖 14-2 主成分分析的概念。兩計量資料 x_1 與 x_2 呈線性關係；將坐標平移至數據分布中心，再旋轉坐標軸，使新的坐標軸 y_1 含有最大資料變異量。此時若保留 y_1，捨棄訊息量較少的 y_2，可以在保留最大訊息量之下，達到簡化變數的目的。

　　應用在生物群聚樣本的排序時，PCA 將物種視為多維變數，而予以簡化和濃縮，樣本則被投影到物種構成的主成分軸空間。應用時有幾點需要特別注意：

1. **相關性與非線性問題**：PCA 透過變數之間的線性組合，以簡化變數並最大化數據的總變異。然而，生物在環境梯度上常呈現單峰分布，每個物種在環境梯度上有各自的耐受範圍 (tolerance)。當環境梯度跨度較大時，生物之間就可能因而表現出非線性關係，這與 PCA 對數據的線性假設不符。另外，PCA 樣點之間的距離是基於歐氏距離，這在環境梯度較大時，會導致雙零問題。這些情況常導致樣本在 PCA 空間中呈現馬蹄形或拱形分布，甚至產生軸端反轉現象，此稱為馬蹄形效應 (horseshoe effect)。因此，PCA 只在環境梯度較窄的情況下，才適合用於生物群聚排序。圖 14-3 是玉山地區海拔 500–3700 公尺的 160 個樣點之繁殖季鳥類調查資料 PCA 前兩軸分布。可以看到樣點呈馬蹄形分布；樣點投影到第一軸的分布順序，依序是中海拔、低海拔、高海拔樣點，很顯然這樣的排序是不合理的。這是物種之間豐富度變化的非線性關係所致。

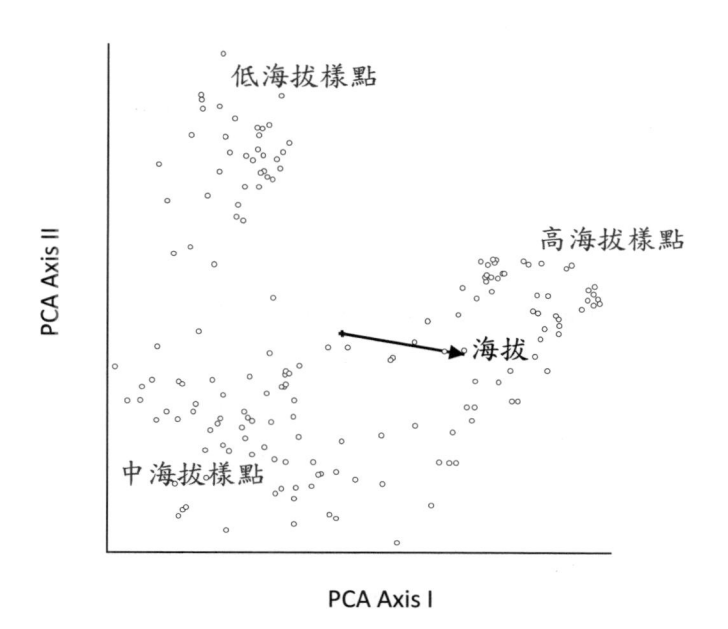

圖 14-3 玉山地區海拔 500–3700 m 的 160 個樣點，在繁殖季鳥類資料的 PCA 前兩軸空間分布。樣點在 PCA 空間呈明顯馬蹄形分布；樣點在第一軸的分布序列由中海拔至低海拔，再至高海拔，明顯不合理（資料取自許皓捷 (2003)[19]）。

2. **資料型態限制**：PCA 只能處理豐富度資料。由於 0/1 二元資料無法進行線性組合，因此無法用於 PCA。如果是二元分布資料，應使用 CA 或其衍生之方法。

   PCA 排序結果，可用環境因子擬合，以雙序圖 (biplot) 將樣點與物種及環境因子同時呈現在排序空間中。由於排序軸由物種線性綜合構成，因此**物種在 PCA 空間以向量呈現**；樣本則以點的形式投影在排序空間中。這與 CA 以點的方式，同時投影樣本與物種在排序空間的分布不同，須特別注意。另外，計量型環境因子也是以向量呈現。類別型環境因子（例如棲地類型）則將各類別轉換為 0/1 之虛擬變數 (dummy variables)，並以點的形式呈現在圖中；虛擬變數的點位，是所有二元值為 1 之樣點的分布中心 (centroid)。

---

[19] 許皓捷. 2003. 台灣山區鳥類群聚的空間及季節變異. 國立臺灣大學博士論文.

雙序圖有兩種常見的縮放 (scaling) 方式，分別是距離雙序圖 (distance biplot, scaling 1) 與相關雙序圖 (correlation biplot, scaling 2)。這兩者的向量縮放與樣點投影方式不同，因此結果的解讀重點也不一樣：scaling 1 強調樣本（或樣點）之間的距離，而 scaling 2 則著重在變數（物種）之間的關係。

一、距離雙序圖 (scaling 1) 的重點在於樣本之間的距離

1. **樣點與樣點**：依據樣點之間的相對位置，可以推測其在高維的物種空間之歐氏距離。**兩樣點在雙序圖中的分布愈接近，則其群聚結構愈相似。**

2. **樣點與物種**：樣點垂直投影在物種向量及其延伸線上的位置，反映了該物種在樣點的相對豐富度。圖 14-4 當中，樣本 1 分布的物種 1 之豐富度最高；而樣本 2 垂直投影位置接近坐標原點，則顯示物種在該樣本的豐富度接近平均值；另外，物種 1 在樣本 3 的豐富度最少，甚至不存在。

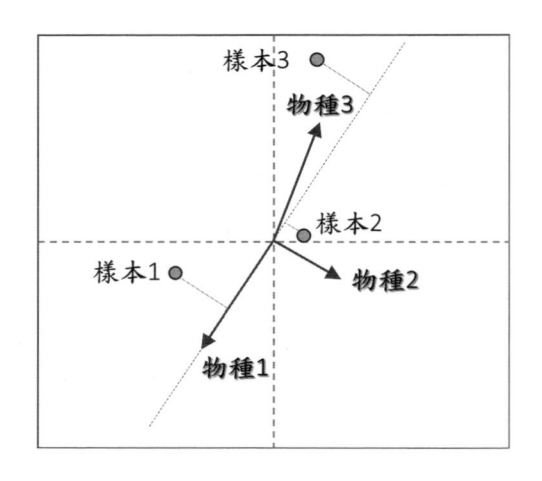

圖 14-4 線性排序圖的物種與樣本關係之解讀。樣本垂直投影在物種向量延伸線上的位置，反映其分布該物種的相對豐富度。在 scaling 2 時，物種與物種之間的向量方向，則反映兩物種之間的關係。物種 1 與物種 2 向量方向近似垂直，彼此沒有關係；物種 1 與物種 3 的向量方向幾乎相反，兩物種在樣點間的相對豐富度變化趨勢相反。

3. **樣點與計量環境變數**：scaling 1 的雙序圖主要呈現樣點之間的關係，通常不將計量環境變數繪入圖中；因此，**不建議在 scaling 1 雙序圖中，解釋樣點與計量環境變數之間的關係**。
4. **樣點與類別環境變數**：類別變數（虛擬變數）所對應的點，代表該環境類別的所有樣點在排序空間中的幾何中心。樣點與虛擬變數點位的距離，反映樣點的環境類別歸屬；距離愈近，表示樣點環境愈可能屬於該虛擬變數代表的環境類別。
5. **物種與物種**：**scaling 1 不討論物種與物種之間的關係**。物種向量之間的夾角不能反映物種的關係。若要討論物種間的關係，應使用 scaling 2。
6. **物種與計量環境變數**：物種與計量型環境變數在雙序圖中都是向量。兩向量的夾角愈小，表示兩者的正相關愈強；可以預測物種的豐富度隨著該環境因子的增加而遞增。若夾角接近 90 度，則表示物種豐富度與該環境因子無關。夾角大於 90 度則代表兩者為負相關。不過一般而言，scaling 1 的重點在樣點之間的關係；物種與計量環境變數之間的關係，較適合以 scaling 2 討論。
7. **物種與類別環境變數**：可類比第 2 點「樣點與物種」關係。將虛擬變數點位垂直投影到物種的向量及其延伸線上，可以反映物種在該環境類別的豐富度。但與第 6 點類似，較適合以 scaling 2 討論。
8. **物種向量在某一軸上的分量**（即垂直投影）愈長，表示物種對該主成分的貢獻愈大。

二、相關雙序圖 (scaling 2) 的重點在於顯示變數之間的關係

1. **樣點與樣點**：**scaling 2 不討論樣點與樣點之間的關係**，因為樣本距離不能準確反映它們在多維空間中的相似性；要討論樣本之間的關係或相似性，請用 scaling 1。
2. **樣點與物種**：與 scaling 1 相同，樣點在物種向量的投影，反映物種在樣點的相對豐富度。

3. **樣點與計量環境變數**：從樣點向計量環境因子的向量及延伸線投影，投影點的位置可以近似表示該環境因子在這些樣點內的相對數值。由於擬合時，環境因子均已標準化，所以環境因子箭頭的起始點也可以認為是平均值的位置。圖 14-5 的樣本 1 垂直投影到環境 A 的向量線上，反映樣本 1 在所有樣本中，有最高的環境因子 A 測量值。相對的，樣本 3 的環境因子 A 測量值最低；而樣本 2 的測量值則接近平均值。

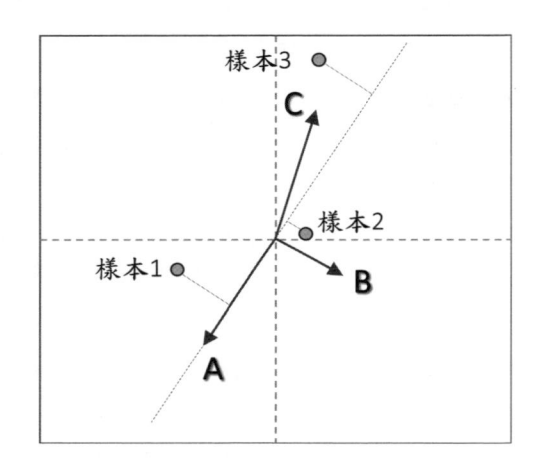

圖 14-5 線性排序圖的環境因子與樣本關係之解讀。樣本垂直投影在環境因子向量延伸線上的位置，反映該樣本的環境測量值。兩環境因子向量方向，則反映兩因子之間的關係。因子 A 與因子 B 向量方向近乎垂直，此兩因子互相獨立；因子 A 與因子 C 方向則近乎相反，表示兩因子之間為負的關係。

4. **樣點與類別環境變數**：與 scaling 1 相同，樣點與類別變數點的距離反映了樣點的環境類別歸屬。

5. **物種與物種**：物種向量之間的夾角是有意義的。如圖 14-4，夾角愈小，表示兩物種之間的正相關愈強；夾角接近 90 度，表示兩者沒有關係；夾角大於 90 度則代表負相關。

6. **物種與計量環境變數**：與 scaling 1 相同，物種向量與環境變數向量的夾角反映了兩者之間的關係。

7. **物種與類別環境變數**：與 scaling 1 相同，類別變數投影到物種向量上，反映物種在該類別環境中的豐富度。

8. **物種向量的長度**反映物種在原空間中的變異性，也反映其對排序軸的貢獻度。向量愈長，表示物種豐富度在不同樣點中的變異性愈大，與排序軸的關聯性愈高。

9. **計量環境變數之間夾角**的解釋方式與物種向量相似。夾角小表示正相關，接近 90 度為無相關，大於 90 度則是負相關。故圖 14-5 中，環境因子 A 與 B 沒有關係，A 與 C 為負相關。但如果主要目的在探討環境因子之間的關係，應單獨對環境變數做 PCA，而不是在生物群聚排序圖中討論。

總結而言，如果目的是想要了解樣本（調查樣點）之間的群聚結構相似性，則應該強調樣本之間在雙序圖中的距離，這時適合使用 scaling 1。在 scaling 1 中，樣點之間的距離反映了它們在多維空間中的相似性或差異性。

如果目的是想要了解變數（物種）之間的關聯，並且希望向量的長度能代表物種在各樣點中的變異性，則應該使用 scaling 2。在 scaling 2 中，向量的長度表示物種豐富度在各樣點中的變異性，而向量之間的夾角則反映了物種之間的相關性。

另外，當檢視**排序軸與變數之間的相關係數**矩陣時，必須注意的是，**只有絕對值有意義**。因為排序結果的重點，在於樣本彼此之間於排序空間的相對位置。若樣本不動，但是將排序軸左右翻轉，也就是所有排序分數乘以-1，樣本之間的關係並不會改變。此時，排序軸與環境因子的相關係數絕對值也不會改變，但正負號則相反。事實上，同樣資料的排序，使用不同軟體，就可能得出排序方向左右相反的結果。因此排序軸與變數的相關係數之資訊重點，在相關係數的絕對值。所以在陳述結果的時候，書寫邏輯及相應的用語必須非常小心。例如，如果敘述分析結果「海拔與 PCA 第一軸呈顯著正相關」，但僅此而已，沒有進一步的說明或解釋，這個陳述就會顯得不恰當。其它排序方法，包括 CA、DCA，以及束縛型排序的 RDA、CCA，也都是同樣道理。

14.2.2 CA

對應分析 (correspondence analysis, CA) 是一種用於探討物種和樣本兩個類別變數之間關聯性的統計方法。它也被稱為交互平均法 (reciprocal averaging, RA)，此名稱反映了本法的核心特性，即藉由交替計算行和列得分來達到收斂。

CA 的基本原理是將行（物種）和列（樣本）都視為點，以雙重縮放技術，將物種與樣本映射到相同的低維空間中。這種方法能將原本高維度的複雜生物群聚數據矩陣，以可視化方式，在低維度展示樣本與物種之間的相互關係。

CA 的計算過程可以概括成以下幾個步驟：

1. **數據準備**：首先，將物種與樣本構成的列聯表中，物種在樣本的出現頻率或數量標準化。
2. **距離計算**：根據標準化後的列聯表，計算行與列之間的卡方距離。卡方距離衡量欄變數與列變數之間的相似性，並考慮了期望頻率和觀察頻率之間的偏差，能揭示欄和列之間的相對位置關係。
3. **矩陣分解**：將標準化的列聯表分解為一組列得分 (row scores) 和欄得分 (column scores)。這些得分構成了新的低維空間坐標。
4. **可視化**：依據排序分數，將樣本與物種投影到低維空間中，使之可視化，以顯現其間的相似性或關聯性。

CA 過程，可以由一系列矩陣變換來理解，其概念如圖 14-6。第一個矩陣展示了原始的物種—樣本數據。第二個矩陣顯示了經過初步處理後的數據，其中列（樣本）已經根據某些準則重新排序。第三個矩陣展示了最終的排序結果，其中欄和列都經過重新排序，以反映物種和樣本之間的關係。通過這種方式，研究者可以識別哪些樣本在物種組成上相似，或哪些物種傾向於出現在同一樣本中。

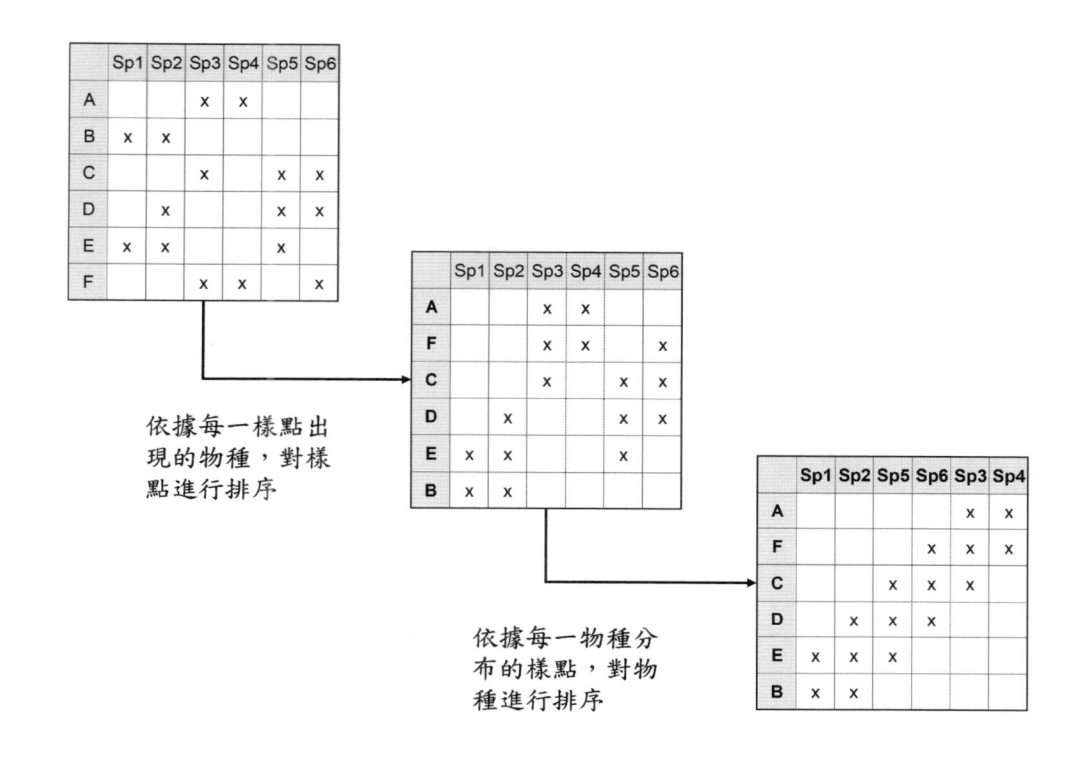

圖 14-6 對應分析的概念。對應分析同時對樣點及物種排序。

    CA 是基於特徵分析 (eigenanalysis) 的排序法。其特徵值 (eigenvalue) 反映排序軸上解釋的資料變異量；特徵值愈高，代表該軸能捕捉的群聚變異比例愈多。CA 的特徵值通常介於 0 與 1 之間，尤其當資料為計數或相對豐富度並經過標準化處理時。一般而言，若某軸特徵值大於 0.6，通常表示該軸已捕捉相對明顯的群聚變異趨勢，可以特別注意群聚結構在該軸的變異趨勢，或是梯度是否明顯或具有意義。

    CA 特別適用於處理類別或離散型資料，包括物種出現/不出現的二元資料，或是出現頻率或個體數的計數資料。CA 尤其擅長處理含有大量零值的數據集。不過，CA 對於稀有物種可能過於敏感，從而影響排序結果的穩定性。由於 CA 基於卡方距離，無法處理包含負值的資料，對於連續計量資料（例如溫度或溼度等環境變數）的適用性較差。在這些情況下，主成分分析

(PCA)或典型相關分析 (Canonical Correlation Analysis, CCoA) 可能是更合適的選擇。

與 PCA 類似，當環境梯度跨幅較大時，樣本可能在 CA 排序空間中呈現弧形排列，如圖 14-7。這現象被稱為拱形效應 (arch effect)；只不過 CA 的拱形現象通常不若 PCA 嚴重。CA 第二軸呈現對第一軸的曲線函數關係，並不代表樣點實際沿曲線分布，而是因為 CA 演算法在尋求每一軸最大變異時，第二軸會吸收第一軸未能線性捕捉的高階變異（如二次項）。因此，CA 第二軸與第一軸之間可能呈現拋物線或 U 形關係。這也導致將樣點投影到第一軸時，在第一軸兩軸端的排序分數產生被壓縮現象，使軸端樣點間的差異在排序圖中被低估。

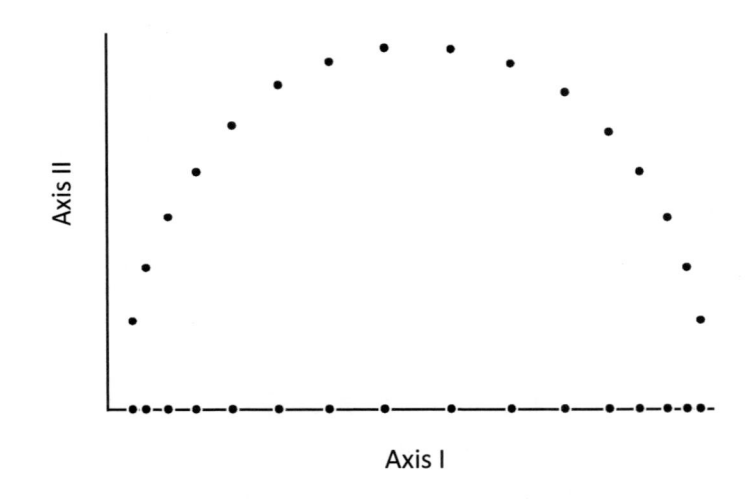

圖 14-7 對應分析可能產生拱形效應及軸端壓縮情形，尤其在長梯度之下，更易發生。

玉山鳥類群聚資料 CA 前兩軸排序結果，如圖 14-8。樣點在 CA 前兩軸分布呈現明顯拱形現象；低海拔端樣點在第一軸的排序分數則有軸端壓縮現象。但與圖 14-3 的相同數據之 PCA 表現相較，CA 樣點投影在第一軸的排列，由低海拔、中海拔至高海拔，其排列順序已經比 PCA 的結果合理。

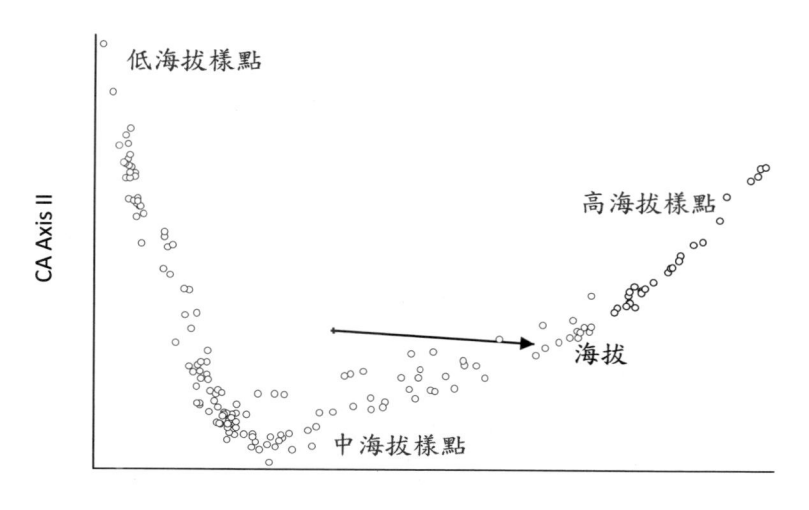

圖 14-8 玉山地區海拔 500–3700 m 的 160 個樣點，在繁殖季鳥類資料的 CA 前兩軸空間分布。樣點在 CA 空間呈拱形分布（資料取自許皓捷 (2003)[20]）。

　　CA 排序結果可用環境因子予以擬合，並將樣點、物種及環境因子同時呈現在排序圖中。CA 的樣點與物種都是以點的形式呈現。CA 為單峰模型，物種所在點位是該物種在梯度上最適值的對應位置。計量型環境因子以向量形式呈現。類別型環境因子，每一因子的各個類別以 0/1 之二元虛擬變數 (dummy variables) 代之，並以點的形式呈現在圖中。

　　類似於 PCA，CA 排序圖也可以根據縮放方式，分為 scaling 1 和 scaling 2。不同的是，PCA 基於歐氏距離，而 CA 則基於卡方距離。因此，在 CA 中，若兩個樣點的各物種之相對豐富度一樣，那麼縱使兩樣點分布物種的絕對豐富度不同，在 CA 的排序圖中，這兩個樣點也會落於相同位置。同樣地，如果兩物種在各個樣點內的豐富度比例完全一致，那麼在圖上的位置也會相同。

---

[20] 許皓捷. 2003. 台灣山區鳥類群聚的空間及季節變異. 國立臺灣大學博士論文.

一、聯合圖 (joint plot, scaling 1) 強調樣點之間的關係

1. **樣點與樣點**：樣點間的距離對應於排序軸上的距離（以標準差 SD 為單位；請見下一節 DCA 之解說），表示樣點之間的物種組成差異或轉換率。

2. **樣點與物種**：物種與樣點的距離反映物種在該樣點的相對豐富度。物種點愈靠近某個樣點，表示該樣點中，該物種的相對豐富度愈高；反之則愈低，甚至可能為零。若物種矩陣為二元資料，則這裡的豐富度解讀為出現機率。此外，若梯度較小 (< 2 SD)，可以將物種點和坐標原點連線，採用線性排序來解釋樣點與物種的關係（類似 PCA 的雙序圖）。

3. **樣點與計量環境變數**：scaling 1 不強調樣點與計量變數向量的幾何關係，因此不建議解釋其投影位置。

4. **樣點與類別環境變數**：樣點與類別變數（虛擬變數）點位之間的距離，反映樣點屬於該類別的可能性；距離愈近，表示樣點愈可能屬於該類別。

5. **物種與物種**：scaling 1 不適用於詮釋物種彼此之間的幾何關係。

6. **物種與計量環境變數**：物種點垂直投影到計量環境變數的向量或延伸線上的位置，是該物種在該環境變數上的最適值。

7. **物種與類別環境變數**：物種靠近某虛擬變數的點時，表示該物種在具有此類別特徵的樣點中，相對豐富度的平均值較高。

二、雙序圖 (biplot, scaling 2) 強調物種之間的關係

1. **樣點與樣點**：雖然 scaling 2 主要強調物種關係，但若兩個排序軸的變異量（特徵值）相當，則樣點在圖中的距離反映其在物種空間中的卡方距離，故仍可反映其物種組成或群聚結構的相似性，只是這不是 scaling 2 的主要用途。

2. **樣點與物種**：與 scaling 1 相同，樣點與物種之間的距離可以反映物種在該樣點內的相對豐富度。

3. **樣點與計量環境變數**：樣點垂直投影到計量環境變數的向量上，可以估

計該樣點在該變數上的相對值。

4. **樣點與類別環境變數**：與 scaling 1 相同，樣點與虛擬變數的距離反映樣點所屬的類別。

5. **物種與物種**：物種間的距離反映其卡方距離，代表其在樣點中的共現模式。距離愈近，物種在各樣點中的豐富度變化趨勢愈相似。

6. **物種與計量環境變數**：與 scaling 1 相同，物種在環境向量上的投影位置表示其在該環境變數上的最適值。

7. **物種與類別環境變數**：與 scaling 1 相同，物種靠近某類別，表示該物種在該類別樣點中的相對豐富度較高。

總結而言，scaling 1 強調樣點之間基於物種轉換的距離，適合用以探討樣點在排序空間中的群聚結構差異及與之相關的環境梯度。而 scaling 2 則強調物種間在樣點中的分布趨勢之異同與生態特徵。

另外，擬合環境因子之後，**解讀排序軸與環境因子之間的相關性時，資訊重點在相關係數的絕對值**。此與 PCA 的解讀一樣，請參考上一節 PCA 的最後一段說明。相關係數的正負號則僅表示向量方向是否一致。例如，若變數 A 與排序第一軸的相關係數為正，B 也為正，表示 A 與 B 方向一致；若一正一負，則方向相反。這尤其在文獻只提供排序軸與環境因子的相關係數矩陣時有用。但如果有擬合環境因子的雙序圖，則直接以圖中的向量方向與長度做解釋即可。

14.2.3 DCA

降趨對應分析 (detrended correspondence analysis, DCA) 改良自 CA，目的在解決 CA 常見的拱形效應 (arch effect) 與軸端壓縮 (compression at the ends of the axes) 現象，對排序結果的影響及生態意義詮釋的誤導。DCA 透過降趨 (detrending) 與重新縮放 (rescaling) 兩處理程序，使排序結果更符合物種沿環境梯度的單峰分布之生態特性。

降趨是將第一排序軸分為若干區段，調整每個區段內樣點在第二軸的排序分數，使該區段之平均值為 0，如圖 14-9 所示。經由降趨處理，可消除第二軸中，來自第一軸非線性變異的干擾，進而抑制拱形效應。此一處理方式可延伸至第三、四排序軸，從而確保每個排序軸捕捉到的變異皆為獨立梯度。

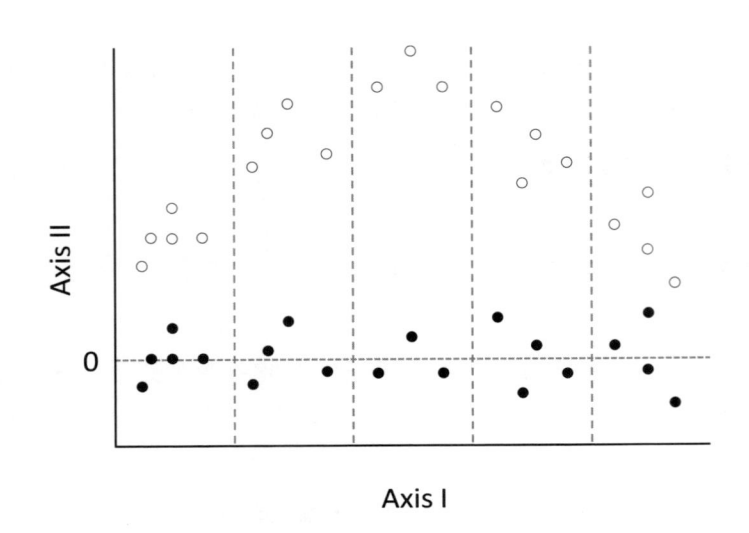

圖 14-9 DCA 降趨的概念。空心圓是 CA 呈拱形排列的樣點。DCA 將第一軸分為數個區段，每一段的樣點都沿第二軸平移；實心樣點是平移後的位置，每一區段實心樣點在第二軸排序分數平均為 0。DCA 藉此程序消除拱形效應。

　　降趨處理不同於數學上的正交化 (orthogonalization)，而是依據第一軸的區段做局部修正，讓排序空間更接近物種沿環境梯度分布的實際趨勢。這種非線性處理，更符合生態資料中，物種沿環境梯度呈單峰分布的特性，因此 DCA 特別適合應用於跨幅很長的環境梯度上之群聚資料排序。

　　DCA 的重新縮放則是將排序軸上的樣點分數除以自身的加權標準差，使不同區段的分數分布更均勻，從而降低軸端壓縮現象。對任一排序軸 z，首先以樣點總權重 w_i 為基礎，計算樣點排序分數的加權變異 (weighted variance) Var_w：

$$Var_w(z) = \frac{\sum w_i (z_i - \bar{z})^2}{\sum w_i}$$

式中，z_i 為第 i 個樣點的排序分數；w_i 為該樣點中物種的加權豐富度，代表樣點的重要性；$\bar{z}$ 為加權平均排序分數。再將每一樣點排序分數 z_i 除以變異的平方根，使整體變異為 1，即：

$$z_i' = \frac{z_i}{\sqrt{Var_w(z)}}$$

此操作會將原始排序軸進行拉伸或壓縮，使不同排序軸之間的尺度統一。經此處理，排序軸長度即是該軸上的樣點分數分布所涵蓋的標準差數量。除了標準化排序尺度外，重新縮放也有助於減少排序軸的軸端壓縮現象，使樣點與物種在排序圖中的分布更為均勻，便於觀察與解釋。

需要注意的是，DCA 的重新縮放，與統計上常見的 z 分數轉換之標準化不同（請見 7.2 節）。標準化過程將觀察值轉換為 z 分數，是將單一變數轉換為平均為 0、標準差為 1 的常態分布；而 DCA 的重新縮放，則是針對整個排序軸的加權變異進行縮放，是整體尺度的調整，讓該軸上的變異度具一致的解釋尺度。

DCA 的結果受到區段數量影響。就降趨過程而言，若區段數過多，每個區段中的樣本數會變少，而可能導致過度調整，改變原本數據結構。但若區段數量過少，則降趨效果不足，無法完全消除拱形效應。而在重新縮放上，若區段數過多，重新縮放過程可能過度調整排序軸的距離，使結果變得不自然。若區段數量過少，則重新縮放效果不明顯，軸端壓縮現象仍然可能存在。

區段數量可以依數據集的大小和多樣性來選擇。一般慣用 26 個區段；對多數的數據集而言，此值能產生穩定結果。許多群聚資料分析軟體，例如 PC-ORD、CANOCO、以及 R 的 vegan 套件之 decorana() 函數，都使用 26 為預設值。實務上，可以先使用預設的區段數 26，然後檢查排序圖是否仍有明顯的拱形效應或軸端壓縮現象。如果有，則適當調整區段數。若數據量大（例如樣本數大於 500），則適度增加區段數（例如 30–50），以便更精細地刻畫排序軸上的變異。若數據結構簡單或樣本數較少（少於 100），則可以減少到 20 個或更少的區段數。總之，DCA 結果確實會受到用來降趨與重新縮放的區段數之影響，但可以透過視覺化檢查與穩定性分析來找到適合的區段數。這是一個需要試驗和調整的過程，並沒有單一固定的標準。

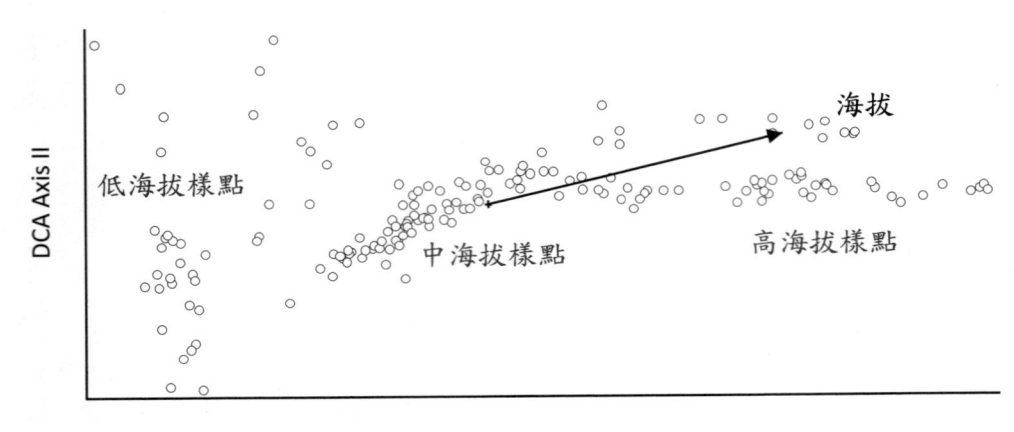

圖 14-10 玉山地區海拔 500–3700 m 的 160 個樣點，在繁殖季鳥類資料的 DCA 前兩軸空間分布情形。相較於 PCA 及 CA，樣點在 DCA 的空間分布較能反映其實際的海拔分布序列（資料取自許皓捷 (2003)[21]）。

　　玉山地區繁殖季鳥類群聚資料的 DCA 前兩軸排序結果，如圖 14-10。相較於圖 14-8 的 CA 排序結果，樣點不再呈現拱形狀分布。樣點在 DCA 前兩軸空間，由低海拔至高海拔分布，且低海拔樣點沿第二軸散開；這些樣點是由草地、灌叢至成熟林的演替序列。整體而言，DCA 的排序結果符合野外實際狀況，也比 CA 的結果理想。

　　與 CA 一樣，DCA 排序空間也可以用環境因子予以擬合。DCA 是 CA 的修正方法，因此雙序圖的解讀與 CA 相同。又，擬合的環境因子與排序軸之間關係的解讀，尤其相關係數的絕對值與正負號之意義，也與 CA 一樣。此處不再贅述。

　　DCA 雖然被發展用以解決 CA 的拱形效應與軸端壓縮問題，然而也受到批評。部分研究者指出，其降趨與重新縮放仰賴使用者設定的區段數量，該設定對排序結果有顯著影響，可能導致結果過度擬合 (overfitting) 或反映非資料內在結構的模式。此外，也有觀點認為 CA 的拱形效應源自資料本身的非

---

[21] 許皓捷. 2003. 台灣山區鳥類群聚的空間及季節變異. 國立臺灣大學博士論文.

線性梯度，而非演算法造成，對其進行修正反而可能掩蓋原本的生態意義。

因為 DCA 在後續排序軸（第二軸及其後）進行了降趨程序，使得這些軸不再是「第一軸已解釋後的剩餘變異中，具有最大變異方向」的軸向。因此，其特徵值不應被視為該軸所能解釋的變異量。換言之，除了第一軸的特徵值仍具有一定參考價值外，第二軸以後的特徵值已不再具備傳統排序方法（例如 PCA 或 CA）中，用以評估變異解釋量的意義。因此，除了第一軸之外，不應以各軸特徵值占總特徵值的比例，來評估該軸的解釋能力。

在 DCA 的分析結果中，軸長 (length of axis) 比特徵值更能反映排序軸的生態學意義。DCA 軸長單位是標準差 (standard deviation, SD)，可作為物種轉換率指標，尤其第一軸未經降趨處理，可以量化群聚結構的變異。在重新縮放過程中，DCA 會將變數標準化，以標準差取代物種的高斯曲線範圍；以此物種轉換 (species turnover) 的平均標準差作為軸的尺度。在 DCA 中，假設物種沿環境梯度呈高斯型單峰分布，一個高斯曲線的起落約跨越 4 SD（高斯曲線為常態分布；常態分布的 95% 區間是平均值加及減 1.96 SD，因此可以大略認為一個物種的分布兩端約跨越 4 SD)，而因為標準化的關係，大部分物種具有此一耐受範圍，因此可用軸長推估物種取代情形。若兩個樣點間，在梯度軸上的分布差距 4 SD 以上，則可預期這兩個樣點之間沒有共同種的存在；若有一半的物種轉換，則約跨越 1 到 1.4 SD。軸長愈長，表示物種或樣本的變異梯度愈大，也就是沿該軸有較大的物種轉換率。

DCA 軸長為物種轉換率指標，以樣本在第一軸的排序分數對時間作圖，能反映群聚結構的季節動態或長期變遷。圖 14-11 是以新竹客雅溪口鳥類群聚 DCA 第一軸排序分數對調查時間的散布圖；為利用 DCA 揭示鳥類群聚結構季節動態的典型範例。圖中可以看到群聚結構（物種組成及相對豐富度）改變最明顯的兩個階段，一是二月下旬到四月下旬，排序分數從大約 0.2，快速改變至 1.2 左右；另一階段則在九月上旬至十一月上旬，排序分數落回到約 0.2 左右。這兩段時間，前者為候鳥春過境期，後者則是秋過境期。候鳥過境致使鳥類群聚結構發生明顯改變。其餘時間，排序分數的變動範圍相對較小，可以合理認為該期間的變動是抽樣誤差造成；對應的季節動態分別是夏季留鳥期與候鳥度冬期，顯示這兩時期群聚結構相對穩定。依據排序分數的差值，約有一半物種轉換，導致夏季與冬季之間群聚結構的明顯變動。

另外，要注意，個別樣點的排序分數大小是沒有意義的。排序分數有意義的資訊，在樣點之間的差值。所以夏季排序分數約 1.2 s.d.，單就這樣的資訊而言，並不能表示什麼。但若說，冬季排序分數約 0.2 s.d.，因此夏冬之間排序分數約差 1 s.d.，就有意義了；此意謂著季節間約有一半的物種轉換。

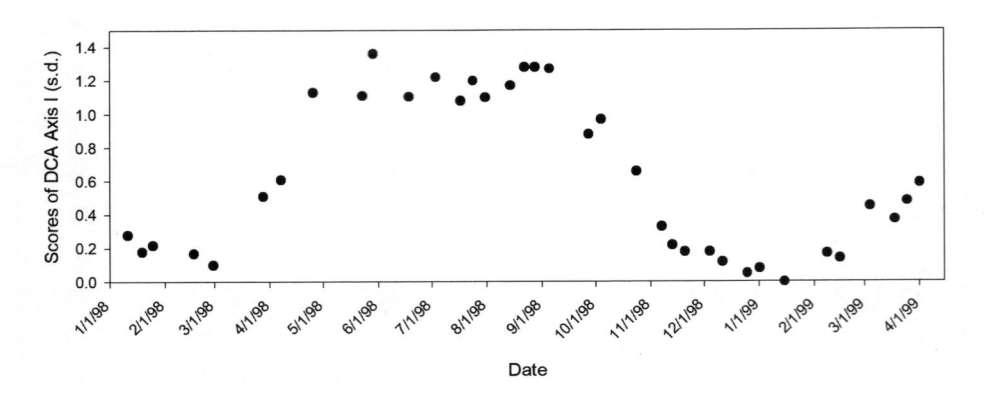

圖14-11 新竹客雅溪口鳥類群聚 DCA 第一軸排序分數對時間的散布圖；呈現臺灣西部河口溼地典型的季節動態樣貌（改繪自池文傑 (2000)[22]）。

　　DCA 排序軸也可以用在監測環境的長期變遷。圖 14-12 是四草溼地北汕尾水鳥保護區冬季鳥類群聚 DCA 第一軸排序分數對時間的線性迴歸圖。北汕尾水鳥保護區在 2003 年底至 2004 年間，陸續以大型機具進行棲地改善工程。以該區冬季每月鳥類調查資料的 DCA 第一軸排序分數對時間做簡單線性迴歸。在棲地工程之前的 1998–2003 年間，DCA 排序分數沒有顯著波動，顯示鳥類群聚結構穩定。而自 2003 年至 2009 年之間，排序分數則顯著改變，顯示此區冬季鳥類群聚的物種組成持續呈單向改變。由圖 14-12 的原始文獻可知，此係由於水岸高草游涉禽增加，而泥灘涉禽減少所致。

---

[22] 池文傑. 2000. 客雅溪口鳥類群聚的時空變異. 國立臺灣大學碩士論文.

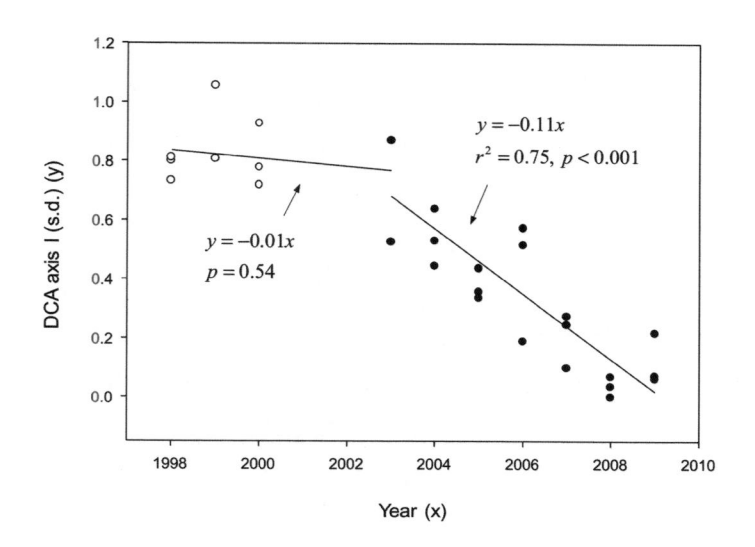

圖 14-12 四草野生動物保護區冬季鳥類 DCA 第一軸對時間的迴歸。棲地工程在 2003–2004 年間進行。空心圓是工程前樣本，迴歸斜率不顯著，顯示冬季群聚穩定。而實心圓樣本則顯示鳥類群聚結構在工程之後呈現方向性的改變（資料取自許皓捷等 (2012)[23]）。

14.3 束縛型排序

14.3.1 RDA

冗餘分析 (redundancy analysis, RDA) 是一種結合複迴歸和主成分分析特點的束縛型排序方法，用於**分析物種組成與環境因子之間的線性關係**。RDA 的流程包括對反應變數（物種豐富度）進行複迴歸，然後將產生的擬合值矩陣做主成分分析，以找出最能解釋物種變異的主要梯度軸。這使得 RDA 能夠量化各環境變數對物種分布的影響，並透過二維排序圖來視覺化樣本、物種及環境因子之間的關係。相比於單純描述數據結構的主成分分析，RDA 更適合用於研究環境因子如何影響生物群聚。

RDA 是 PCA 的典型形式 (canonical form)，可視為 PCA 的擴展。當解釋變數被移除時，RDA 就只是 PCA。也因此，PCA 的分析限制，在 RDA 上也同樣適用。RDA 也會產生馬蹄形效應。RDA 假設物種與環境因子之間為線

---

[23] 許皓捷等. 2012. 以鳥類資料評估四草溼地水鳥棲地改善工程之成效. 國家公園學報 22: 1-17.

性關係。但當環境梯度跨幅過大時，物種在環境梯度上的分布會呈現單峰，而非線性；此時即可能產生馬蹄形效應。因此若要使用 RDA，必須將環境梯度控制在極窄的範圍。另外，0/1 的二元資料也一樣不適合用於 RDA。

若某一環境因子對生物群聚的變異具有強烈主導作用時，可能掩蓋了其它環境因子的影響。當我們想知道其它環境因子與生物群聚的關係時，勢必要先屏除主要環境因子的效用。這時候可以將主要環境因子當做共變數 (covariates)，執行 partial RDA，以彰顯其它因子對生物群聚結構的影響。

RDA 雙序圖也分為 scaling 1 與 scaling 2，解讀方式與 PCA 類似。因為環境因子是解釋變數，在 RDA 排序圖中，計量環境因子向量大小可代表環境因子對物種資料的影響程度（解釋量），而非僅顯示其與物種之間的相關性。

14.3.2 CCA

典型對應分析 (canonical correspondence analysis, CCA) 是 CA 的典型形式。與間接梯度分析的 CA 不同之處，在於 CCA 引入了環境因子構成的解釋變數。通過這些變數對物種及樣點的資料矩陣進行束縛型排序，可以直接解釋環境變數如何影響物種分布及群聚結構的變異。

CCA 的過程大抵如下：

1. **資料加權**：首先對物種資料矩陣，依據樣點和物種豐富度加權，例如平方根或對數轉換，使結果不受單一物種或樣點的極端值影響。

2. **初始樣點得分**：依據 CA 的樣點得分或隨機給定起始值。

3. **物種得分**：以物種在樣點中的相對豐富度（例如每一樣點中，該物種出現頻率或豐富度占該樣點總豐富度的比例）為權重，以樣點得分加權平均來計算物種得分。

4. **樣點得分更新**：以所有物種在該樣點的豐富度為權重，由物種得分的加權平均值重新計算樣點得分。

5. **樣點得分對環境因子的迴歸分析**：以樣點得分為反應變數，環境因子為解釋變數，進行複迴歸分析，得到每一環境變數的迴歸係數。

6. **更新樣點分數**：以迴歸模型的擬合值更新樣點得分，使樣點得分可以反映環境變數對物種分布的預測效果。
7. **樣點得分標準化**：將樣點得分標準化，確保不同迭代過程得分尺度一致。
8. **迭代收斂**：重複以上步驟，即重新計算物種得分和樣點得分，直到樣點得分低於設定閾值為止。
9. **視覺化**：以排序圖視覺化物種、樣本和環境變數之間的關係。
10. **解釋排序軸**：計算和解釋每個排序軸解釋變異量和環境變數的影響。

衡量 CCA 排序軸與環境因子之間的關係，有兩個統計量，分別是集間相關 (inter-set correlation) 與集內相關 (intra-set correlation)；兩者數值範圍都在 -1 到 +1 之間，絕對值越大表示關聯性越強。

集間相關是指環境變數與物種排序軸 (species canonical axes) 之間的相關係數（Pearson's correlation coefficient；請見 9.1 節）；反映環境變數對群聚組成與物種分布空間的解釋力，適合用以判斷哪些環境因子驅動物種排序的主要變異。集間相關直接反映環境變數對物種組成變異的解釋力；相關係數絕對值愈大，代表該環境因子對物種分布趨勢的貢獻愈強。

集內相關則是指環境變數與樣點排序軸（site canonical axes 或稱為 constrained axes）之間的相關性。這些係數可視為環境變數在排序空間中的投影座標，亦即排序圖中環境變數向量的來源。其方向與長度，決定了排序圖 (triplot) 中環境因子的箭頭指向與解釋力，適合用於視覺化與比較不同環境因子之影響方向。也就是集內相關，反映環境變數在排序空間中的重要性。

集內相關是環境變數與受束縛的樣點排序分數 (constrained site scores) 之間的相關性，它們是在同一束縛 (constrained) 空間中定義的。集間相關則是環境變數與物種排序軸分數 (species scores) 之間的相關性。因為物種分數與樣點分數不完全共線；若物種分數與樣點環境分數間的相關性，亦即排序軸的 canonical correlation（或稱為 "species-environment correlation"）為 R，代表 inter-set 經由 projection 的結果，會被壓縮 R 倍，則：

inter-set = intra-set × R

因此，inter-set correlation 數值會較小。由於圖像化主要呈現 constrained 排序空間，且環境向量來源是 intra-set correlation，因此**實務上多使用 intra-set correlation** 做為排序圖中的解釋依據。

CCA 有以下幾點特徵：

1. **樣點排序被限制在環境變數的線性組合上**：CCA 的核心特點是樣點得分被約束在環境變數的線性組合上。這意味著在 CCA 中，樣點的排序結果（樣點得分）是環境變數的線性組合，這樣的限制使得排序結果必須在環境變數所定義的維度空間內。

2. **因為 CCA 的樣點分數被強加限制，因此特徵值通常小於 CA**：由於 CCA 的樣點得分被限制在環境變數的空間中，因此其排序結果之特徵值受環境變數數量的限制。相比之下，CA 樣點得分沒有此限制，因此特徵值往往比 CCA 大。

3. **若以很多環境變數進行分析，則限制性可以變小**：增加環境變數的數量可以增加 CCA 的解釋變異空間，從而減少對樣點得分的限制性。但過多的環境變數可能導致過度擬合 (overfitting)。因此應該依據生態學學理，適當選擇和篩選環境變數。

4. **若環境變數的數目大於等於樣區數減 1，則事實上就沒有什麼限制，這時 CCA 僅僅是 CA**：因為此時環境變數空間的維度幾乎等於樣點空間的維度，對樣點得分的約束實際上就消失了。這時，CCA 和 CA 的結果會非常相似。

5. **CCA 也有拱形效應的可能**：在 CCA 中，樣點得分的排序受到環境變數的線性限制。但是當環境梯度跨幅較大時，物種在環境梯度上將呈現非線性反應，從而可能導致拱形效應的產生。

6. **與拱形軸高度相關的變數大多是多餘的**：如果某些環境變數在拱形軸上表現出高度相關性，這些變數在當前的 CCA 分析中可能是多餘的。這並不意味著這些變數本身沒有意義，而是指它們在該次分析的環境梯度上無法額外提供對物種分布的解釋力。

7. **拱形效應可以由移除多餘的環境變數來降低**：移除多餘的環境變數，可以降低拱形效應的影響。每一環境因子的梯度跨幅不盡相同。當物種與大部分環境因子呈線性關係，而與少數環境因子呈非線性關係時，移除這些非線性關係之環境因子，可以降低拱形效應。此外，降趨典型對應分析 (detrended canonical correspondence analysis, DCCA) 也可以如同 DCA 之於 CA 般，解決 CCA 的拱形效應。

與 partial RDA 類似地，CCA 也可以控制共變數，執行 partial CCA，以顯現其它環境因子對生物群聚結構的影響。

CCA 排序圖也分為 scaling 1 與 scaling 2；因為 CCA 是 CA 的典型形式，解讀方式與 CA 類似。不過 CCA 分析過程以環境因子做迴歸分析；在其排序圖中，環境因子為解釋變數。但 CA 是間接梯度分析，只能討論環境因子與排序軸之間的相關性或關聯性，而不應討論因果。這在解讀上必須特別注意。

14.4 排序方法選擇

影響排序方法表現的主要因素是環境梯度的跨幅。在比較窄的跨幅下，物種於環境梯度上呈現線性反應；比較寬的梯度之下，物種反應則呈高斯曲線分布。因此應該依據研究尺度，選擇適當排序方法。另外，資料的測量尺度，例如 0/1 二元資料、離散型計量資料（如個體數）或連續型計量資料（如個體密度），也會限制可以選用的排序方法。眾多排序方法中，並沒有哪一方法可以讓你一招半式闖江湖，打遍天下無敵手。沒有任何一種排序方法可在所有情境下皆適用。在分析群聚結構時，必須考量研究的空間與時間尺度及資料特性，而非習慣性地使用單一方法分析所有資料矩陣；例如過去臺灣植群生態學界習慣以 DCA 排序[24]，就不是很恰當的做法。

PCA 假設物種之間的豐富度呈線性關係；惟只有在環境梯度極窄的情形下，此假設才成立。若環境梯度跨幅稍大，樣點在 PCA 排序空間的分布就可能被嚴重扭曲，而出現馬蹄形效應，甚至產生軸端反轉現象。RDA 是 PCA 的典型形式，其使用限制與 PCA 一樣。另外，不論 **PCA 或 RDA**，都只能應用在**豐富度資料**。如果是**出現/未出現的二元資料**，必須選用 **CA** 或其衍生之

---

[24] 請見：許皓捷、李培芬. 2003. 群聚變異梯度長度對排序結果的影響. 台灣林業科學 18: 201–211.

方法 DCA 及 CCA，或是 NMDS（如果將其視為排序方法的話）。

　　CA 在較大環境跨幅下，也會出現樣點在排序空間呈拱形分布現象；此拱形效應，伴隨軸端排序分數壓縮。DCA 藉由降趨與重新縮放排序分數的方法，而可以在環境梯度跨幅很大的情況下，仍有不錯的排序表現。DCA 的降趨處理，解決 CA 排序中，因方法本身而產生拱形狀的誤導性結構。但有批評者認為不論降趨或重新縮放，都是不自然的作為；認為樣點在 CA 空間的拱形排列是數據本身的自然分布特性，因此 DCA 的處理程序，對 CA 拱形效應恐有矯枉過正之嫌。

　　基於 DCA 可能不自然的疑慮，排序方法的選用，應該是在可以選用 CA 時，優先使用 CA。只有在環境梯度跨幅很大，使樣本在 CA 排序空間產生極為明顯且極度扭曲的拱形分布時，才選用 DCA。又，CCA 是 CA 的典型形式，其受到的限制與 CA 類似。在環境梯度很大的時候，可以選用降趨的 CCA（即 DCCA）。

　　在決定選用何種排序方法之前，建議一律先做 DCA。DCA 的軸長單位是標準差，因此可以用第一軸（群聚結構主要變異梯度軸）之軸長，評估物種在環境梯度上的反應曲線是線性，或是單峰分布。因為一個高斯曲線的起落約跨越 4 SD，因此 DCA 第一軸的軸長在 2 SD 以內時，預期大部分物種的反應會是線性或趨於線性。此時 CA 及 PCA 較無拱形或馬蹄形效應的顧慮，均可使用。CA 與 PCA 各有其優缺點。CA 同時對物種及樣點排序，而 PCA 則僅能對樣點排序；但是 PCA 在樣點與環境因子的雙序圖 (biplot) 上，提供比 CA 更多的定量資訊，並且 PCA 類似線性迴歸，排序軸蘊含的訊息容易被了解。但是 **PCA 只能應用在豐富度資料**；若**群聚數據集為 0/1 的二元資料時，只能使用 CA**。至於 CCA 及 RDA，由於其分別為 CA 及 PCA 的直接梯度分析形式，選用原則可遵循上述準據。

　　而當軸長在 2 SD 以上時，PCA 及 RDA 大抵可以不用考慮。CA 則可以先試用，觀察樣點在排序空間的分布是否呈現拱形。若未見拱形分布，則 CA 比 DCA 為佳。沒有拱形效應，當然不需降趨及重新縮放，此時 DCA 的這兩項處理，反而容易造成生態訊息的減損。而當 CA 有明顯拱形排列時，為判斷此為資料結構本身，或只是數學運算造成，應檢視拱形軸與相關環境因子之間是否合理或具有生態意義，並測試及比較 CA 及 DCA 的排序結果；

只有在判斷 CA 的拱形是數學造成的人工結果下，才使用 DCA。CCA 或 DCCA 的選用原則，則與 CA 與 DCA 之間選用的考慮原則相同。

14.5 排序與分類方法的邏輯衝突

分類與排序是群聚生態資料分析的常見方法。在許多學術報告中，研究者經常將這兩類分析技術同時應用於同一組資料矩陣。然而，這兩類分析方法背後的思維邏輯迥然不同；若未審慎瞭解各分析方法的前提假設，卻隨意混用，有可能導致謬誤的研究結論。

二十世紀初期，植群生態學界對於植群概念存在兩個對立觀點：超有機體植群概念 (super-organismic-plant-community concept) 與植被連續體概念 (continuum concept of vegetation)。超有機體概念認為，組成植群的各物種之間具有高度協同和相互依存關係，因此植群可以被視為一個有組織而整體的單元，像一個超有機體般。在此概念下，植群演替被認為是有方向性且可預測的過程，最終會達到穩定的極盛相 (climax)。在空間上，植群則是可被識別的離散單元；而植群與植群之間則應該形成鮮明邊界，即生態交會帶 (ecotone)，如圖 14-13a。這也衍生了植群分類與命名的科學活動。在此概念的指引下，研究者可依據樣區的物種組成及相對豐富度相似性進行分類，並進一步命名與描述不同的植群類型。換言之，分類方法的應用基礎，是植群在空間上的離散性與相似性。

相對而言，連續體概念主張各物種對環境的反應是獨立且個別的，如圖 14-13b，因此群聚結構沿環境梯度呈現連續變化，而非可明確劃分及識別的植群單元。植群演替則被視為偶發、非方向性且隨機的過程，不一定導致穩定的極盛相。Robert Whittaker 以梯度分析 (gradient analysis) 研究植群沿環境梯度的變化，其結果強烈支持植被連續體概念。梯度分析或排序技術，是建立在植被連續體的思維基礎上，認為植群結構，包括組成物種及其相對豐富度，沿環境梯度呈現連續性變化；梯度分析目的，在於揭示樣區間群聚組成的變異模式與潛在梯度，並進一步探討這些變異與環境因子的關聯。因此使用梯度分析或排序技術，即假設群聚結構沿環境梯度呈現漸變的連續性，而非離散的分類單元。

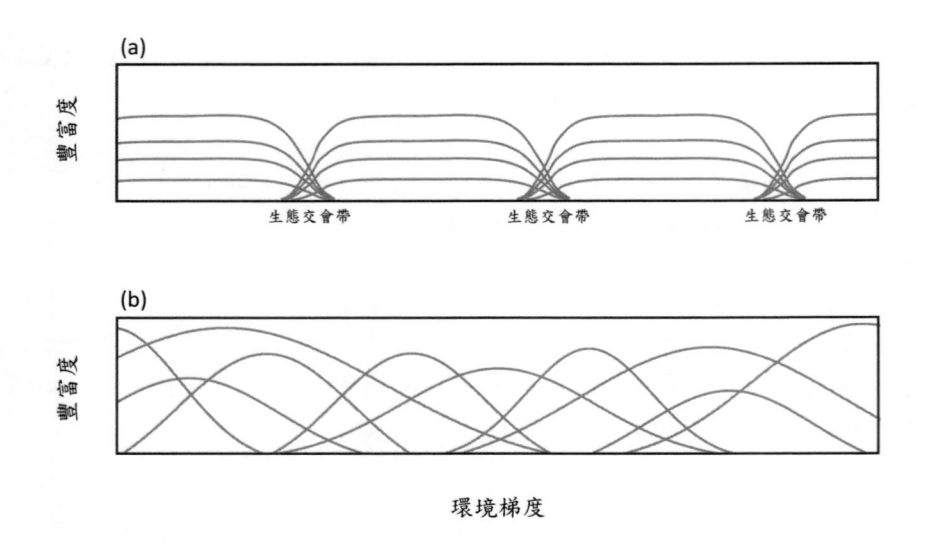

圖 14-13 (a)超有機體植群概念認為組成植群的物種，在環境梯度上的耐受範圍類似，因此可被識別和分類，與相鄰植群則形成生態交會帶 (ecotone)；(b)植被連續體概念則主張物種在環境梯度上有各自耐受範圍，使植群結構沿環境梯度呈現連續變化。

綜合言之，分類方法基於超有機體觀點，適用於識別離散的植群類型。而排序技術則基於連續體概念，強調群聚變異的連續性，以及與環境梯度的關聯性；認為植群結構沿環境梯度呈現連續性變化，而非可被分類的離散單元。因為分類方法與排序技術的科學邏輯或前提假設不同，因此應該避免同時應用於同一組資料，以免產生不一致，甚或互相衝突的研究結論。研究者若關心生物群聚是否可被清楚分類，應使用分類方法；若希望探討環境梯度如何影響群聚組成，則應選擇排序技術。部分研究可能會將兩者結合，例如先透過分類方法劃分群聚，再使用排序技術探討環境變數的影響，但在應用時仍須謹慎評估其適用性，避免謬誤的結論。

第十五章 矩陣相關性分析及應用

15.1 Mantel test

Mantel test 是分析兩個相似性或相異性矩陣之間相關性的統計方法。設有兩個 $n \times n$ 的對稱三角形矩陣，則可以如圖 15-1 所示，將兩者相對應位置的數值展開成兩行，並計算其相關係數。相關係數可使用 Pearson's r 或是無母數的 Kendall's τ 或 Spearman's ρ。一般使用無母數方法，因為 Pearson's r 只能應用在兩計量變數之間呈線性關係時；但實務上，不論觀察到的矩陣，或是之後以隨機置換方式檢測顯著性的過程，兩行數值的分布不一定都呈線性。

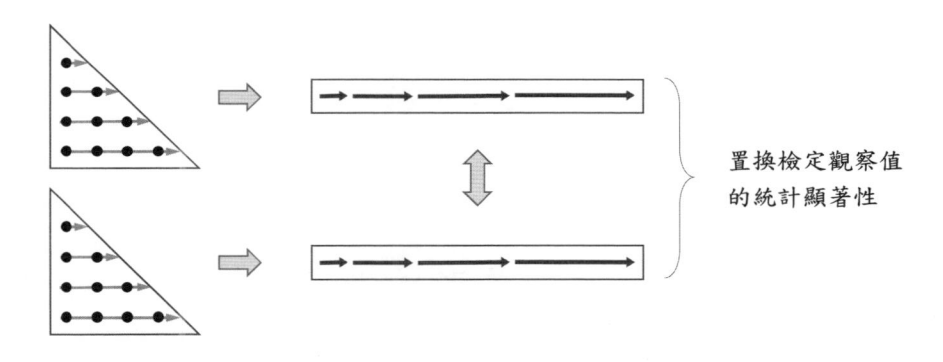

相似性/距離矩陣　　依序展開數值並計算觀察到的相關係數

圖 15-1 Mantel test 的概念

Mantel test 的統計量顯著性可以透過置換檢定 (permutation test) 評估。此方法的核心概念是隨機打亂其中一個距離矩陣（通常是行或列的排列順序），生成新的矩陣，然後重新計算與另一個矩陣的相關性。如此重複多次（例如 999 次），即可建立在虛無假設 H₀: $\rho = 0$ 下的參考分布；這代表當兩個矩陣沒有相關時，相關係數的隨機變異範圍。最後，檢視實際觀察到的相關係數在此參考分布中的位置，並計算 p 值，以評估統計顯著性並做出決策。

除了檢測兩個相異性矩陣的相關性外，Mantel test 亦可納入第三個矩陣，進行 partial Mantel test。設有 A, B, C 三個矩陣，且 AB、BC、CA 彼此皆可能相關。若我們想知道 A 與 B 之間的純粹相關性，則必須排除來自 C 的干擾，也就是要同時控制 AC 之間及 BC 之間的相關性影響。控制 C 矩陣影響之後得到的 AB 之相關性，稱為淨相關 (partial correlation)。

15.2 生物—環境程序 (BIO-ENV procedure)

測量的環境變數，可能並非全部都與生物群聚結構有關。研究者可以透過基於 Mantel test 的生物—環境程序 (BIO-ENV procedure)，找出與生物群聚最相關的環境因子。此分析程序的概念如圖 15-2。設有 n 個環境因子，則會有 $(2^n - 1)$ 個環境因子組合。研究者分別計算這些組合的相異性矩陣，並與生物群聚相異性矩陣做 Mantel test，即可找出與生物群聚相關性最高的環境因子組合。

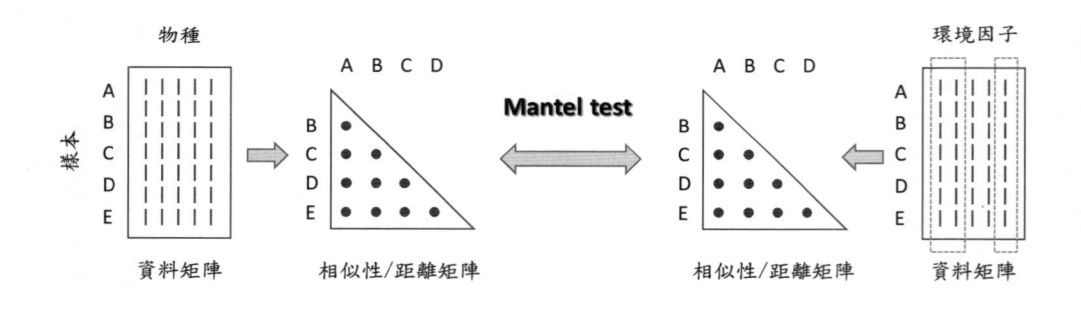

圖 15-2 BIO-ENV 程序以 Mantel test 檢測生物矩陣與所有可能的環境矩陣之相關性，以找出與生物矩陣相關性最高的環境因子組合。

另外，設若某一環境因子與生物群聚及其它環境因子的相關性極高，而干擾其它環境因子與生物群聚之間的相關性之檢測，則可藉由 partial Mantel test，在控制該環境因子影響下，分析其它環境因子組合與生物群聚之間的矩陣相關性。

BIO-ENV 程序的好處是資料無需滿足一般統計檢定的前提假設。不過此程序也有其缺點，它無法分辨最佳環境組合當中，個別環境因子對生物群聚結構的重要性，也無法直接推導環境因子與生物群聚之間的因果關係。

15.3 生物—生物程序 (BIO-BIO procedure)

Mantel test 可以幫助研究者找出最能代表整體群聚變異的少數物種組合，概念如圖 15-3。首先，根據所有物種資料，計算樣本之間的相異性矩陣。接著，篩選出部分物種，組成子集並計算其相異性矩陣。然後使用 Mantel test 檢測全部物種的相異性矩陣與子集物種相異性矩陣之間的相關性，以找出最相關的子集。此分析過程稱為生物—生物程序 (BIO-BIO procedure)。

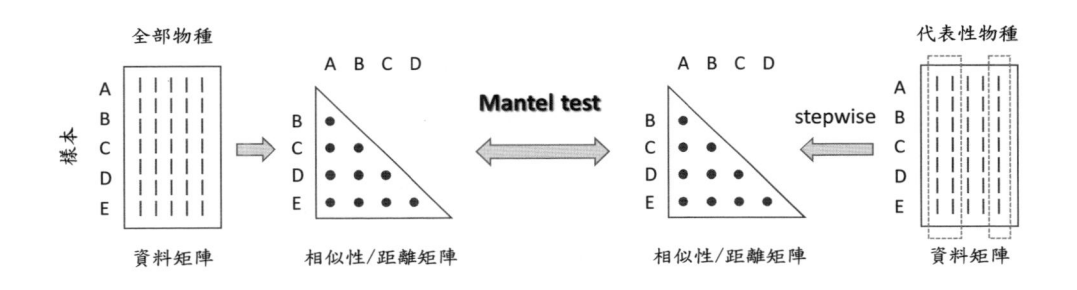

圖 15-3 BIO-BIO 程序以 Mantel test 檢測全部物種與代表性物種的矩陣相關性，以找出與全部物種矩陣相關性最高的少數物種組合。少數物種組合以 stepwise 程序獲得。

關於最相關子集的尋找，在 BIO-ENV 程序中，是透過分析環境因子全部的可能組合與生物群聚之間的相關性，以找出與生物群聚最相關的環境因子組合。但是生物群聚的種類數通常很多，如果一個研究樣區有 30 種鳥，就會有高達 $2^{30} - 1 = 1,073,741,823$ 個的鳥種組合；何況許多鳥類群聚的物種數遠遠不止於此。因此循 BIO-ENV 程序的運算方式，是非常不切實際的做法。

在 BIO-BIO 程序中，物種篩選過程採用逐步 (stepwise) 方式進行；交替使用向前選擇 (forward selection) 和向後剔除 (backward elimination)，並根據每一步的 Mantel 相關係數進行調整，直到相關係數達到最高值。最終，篩選出與全部物種矩陣相關性最高的物種組合。這些物種的時空變化能夠最大程度反映整個群聚物種的變化。

生物群聚的長期動態監測，利用 BIO-BIO 程序可以簡化監測對象。例如 Clarke and Warwick (1998)[25]在 1977 至 1982 年間於法國北部 Bay of Morlaix 進行海岸底棲無脊椎動物調查，每三個月採集一次，共 21 次樣本，記錄了 257 種物種。調查期間，樣區附近於 1978 年 3 月發生油汙事故，使底棲生物受到影響。該研究利用 BIO-BIO 程序篩選出 9 種代表性物種。這些物種受季節及油汙事件影響導致的豐富度變化之趨勢，與全部 257 種的趨勢高度吻合，相關係數達 0.95。在海洋環境監測上，顯然僅監測這 9 種代表性物種，較之監測全部物種更為簡便而有效率。利用 BIO-BIO 程序，除了可以降低監測成本之外，也更容易推廣給非專業人士或公民科學家。一方面降低其識別物種的技術門檻，另一方面也減少辨識錯誤的可能，而讓這些人更有意願共同參與長期環境生態監測工作。

---

[25] Clarke, K.R. and R.M. Warwick. 1998. Quantifying structural redundancy in ecological communities. Oecologia 113: 278–289.

第十六章 長期鳥類監測

許多開發案在施工期間或營運階段，被要求監測對周圍環境的衝擊。此外，政府機關或民間團體也會針對特定地點或生物類群，執行長期生態監測。然而，許多環境生態監測計畫，在調查生物資源之後，僅依據環境部公告的《動物生態評估技術規範》之指引，計算多樣性指數。這做法其實與一般生物資源調查無異，沒辦法達成監測目的。

環境衝擊評估或長期生態監測的核心內容，應包括生態調查、比較分析或趨勢研判、以及歸因：

1. **生態調查**：瞭解監測對象的現況。
2. **比較分析或趨勢研判**：藉由與開發案場過去的基準值，或與鄰近未受干擾環境的對照組之比較，檢視生態現況是否發生改變。或透過時間序列分析，探查環境生態狀況的變化趨勢。
3. **歸因**：若發現異常，則探究其原因，以擬定適當之因應策略。

本章節討論鳥類的長期監測，包括單一鳥種的族群，以及鳥類群聚結構的長期監測。關於鳥類調查，本書已於第一部討論。本章討論比較分析與趨勢研判，包括可以採用的統計方法，以及資料處理時的注意事項。至於歸因，應該以科學研究的假設演繹法切入，包括問題、假說、預測、試驗設計、假說檢驗等等，以合理推測原因。但此部分已超出本書範圍。

16.1 監測目標

監測計畫必須有明確目標；監測計畫的關鍵在於：應該調查什麼？在哪裡調查？何時調查？這些問題決定了監測工作的設計方向。

「明確的生態議題」是規劃監測工作的核心。監測並非僅僅是廣泛的鳥類普查，而應針對明確的生態問題設計調查內容。如果缺乏需要釐清的具體生態問題，那麼定期的鳥類普查，就只是一般性的資源調查而已，無法達到真正的監測目的。只有當我們有具體的生態議題需要釐清或監控，才能確定應調查對象，以及最佳的調查地點和時機。

　　以漁電共生案場為例，未設置光電板的淺坪漁塭，經常在秋冬收成後排水曬池。曬池初期池底有如泥灘地，常吸引大量涉禽覓食。假設涉禽利用曬池的高峰期維持約 6 天，之後池底就會因為太陽曝曬而過於乾燥，使涉禽無法繼續利用。如果光電板佔用了最多 40% 的漁塭面積，是否可以透過延長曬池時間來補償涉禽失去的覓食棲地？例如，保持低水位至少 10 天，能否滿足涉禽原本 6 天的覓食需求？或者，涉禽數量與面積的關係並非線性，因此需要更長的低水位時間？這些問題有賴於長期監測來解答。

　　有了這樣明確的問題，監測計畫可以針對具體目標設計。調查的時間可集中於曬池初期，而非固定在每年的特定月份。調查範圍也可以限定於曬池漁塭，而非擴展至其它漁塭或周邊地區。針對調查對象，可以僅關注涉禽數量，或僅區分為鷸科、鷺科等，而不必鑑別至種的分類階層。如此一來，非鳥類專業的現場人員，如漁民或光電業者，也能參與監測，提升監測的即時性與計畫的可行性。

　　相較之下，廢棄鹽田的光電開發案並不涉及曬池，生態議題可能聚焦於光電板密集架設是否改變微氣候，進而影響周邊棲地與鳥類。因此，監測對象應涵蓋全部鳥種，調查地點則著重於案場周邊，調查時間則應選在繁殖季和候鳥度冬期。此外，案場內部，尤其是架高的光電板下方，則不見得是監測重點；一般而言，開發案場的生態衝擊，應該在開發前已被評估與預期。光電板下方，通常不會有鳥類棲息，因此監測應聚焦於周邊棲地，而非案場內部。光電板下方是否有非預期的鳥類活動，以及鳥類密度與光電板高度或透光度之間的關聯，則屬於科學探索範疇，而非監測或衝擊評估的重點。

　　監測的目的在於確定開發行為是否改變了我們所關心的環境生態狀態。如果有變化，具體表現為何？程度如何？是否超出預期，以致需要採取應對措施？我們還希望了解減輕或補償措施的效果如何，是否需要改進。因此，監測必須有明確的議題或目標。如果僅是規劃如何調查鳥類，而未有具體關注的生態問題，那麼所謂的監測，就只是一般的鳥類資源普查而已。

　　此外，鳥類常被視為指標生物，用以反映環境生態變化，但這與開發案的監測一樣，需要非常明確的目標。必須確認鳥類與關注的環境因子之間存在實證的關聯。如果僅僅空泛地認為鳥類可以作為環境指標，卻未確立其與環境變化的關聯性，那麼這也無異於一般的鳥類資源普查。作為指標生物的前提是，所關注的環境因子變化不易直接測量，或成本過高，因此以容易觀察的鳥類反映環境變化。但如果棲地變化顯而易見，直接觀察即可，根本無需藉由鳥類作為指標生物。例如，不需要通過涉禽數量下降，來反映泥灘地面積減少。

總而言之，監測的目標應聚焦於那些可能受到開發案影響的環境和分類群。長期的鳥類監測不同於一般的鳥類調查，它需要明確的目標。透過客觀資料的收集，以及與基準值的比對或時間序列的趨勢分析，並結合影響因素的確認與因應措施的採取，才構成一個完整的生態監測工作。

16.2 族群監測

一般而言，單一物種的監測，大多著重在特定區域的個體密度；少數種類，例如黑面琵鷺或墾丁秋季過境猛禽，則會估算其個體數。有些珍稀的繁殖鳥類，則會監控繁殖巢位數或新生雛鳥數量。但是大多時候，性別比例或年齡結構等族群特徵，或是出生率、死亡率、遷入率、遷出率之族群動態或族群參數，不是一般環境監測的焦點。

16.2.1 母體界定

比較個體密度或分析長期趨勢之前，必須先定義母體範圍。母體範圍依命題而定。在空間上，通常就是開發案場，或包含外圍一定範圍的緩衝區。如果開發案場規模夠大且依開發程度或土地利用類型，而有不同分區，也可以依分區，做分層隨機抽樣。

在時間上，陸域繁殖鳥類，通常以繁殖季前期為母體較為恰當。理由是此時鳥類鳴唱較為頻繁而易於偵測，且結群現象低、個體活動範圍較窄、領域性明顯，使調查得到的資料之變異較小。當然，如果監測目標是遷移性鳥類，不論夏候鳥、冬候鳥或是過境鳥種，則應該在其主要出現季節調查。關於時間上的母體界定或抽樣設計，請見本書 4.2 節「時間規劃」的討論。

16.2.2 分析方法

　　族群監測的統計分析較為單純。兩個時期的比較，可以將前後兩期當作兩個獨立樣本，以 two-sample *t*-test 比較個體密度是否相同。若樣本數太小，或呈偏態分布，則可以用 permutation test 分析之。

　　有時候，前期資料可能只能獲得個體密度或樣區的總個體數，而缺乏逐筆紀錄的原始資料。這在開發案與監測的時間間隔很長，或受委託的執行團隊更迭時，尤其容易發生。這種情形，可以使用 one-sample *t*-test 或是 bootstrapping 檢定之。當然，因為缺乏前期樣本的標準誤，檢定結果的可信度會低一些。

　　如果是定期的鳥類調查，可以用迴歸分析，檢視個體密度是否有明顯變化趨勢。不過請記得分析之前，一定要先繪製散布圖，確認線性分布；若為非線性關係，則資料要先處理之後，才能分析。

16.2.3 資料品質的確保

　　在田野生態學研究的**論文或報告中，不要檢討數據的品質問題**。理由很簡單，數據如果有問題，應該在調查階段就發現並解決，而不是等到野外工作完全結束後，才在報告中回顧本可改善的資料缺陷。這樣的做法是不負責任的。**即時整理資料，是田野生態調查重要的工作紀律。**

　　生態研究經常在野外工作全部結束後，才察覺資料存在嚴重抽樣偏差。這情形大多源於未能及時檢查調查資料之故。每次調查回來，雖然需要清理裝備和休息，但如果不立即整理資料，可能會忘記紀錄紙上，調查當下特殊註記符號的意義，甚或遺失紀錄紙本。等整個調查結束後才開始整理資料的工作習慣，使這樣的情事更容易發生。

　　許多田野生態資料具有時間或季節特徵；一旦時間過了，就只能等下一年才能再調查。因此，應該在每次野外調查後立即整理資料並輸入電腦；繪製直方圖、盒形圖或散布圖等統計圖表，並與過往資料比對，檢查是否存在不合理之處。如有離群值或明顯異常，應分析原因。如果是因為調查方法不當所致，下一旅次的調查便能及時改進。若習慣等到調查結束並收集完整資料後才進行分析，當發現因取樣設計問題導致的資料缺陷時，便無法再補救。

例如，曾有學者在估算海岸螃蟹的個體密度時，發現收集到的數據中有大量的觀察值為零，導致樣本標準差大於平均值，樣本分布嚴重右偏。這是因為調查員一靠近樣點，螃蟹就躲起來。我們無法理解該計畫在調查期間何以未採取有效方法以獲得可信數據，卻在事後於報告中，解釋為何有大量零值。如果野外調查者與資料分析員是不同人，又沒有隨時檢視收集的數據，就可能在資料分析階段才發現數據問題而難以補救。然而事實上，使用腳架或以懸臂架設廣角鏡頭，遠距離遙控或定時拍照及錄影，就可以解決螃蟹不出現的取樣問題。

當然，對於偏態資料，仍然有分析方法，例如 bootstrap method 就可以應用，但前提是這些零值必須是客觀事實。如果螃蟹確實存在，只是因方法不當而未能觀察到，那麼即便使用特殊方法分析偏態資料，結果也是錯誤的。

生態調查是一項精細的工作，從調查設計、資料收集到數據分析，每個環節都應嚴謹對待。**即時檢視資料，是確保研究品質、提升研究效率的重要原則，應嚴格要求**。研究人員應養成良好的工作習慣，並善用各種工具，以獲得可靠的研究數據。

16.3 群聚監測

鳥類群聚的長期監測，應該以群聚結構為主要目標。群聚結構包括物種組成，以及這些組成物種的相對豐富度。如果監測目的在於瞭解棲地結構或資源分配狀況，則可以從棲地同功群 (habitat guilds) 或覓食同功群 (foraging guilds) 角度，解析群聚結構。

長期監測的重點應該在偵測群聚結構是否穩定。如果發現明顯改變，則探究改變趨勢，以及造成變動的原因。不過實務上，許多長期生態監測案，只報告監測週期調查到的鳥種數與個體數，並計算生物多樣性指數。然而，以這些群聚介量為指標，其實難以達到監測目的。舉例來說，若一個案場在開發前調查到 20 種鳥，開發完成後的營運階段也調查到 20 種鳥，但種類卻完全不同；以鳥種數來說，根本看不出開發行為對鳥類群聚有任何影響。然而若以物種組成觀之，則可以發現鳥類群聚結構已經被徹底改變。

16.3.1 時間序列分析

排序技術可以有效察知群聚結構的改變。對長期監測而言，時間可視為梯度軸；而監測目標，則在探查群聚結構沿時間軸的變化是否穩定。群聚結構的主要變異會表現在排序第一軸。因此將第一軸對時間作圖，就可以探知群聚結構的時間動態。不過有時候，第一軸可能表現出的是季節動態；長期變異趨勢則表現在第二軸。以下以實際案列，說明長期鳥類群聚監測的資料分析方法。

案例一、某科技工業園區

案例一是陸域環境，鳥類相的季節性不明顯。基地原本是甘蔗園，後來開發為工業園區。園區於 1995–2001 年開發前的環境影響評估階段，調查鳥類 7 次。營運階段則自 2002 年起，每年四至十月調查鳥類，但時間不固定；有些年份三月底即開始調查，有些年份到十二月上旬才結束。調查頻度也很不一致，有每週調查 1 次，也有雙週 1 次。在此，以 1995–2020 年樣本，說明如何分析長期監測資料。其中，2007, 2014–15, 2017–18 年因故未能取得原始資料。自 1995 至 2020 年總計取得 196 份樣本，調查到鳥類 125 種。

依據遷留屬性，先將鳥類分為留鳥（僅原生種）、夏候鳥、冬候鳥（含過境鳥）及外來種。另依據棲地利用，分為樹林鳥類、開闊地鳥類、水岸陸禽、涉禽、游涉禽、游禽、開闊水域鳥類、空域鳥類及猛禽，共 9 類。計算每一樣本出現各類群鳥種數的百分比。

所有樣本的鳥類資料以 0/1 的二元格式，利用 DCA 排序；分析前，刪除僅出現在一個樣本的稀有鳥種，共 97 種進行分析。未使用樣本中的每一鳥種之豐富度資料分析，有兩個理由：一是當空間或時間尺度很大時，名目尺度 (nominal scale) 事實上即足以反映群聚結構的改變；另一是豐富度資料的變異頗大，故僅名目尺度資料是可信的。豐富度估計值產生很大變異，常發生在長期監測上，主要原因是調查員或計畫執行團隊更迭。要避免不同調查員或計畫執行團隊所造成的誤差，必須一開始就建立標準調查方法；包括調查路線或樣點、察覺寬度或半徑、行進速度或停留時間、一天中的調查時間等等，都必須事先確立且嚴格遵守。有關標準化調查方法，請參考 3.2 節。

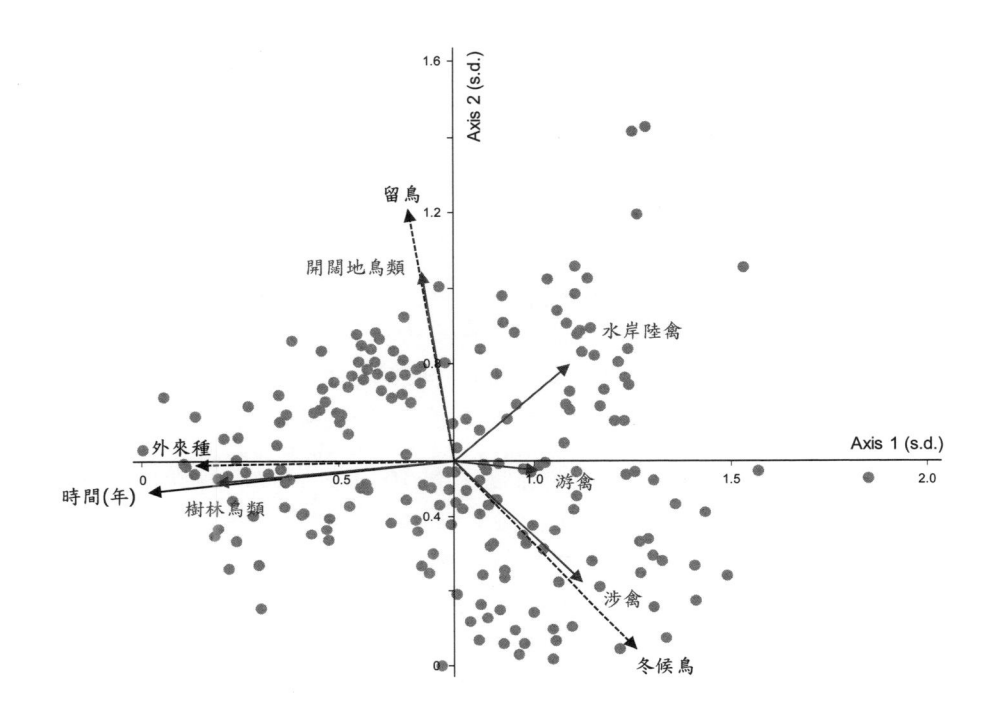

圖 16-1 某一科技工業園區長期鳥類調查樣本在鳥類資料 DCA 前兩軸空間分布。從時間向量方向與群聚結構主要變異梯度軸第一軸近乎平行，可知該園區鳥類群聚隨時間有明顯變化；且外來種及樹林鳥種增加是主要原因。

　　DCA 排序結果，前兩軸雙序圖如圖 16-1。圖中可以清楚看到時間向量幾乎平行第一軸。第一軸是群聚結構的主要變異梯度軸，說明鳥類群聚結構隨時間產生明顯改變。與時間向量同一方向的變數有外來種及樹林鳥類；也就是從 1995 到 2020 年，外來種及樹林鳥類比例呈現增加趨勢。而冬候鳥向量則與時間向量方向相反，指向第四象限；意謂這段時間冬候鳥有減少趨勢。另外，冬候鳥向量也表現在第二軸，與留鳥向量的方向相反；也就是留鳥與冬候鳥比例呈現交替現象，顯然第二軸是群聚結構季節動態的維度。

　　解讀 DCA 排序圖的環境向量時，要特別注意，僅能就整體趨勢做初步判斷；若要量化環境與群聚結構變異趨勢的關係，應該以環境因子與排序分數之相關或迴歸分析結果為判斷依據。因為 DCA 經過非線性轉換，排序軸之間不再正交與獨立，所以環境因子向量方向及長度，僅能做為輔助視覺參考，不宜投影至個別排序軸，分解並量化環境因子對個別排序維度的影響力或重要性，否則可能產生嚴重誤解。相關討論，請見附錄 A17.3。

進一步以 DCA 第一軸排序分數對時間作圖（圖 16-2a），可以清楚看到群聚結構隨時間明顯改變，但季節動態不明顯（可以對照案例二的圖 16-4，一個有明顯季節動態的樣區所表現出來的圖形）。監測階段的排序分數與時間之簡單線性迴歸結果，排序分數以每年約 0.05 s.d. 的幅度改變。依此，約 20 年時間，群聚結構變動可以達到 1 s.d.，也就是有大約一半的物種與開發前的鳥種不同（關於 DCA 的軸長單位及意義，請見 14.2.3 節）。

以樣本的樹林鳥種比例對時間作圖（圖 16-2b），可以看到樹林鳥種一直在增多。園區開發前為甘蔗園，開發之後則類似都市環境；行道樹、公園綠地及保護區喬木植栽，都是樹林鳥類比例增加的重要原因。樹林鳥種數每年約增加 0.73%；從 2002 年迄 2020 年，增加約 13%。另外，以外來種比例對時間作圖（圖 16-2c），可以發現園區營運之後，外來種每年增加 0.54%；從 2002 年迄 2020 年，種數增加近 10%。

此案例可以更精進，一是取用較短月份分析，例如只選用四至七月資料。一般而言，因為行政作業及會計結帳因素，公務單位的監測委託計畫執行月份多在三月底至十月，但年間偶有不同；四至七月是各年份監測計畫都會涵蓋的月份。而且四至七月可視為一年之內，群聚結構較為穩定的時期。三月前及八月後偶見遷移性陸鳥，這些候鳥通常不若溼地候鳥普遍，導致出現與否的隨機性較高，形同分析時的雜訊。以長期監測而言，盡量控制年內週期動態在穩定階段，比較能察知年間的長期變異。

另一精進方式是採用相對豐富度資料分析。若無標準調查方法，則調查員或調查團隊更迭，將使年間的豐富度資料缺乏相同比較基礎。但若調查路線或樣點相同，使棲地類型及比例大致一樣時，則樣本內的相對豐富度，仍具有可比較性。如此的分析結果，將更能看出群聚結構的改變細節，而非只是呈現樹林鳥種及外來種的種類數比例之改變。

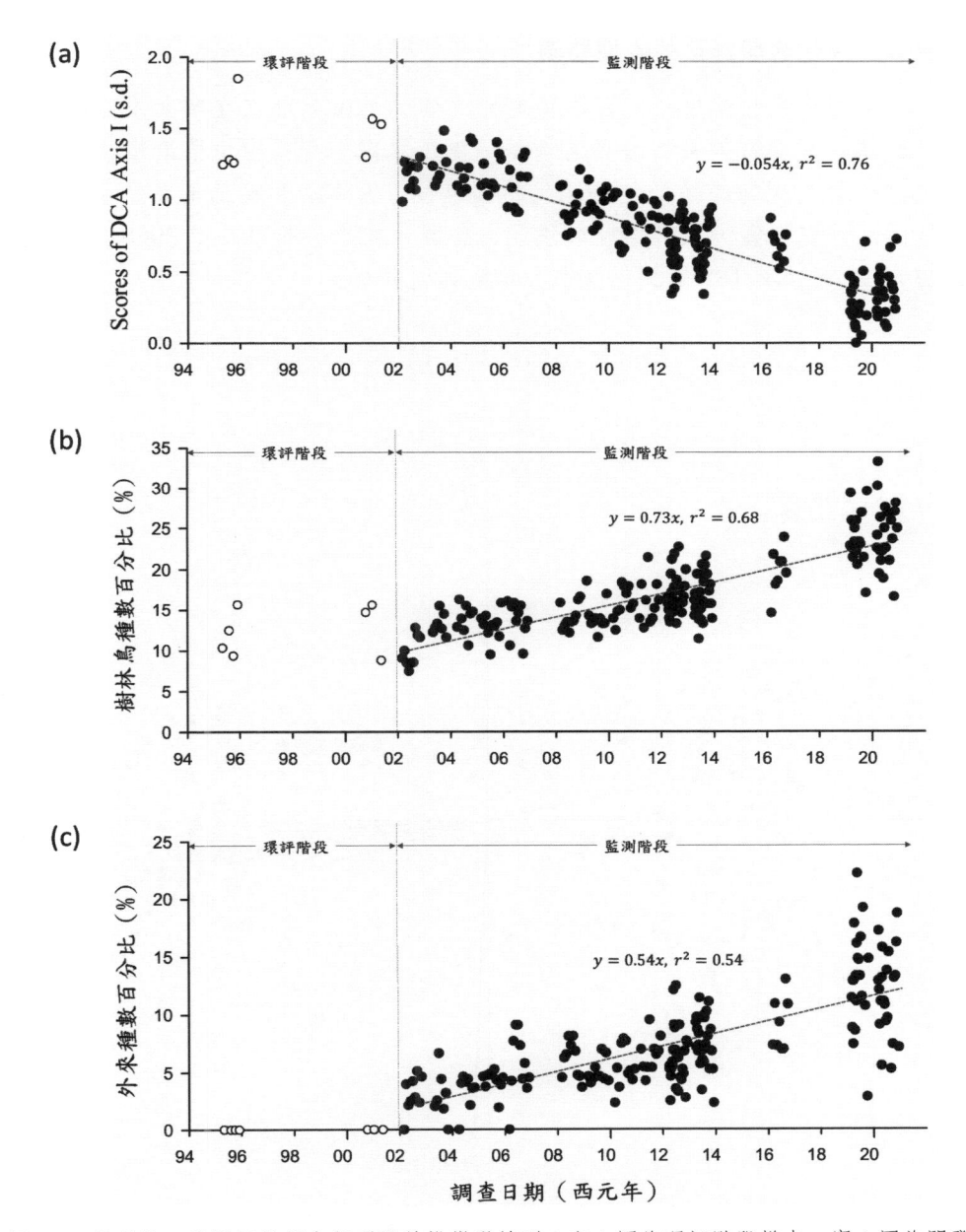

圖 16-2 某科技工業園區長期鳥類群聚結構變動情形；空心圓為環評階段樣本，實心圓為開發及營運階段樣本。(a) DCA 第一軸為群聚結構主要變異趨勢，樣本排序分數隨時間明顯改變，顯示樣區群聚結構隨時間呈方向性改變；此一改變趨勢主要為(b)樹林鳥種數比例增加；及(c)外來種數比例增加所造成。

案例二、溼地鳥類群聚的長期監測

　　沿海溼地鳥類群聚有明顯季節動態。案例二演示如何在明顯季節動態之下，監測鳥類群聚的長期變動。這是一處工業區，周圍環境為廢棄鹽田、魚塭、紅樹林、潮溝等類型之溼地。相關單位每月1次，在工業區及周圍大範圍地區的固定樣區，以群集計數法調查鳥類。在此，取用其中2008年8月至2023年12月，共185筆調查樣本，示範如何分析。

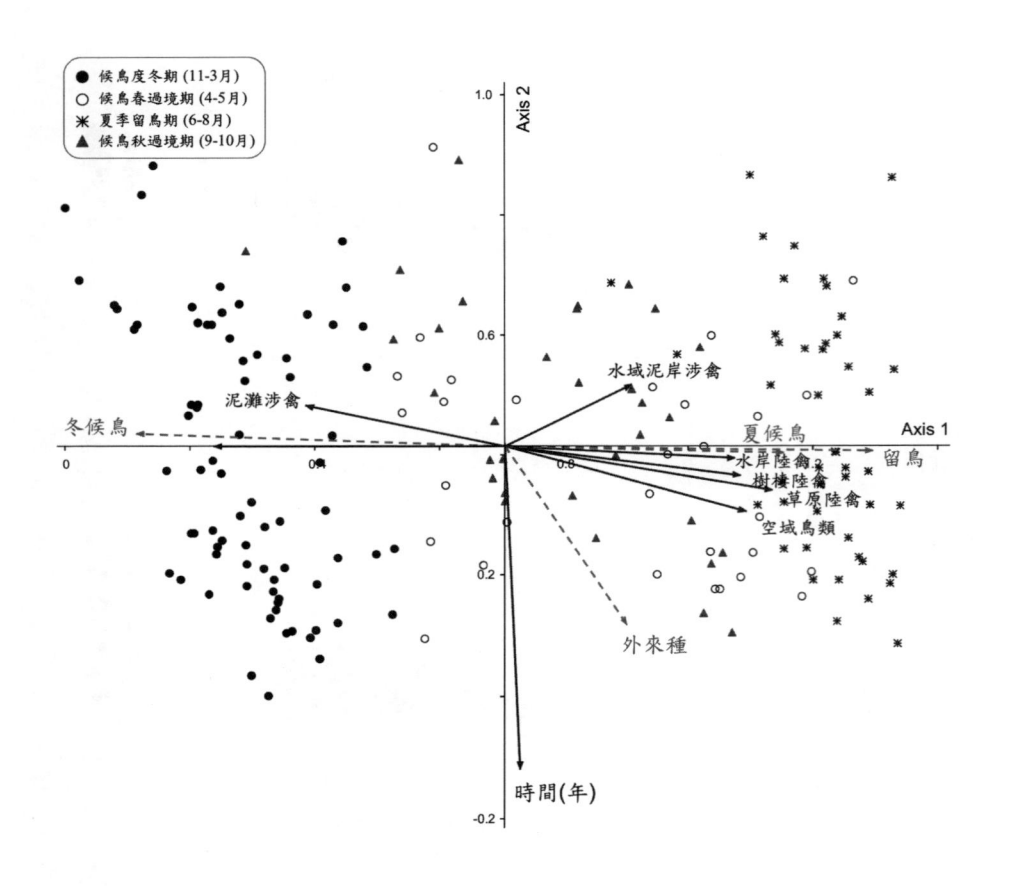

圖 16-3 南部某溼地長期鳥類調查樣本在鳥類資料 DCA 前兩軸的空間分布。

首先，將每一樣本的鳥種個體數經對數轉換 ($log(x+1)$)，並以 DCA 排序。其次，依據遷留屬性，將鳥類分為留鳥、夏候鳥、冬候鳥及外來種。另依據棲地利用，分為樹棲陸禽、草原陸禽、空域鳥類、水岸陸禽、水域泥岸涉禽、泥灘涉禽、水岸高草游涉禽、開闊水域鳥類，共 8 類。計算各類群鳥類的相對豐富度，再擬合至 DCA 中，結果之雙序圖如圖 16-3。

DCA 第一軸與鳥類群聚的季節動態有關。夏及冬兩季樣本分別分布在第一軸的兩端，意謂著季節波動乃是此溼地鳥類群聚的主要樣態。以第一軸排序分數對時間作圖，如圖 16-4，呈明顯週期性波動。而時間向量幾乎與第二軸平行，則顯示此溼地的鳥類群聚結構有長期變異趨勢，但與季節動態相較，較為次要。

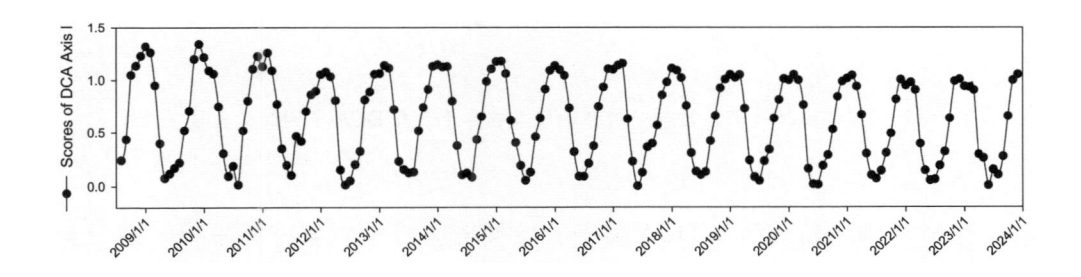

圖 16-4 南部某溼地長期鳥類調查樣本的鳥類資料 DCA 第一軸排序分數的時間序列。DCA 第一軸排序分數呈明顯週期性波動，反映群聚結構的季節動態。

由於溼地鳥類群聚主要組成鳥種是冬候鳥，因此再以冬季樣本檢視鳥類群聚的長期變動。將每年十一月至翌年三月定義為該年冬季樣本；例如 2008 年 11 月至 2009 年 3 月的樣本，定義為 2008 年冬季樣本。以 2008–2022 年冬季樣本分析長期變動；共 75 筆樣本。各鳥種之個體數一樣經過對數轉換，再以 DCA 排序。冬季鳥類群聚的雙序圖，如圖 16-5。

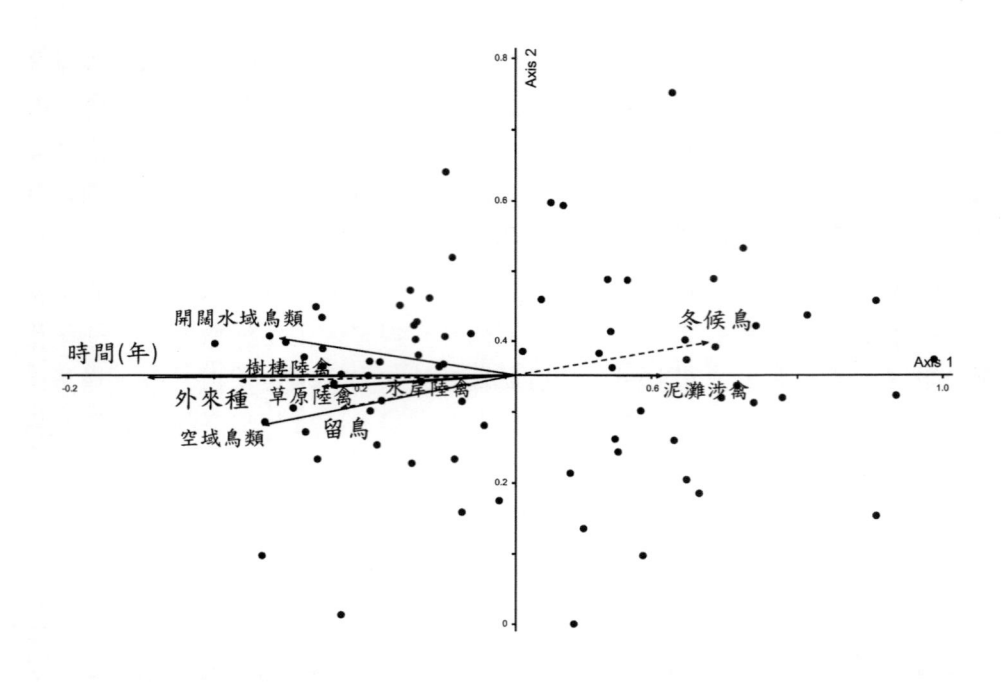

圖 16-5 南部某溼地長期鳥類調查的冬季樣本在冬季鳥類 DCA 前兩軸的空間分布。

　　控制季節波動因素的 DCA 結果，時間向量幾乎與第一軸平行，顯示鳥類群聚有明顯隨時間變動的趨勢。從第一軸排序分數與時間的散布圖（圖 16-6），可以發現排序分數隨時間呈單向改變。雖然 2020–2022 之間的排序分數似乎已趨於穩定，但時間尚短而有待觀察。因此仍以 2008–2022 全段區間分數對時間做迴歸。結果顯示冬季群聚結構隨時間的改變顯著。依迴歸係數，若趨勢不變，則估計約 20 年間，群聚的組成物種將有一半被替換。

　　與時間向量同方向的因子包括外來種及各類陸禽的相對豐富度；也就是說，整個溼地的外來種及陸禽，隨時間推移而不斷增加。另外，開闊水域鳥類，例如黑腹燕鷗及鷗鷥，以及燕科為主的空域鳥類，其向量方向也與時間相同。另一方面，泥灘涉禽及冬候鳥的向量方向則與時間相反，代表這些類群的相對豐富度逐漸減少。此結果也反映了樣區溼地環境近年陸域化的趨勢。

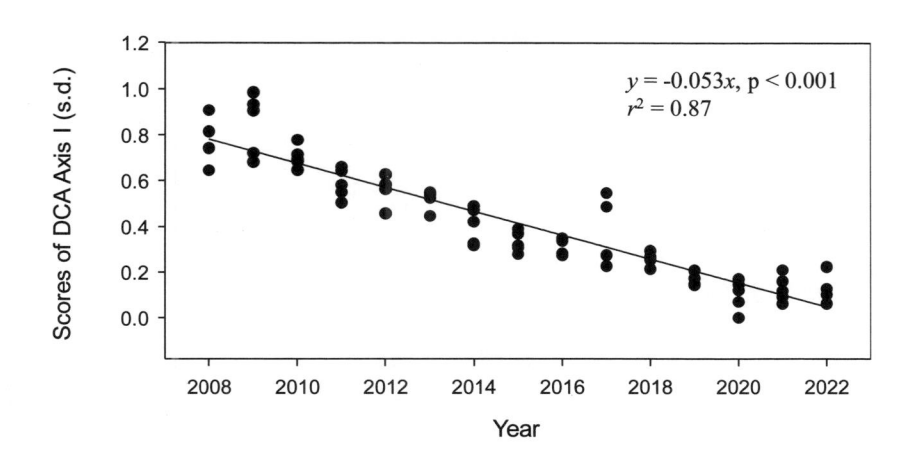

[Figure: Scatter plot with regression line. Y-axis: Scores of DCA Axis I (s.d.), 0.0 to 1.2. X-axis: Year, 2008 to 2022. Equation: $y = -0.053x$, $p < 0.001$, $r^2 = 0.87$]

圖 16-6 南部某溼地冬季鳥類資料 DCA 第一軸排序分數對時間的迴歸分析。結果顯示冬季鳥類群聚結構隨時間呈現方向性之改變。

　　另外，比對全年資料與冬季資料兩者的 DCA 雙序圖，可以看到冬季資料的外來種及陸禽與時間向量方向一致（圖 16-5）。但是全年資料的 DCA 中，僅外來種的方向較偏向時間向量方向，但沒有冬季 DCA 那樣的方向一致。這是因為年內的群聚結構季節波動劇烈，掩蓋了長期的變動趨勢。尤其夏季缺乏遷移性水鳥，使陸域鳥類比例增多；此季節變動掩蓋了溼地陸域化使陸鳥變多的長期趨勢。

　　總結來說，要探知群聚結構的長期變異趨勢，應該控制鳥類資料的年內變異，使其愈小愈好，以凸顯群聚結構的年間變異。又，**長期監測並不一定需要全年資料。一般陸域鳥類群聚比較沒有明顯季節動態，可選擇在繁殖季調查鳥類**，以得到品質較佳的資料。至於有**明顯季節波動的溼地鳥類群聚，則應該視監測目標，再決定在甚麼季節調查鳥類**。從範例二可知，若以全年資料分析，因為年內變異遠大於年間變異，則長期趨勢可能被忽略。而僅以冬季資料分析時，群聚結構的長期變異趨勢即顯現在主要變異梯度軸上，而能查知樣區往陸域化鳥種更替的長期趨勢。

　　另外，前述範例中，均以鳥類群聚資料衍生之變數，例如遷移或居留屬性之鳥種比例，或各同功群的相對豐富度，作為擬合排序軸之環境變量。但這只能在非束縛型排序，例如 PCA、CA、DCA 使用。束縛型排序，包括 RDA 及 CCA，均應避免使用生物群聚資料的衍生變數作為解釋變數，因為這些典型形式的分析過程，會以解釋變數做迴歸，如此將產生同義反覆 (tautology) 的邏輯謬誤，亦即以 A 資料衍生的 B 變數，再回頭解釋 A 資料。

16.3.2 兩時間點的比較

前述兩範例，都是在連續時間梯度上的分析。但如果僅有開發前，以及現在的兩個時間點之資料，該如何分析？雖然時間可能差很遠，但是 H_0 還是可以假設兩個時間點的樣本抽取自同一母體，因此兩者的群聚結構沒有差異。

檢測兩者的群聚結構有無差異，可用以下方法：

一、排序分數檢定

如果兩個時間點都有很多重複樣本，則可以先排序，再將排序分數以 **two-sample** *t*-test 檢定是否相同。如果兩個時期空間重複樣本的樣區一樣，以 **paired** *t*-test 檢定，可以更敏銳地偵測群聚是否改變。而若早期時間點只有 1 份樣本，則可以將這份樣本的排序分數當作 H_0 的設定值，以 **one-sample** *t*-test 檢定之。必須注意的是，兩個時間點的每一樣本之空間尺度應該一致或類似，例如穿越線的長度或是群集計數的樣區面積必須近似，使努力量不致於差太多。時間尺度也應該近似，尤其要考慮季節波動的干擾。

以排序分數檢定兩時間點的群聚結構，如果有顯著差異，則可以由雙序圖，檢視造成差異的可能鳥種為何。若以環境因子擬合，還可以進一步推測相關的環境因子是哪些。但是排序方法也有潛在缺點。因為通常最多查看排序前三軸，但其蘊含的資料總變異量有時並不多；若群聚結構差異表現在高次維時，以此法檢定，可能就會被忽略。另外要注意的是，這裡雖然使用排序方法，但與 14.5 節討論的植被連續體概念無關；純粹是借用此分析技術，以檢測兩時間點的群聚結構是否有明顯差異。

二、ANOSIM

　　如果兩個時間點都有許多重複樣本，也可以用檢定分類是否有效的方法分析之。也就是將個別時間點的重複樣本，視為同一類群，再以 ANOSIM 檢視不同時間點的兩個分類群是否相同。但是要注意的是，此處的分類，與 14.5 節討論的超有機體概念是沒有關係的。

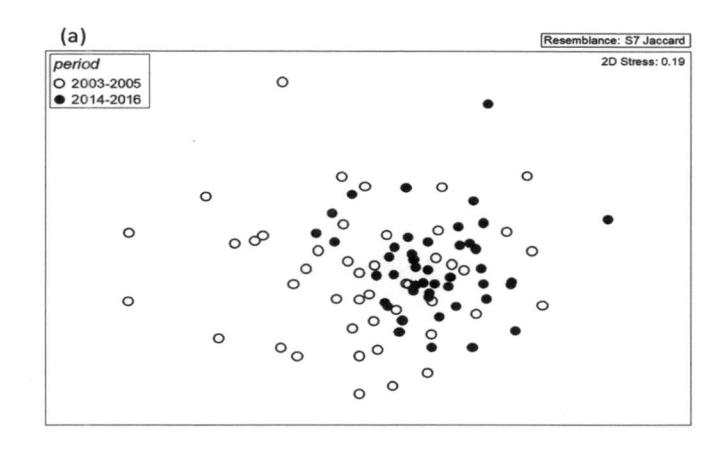

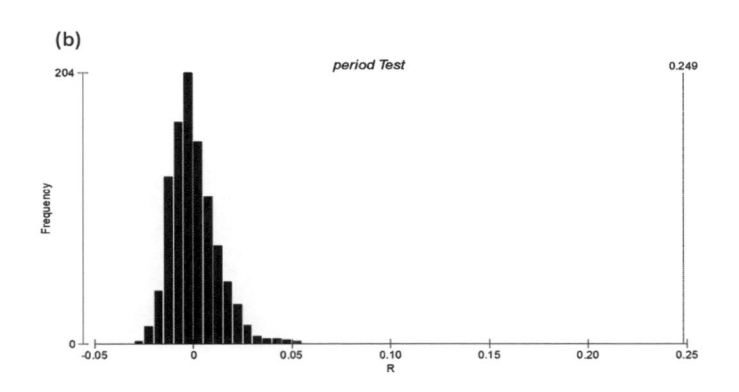

圖 16-7 南部某溼地在 2003–2005 及 2014–2016 兩個時期的冬季鳥類調查樣本在 (a) NMDS 前兩軸的空間分布（種類組成的相似性採用 Jaccard index），以及 (b) 兩時期分類顯著性的 ANOSIM 分析 (number of permutation = 999, p = 0.001)。

圖 16-7 是某溼地的分析案例。將該溼地在 2003–2005 及 2014–2016 兩個時期各 3 個冬季的重複調查樣本，以 Jaccard index 計算種類組成的相似性，再以 ANOSIM 分析兩群是否相同。圖 16-7a 是樣本在 NMDS 空間的分布，可以發現 2003–2005 樣本較為分散，也就是 beta diversity 較高。2014–2016 樣本的分布則較為聚集，樣本與樣本之間的相似性較高；相對地，其 beta diversity 較低。這情形其實是反映了棲地異質性的降低，使得各樣區鳥種趨於近似。ANOSIM 的結果如圖 16-7b，兩時期樣本的分類顯著，$R = 0.249$, number of permutation = 999, $p = 0.001$。表示兩個時間點的鳥類群聚，在統計上，可以視為兩個不同的類群。

　　此分析的優點是使用到生物群聚的全部訊息。但缺點是若檢定有顯著差異時，無法察知造成差異的鳥種為何，必須以其它分析方法釐清；也無法知道與鳥類群聚變異有關的環境因子有哪些，同樣須仰賴其它方法分析之。因此比較好的做法，是結合排序與 ANOSIM 的分析結果，綜合評估群聚結構的改變。

附錄 A 應用 R 軟體分析資料

A1 R 簡介

本書推薦以 R 執行所介紹的統計分析方法，並建議使用 RStudio 作為操作平台；請先安裝 R[26]，再安裝 RStudio[27]。**本書所有範例之程式碼及使用之資料檔，均可於雲端下載**[28]。

R 是目前科學研究中最被廣泛使用的統計分析軟體；為一款免費、跨平台的開源軟體，任何人都可以自由下載、安裝、使用，甚至修改程式碼。全球許多科學家和統計學家持續開發各種專門的分析工具；這些特定分析功能的套件，透過 CRAN (Comprehensive R Archive Network) 提供免費下載，讓 R 擁有豐富且不斷更新的分析方法。

除了做為統計分析工具，R 也是一種程式語言，這使得使用者可以撰寫程式以自動化分析流程，提升工作效率。此外，R 也能與其他研究工具和資料庫（例如 QGIS 和 SQL）整合，進一步擴展應用範圍，讓資料分析更靈活方便。

本書設定讀者已具備使用 R 的基礎能力，只要修改範例程式中的變數名稱，即可執行所需要的統計分析工作。若對 R 還不熟悉，網際網路可以找到甚多參考資料與教學影片，坊間也有許多 R 中文參考書籍。

以下介紹 R 的簡要基本概念；瞭解後，即可依所附範例，修改變數名稱，執行統計分析工作。

1. 變數名規則
- 不能用數字作為變數名，也不能用數字開頭作為變數名。

---

[26] 請在網際網路搜尋 "R"，或在 https://cran.csie.ntu.edu.tw/ 下載 R 軟體
[27] 請在網際網路搜尋 "RStudio"，或在 https://posit.co/download/rstudio-desktop/ 下載 RStudio
[28] https://pse.is/7nryz2

- 變數名可以用 "." 作為間隔，例如 DCA.result。
- 不可以使用保留字[29]，例如 NA。
- R 區分大小寫，包括函數名、變數名、路徑名稱等，都要注意大小寫。

2. 賦值方法

可以使用 <- 或 = 或 ->，例如以下 3 個方式，都是指定變數 a 的值為 2：
　　a <- 2
　　a = 2
　　2 -> a
一般習慣使用第一種方式。

3. 其它注意事項

- 程式列若出現 "#" 符號，則在 # 之後的內容不執行；可用於註解。
- 路徑符號使用 "/" 或 "\\"；注意，MS Windows 檔案路徑符號是 "\"。
- 新的，或是不熟的函數，可以加問號呼叫說明檔，以瞭解詳細用法。例如 hist()是繪製直方圖的函數，輸入 ?hist 可以開啟 hist()的說明檔。
- 產製的統計圖，可點擊滑鼠右鍵複製成點陣圖 (bitmap) 或向量圖 (metafile)。

4. 資料輸入

建議鳥類調查資料以 MS Excel 整理。變數，例如鳥種或環境因子，置於欄 (column)；每一筆紀錄置於列 (row)。建議使用[R1C1]欄名列號表示法，如圖 A1-1，以方便程式碼撰寫時的欄位指定。資料請儲存成 .csv 格式檔案，在 R 中以 read.csv() 讀取；或以 openxlsx 套件提供的相關函數，直接讀取 MS Excel 的 .xlsx 格式之檔案。

---

[29] 詳細的保留字，請參考 https://stat.ethz.ch/R-manual/R-devel/library/base/html/Reserved.html

	1	2	3	4	……	11	12
1	樣區	冠羽畫眉	白耳畫眉	青背山雀		海拔	林冠高
2	site1	5	3	4		1500	25
3	site2	12	6	5		1650	30
4	site3	2	7	6		1800	18
5	⋮						
6	⋮						
7							

圖 A1-1 資料整理之範例。以 MS Excel 整理資料，並儲存成.csv 格式；變數置於欄，紀錄置於列，以[R1C1]欄名列號表示法，可以方便對照某一變數所在之欄號。

A2 距離取樣法的 ESW/EDR

要估算穿越線調查法的有效帶寬 ESW，及定點計數法的有效察覺半徑 EDR，必須先擬合以察覺筆數為計量單位的距離資料，得到察覺函數 (detection functions) 及其參數估計值，再以之計算 ESW 或 EDR。

擬合距離資料的方法可分為參數方法與非參數方法。參數方法是以既定之機率分布模型，例如圖 2-3 的幾種分布模型，擬合距離資料，以估計參數。當樣本數充足且資料品質良好，而且察覺機率隨距離增加而改變的樣式符合特定機率分布模型時，參數方法能提供較穩定且具解釋性的結果。然而，若所選用的機率分布模型與實際察覺機率分布不符，則可能導致估計偏差。

非參數方法則不預設機率分布模型，適用於數據分布複雜或察覺機率在某些距離出現局部峰值等非單調遞減情形。由於無需假設固定的機率分布模型，具有較高靈活性，特別適合應對難以用傳統模型處理的特殊分布形態。但此法擬合結果的統計解釋性通常較低。察覺曲線非單調遞減的原因，除樣本數不足外，也可能源自於特殊棲地結構或調查場域的空間因素，因而影響調查者的察覺。因此，非參數方法擬合所得的 ESW/EDR，建議僅限於原資料來源樣區與季節內應用，較不宜向外推廣至其他地區。

在 R 語言中，Distance 與 Rdistance 套件都可用於估算 ESW/EDR。Distance 套件只提供參數方法，包括半常態、風險率及均一函數三種模型。雖然不支援非參數方法，但對於特殊的察覺曲線，可以藉由增加調整項 (adjustment terms)，使關鍵函數 (key function) 更貼合實際資料，進而在一定程度上捕捉非參數的特徵。Distance 套件亦支援距離帶資料，以區間設限概似法 (interval-censored likelihood)，在估計偵測函數時整合整個距離帶內的偵測機率，有助於反映距離帶中樣本真實距離的未確定性，提升估計準確度。

Rdistance 套件則同時提供參數方法與非參數方法。其參數方法包括半常態、負指數、風險率、均一及 Gamma 分布。非參數方法則利用平滑估計法 (smoothing estimation method) 擬合資料。對於察覺機率曲線形狀特殊的情況 Rdistance 因為提供非參數擬合的選項，使用上較為便利。不過 Rdistance 無法處理距離帶資料，所有輸入的觀察距離都必須為單一精確數值。

使用哪一套件，可依資料特性決定。若具有逐筆距離紀錄，Rdistance 使用上較為簡便；其支援更多種類的分布模型與非參數方法，且提供直接輸出 ESW 或 EDR 的函數。但 Rdistance 無法處理距離帶資料。若為距離帶紀錄而仍希望使用 Rdistance，可考慮以距離帶的近端 1/3 做為輸入值，例如 20–50 公尺的距離帶，則以 30 公尺計算；因為同一距離帶近端的察覺機率較高，算是合理的變通方法。

反之，若僅有距離帶資料，尤其距離帶設定非常寬，或重視距離區間內察覺機率的處理方式，則 Distance 較為合適。Distance 雖支援模型較少，也無非參數功能，但可透過調整項改善擬合效果。

不論 Distance 或 Rdistance 套件，在模型選擇上，常見的 key function（例如 half-normal 與 hazard rate）可能在同一組資料上皆能擬合得不錯。此時可使用 AIC 作為選擇依據，以 AIC 數值小者為最佳模型。不過建議仍應搭配察覺函數圖形一併評估，才能做出較穩妥的判斷。

x	y	d
270	80	41
270	75	92
270	75	58
270	60	49
270	40	95
270	0	38
270	75	63
270	70	66
270	70	14
270	65	94
270	65	20
270	60	30
270	55	30
⋮		

圖 A2-1 穿越線調查法的資料矩陣範例。

本書提供兩組資料集，供讀者測試，一是白頭翁，另一是白尾八哥的實際調查資料，均在臺南歸仁的沙崙農場完成。兩組資料都是以穿越線調查法進行，資料欄位包括鳥種（變數名 species）（但本書所附 R code 不會用到）、調查者沿穿越線前進的方向 x（單位為度數）、鳥類個體被發現當下，相對於觀察者的方位 y（單位為度數）、觀察者與鳥類個體之間的直線距離 d（單位為公尺）。白頭翁調查資料的檔名 ChineseBulbul_surveyData.csv，白尾八哥資料檔名 JavanMyna_surveyData.csv。讀者若有自己的資料，請依圖 A2-1 格式，以 MS Excel 整理，儲存成 .csv 格式。

A2.1 以 Rdistance 估計 ESW

```
# 讀取資料檔
bird.data <- read.csv("D:/ChineseBulbul_surveyData.csv",
     fileEncoding = "BIG5")
attach(bird.data)

# 安裝並載入 Rdistance 套件
if (!requireNamespace("Rdistance", quietly = TRUE))
    { install.packages("Rdistance") }
library(Rdistance)

# 計算鳥的方位與穿越線所形成的夾角 theta 以及垂直距離 vdist
z <- abs(x - y)
theta <- ifelse(z > 180, 360 - z, z)
theta_rad <- theta * pi / 180    # 將度數轉換為弧度
vdist <- sin(theta_rad) * d    # 計算垂直距離 vdist
# 設定距離單位；假設為公尺
units(vdist) <- 'meters'
# 擬合察覺函數
dfunc <- dfuncEstim(formula = vdist ~ 1, likelihood ="hazrate")
  # 預設半常態"halfnorm"，不需特別指定；其餘函數代碼：負指數"negexp"
  # 風險率"hazrate"、Gamma 函數"Gamma"、均一函數"uniform"
  # 可以用 likelihood = 更改，例如要採用風險率，則寫成
  # dfunc <- dfuncEstim(formula = vdist ~ 1, likelihood = "hazrate")
  # 若採用非參數估計，則將函數 dfuncEstim 改為 dfuncSmu
  # 亦即寫成 dfunc <- dfuncSmu(formula = vdist ~ 1)
# 估計 ESW
esw_value <- ESW(dfunc)
print(esw_value)
# 評估擬合結果
plot(dfunc)
AIC(dfunc)   # 用以比較不同參數模型的擬合結果，數值愈低愈佳
detach(bird.data)
```

```
> print(esw_value)
25.09032 [m]
```

hazrate

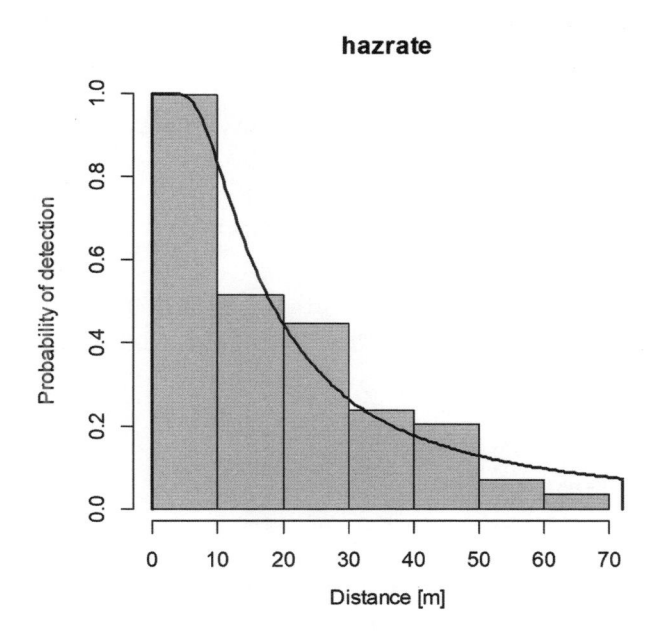

圖 A2-2 利用 Rdistance 套件，以風險率模型擬合白頭翁穿越線資料得到之機率密度曲線。ESW 估計值為 25 公尺。

A2.2 以 Rdistance 估計 EDR

　　估算 EDR 應該使用定點計數法所得到的資料，但此處為方便起見，仍以白頭翁的穿越線調查資料示範。如果是定點計數法資料，僅需輸入調查者與鳥的直線距離 d 即可；此處也僅會用到此變數。

```r
# 讀取資料檔
bird.data <- read.csv("D:/ChineseBulbul_surveyData.csv",
    fileEncoding = "BIG5")
attach(bird.data)

# 安裝並載入 Rdistance 套件
if (!requireNamespace("Rdistance", quietly = TRUE))
    { install.packages("Rdistance") }
library(Rdistance)

# 設定距離單位；假設為公尺
units(d) <- 'meters'

# 擬合察覺函數
dfunc <- dfuncEstim(formula = d ~ 1, pointSurvey = TRUE)
 # 預設半常態"halfnorm"，不需特別指定；其餘函數代碼：負指數"negexp"
 # 風險率"hazrate"、Gamma 函數"Gamma"、均一函數"uniform"
 # 可用 likelihood = 更改，請參考 A2.1 之相應程式列
 # 若採用非參數估計，則將函數 dfuncEstim 改為 dfuncSmu
 # 亦即寫成 dfunc <- dfuncSmu(formula = d ~ 1)

# 估計 EDR
edr_value <- EDR(dfunc)
print(edr_value)

# 評估擬合結果
plot(dfunc)
AIC(dfunc)  # 用以比較不同參數模型的擬合結果，數值愈低愈佳

detach(bird.data)
```

```
> print(edr_value)
44.60638 [m]
```

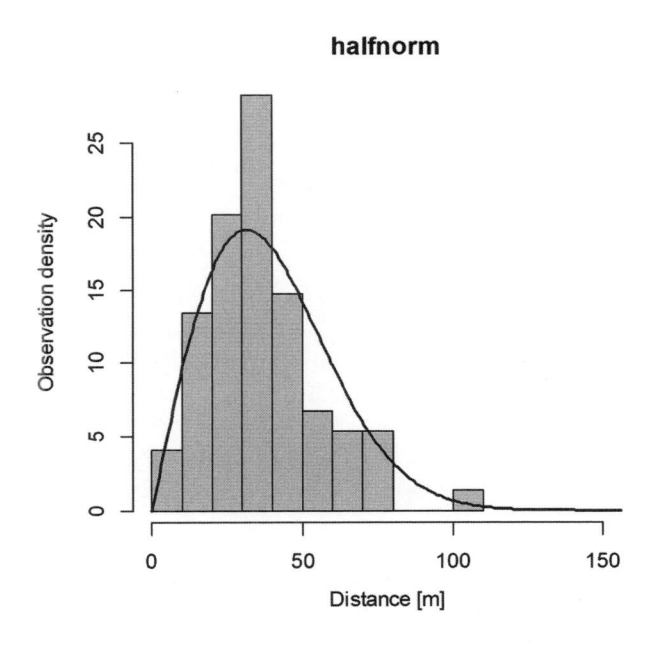

圖 A2-3 利用 Rdistance 套件，以半常態模型擬合白頭翁計數資料得到的機率密度曲線。EDR 估計值為 45 公尺。

A2.3 以 Distance 估計 ESW

```
# 載入套件
if (!requireNamespace("Distance", quietly = TRUE))
  install.packages("Distance")
library(Distance)

# 讀取資料
bird.data <- read.csv("D:/ChineseBulbul_surveyData.csv",
     fileEncoding = "BIG5")
attach(bird.data)
# 計算垂直距離 vdist
z <- abs(x - y)
theta <- ifelse(z > 180, 360 - z, z)
theta_rad <- theta * pi / 180
vdist <- sin(theta_rad) * d

# 將資料轉換為 Distance 所需格式
bird.df <- data.frame(
  distance = vdist,
  Region.Label = "A",
  Area = 1,           # 調查面積；只計算ESW，不會用到，不需理會
  Sample.Label = 1,   # 所有紀錄視為同一穿越線；只計算ESW，不需理會
  Effort = 1          # 指定穿越線長度；只計算ESW，不會用到，不需理會
)

# 設定距離帶（breaks）
break.points <- c(0, 10, 20, 30, 50, 70, 100, 150)  # 請依實際更改

# 擬合偵測函數
fit.line <- ds(
  data = bird.df,
  transect = "line",
  key = "hn",   # 預設半常態"hn"，可改為風險率"hr" 或均一函數"unif"
  adjustment = NULL,
    # 可加入調整項：cosine "cos" 或 Hermite polynomial "herm" 或
    # simple polynomial "poly"，例如要加入 cos，則 adjustment = "cos"
```

```
    cutpoints = break.points
)

# 擷取 ESW
model_summary <- summary(fit.line)
esw_value <- model_summary$ds$average.p * model_summary$ds$width
print(esw_value)

# 評估擬合結果
plot(fit.line)
AIC(fit.line)   # 用以比較不同參數模型的擬合結果，數值愈低愈佳

detach(bird.data)
```

```
> print(esw_value)
[1] 31.50994
```

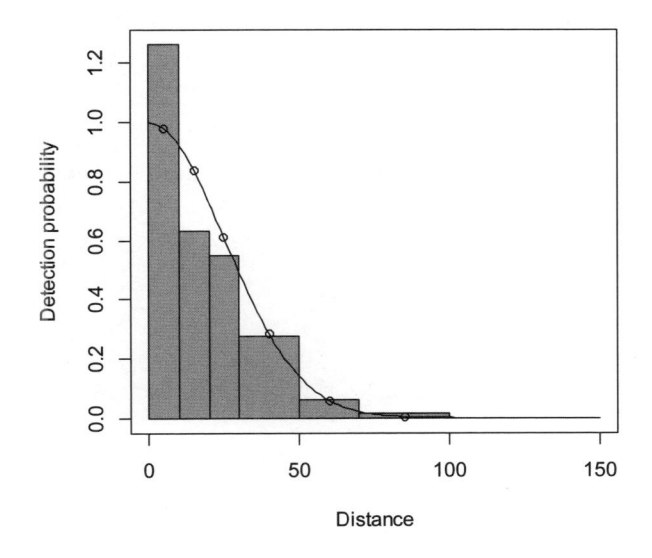

圖 A2-4 利用 Distance 套件，以半常態模型擬合白頭翁的穿越線資料得到之機率密度曲線。ESW 估計值為 32 公尺。

A2.4 以 Distance 估計 EDR

```r
# 載入套件
if (!requireNamespace("Distance", quietly = TRUE))
install.packages("Distance")
library(Distance)

# 讀取資料
bird.data <- read.csv("D:/ChineseBulbul_surveyData.csv",
      fileEncoding = "BIG5")
attach(bird.data)

# 將資料轉換為 Distance 格式
bird.df.pt <- data.frame(
  distance = d,
  Region.Label = "A",
  Area = 1,
  Sample.Label = 1,
  Effort = 1
)

# 設定距離帶 (breaks)
break.points <- c(0, 10, 20, 30, 50, 70, 100, 150)  # 請依實際更改

# 擬合定點調查的偵測函數
fit.point <- ds(
  data = bird.df.pt,
  transect = "point",
  key = "hr",    # 預設半常態"hn"，可改為風險率"hr" 或均一函數"unif"
  adjustment = NULL,
  # 如需要，可加入調整項：cosine "cos"或 Hermite polynomial "herm" 或
  # simple polynomial "poly"，例如要加入 cos，則 adjustment = "cos"
  cutpoints = break.points
)

# 擷取 EDR
model_summary <- summary(fit.point)
```

```
edr_value <- sqrt(model_summary$ds$average.p) * model_summary$ds$width
print(edr_value)

# 評估擬合結果
plot(fit.point)
AIC(fit.point)   # 用以比較不同參數模型的擬合結果，數值愈低愈佳

detach(bird.data)
```

```
> print(edr_value)
[1] 48.55957
```

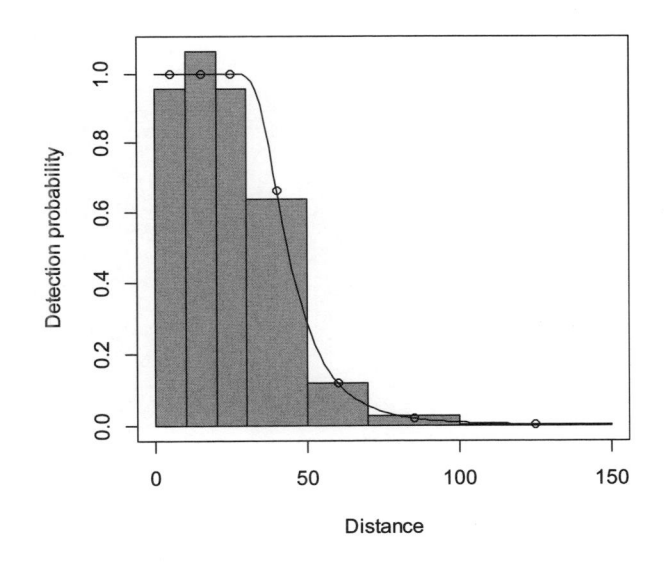

圖 A2-5 利用 Distance 套件，以風險率模型擬合白頭翁計數資料得到的機率密度曲線。EDR 估計值為 49 公尺。

225

A3 基礎繪圖

比起 MS Excel，R 可以繪製高品質且符合科學出版風格的統計圖。R 繪製統計圖時，幾乎所有細節，包括顏色、標籤、軸縮放、字型等，都可以視需要調整，並且可以處理百萬筆以上大數據的繪圖。關於 R 的繪圖，推薦使用 ggplot2 套件，在網際網路可以很容易找到相關教程[30]。本書僅介紹最基本的 R 繪圖。

A3.1 長條圖

適合繪製長條圖的資料為類別變數。資料輸入有兩種格式，一是已整理好的表格式資料，如圖 A3-1a；另一是逐筆類別紀錄，如圖 A3-1b。

(a)
species	count
白頭翁	15
綠繡眼	12
珠頸斑鳩	5
樹鵲	3
黑枕藍鶲	2

(b)
species
白頭翁
白頭翁
白頭翁
白頭翁
綠繡眼
綠繡眼
綠繡眼
綠繡眼
綠繡眼
珠頸斑鳩
珠頸斑鳩
珠頸斑鳩
珠頸斑鳩
⋮

圖 A3-1 繪製長條圖的資料格式：(a)表格式資料；或(b)逐筆紀錄。

---

[30] 在網際網路搜尋 "ggplot2 教程" 即可找到許多教程；另外，請在網際網路搜尋 "The R Graph Gallery" 或直接連結 https://r-graph-gallery.com/ ，可從中找到想要繪製的統計圖，複製程式碼再修改變數名稱即可使用。

圖 A3-1 為虛擬數據，以示範如何繪製長條圖。圖 A3-1a 數據集包括鳥種 (species) 及數量 (count)，以 MS Excel 整理並儲存成 .csv 格式檔案，檔名 bird_count.csv，存放在 D 碟。圖 A3-1b 的數據集則僅有鳥種 (species)，以 MS Excel 編製整理，儲存成 .csv 格式，檔名 bird_name.csv，存放在 D 碟。執行結果如圖 A3-2。

```
### 以表格式資料繪製長條圖 ###
bird.data <- read.csv("D:/bird_count.csv",
    fileEncoding = "BIG5")      # 讀取資料

# 依調查到的數量（count）由多到少排序
bird.data <- bird.data[order(bird.data$count, decreasing = TRUE), ]

with(bird.data, barplot(count, names.arg = species,    # 繪圖
    main="各鳥種數量", ylab = "個體數"))
    # main 是圖標題，ylab 是縱軸軸標，請依需要修改

### 以逐筆原始紀錄繪製長條圖 ###
bird.data <- read.csv("D:/bird_name.csv",
    fileEncoding = "BIG5")      # 讀取資料
count <- table(bird.data$species)   # 統計每種鳥的資料筆數
count <- sort(count, decreasing = TRUE)  # 由多到少排序
barplot(count, main="各鳥種數量", ylab = "個體數")   # 繪圖
```

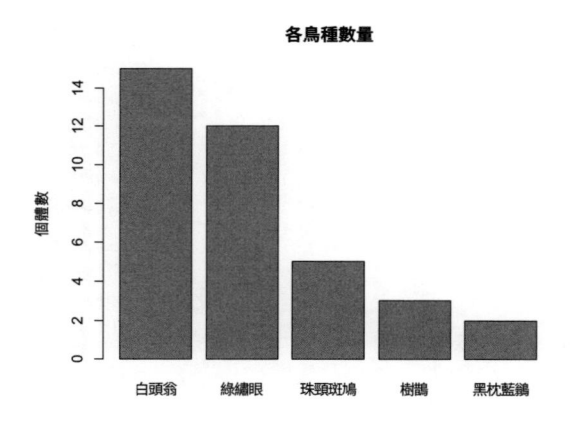

圖 A3-2 以圖 A3-1 模擬數據繪製而成的長條圖。

A3.2 直方圖與盒形圖

直方圖及盒形圖都在於展示計量資料的數據結構。以圖 6-2 的繡眼畫眉跗蹠長資料為例；跗蹠長單位 mm，變數名為 TARSUS，檔案名稱 tarsus.csv，存於 D 碟。繪製直方圖及盒形圖的程式碼範例如下；繪製結果，請比對圖 6-2 及 6-3：

```
# 直方圖
bird.data <- read.csv("D:/tarsus.csv")   # 讀取資料檔
hist(bird.data$TARSUS, breaks=12, xlab="跗蹠長(mm)")
     # 可以調整 breaks 參數以改變組別數
     # xlab 為橫軸軸標，請依需要修改

# 盒形圖
boxplot(bird.data$TARSUS, xlab="跗蹠長(mm)", horizontal = TRUE)
```

A3.3 折線圖與散布圖

折線圖用在具有時間的計量資料之繪圖。以圖 6-4 的白腰鵲鴝個體數紀錄為例，年的變數名 year，個體數紀錄為 number，均為計量資料，檔名 White-rumped_Shama.csv，存放於 D 碟；要注意的是，時間序列必須先排序。執行結果，請比對圖 6-4。

```
# 折線圖；選擇 type = "b" 意指 both，也就是既畫點，也畫線
bird.data <- read.csv("D:/White-rumped_Shama.csv")   # 讀取資料檔
bird.data <- bird.data[order(bird.data$year),]   # 時間須先排序
plot(bird.data$year, bird.data$number, pch = 16, type = "b",
  xlab = "Year",
  ylab = "Number of individuals")
  # pch = 16 為實心圓點，此參數可不指定
```

散布圖用在兩計量變數之間關係的檢視；因為都是計量變數，所以與折線圖使用的繪圖函數一樣，只是參數設定不同而已。

229

若我們要瞭解 A3.2 所分析的繡眼畫眉，是不是跗蹠愈長，頭也愈長，則可以先用散布圖檢視分布的樣式，再看是否適合後續做相關分析。跗蹠長變數名 tarsus，頭長為 head，檔名 tarsus_head.csv，存放於 D 碟。執行結果如圖 A3-3；看起來，跗蹠長與頭長之間並沒有關聯。詳細的相關分析，請見 A6。

```
# 散布圖；選擇 type = "p" （為預設值，因此也可以不指定）
bird.data <- read.csv("D:/tarsus_head.csv")   # 讀取資料檔
plot(bird.data$tarsus, bird.data$head, pch = 16, type = "p",
     main = "繡眼畫眉的頭長與跗蹠長之關係",
     xlab = "跗蹠長(mm)",
     ylab = "頭長(mm)")
```

繡眼畫眉的頭長與跗蹠長之關係

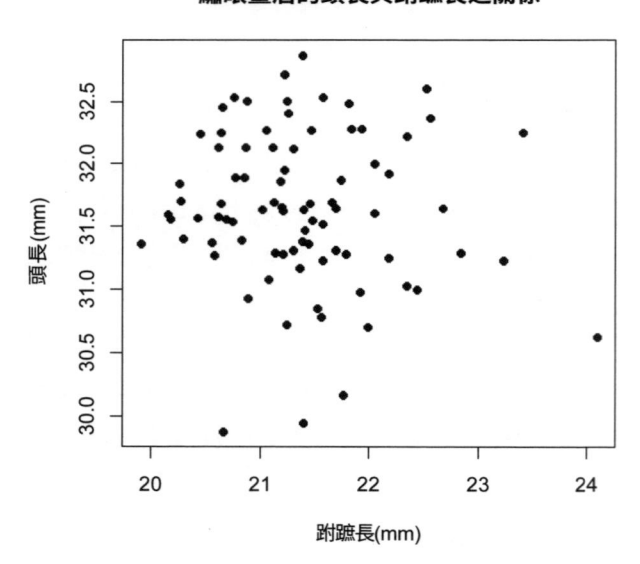

圖 A3-3 中橫公路東段沿線繫放的繡眼畫眉之跗蹠長與頭長的關係 (n = 87)。

A3.4 Q-Q plot

　　以 Q-Q plot 檢視資料是否呈常態分布，會比傳統藉由峰度與偏態統計量判斷，要來得直觀有效。計量資料若為常態分布，則在 Q-Q plot (normal quantile plot)中，點位會呈現由左下至右上的線性分布。以繡眼畫眉之跗蹠長資料為例分析，結果如圖 A3-4：

```
# Q-Q plot
bird.data <- read.csv("D:/tarsus.csv")   # 讀取資料檔
qqnorm(bird.data$TARSUS)       # 繪製 Q-Q plot
qqline(bird.data$TARSUS)       # 加上輔助線以協助判斷
```

Normal Q-Q Plot

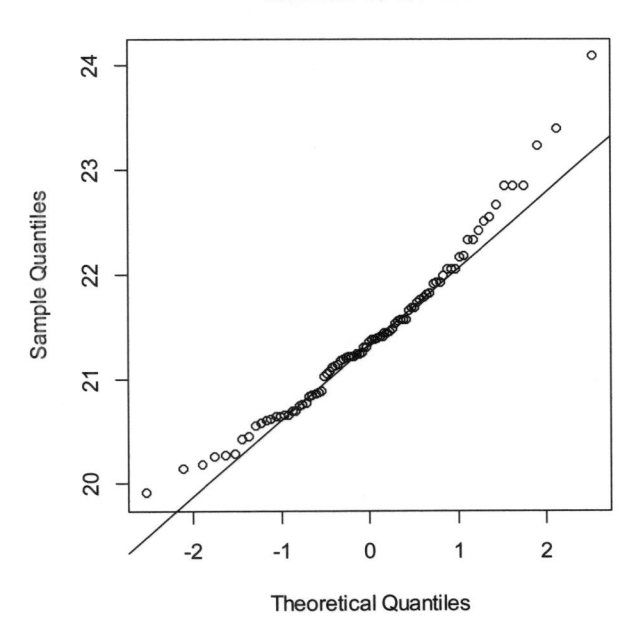

圖 A3-4　中橫公路東段沿線繫放的繡眼畫眉之跗蹠長的 Q-Q plot (n = 87)。資料兩端雖略微偏離參考線，且右尾偏離程度稍高於左尾，顯示可能略為右偏分布；但大部分資料點緊密分布於參考線附近，整體仍近似常態分布。

A4 敘述統計

繼續使用前述之繡眼畫眉跗蹠長資料為範例：

```
bird.data <- read.csv("D:/tarsus.csv")   # 讀取資料檔

mean(bird.data$TARSUS) # 平均值

median(bird.data$TARSUS) # 中位數

sd(bird.data$TARSUS) # 標準差

quantile(bird.data$TARSUS)
# 繪製盒形圖的五個數值：最小值, Q1, 中位數, Q3, 最大值
```

平均值
> mean(bird.data$TARSUS)
[1] 21.41575

中位數
> median(bird.data$TARSUS)
[1] 21.36

標準差
> sd(bird.data$TARSUS)
[1] 0.7854915

最小值, Q1, 中位數, Q3, 最大值
> quantile(bird.data$TARSUS)
　　0%　　25%　　50%　　75%　 100%
19.91　20.84　21.36　21.82　24.09

A5 比較平均值

A5.1 單一樣本的 *t* 檢定

```
# 單一樣本的平均值推論（one-sample t-test）
bird.data <- read.csv("D:/tarsus.csv")   # 讀取資料檔
t.test(bird.data$TARSUS, mu = 21.2, alternative = "two.sided")
# 檢定平均值是否等於 21.2；可依需要將 mu= 指定為任何實數
# 此處雙尾檢定，也可將 alternative= 指定為 "less" 或 "greater" 單尾檢定
```

  t 檢定的變數必須是連續計量。以繡眼畫眉跗蹠長資料為例；Shiu et al. (2005)[31] 曾統計台北市野鳥學會 1987–1995 的鳥類繫放資料，其中繡眼畫眉的跗蹠長平均 21.2 mm。在此，檢定太魯閣分布的繡眼畫眉之跗蹠長是否與該文獻資料敘述之長度一樣。分析結果：

```
        One Sample t-test

data:  bird.data$TARSUS
t = 2.5619, df = 86, p-value = 0.01215
alternative hypothesis: true mean is not equal to 21.2
95 percent confidence interval:
 21.24834 21.58316
sample estimates:
mean of x
 21.41575
```

  本例的虛無假設 $H_0: \mu = 21.2$，$H_a: \mu \neq 21.2$。結果太魯閣繡眼畫眉跗蹠長平均 21.42 mm，$p = 0.012$，拒絕虛無假設；也就是跗蹠長度不同。至於為何長度不同，或太魯閣分布的繡眼畫眉的平均跗蹠長度較長，有什麼生態意義？則不在本書討論範圍。

---

[31] Shiu, H.J., et al. 2005. Morphological characters of bird species in Taiwan. Taiwania 50(2): 80–92.

A5.2 兩樣本平均值差的 *t* 檢定

兩樣本 *t* 檢定允許兩種資料格式：一是兩個變數均為連續計量變數，另一則是只有一個連續計量變數，並以二元類別變數區分兩個資料集。在此，仍然以太魯閣分布的繡眼畫眉之跗蹠長為例，說明如何以 R 進行。

本書先前使用的太魯閣繡眼畫眉跗蹠長範例，係於 2007 年繫放所得，有 87 筆樣本；2008 年持續繫放。扣除重複捕捉樣本，兩年共 130 筆繡眼畫眉樣本；其中，洛韶 71 筆，碧綠神木 31 筆。因為樣本數相等時，檢定結果更為穩健（請見 8.3 節），因此從洛韶的繫放資料中，隨機選取 31 筆進行分析。

第一種資料格式（兩變數均為計量變數）變數名分別是 "洛韶" 與 "碧綠神木"，檔名 two_site_tarsus.csv，存於 D 碟。第二種資料格式變數名分別是計量變數 "tarsus" 及類別變數 "site"，檔名 two_site_tarsus_1.csv，存於 D 碟。

```
# 兩獨立樣本平均值比較（two-sample t-test）
bird.data <- read.csv("D:/two_site_tarsus.csv", fileEncoding = "BIG5")
t.test(bird.data$洛韶, bird.data$碧綠神木)
# 或是
bird.data <- read.csv("D:/two_site_tarsus_1.csv",
    fileEncoding = "BIG5")
t.test(tarsus~site, data = bird.data)
# 可藉由 alternative=的設定，指定雙尾或單尾檢定
# 預設變異數不相等；可用 var.equal=TRUE 設定變異數相等
```

```
        Welch Two Sample t-test

data:  bird.data$洛韶 and bird.data$碧綠神木
t = 3.0328, df = 58.495, p-value = 0.003609
alternative hypothesis: true difference in means is not equal to 0
95 percent confidence interval:
 0.2311487 1.1282061
sample estimates:
mean of x mean of y
 21.51581  20.83613
```

本例 H_0 是兩地的跗蹠長相同，H_a 不同。結果洛韶的跗蹠長平均 21.52 mm，碧綠神木平均 20.84 mm，p = 0.0036，兩地的繡眼畫眉平均跗蹠長不同。

A5.3 成對樣本的比較 (paired *t*-test)

程式列寫法與 two-sample *t*-test 類似，但指定 paired = TRUE。注意兩樣本每一配對觀察值的排列順序要完全對應。

臺灣學者一項挑戰「滅絕電梯」假說 (escalator to extinction)的研究[32]發現，暖化並未讓山頂物種分布範圍縮減，反而原分布狹窄的物種範圍擴張，且山底地區物種分布範圍亦擴大。根據這項研究，中海拔的物種多樣性應該上升。BBS Taiwan 的資料可以檢驗這項預測。以 BBS 樣點編號 B 開頭之樣點（海拔分布介於 1000 至 2500 公尺）在 2010 與 2020 年調查得到的種類多樣性，利用 paired *t*-test 檢驗重複樣點（即兩年都有調查的樣點）種類多樣性是否相同。僅取 6 分鐘內且發現距離在 100 公尺內之鳥種紀錄，排除無法辨識至種者；資料以.csv 格式存檔，檔名 BBS_richness_2010_2020.csv，存於 D 碟。

Paired *t*-test 的資料格式與兩樣本 *t* 檢定相同，請見 A5.2；此處使用兩變數均為計量變數之格式為範例：

```
### 兩相依樣本的比較 (paired t-test)
bird.data <- read.csv("D:/BBS_richness_2010_2020.csv")   # 讀取資料
mean(bird.data$Y2010)   # 計算前測樣本之平均值
mean(bird.data$Y2020)   # 計算後測樣本之平均值

# 兩相依樣本之比較 (paired t-test)
with(bird.data, t.test(Y2020, Y2010, paired=TRUE,
    alternative="greater"))
```

因為預期 2020 年的種類多樣性應該高於 2010 年，因此這是一個單尾檢定。又，相依樣本檢定，是前項數值減後項數值；因為 Y2020 在前，Y2010 在後，故設定 alternative = "greater"。

---

[32] Chen, Y.H., et al. 2025. Limited evidence for range shift–driven extinction in mountain biota. Science 388(6748): 741–747. 研究相關中文報導請見 https://e-info.org.tw/node/241309

```
> mean(bird.data$Y2010)
[1] 24.63158

> mean(bird.data$Y2020)
[1] 26.57895
> with(bird.data, t.test(Y2020, Y2010, paired=TRUE,
alternative="greater"))

        Paired t-test

data:  Y2020 and Y2010
t = 1.3107, df = 18, p-value = 0.1032
alternative hypothesis: true mean difference is greater than 0
95 percent confidence interval:
 -0.6290139       Inf
sample estimates:
mean difference
      1.947368
```

　　分析結果，樣點在 2020 年的平均鳥種數為 26.58 種，2010 年則僅有 24.63 種，差 1.95 種。但是在統計上，同一樣點鳥種數的年間差距並不顯著；$t = 1.31$，$p = 0.1$。當然，如果願意承擔 10%的 Type I error 風險，也可以認為樣點在 2020 年的鳥種數普遍高於 2010 年。

A6 相關

　　做相關分析之前，先繪製散布圖，檢視兩計量變數之間的關係。兩計量變數之間的關係呈現線性時，才能做相關分析。在此，以 A3.3 使用過的繡眼畫眉之跗蹠長與頭長資料，示範如何以 R 做相關分析。

```
# 相關
bird.data <- read.csv("D:/tarsus_head.csv")    # 讀取資料檔

# 先以散布圖檢視是否線性，確認能否做相關分析；本例已於A3.3檢視過
plot(bird.data$tarsus, bird.data$head)

# 相關分析
cor.test(bird.data$tarsus, bird.data$head)
# 計算相關係數，並提供p值及95% CI
# 預設 Pearson's 相關係數，即 9.1 節之方法
# 可指定 method = "kendall" 或 "spearman" 做無母數相關分析
```

```
        Pearson's product-moment correlation

data:  bird.data$tarsus and bird.data$head
t = -0.8086, df = 85, p-value = 0.421
alternative hypothesis: true correlation is not equal to 0
95 percent confidence interval:
 -0.2926326  0.1255895
sample estimates:
        cor
-0.08737011
```

　　分析結果，兩者之間的相關係數 r = -0.087，p = 0.421。相關檢定的虛無假設 H_0 是兩計量變數之間沒有相關；若 p 值很小（例如 $p \leq 0.05$），表示兩變數沒有相關的機率很小，因此推論兩計量變數之間有顯著相關。依本例的 p 值，則是接受虛無假設，即繡眼畫眉的頭長與跗蹠長之間，沒有顯著相關。

A7 迴歸

以 R 提供的數據集 women，說明迴歸分析程序及報表解讀。R 的 women 數據集是 15 位年齡 30–39 歲之間女性的身高 (height) 及體重 (weight)。

```
### 迴歸分析 ###
# 先繪製散布圖檢視是否適合做線性迴歸；任何統計分析之前，一定先繪圖
plot(weight~height, data=women)

# 以 lm()執行迴歸分析
lm.result <- lm(weight ~ height, data=women)
    # weight 為反應變數，height 為解釋變數

# 摘要結果
summary(lm.result)
```

分析結果：

```
Coefficients:
            Estimate Std. Error t value Pr(>|t|)
(Intercept) -87.51667    5.93694  -14.74 1.71e-09 ***
height        3.45000    0.09114   37.85 1.09e-14 ***
---
Residual standard error: 1.525 on 13 degrees of freedom
Multiple R-squared:  0.991, Adjusted R-squared:  0.9903
F-statistic:  1433 on 1 and 13 DF,  p-value: 1.091e-14
```

輸出結果的解讀有三個重點：

1. 迴歸係數及 p 值；此處係數為 3.45，$p < 0.001$

2. 模型的解釋變異量 $r^2 = 0.991$；如果解釋變數的數目很多，且樣本數少，則應該看調整後的解釋變異量 Adjusted $r^2 = 0.9903$

3. 最後一行的模型顯著性；此例 $p < 0.001$。H_0 是迴歸係數等於零；如果 p 值很小，表示模型的斜率等於零的機率很小，所以推斷斜率不等於零，

也就是解釋變數可以解釋反應變數；但可以解釋多少百分比，或是解釋變數對反應變數的重要性，則應該由 r^2 判斷。

此例的散布圖其實可以看出稍微呈非線性。如果加上二次方，做多項式迴歸，則可以擬合得更好：

```
lm.result2 <- lm(weight ~ height + I(height^2), data=women)
# 利用函數 I()，使 height^2 成為另一解釋變數
# I()不能省略，也就是不可以寫成 weight ~ height + height^2
```

迴歸模型是否適當，通常以統計圖形評估：

```
par(mfrow=c(2,2)) # 設定出圖格式為四張小圖
plot(lm.result)
```

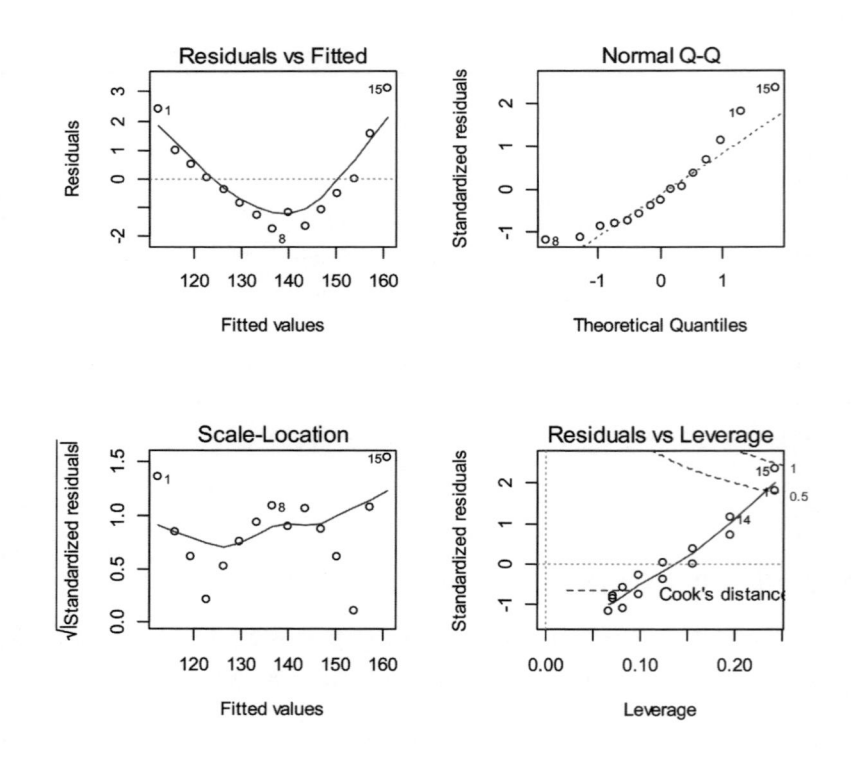

圖 A7-1 評估迴歸分析模型的統計圖。

- 殘差圖（圖 A7-1 左上）：若迴歸模型能適當地擬合觀察值，則殘差會是平均值為 0 的常態分布。樣本殘差應該沿橫軸在 0 附近隨機分布；不該有明顯可辨識的分布樣式。本圖殘差分布呈 U 形曲線，顯示迴歸模型無法擬合資料。若加入 height^2 二次方變數，則可以明顯改善。

- 殘差的 Q-Q plot（圖 A7-1 右上）：樣本殘差應該呈常態分布；以 Q-Q plot 檢視，應該由左下至右上呈一直線。本圖明顯未沿參考線分布。

- 均質性（圖 A7-1 左下）：任一解釋變數數值所對應的反應變數觀察值之標準差，不同解釋變數數值之間應該一致；如果符合假設，則圖中的點應該在水平線附近隨機分布。

- 殘差-槓桿圖（圖 A7-1 右下）：此圖在識別離群值 (outliers)、高槓桿點 (high-leverage points)、以及影響點 (influential observations)：

(1) 當觀察值與迴歸模型預測值差距甚遠（亦即有極大的正或負殘差）時，此一觀察值可視為離群值；這在左上殘差圖同樣可表現出來。

(2) 槓桿值由解釋變數的值計算得到；當一個觀察點有很高槓桿值（即分布在橫軸右側）時，表示其解釋變數值的組合異常；亦即在解釋變數的空間中，它是一個離群值。

(3) 當一個觀察點對模型參數的估計具有很大影響時，此觀察值可視為影響點；亦即保留這個觀察點或予以刪除，對迴歸模型的斜率會造成很大變動。可以用 Cook's distance 予以識別。識別出影響點之後，應謹慎處理；若為資料輸入錯誤，或隨機因素造成，則應予以刪除。

迴歸模型離群值、高槓桿點與影響點資訊，可另外用 car 套件函數整合：

```
# 安裝並載入 car 套件
if (!requireNamespace("car", quietly = TRUE)) { install.packages("car")
    }
library(car)

influencePlot(lm.result, id.method="identify", main="Influence Plot",
    sub="Circle size is proportional to Cook's distance")
```

輸出統計值及圖：

```
   StudRes       Hat     CookD
1  2.025250 0.2416667 0.5276638
15 2.970125 0.2416667 0.8776159
```

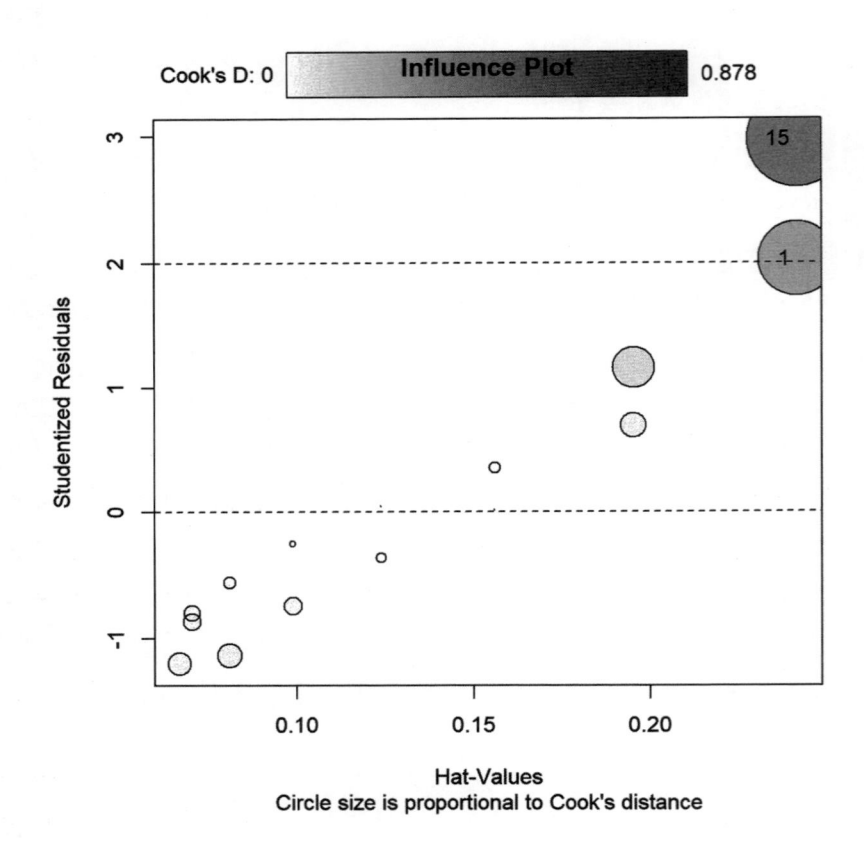

圖 A7-2 以 car 套件的 influencePlot 函數評估迴歸模型資料特徵之統計圖。

- 圖 A7-2 的 Y 軸是標準化殘差值，其絕對值大於 2（以虛線示之）的資料點，可視為離群值。圖中在虛線外的第 1 及第 15 筆資料為離群值；數值 -2 也會有虛線，在其外者也是離群值（但此例無此狀況之資料點）。

- 圖 A7-2 的 X 軸用以檢視高槓桿。高槓桿點是與解釋變數有關的離群值；與反應變數的值則無關。高槓桿點可以由 hat statistic 判斷；一個資料集的平均 hat 值為 p/n，其中 p 是模型參數的數量（包含截距），n 是樣本數。如果觀察值的 hat value 高於平均的 2 或 3 倍，可判定為高槓桿點；此例 p/n = 2/15 = 0.13，因此 Hat value > 0.26 才算是高槓桿點。高槓桿點可能是強影響點，也可能不是，視其是否為離群值而定。

- 所謂的影響點，是對模型參數估計有很大影響的觀測值；可用 Cook's distance (or D statistic) 檢測。一般而言，Cook's D 值大於 4/(n-k-1) 為影響點；其中 n 為樣本數，k 是解釋變數的數量。圖 A7-2 中，圓圈大小反映 Cook's D 數值；其中的第 1 及第 15 筆資料為影響點。

整體觀之，本例迴歸模型對資料的擬合結果並不理想；圖 A7-1 左上的殘差圖呈 U 形分布，右上的 Q-Q plot 則顯示殘差未符合常態分布的假設。如果加入二次項做多項式迴歸，結果會較為理想；讀者可自行嘗試。

A8 卡方分析

卡方檢定的資料有兩種格式：一是已整理好計數的表格式資料，如表A8-1；另一是展開的逐筆清單，如圖A8-1。

表 A8-1 卡方分析的資料格式範例

同功群	天然林	人工林
食蟲者	25	30
食果者	15	5

A8.1 同質性與獨立性檢定

同質性與獨立性檢定的資料結構一樣，只是統計假設 H_0 與 H_a 不同而已。

獨立性檢定在看單一樣本的兩個類別變數是否互相獨立。H_0 是兩者互相獨立，彼此沒有關聯；H_a 是兩類別變數之間具有關聯性。

同質性檢定則是比較來自不同母體或同一母體不同處理的多個樣本，在某一類別變數的計數之分配（或分布）比例是否一致。H_0 是不同母體的分配一致；H_a 則是分配比例不同。

假設要比較天然林與人工林的覓食同功群鳥種數結構（同質性檢定，也就是檢視不同植群的覓食同功群的種類數分配比例是否一致），若調查結果的鳥種數如表A8-1（數據杜撰），則卡方檢定的程式碼：

```
# 建立 2×2 列聯表
table_data <- matrix(c(25, 30, 15, 5), nrow = 2, byrow = TRUE)
# 設定行列名稱
dimnames(table_data) <- list(
  Guild = c("食蟲者", "食果者"),
  ForestType = c("天然林", "人工林"))
chisq.test(table_data)   # 執行卡方檢定
```

若資料是如圖 A8-1 的展開格式；假設資料讀取後，data frame 命名為 bird.data，則卡方檢定的程式碼：

```
# 產生列聯表
table_data <- xtabs(~ForestType + Guild, data = bird.data)
chisq.test(table_data)   # 卡方檢定
```

分析結果如下：

　　　　　Pearson's Chi-squared test with Yates' continuity correction

```
data:  table_data
X-squared = 4.0255, df = 1, p-value = 0.04482
```

此案例的 H_0 是兩植群類型的鳥種數，在不同覓食同功群之間分配的比例沒有不同。本例 p = 0.045；因為 p 值很小，表示不同植群的覓食同功群結構相同的機率很低，因此推論同功群的種數分配不同，也就是覓食同功群結構與植群類型有關（注意，本例資料為杜撰）。又，再次提醒，此處的結論是覓食同功群結構與植群類型「有關」或「有所關聯」，絕不能說成兩者有「相關」。「相關」只能用以描述兩計量變數之間的線性關係。

最後，若 2×2 列聯表期望值過小，應做 Fisher's exact test：

```
# 費雪精確檢定 (Fisher's exact test)
fisher.test(table_data)
```

ForestType	Species	Guild
天然林	青背山雀	食蟲者
天然林	黃山雀	食蟲者
天然林	白耳畫眉	食果者
天然林	赤腹鶇	食果者
⋮	⋮	⋮
人工林	藪鳥	食果者
人工林	棕面鶯	食蟲者
⋮	⋮	⋮

圖 A8-1 各棲地類型出現鳥種及其覓食同功群歸屬的逐筆紀錄範例。

A8.2 適合度檢定

卡方分析也可應用於適合度檢定，也就是檢視觀察值在各類別的分配，是否符合期望的機率分配。例如若某鳥種的可利用食物資源豐富度比例為 4：4：1：1，而觀察到的實際覓食筆數為 20：15：30：25，則可以進行適合度檢定，檢視實際覓食的比例，是否符合食物豐富度的期望比例：

```
# 適合度檢定
x=c(20, 15, 30, 25)
ratio=c(4, 4, 1, 1)
chisq.test(x, p=ratio, rescale.p = TRUE)
```

分析結果：

```
        Chi-squared test for given probabilities

data:  x
X-squared = 96.806, df = 3, p-value < 2.2e-16
```

此例的 H_0 是觀察值在各類別的分配比例，與期望比例沒有不同。本例的 $p < 0.001$，表示觀察到的比例與期望比例相符的機率不到千分之一，因此拒絕 H_0，即觀察到的覓食比例與野外可獲得的食物資源比例不同；也就是說，該鳥種有取食偏好。

A9 變異數分析

A9.1 One-way ANOVA

One-way ANOVA 的資料會有兩個變數，一是計量的反應變數，另一是實驗的因子，為類別變數。將資料以 MS Excel 整理好，儲存成 .csv 格式，再於 R 以 read.csv 讀入即可。

此處以 package multcomp 的數據集 cholesterol 為範例。此數據集內含 50 位患者接受降低膽固醇的五種治療方式（類別變數，trt）之治療效果數據（計量變數，response）；其中三種使用藥物相同，分別是 20 mg 一天一次 (1time)、10 mg 一天兩次 (2times)、5 mg 一天四次 (4times)。另兩種則是分別使用藥物 drugD 與 drugE。

```
# 安裝並載入 multcomp 套件
if (!requireNamespace("multcomp", quietly = TRUE))
    { install.packages("multcomp") }
library(multcomp)
attach(cholesterol)
# attach()的功用是讓R遇到沒見過的變數時，到指定的 data frame 去尋找
# 本例以既有之資料集 cholesterol 分析；實際應用請代換為分析的 data frame

# 檢查是否有離群值
# 安裝並載入 car 套件
if (!requireNamespace("car", quietly = TRUE)) { install.packages("car")
    }
library(car)

outlierTest(aov(response ~ trt))
# 使用 package car；如果 p > 0.05，表示沒有離群值

# 檢查是否為常態分布
qqPlot(lm(response ~ trt, data=cholesterol),
    simulate=TRUE, main="Q-Q Plot")
# 使用 package car；qqPlot()會繪製出 95% CI 範圍色塊；
```

```
# 若數據均落在 95% CI 範圍內，則表示常態分布


# 檢查均質性
bartlett.test(response ~ trt)
# 若 p > 0.05 表示各組之間的變異數沒有顯著差異


# 沒有離群值、常態分布、變異數均質，則可以執行 ANOVA
# 進行 ANOVA
fit <- aov(response ~ trt)
# 注意，數字代碼的類別變數，應加上 factor，例如 trt 若以數字代替類別
# 程式碼應該寫成： fit <- aov(response ~ factor(trt))


summary(fit) #查看分析結果；直接看 trt 的 p 值即可



# 繪圖檢視
# 需要 package gplots
if (!requireNamespace("gplots", quietly = TRUE))
    { install.packages("gplots") }
library(gplots)

plotmeans(response ~ trt, xlab="Treatment", ylab="Response",
      main="Mean with 95% CI")
 #繪製各組平均值及信賴區間



# 事後檢定；ANOVA 分析結果顯著時，再進行
# Tukey's HSD；適用於樣本數一樣時
tuk <- glht(fit, linfct=mcp(trt="Tukey"))
# 使用 package multcomp；fit 是本例 ANOVA 結果的 model 名稱
# trt 是本例的因子之變數名，實際應用請依需要修改
summary(tuk)
par(mar=c(5,4,6,2))   # 設定繪圖邊界
plot(cld(tuk, level=.05),col="lightgrey")

# Scheffé's；適用於組間樣本數不同時
# 需要 package DescTools
```

```
if (!requireNamespace("DescTools", quietly = TRUE))
    { install.packages("DescTools") }
library(DescTools)
ScheffeTest(fit)

# Bonferroni；基本上算 LSD (least significant difference)
# 但顯著水準依檢定次數校正；檢定結果趨於保守
pairwise.t.test(response, trt, p.adj="bonferroni")

detach(cholesterol)
```

檢查是否有離群值，結果 p > 0.05（當 p = 1 時顯示 NA）表示沒有離群值：

```
No Studentized residuals with Bonferroni p < 0.05
Largest |rstudent|:
   rstudent unadjusted p-value Bonferroni p
19 2.251149          0.029422           NA
```

檢查均質性，結果 p > 0.05，表示各組之間變異數沒有顯著差異：

```
        Bartlett test of homogeneity of variances

data:  response by trt
Bartlett's K-squared = 0.57975, df = 4, p-value = 0.9653
```

ANOVA 分析結果摘要如下：

```
            Df Sum Sq Mean Sq F value   Pr(>F)
trt          4 1351.4   337.8   32.43 9.82e-13 ***
Residuals   45  468.8    10.4
```

分析結果，ANOVA table 如上；p < 0.001，可推論各處理組 (trt)的平均值並非完全相同。因為統計上顯著，所以進一步做事後檢定。Tukey's 事後檢定，並視覺化呈現如圖 A9-1；各處理組的資料以盒形圖呈現，盒形圖上方小寫英文字母相同者，表示其平均值沒有顯著差異。

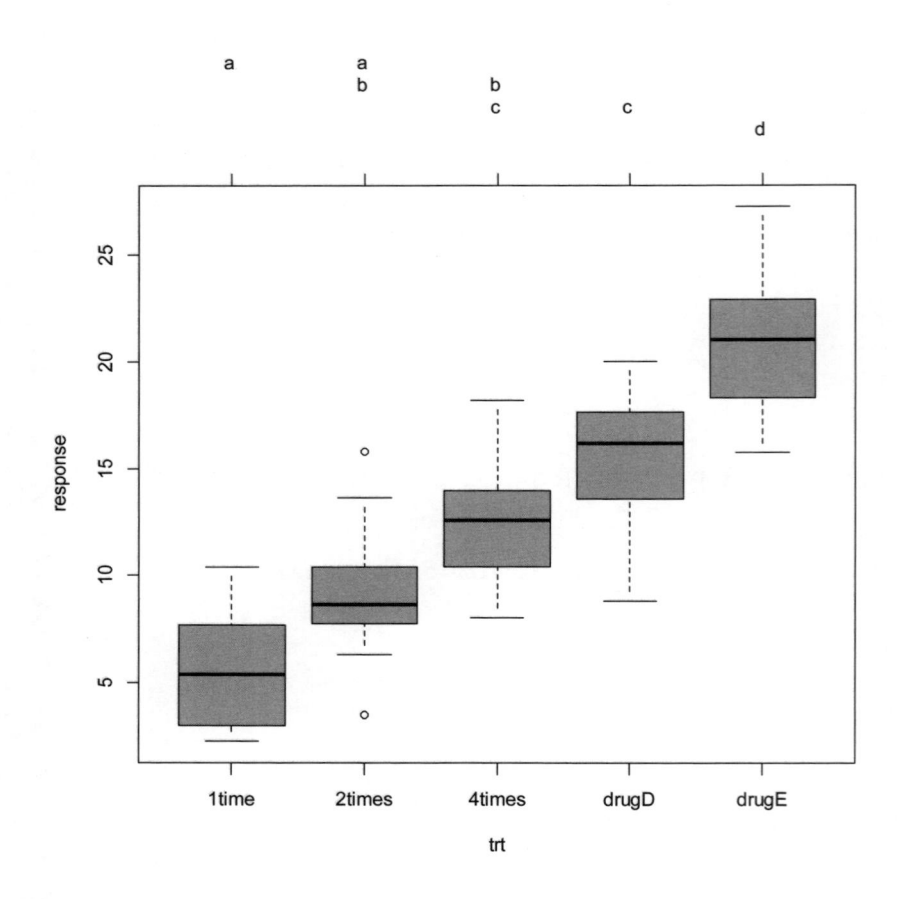

圖 A9-1　視覺化方式呈現各組盒形圖及 Tukey's 事後多重比較之結果。小寫英文字母相同者，表示兩者沒有顯著差異。

A9.2 Two-way ANOVA

　　兩因子變異數分析 (two-way ANOVA) 有兩個類別變數，以及一個計量反應變數。將這些變數的資料以 MS Excel 整理成三欄的資料表，儲存成 .csv 格式，再以 read.csv() 讀入即可。在此以 R 數據集 ToothGrowth 為例，說明如何執行。此數據集探討天竺鼠的牙本質母細胞 (odontoblasts) 長度（變數名 len），對維生素 C 含量及添加方式的反應。採用兩種添加方式（柳橙汁 OJ 或抗壞血酸 VC，變數名 supp）與三種維生素 C 含量（0.5, 1, or 2 mg，變數名 dose）共六種組合；每組都被隨機分配 10 隻天竺鼠做餵食試驗。

```
fit <- aov(len ~ supp*factor(dose), data = ToothGrowth)
# 寫成 factor(dose)，以確保維生素 C 含量被視為類別變數； *為變數完全交叉
# 的簡便寫法，相當於 len~supp+factor(dose)+supp:factor(dose)
# 其中，":" 是交互作用的寫法
summary(fit)

# 可視化結果
interaction.plot(dose, supp, len, type="b", pch=c(16, 21),
main = "添加方式與維生素C含量的交互作用",
xlab = "維生素C含量(mg)", ylab = "牙本質母細胞長度")
```

添加方式與維生素C含量的交互作用

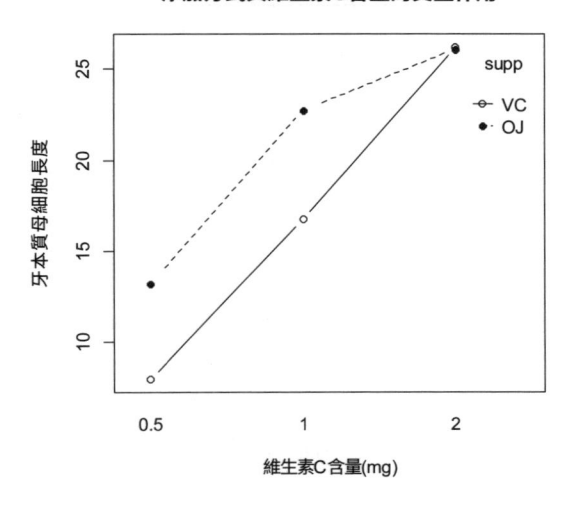

圖 A9-2　二因子變異數分析的交互作用圖。

另一以 package HH 提供的可視化方法：

```
# 以 package HH 的 interaction2wt()函數將分析結果可視化
if (!requireNamespace("HH", quietly = TRUE)) { install.packages("HH") }
library(HH)

interaction2wt(len~supp*dose, data=ToothGrowth)
```

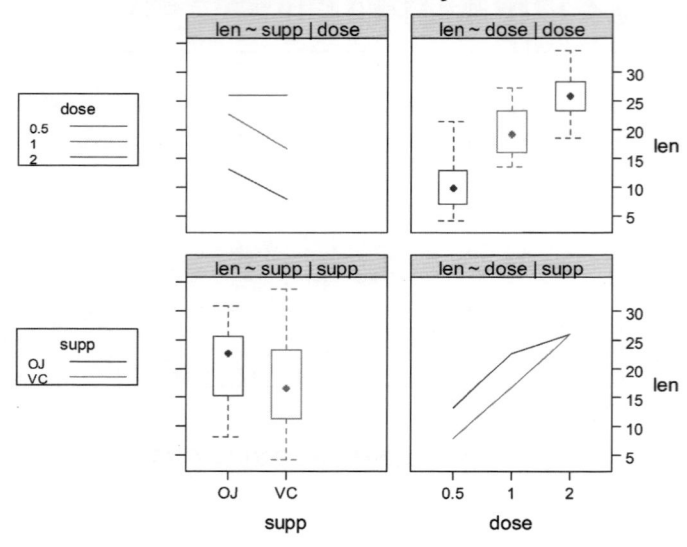

圖 A9-3 二因子變異數分析的主效應與交互作用圖。

　　圖 A9-2 與圖 A9-3 都顯現隨柳橙汁和抗壞血酸中的維生素 C 含量增加，牙本質母細胞長度變長。在 0.5 和 1 mg 含量之下，柳橙汁比抗壞血酸更能促進牙齒生長；但當維生素 C 含量為 2 mg 時，兩種添加方式的牙本質母細胞長度相同。以上兩種圖，比較推薦以 package HH 的 interaction2wt() 函數繪製而成的圖，因為它提供包括主效果（盒形圖）與交互作用的資訊。圖 A9-3 實際輸出為彩色圖，可以更清楚識別不同處理的差異。

A10 無母數統計

A10.1 兩獨立樣本的比較

以中橫公路洛韶及碧綠神木分布的繡眼畫眉跗蹠長示範之；資料來源請見 A5.2 節之敘述。

```
# Mann-Whitney U Test 或稱為 Wilcoxon rank sum test

# 讀取資料檔
bird.data <- read.csv("D:/two_site_tarsus.csv", fileEncoding = "BIG5")
wilcox.test(bird.data$洛韶, bird.data$碧綠神木)

# 依資料格式，另一種程式列寫法
bird.data <- read.csv("D:/two_site_tarsus_1.csv", fileEncoding =
    "BIG5")
wilcox.test(tarsus~site, data = bird.data)
```

```
        Wilcoxon rank sum test with continuity correction

data:  bird.data$洛韶 and bird.data$碧綠神木
W = 673.5, p-value = 0.006719
alternative hypothesis: true location shift is not equal to 0
```

分析結果，$p = 0.0067$，兩地繡眼畫眉樣本的跗蹠長之分布並不相同。注意，絕對不可以結論成「兩地繡眼畫眉跗蹠的**平均**長度不同」；無母數分析依據數值大小的排列順序，因此不會有 "平均"。

A10.2 兩相依樣本（配對樣本）的比較

使用 BBS Taiwan 位於海拔 1000 至 2500 公尺的重複樣點（樣點編號 B 開頭）之種類多樣性資料；請見 A5.3 之資料敘述。

```
# Wilcoxon signed rank test

bird.data <- read.csv("D:/BBS_richness_2010_2020.csv")   # 讀取資料檔

# 兩相依樣本之比較（paired t-test）
with(bird.data, wilcox.test(Y2020, Y2010, paired=TRUE))
```

```
        Wilcoxon signed rank test with continuity correction

data:  Y2020 and Y2010
V = 129, p-value = 0.1766
alternative hypothesis: true location shift is not equal to 0
```

檢定結果 p = 0.177，兩年之間的種類多樣性沒有不同。

A10.3 Kruskal-Wallis One-way ANOVA

使用 multcomp 套件數據集 cholesterol 為範例；資料集說明，請見 A9.1。

```
# 安裝及載入必要 package
if (!requireNamespace("multcomp", quietly = TRUE))
    { install.packages("multcomp") }
library(multcomp)   # 為使用數據集 cholesterol；使用其它資料不需此套件
attach(cholesterol)

# Kruskal-Wallis One-way ANOVA
kruskal.test(response ~ trt)

# 以 Dunn's Test 做 Kruskal-Wallis One-way ANOVA 的事後比較
if (!requireNamespace("dunn.test", quietly = TRUE))
```

```
    { install.packages("dunn.test") }
library(dunn.test)

dunn.test(response, trt, method="bonferroni", altp=TRUE)
# 以 method = "" 指定 p-value 的校正方式。
# 一般較推薦使用 bonferroni，因為比較保守，不容易顯著
# 其他校正方法請見?dunn.test
```

```
            Kruskal-Wallis rank sum test

data:  response by trt
Kruskal-Wallis chi-squared = 36.542, df = 4, p-value = 2.238e-07
```

分析結果，p < 0.001，各處理組之間的分布並非全部相同。事後多重比較結果如下，組間有顯著差異者，以*表示。

```
                  Comparison of response by trt
                          (Bonferroni)
Col Mean-|
Row Mean |      1time      2times      4times       drugD
---------+--------------------------------------------
  2times |  -1.319179
         |     1.0000
         |
  4times |  -2.669038   -1.349858
         |     0.0761      1.0000
         |
   drugD |  -3.758128   -2.438948   -1.089090
         |    0.0017*      0.1473      1.0000
         |
   drugE |  -5.522147   -4.202968   -2.853109   -1.764019
         |    0.0000*     0.0003*     0.0433*      0.7773

alpha = 0.05
Reject Ho if p <= alpha
```

A10.4 相關分析

　　以 A3.3 使用過的繡眼畫眉之跗蹠長與頭長資料,示範如何以 R 做無母數的相關分析。

```
bird.data <- read.csv("D:/tarsus_head.csv")   # 讀取資料檔

# 計算 Spearman's 相關係數、p 值、95% CI;另可指定無母數方法 "kendall"
cor.test(bird.data$tarsus, bird.data$head, method = "spearman")
```

```
        Spearman's rank correlation rho

data:  bird.data$tarsus and bird.data$head
S = 119890, p-value = 0.394
alternative hypothesis: true rho is not equal to 0
sample estimates:
       rho
-0.09252786
```

　　分析結果,跗蹠長與頭長的 Spearman's 相關係數-0.09,p = 0.394,兩者之間的等級相關沒有統計上的顯著性。

A11 自助法

許多 R 套件可以執行 bootstrapping。其中 boot 較為靈活，可以滿足多種統計量的 bootstrapping 需求，但須寫一個可返回所需統計值的函數；simpleboot 則相對簡便，但只能做簡單的分析。以下主要以 simpleboot 為主；複雜的統計值，再使用 boot。

A11.1 單一樣本的平均值

以 A5.1 相同資料進行分析。

```
# 安裝及載入需要的package
if (!requireNamespace("simpleboot", quietly = TRUE))
    { install.packages("simpleboot") }
library(simpleboot)
if (!requireNamespace("boot", quietly = TRUE))
    { install.packages("boot") }
library(boot)

bird.data <- read.csv("D:/tarsus.csv")   # 讀取資料檔

# 執行bootstrapping
b.result <- one.boot(bird.data$TARSUS, mean, R=1000)
# 以 bootstrapping 計算 TARSUS 的平均值，重複抽樣 1000 次
# 也可以計算中位數，寫成 one.boot(bird.data$TARSUS, median, R=1000)

# 獲得原始樣本的統計量
print("原始樣本平均值:")
print(b.result$t0)

# 獲取95% CI
ci_result <- boot.ci(b.result)
     # 其它%信賴區間，例如90% CI，則寫成 boot.ci(b.result, conf=0.9)
print("95% 信賴區間:")
```

```
print(ci_result)
# 繪製bootstrap分布,並添加關鍵值標記;95% CI 以BCa估計,請依需要修改
hist(b.result$t,
     main="Bootstrap Distribution of Mean",
     xlab="Mean Value",
     col="lightblue",
     border="white")
abline(v=b.result$t0, col="red", lwd=2)
abline(v=ci_result$bca[4], col="darkgreen", lwd=2, lty=3)  # Bca下界
abline(v=ci_result$bca[5], col="darkgreen", lwd=2, lty=3)  # Bca上界
legend("topright",
       legend=c("樣本平均值", "95% CI 邊界"),
       col=c("red", "darkgreen"),
       lwd=c(2, 2),
       lty=c(1, 3))
```

```
BOOTSTRAP CONFIDENCE INTERVAL CALCULATIONS
Based on 1000 bootstrap replicates
~~略~~
Intervals :
Level      Normal                Basic
95%    (21.25, 21.58 )    (21.25, 21.59 )

Level      Percentile            BCa
95%    (21.24, 21.59 )    (21.25, 21.59 )
Calculations and Intervals on Original Scale
```

　　信賴區間估計值有5種:

- Normal:以bootstrap估計標準誤,但是用常態分布推估CI;
- Basic:以bootstrap的分位數修正原始對稱位置的估計值;
- Studentized(one.boot()設定student = TRUE時才有此一信賴區間):雙層bootstrap,也就是每一外部bootstrap樣本都再拿來做內部bootstrap,再以此內部得到的標準誤修正外部統計量;以此方式得到的CI;
- Percentile:直接以bootstrap分布的分位數做為CI;
- BCa (bias-corrected and accelerated):根據bootstrap分布,修正偏差並調

整變異性。通常提供最穩健與準確的結果，並能自動修正偏態與變異性。**BCa 有非常高的穩健性，建議優先使用，尤其適用於小樣本與偏態樣本。**

Bootstrap Distribution of Mean

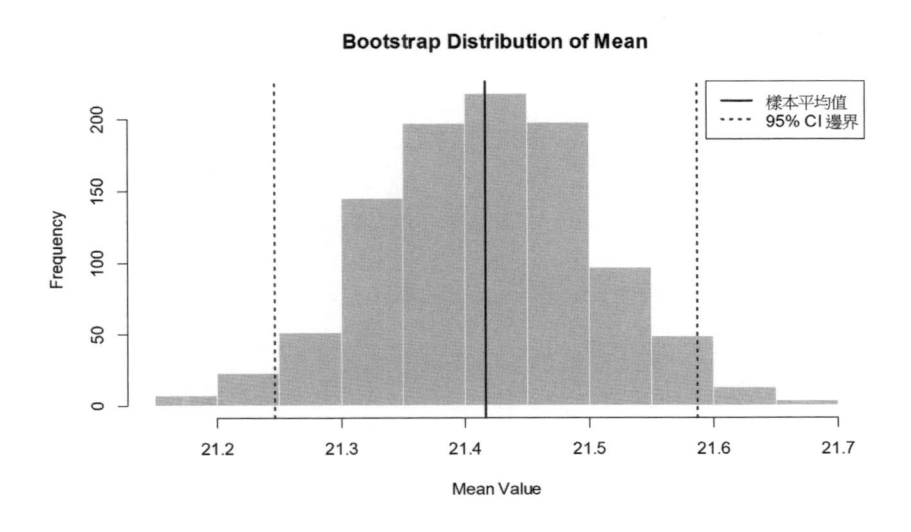

圖 A11-1 中橫公路東段沿線繫放的繡眼畫眉跗蹠長之自助分布。

　　繡眼畫眉跗蹠長平均值的自助抽樣分布如圖 A11-1。其 95% CI 介於 21.25 至 21.59（依據 Bca）；注意，信賴區間沒有包含檢定的數值 21.2，也就是這組樣本的平均值與設定的數值 21.2 有統計上的顯著差異。對應 A5.1 的單一樣本 t 檢定，結果是相同的；只是藉由 bootstrapping，可以更確認此一統計推論。

A11.2 兩獨立樣本的平均值差

以 A5.2 相同資料為例。

```r
# 安裝及載入需要的 package
if (!requireNamespace("simpleboot", quietly = TRUE))
    { install.packages("simpleboot") }
library(simpleboot)

if (!requireNamespace("boot", quietly = TRUE))
    { install.packages("boot") }
library(boot)

# 讀取資料
bird.data <- read.csv("D:/two_site_tarsus.csv", fileEncoding = "BIG5")

# 以 bootstrap 方法計算平均值差值 1000 次
two.b.result <- two.boot(bird.data$洛韶, bird.data$碧綠神木, mean,
    R=1000)
two.b.result$t0   # 輸出差值的觀察值

# 獲取 95% CI
ci_result <- boot.ci(two.b.result)
print(ci_result)

# 畫 bootstrap 分布直方圖，並添加關鍵值標記；95% CI 以 BCa 估計
hist(two.b.result$t[,1],
     main="Bootstrap Distribution of Mean Difference",
     xlab="Mean Difference",
     col="lightblue",
     border="white")
abline(v=two.b.result$t0, col="red", lwd=2)
abline(v=0, col="blue", lwd=2, lty=2)
abline(v=ci_result$bca[4], col="darkgreen", lwd=2, lty=3)
abline(v=ci_result$bca[5], col="darkgreen", lwd=2, lty=3)
legend("topright",
       legend=c("觀察差異", "零差異", "95% CI 邊界"),
       col=c("red", "blue", "darkgreen"),
       lwd=c(2, 2, 2),
       lty=c(1, 2, 3))
```

```
BOOTSTRAP CONFIDENCE INTERVAL CALCULATIONS
Based on 1000 bootstrap replicates
~~略~~
Intervals :
Level      Normal                Basic
95%    ( 0.2440,  1.1056 )   ( 0.2366,  1.0950 )

Level      Percentile            BCa
95%    ( 0.2643,  1.1228 )   ( 0.2517,  1.1191 )
Calculations and Intervals on Original Scale
```

Bootstrap Distribution of Mean Difference

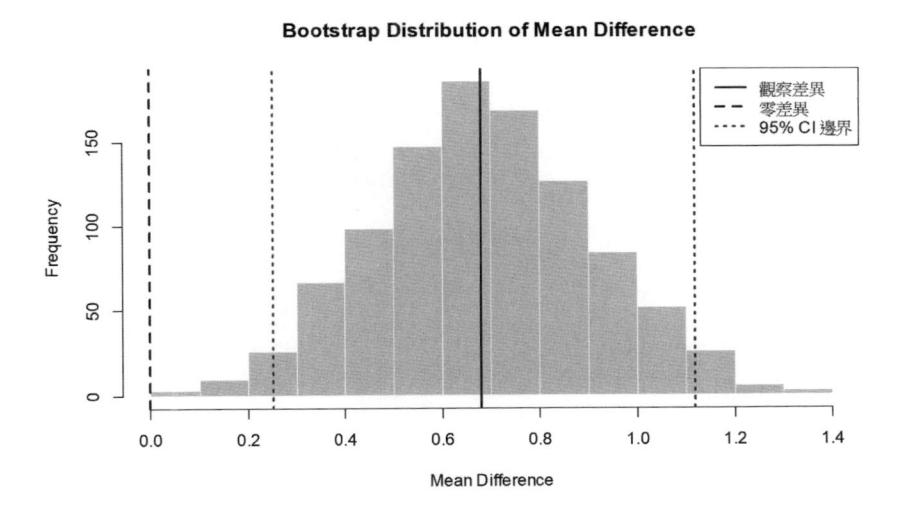

圖 A11-2 中橫公路洛韶與碧綠神木繫放的繡眼畫眉之跗蹠長差異的自助分布。

　　中橫公路洛韶與碧綠神木繫放的繡眼畫眉跗蹠長差異的自助抽樣分布，如圖 A11-2。其 95% CI 介於 0.252 至 1.119（依據 Bca），未包含 0（即兩地平均值相同的虛無假設），亦即這兩組樣本的平均值有統計上的顯著差異。對應 A5.2 的兩樣本平均值差的 t 檢定，結果相同，但自助法的結果更可信。

A11.3 相關分析

使用 A6 範例資料，說明相關分析的 **bootstrap** 程序如何進行。

```r
# 安裝及載入需要的package
if (!requireNamespace("simpleboot", quietly = TRUE))
    { install.packages("simpleboot") }
library(simpleboot)

if (!requireNamespace("boot", quietly = TRUE))
    { install.packages("boot") }
library(boot)

bird.data <- read.csv("D:/tarsus_head.csv")   # 讀取資料檔

# 以bootstrap方法計算跗蹠長tarsus及頭長head相關係數1000次
boot.cor <- with(bird.data, pairs_boot(tarsus, head, cor, R = 1000))

print(boot.cor$t0)   # 輸出x與y相關係數的觀察值

ci_result <- boot.ci(boot.cor)   # 獲取95% CI
print(ci_result)

# 繪製相關係數的bootstrap分布
hist(boot.cor, main="Bootstrap Distribution of Correlation",
    xlab="Correlation Coefficient")

# 檢視零是否落在信賴區間內；95% CI 以 BCa 估計，請依需要修改
ci_lower <- ci_result$bca[4]    # 2.5% 百分位數
ci_upper <- ci_result$bca[5]    # 97.5% 百分位數
print(paste("95% 信賴區間:", ci_lower, "到", ci_upper))
if (ci_lower <= 0 && ci_upper >= 0) {
  print("零落在95%信賴區間內，不拒絕虛無假設 (p > 0.05)")
} else {
  print("零不在95%信賴區間內，拒絕虛無假設 (p < 0.05)")
}

# 可視化結果
# 繪製原始bootstrap分布
hist(boot.cor$t,
```

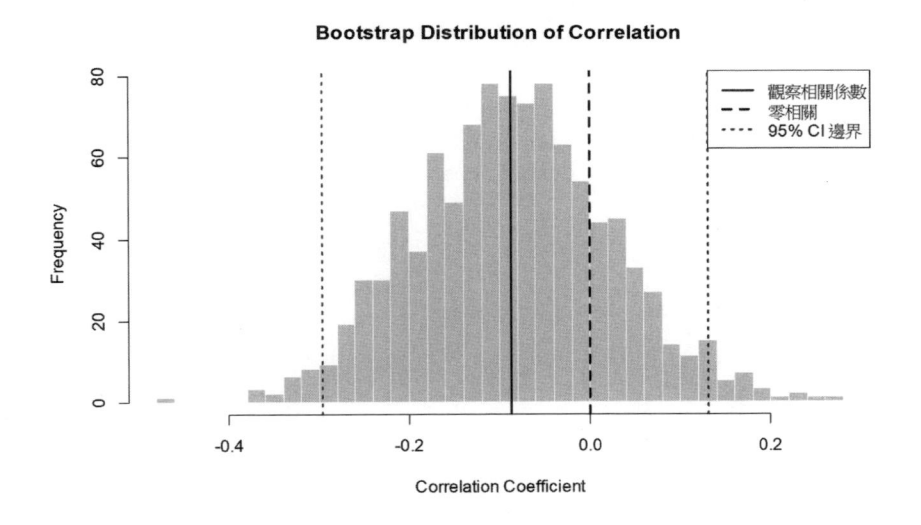

```
      main = "Bootstrap Distribution of Correlation",
      xlab = "Correlation Coefficient",
      col = "lightblue",
      border = "white",
      breaks = 30)
abline(v = boot.cor$t0, col = "red", lwd = 2)
abline(v = 0, col = "blue", lwd = 2, lty = 2)
abline(v = ci_lower, col = "darkgreen", lwd = 2, lty = 3)
abline(v = ci_upper, col = "darkgreen", lwd = 2, lty = 3)
legend("topright",
      legend = c("觀察相關係數", "零相關", "95% CI 邊界"),
      col = c("red", "blue", "darkgreen"),
      lwd = c(2, 2, 2),
      lty = c(1, 2, 3))
```

圖 A11-3 繡眼畫眉跗蹠長與頭長相關分析的自助分布。

　　繡眼畫眉跗蹠長與頭長的相關係數之自助抽樣分布，如圖 A11-3。其 95% CI 介於-0.296 至 0.131（依據 Bca），此區間包含 0（即兩者沒有相關的虛無假設），也就是說，繡眼畫眉的跗蹠長與頭長沒有顯著相關。請對照同一資料集在 A6 相關分析的結果。

A11.4 迴歸分析

與 A7 迴歸分析範例使用相同數據集，即 R 提供的數據集 women，以利比較結果。數據集包含 15 位年齡 30–39 歲之間女性的身高 (height) 及體重 (weight)。

請先將以下自助迴歸函數儲存成文字檔，檔名"bootstrap_lm.txt"；後續做迴歸的自助分析時，再呼叫此函數執行。

```
### 迴歸分析的 bootstrap 函數 ###
# 定義 bootstrap_lm 函數
bootstrap_lm <- function(formula, data, R = 1000, seed = 123, plot =
    TRUE, plot_lines = 100) {
  set.seed(seed)

  # 檢查輸入
  if (!inherits(formula, "formula")) {
    stop("'formula' must be a formula object")
  }
  if (!is.data.frame(data)) {
    stop("'data' must be a data frame")
  }

  # 建立原始模型
  model <- lm(formula, data = data)
  model_summary <- summary(model)

  # 抽出變數名稱
  vars <- all.vars(formula)
  y_name <- vars[1]
  predictors <- vars[-1]

  # Bootstrap 統計函數
  boot_fn <- function(data, indices) {
    d <- data[indices, ]
    m <- lm(formula, data = d)
    c(coef(m), summary(m)$r.squared)
  }
```

```r
# 執行 bootstrap
boot_result <- boot(data = data, statistic = boot_fn, R = R)

# 取得係數名稱
coef_names <- names(coef(model))

# 信賴區間
ci_list <- list()
for (i in 1:length(coef_names)) {
  ci_list[[coef_names[i]]] <- quantile(boot_result$t[,i], c(0.025,
  0.975))
}
ci_list$r_squared <- quantile(boot_result$t[,length(coef_names) + 1],
  c(0.025, 0.975))

# 畫圖 - 只適用於簡單線性迴歸
if (plot && length(predictors) == 1) {
  x_name <- predictors[1]

  plot_n <- min(plot_lines, R)
  boot_lines <- data.frame(
    intercept = boot_result$t[1:plot_n, 1],
    slope = boot_result$t[1:plot_n, 2]
  )

  gg <- ggplot(data, aes(x = !!sym(x_name), y = !!sym(y_name))) +
    geom_point(alpha = 0.7) +
    geom_abline(data = boot_lines,
                aes(intercept = intercept, slope = slope),
                alpha = 0.1, color = "gray") +
    geom_abline(intercept = coef(model)[1], slope = coef(model)[2],
                color = "red", lwd = 1.2) +
    theme_minimal() +
    labs(title = "Bootstrap Linear Regression",
         subtitle = paste("Formula:", deparse(formula)))
  print(gg)
} else if (plot && length(predictors) > 1) {
  message("Plotting is only available for simple linear regression (y
  ~ x)")
}
```

```r
  # 結果輸出
  result <- list(
    formula = formula,
    original_est = c(
      as.list(coef(model)),
      r_squared = model_summary$r.squared,
      adj_r_squared = model_summary$adj.r.squared
    ),
    ci_95 = ci_list,
    boot_result = boot_result
  )

  # 原始 p 值
  p_values <- coef(model_summary)[, 4]
  result$original_est$p_values <- p_values

  # 標準誤
  std_errors <- coef(model_summary)[, 2]
  result$original_est$std_errors <- std_errors

  class(result) <- "bootstrap_lm"
  return(result)
}
# 輸出結果
print.bootstrap_lm <- function(x, ...) {
  cat("Bootstrap Linear Regression\n")
  cat("Formula:", deparse(x$formula), "\n\n")

  cat("Original Estimates:\n")
  all_names <- names(x$original_est)
  coef_names <- all_names[!(all_names %in% c("r_squared",
    "adj_r_squared", "p_values", "std_errors"))]

  for (name in coef_names) {
    est <- x$original_est[[name]]
    ci <- x$ci_95[[name]]
    cat(sprintf("%s: %.4f (95%% CI: %.4f, %.4f)\n",
                name, est, ci[1], ci[2]))
```

```
  }
  cat(sprintf("\nR-squared: %.4f (95%% CI: %.4f, %.4f)\n",
              x$original_est$r_squared,
              x$ci_95$r_squared[1],
              x$ci_95$r_squared[2]))

  cat("\nBootstrap replications:", nrow(x$boot_result$t), "\n")
}
```

簡單線性迴歸的 bootstrap 程序：

```
# 載入必要的套件
if (!requireNamespace("boot", quietly = TRUE))
    { install.packages("boot") }
library(boot)

if (!requireNamespace("ggplot2", quietly = TRUE))
    { install.packages("ggplot2") }
library(ggplot2)

if (!requireNamespace("rlang", quietly = TRUE))
    { install.packages("rlang") }
library(rlang)

source("D:/bootstrap_lm.txt")   # 呼叫自助迴歸函數

result.b.lm <- bootstrap_lm(weight~height, data=women, R = 1000)

# 印出結果
print(result.b.lm)

# 檢視原始估計值
cat("\n原始模型估計值細節:\n")
print(result.b.lm$original_est)

# 檢視 bootstrap 信賴區間
cat("\nBootstrap 95% 信賴區間:\n")
```

```
print(result.b.lm$ci_95)

# 繪製 bootstrap 分布圖
par(mfrow=c(1,1))    # 重設圖形參數
hist(result.b.lm$boot_result$t[,2],
     main = "斜率 Bootstrap 分布",
     xlab = "斜率估計值",
     col = "lightblue",
     breaks = 30)
abline(v = result.b.lm$original_est$x, col = "red", lwd = 2)
abline(v = result.b.lm$ci_95$x, col = "blue", lty = 2, lwd = 2)
```

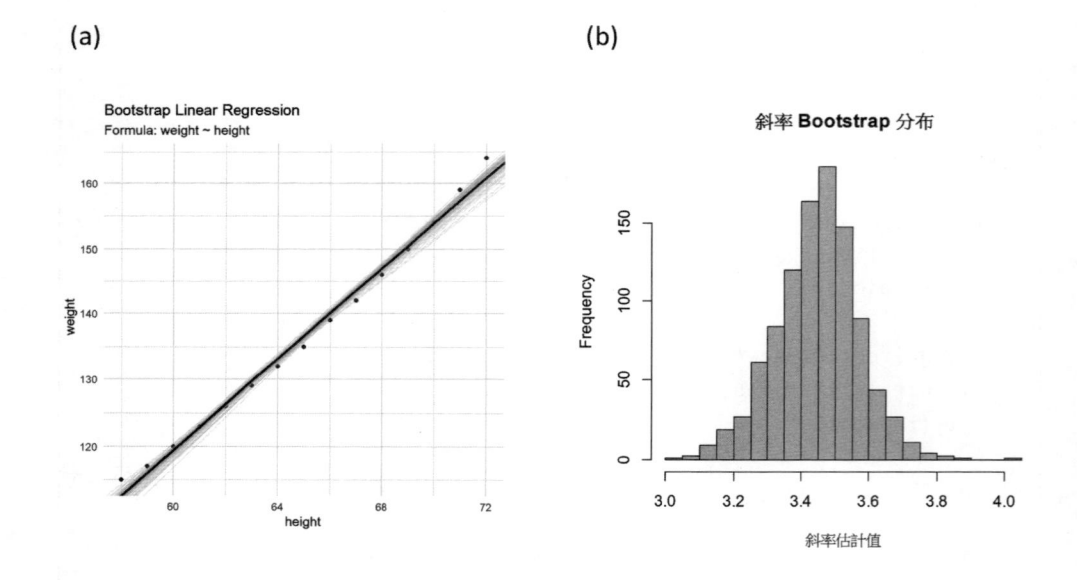

(a)　　　　　　　　　　　　　　(b)

圖 A11-4　簡單線性迴歸 bootstrap 程序(a)迴歸圖及(b)斜率的自助分布。

　　此例自助迴歸的迴歸圖，如圖 A11-4a。注意其中較細的線段是自助樣本的迴歸線。迴歸係數（即斜率）的自助樣本分布如圖 A11-4b；其 95% CI 介於 3.18 至 3.68 之間，未包含零，即迴歸模型在統計上顯著。

前述迴歸分析範例的資料稍微呈曲線分布（圖 A11-4a），若解釋變數加入二次項，可以改善曲線分布情形。原解釋變數，加上二次項變數，成為多項式迴歸。多項式迴歸的 **bootstrap** 程序範例如下：

```
# 載入必要的套件
if (!requireNamespace("boot", quietly = TRUE))
    { install.packages("boot") }
library(boot)

if (!requireNamespace("ggplot2", quietly = TRUE))
    { install.packages("ggplot2") }
library(ggplot2)
if (!requireNamespace("rlang", quietly = TRUE))
    { install.packages("rlang") }
library(rlang)

source("D:/bootstrap_lm.txt")  # 呼叫自助迴歸函數

result.b.lm <- bootstrap_lm(weight ~ height + I(height^2),
    data=women, R = 1000, plot = FALSE)
    # 注意衍伸的解釋變數必須以 I()的方式添加

print(result.b.lm) # 印出多項式迴歸結果

# 比較 bootstrap 和 原始 CI
original_model <- lm(weight ~ height + I(height^2), data=women)
conf_int <- confint(original_model)
cat("\n原始模型 95% 信賴區間 (使用 t 分布):\n")
print(conf_int)
cat("\nBootstrap 95% 信賴區間 (僅係數):\n")
print(result.b.lm$ci_95[names(coef(original_model))])
# 只顯示係數的 CI，不包含 r-squared
```

分析結果摘要：

```
Bootstrap Linear Regression
Formula: weight ~ height + I(height^2)
```

```
Original Estimates:
(Intercept): 261.8782 (95% CI: 175.7421, 339.9056)
height: -7.3483 (95% CI: -9.6884, -4.6480)
I(height^2): 0.0831 (95% CI: 0.0619, 0.1005)

R-squared: 0.9995 (95% CI: 0.9992, 0.9998)
```

多項式迴歸的 **bootstrapping**，括弧內的信賴區間是經由 **bootstrapping** 得到的估計值。注意，常規迴歸模型的信賴區間以 t 分布估計，**bootstrapping** 則藉由重複抽樣估計而得。

A12 置換檢定

A12.1 兩獨立樣本的平均值差

使用與 A5.2 相同資料，但以該節所述之第二種資料格式分析；變數包括計量變數 "tarsus" 及類別變數 "site"，檔名 two_site_tarsus_1.csv，存於 D 碟。

```
# 安裝及載入必要 package
if (!requireNamespace("coin", quietly = TRUE))
    { install.packages("coin") }
library(coin)

# 讀取資料
bird.data <- read.csv("D:/two_site_tarsus_1.csv",
    fileEncoding = "BIG5")

# 置換檢定
oneway.result <- oneway_test(tarsus ~ factor(site), data = bird.data,
distribution="exact")
print(oneway.result)
```

```
        Exact Two-Sample Fisher-Pitman Permutation Test

data:  tarsus by factor(site) (洛韶, 碧綠神木)
Z = 2.8475, p-value = 0.003434
alternative hypothesis: true mu is not equal to 0
```

置換檢定結果，$p = 0.0034$，顯示兩地繡眼畫眉的平均跗蹠長具有統計上的顯著差異。

進行置換檢定時，distribution 可指定為 "asymptotic"、"approximate" 或 "exact"。其中，"asymptotic" 採用漸近理論（例如常態分布）估計檢定統計量的分布；計算快速，但在樣本數較少或分布偏態時，精確度較低。此方式較適用於大樣本；但樣本很大時，其實直接使用兩樣本平均值差的 t 檢定即可。

若設定為 "approximate"，則會透過隨機抽樣方式進行置換（即 Monte Carlo permutation test），兼顧精確度與計算效率。此方式可調整重抽次數，預設為 10000L（R 中的 L 表示將數值指定為整數）；若欲設定為重複抽樣 20000 次，則可寫成 distribution = approximate (nresample = 20000)。

當設定為 "exact" 時，則計算所有可能的排列組合，以獲得最精確的 p 值，適用於樣本數較小的情況。但現今電腦運算效能已大幅提升，實務上，可以一律指定 "exact"。而若因樣本數過大而導致計算負擔過重，則表示資料已足以使用傳統的 t 檢定。

A12.2 ANOVA

以 multcomp 套件的數據集 cholesterol 為範例；資料集說明，請見 A9.1。

```
# 安裝及載入必要 package
if (!requireNamespace("lmPerm", quietly = TRUE))
    { install.packages("lmPerm") }
library(lmPerm)
if (!requireNamespace("multcomp", quietly = TRUE))
    { install.packages("multcomp") }
library(multcomp)   # 為使用數據集 cholesterol；使用其它資料不需此套件

fit <- aovp(response ~ trt, data = cholesterol)
anova(fit)
# 若是 two-way ANOVA 的置換檢定，寫法與參數方法的 two-way ANOVA 一樣
# 例如依變數 y，兩因子 a 及 b，資料集 bird.data，檢定交互作用項，則寫成
# fit <- aovp(y ~ a * b, data = bird.data)

# 如果分析結果顯著，則進行以下置換檢定的多重比較
# 安裝及載入必要 package
if (!requireNamespace("RVAideMemoire", quietly = TRUE))
    { install.packages("RVAideMemoire") }
library(RVAideMemoire)

pairwise.perm.t.test(cholesterol$response, cholesterol$trt,
```

```
                          p.method = "holm",
                          nperm = 10000)
      # 以 Holm's method 做 p 值校正
```

Analysis of Variance Table

Response: response
          Df R Sum Sq R Mean Sq Iter Pr(Prob)
trt   4   1351.37   337.84 5000 < 2.2e-16 ***
Residuals 45   468.75   10.42

　　檢定結果，統計上顯著。請比較置換檢定 p 值與 A9.1 的 p 值；置換檢定的 p 值小很多。顯著，接著做置換檢定的多重比較：

        Pairwise comparisons using permutation t tests

data: cholesterol$response and cholesterol$trt
10000 permutations

       1time 2times 4times drugD
2times 0.083 -   -   -
4times 0.002 0.083 -   -
drugD 0.002 0.006 0.083 -
drugE 0.002 0.002 0.002 0.011

P value adjustment method: holm

A12.3 相關分析

使用中橫公路東段繫放的繡眼畫眉之跗蹠長與頭長資料，示範如何做相關分析的置換檢定：

```
# 安裝及載入必要 package
if (!requireNamespace("coin", quietly = TRUE))
    { install.packages("coin") }
library(coin)

bird.data <- read.csv("D:/tarsus_head.csv")  # 讀取資料檔
# 做 permutation correlation test (Pearson)
independence_test(tarsus ~ head, data = bird.data,
                  distribution = approximate(nresample = 10000))

# 若不適合以參數方法做相關分析（例如非線性），須使用 rank correlation 時
# Spearman correlation permutation test
spearman_test(tarsus ~ head, data = bird.data,
              distribution = approximate(nresample = 10000))
```

相關分析的置換檢定結果：

```
        Approximative General Independence Test

data:  tarsus by head
Z = -0.81024, p-value = 0.4219
alternative hypothesis: two.sided
```

無母數相關分析（**Spearman's rank correlation**）的置換檢定結果：

```
        Approximative Spearman Correlation Test

data:  tarsus by head
Z = -0.85807, p-value = 0.3908
alternative hypothesis: true rho is not equal to 0
```

A12.4 迴歸分析

迴歸分析的置換檢定，使用 R 的數據集 women；為 15 位年齡 30–39 歲之間女性的身高 (height) 及體重 (weight) 資料。

```
# 安裝及載入必須的package
if (!requireNamespace("lmPerm", quietly = TRUE))
    { install.packages("lmPerm") }
library(lmPerm)

# 假設反應變數為y，解釋變數為x；data frame名稱為bird.data
result.lmp <- lmp(weight ~ height, data = women)
summary(result.lmp)

# 多項式迴歸及複迴歸的程式寫法與lm()同，請參考A7節的介紹
```

```
Coefficients:
       Estimate Iter Pr(Prob)
height     3.45 5000   <2e-16 ***
---
Signif. codes:  0 '***' 0.001 '**' 0.01 '*' 0.05 '.' 0.1 ' ' 1

Residual standard error: 1.525 on 13 degrees of freedom
Multiple R-Squared: 0.991,	Adjusted R-squared: 0.9903
F-statistic:  1433 on 1 and 13 DF,  p-value: 1.091e-14
```

以上為迴歸分析的置換檢定結果；請比較 A7 節以相同數據集為範例的迴歸係數 p 值。請注意，lmp() 函數可設定不同的置換檢定方式。當樣本數 ≤ 10 時，預設以所有可能排列組合計算 p 值（即 exact permutation test）；當樣本數超過 10 時，則改用隨機置換（類似 Monte Carlo 的方式）估計 p 值。切換估算 p 值方式的臨界值，可透過 maxExact = 調整，例如設為 maxExact = 12。但如此，將使排列組合數目大量增加，導致計算時間大幅延長，記憶體需求也可能難以負荷；建議無需更動此參數，維持預設值即可。

A12.5 卡方分析

```
# 以附錄A8的虛擬例子演示如何做卡方檢定的permutation test
# 建立 2×2 列聯表
table_data <- matrix(c(25, 30, 15, 5), nrow = 2, byrow = TRUE)

# 設定行列名稱
dimnames(table_data) <- list(
  Guild = c("食蟲者", "食果者"),
  ForestType = c("天然林", "人工林"))

# 將 table 展平成個體資料
expanded_data <- as.data.frame(as.table(table_data))

# 用 frequency 欄位展開成個體資料
long_data <- expanded_data[rep(1:nrow(expanded_data),
    expanded_data$Freq), 1:2]

# 若是圖A8-1的資料格式，則讀取資料後，從此處開始執行
# 安裝及載入必要package
if (!requireNamespace("coin", quietly = TRUE))
    { install.packages("coin") }
library(coin)

# 做 permutation-based chisq test
result <- chisq_test(Guild ~ ForestType, data = long_data,
                     distribution = "exact")

result  # 顯示結果
```

            Exact Pearson Chi-Squared Test

data: Guild by ForestType (天然林, 人工林)
chi-squared = 5.1441, p-value = 0.03544

置換方式的卡方檢定結果，p = 0.035，而A8.1的傳統卡方分析結果，p = 0.045。一般而言，置換檢定可避免卡方檢定對期望值太小或自由度不足的敏感性，使推論更可靠。

A13 群聚多樣性

A13.1 基於豐富度

此處以臺南七股地區的紅蔥頭田與虱目魚苗池鳥類調查資料為例，示範如何以豐富度資料為基礎，評估鳥類群聚多樣性。七股地區的紅蔥頭田在每年六至九月為非種植期；此期間農民會將田區淹水，水深約 20 公分，形成涉禽可利用的淺水泥灘溼地。本案例以 2019 年 8 月中旬的鳥類調查資料[33]分析之；鳥類調查採用群集計數法。

輸入的資料格式，物種在列 (row)，樣區在欄 (column)；多樣區之間的比較時，沒有分布的物種，豐富度數值請填上 0。資料檔名為"蔥田鳥類資料.csv"，假設存放於 D 碟。

```
# 安裝並載入 iNEXT 套件
if (!requireNamespace("iNEXT", quietly = TRUE))
    { install.packages("iNEXT") }
library(iNEXT)

# 讀取資料
abundance.data <- read.csv("D:/蔥田鳥類資料.csv",
    fileEncoding = "BIG5", row.names = 1)

# Chao1
chao.results <- ChaoRichness(abundance.data, datatype = "abundance")
chao.results
```

Chao1 分析結果的輸出內容，依序為觀測值、Chao1 估計值、標準誤、95% CI 的下界與上界：

```
> chao.results
        Observed Estimator Est_s.e. 95% Lower 95% Upper
蔥田          29    30.597    2.159    29.217    40.776
魚苗池        16    16.125    0.436    16.005    18.911
```

---

[33] 資料取自：王曉琪. 2021. 湛水紅蔥頭田是秋季遷移涉禽可利用的人工濕地. 國立臺南大學碩士論文.

```
# （接續前面程式碼）

# Hill number
inext.results <- iNEXT(abundance.data,
                q = 0,  # 參數q另可指定 = 1或2；請見12.1.3節說明
                datatype = "abundance")
format(inext.results$AsyEst, digits = 2)
# 輸出漸近多樣性估計值（asymptotic diversity estimates）
# 以format(, digits = 2)指定輸出的有效位元數，可減少過多小數點位數
```

輸出 Hill number 的分析結果，包括兩樣區的 Species richness, Shannon and Simpson diversity 的觀察值，以及 Hill numbers 的估計值、標準誤、95% CI 的下界與上界：

```
> format(inext.results$AsyEst, digits = 2)
  Assemblage         Diversity Observed Estimator s.e.  LCL  UCL
1       魚苗池   Species richness     16.0      16.1 3.49 16.0 23.0
2       魚苗池  Shannon diversity      8.8       9.1 0.46  8.2 10.0
3       魚苗池  Simpson diversity      6.8       7.0 0.43  6.1  7.8
4         蔥田  Species richness     29.0      30.6 4.16 29.0 38.7
5         蔥田 Shannon diversity      8.4       8.7 0.47  7.7  9.6
6         蔥田 Simpson diversity      4.6       4.6 0.28  4.1  5.2
```

```
# （接續前面程式碼）

# 繪製稀釋曲線
ggiNEXT(inext.results)
```

基於個體數的稀釋及外推曲線之分析結果，如圖 A13-1；據此，可在相同調查個體數之下，比較不同樣區之間的種類多樣性。

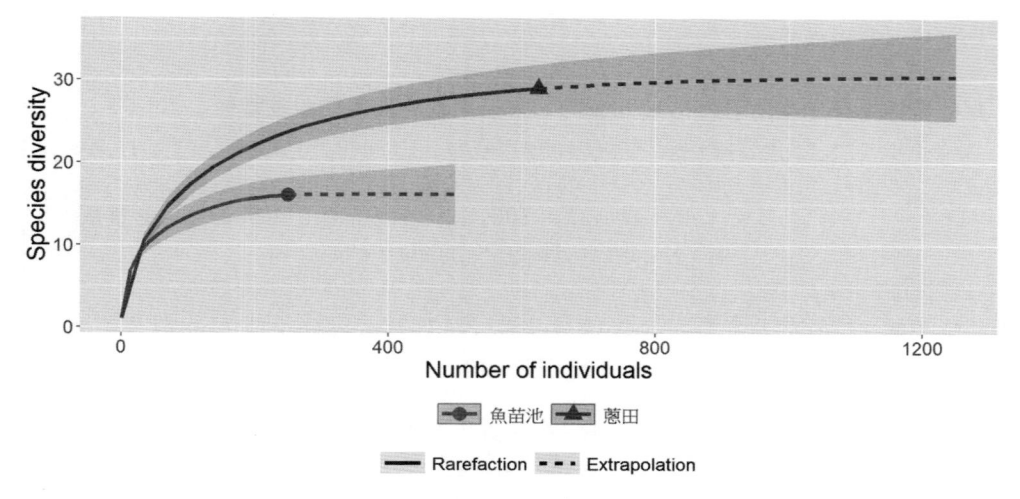

圖 A13-1 七股蔥田與魚苗池鳥類種類多樣性隨察覺個體數變化的稀釋及外推曲線。

另外，ggiNEXT 可設定 type 的參數以改變輸出格式；預設 type = 1。若 type = 2，則縱軸為樣本涵蓋率 (sample coverage)；type = 3 則是基於樣本涵蓋率的種類多樣性，如圖 A13-2：

```
> ggiNEXT(inext.results, type = 3)
```

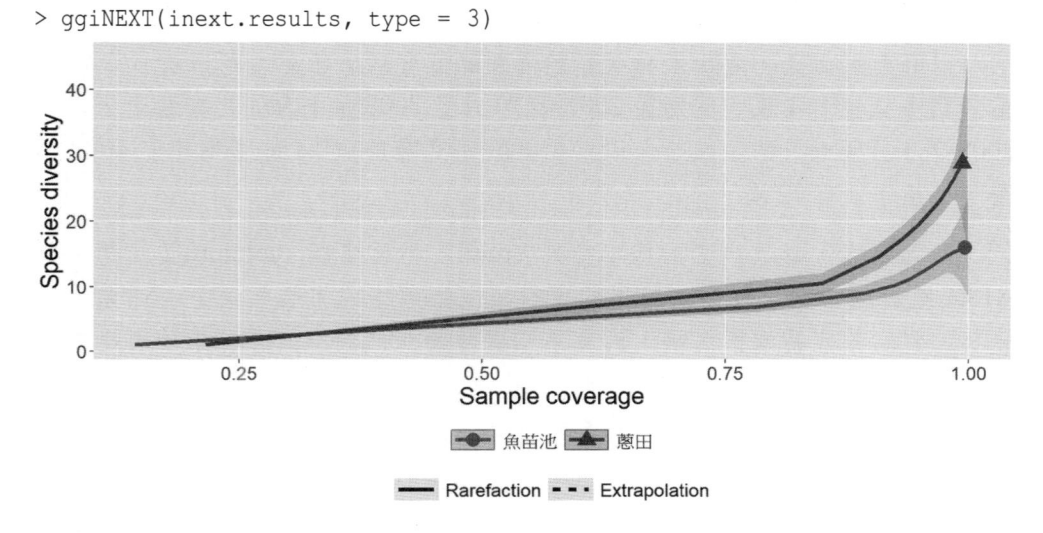

圖 A13-2 七股蔥田與魚苗池鳥類種類多樣性隨樣本涵蓋率變化的稀釋及外推曲線。

```
# （接續前面程式碼）

# 計算特定努力量之下的 Hill numbers，以比較樣區之間的多樣性
hill.numbers <- estimateD(abundance.data,
                          q = c(0, 1, 2),
                          level = 500,  # 設定努力量（調查到的個體數）
                          datatype = "abundance")
hill.numbers
# 依序輸出樣區、努力量、方法（Rarefaction 內插或 Extrapolation 外推）、
# q 值、樣本涵蓋率（SC）、hill number (qD)、95%下限、95%上限

# 計算特定樣本涵蓋率的 Hill numbers，以比較樣區之間的多樣性
hill.numbers <- estimateD(abundance.data,
                          q = c(0, 1, 2),
                          base = "coverage",  # 以樣本涵蓋率為基礎
                          level = 0.9,  # 設定樣本涵蓋率
                          datatype = "abundance")
hill.numbers
# 輸出項目與前述在特定努力量之下的 Hill numbers 相同
```

A13.2 基於出現次數

以臺南東山區一處次生林樣區的鳥類調查資料，示範如何以次數資料評估鳥類多樣性。本案例分別於 2007 年 10 月至 2008 年 1 月的非繁殖季，以及 2008 年 3 月至 6 月的繁殖季，以定點計數法調查鳥類[34]；非繁殖季有 40 次調查，繁殖季則有 72 次。

輸入格式，每次調查的樣本在列 (row)，物種在欄 (column)（注意，與 A13.1 基於豐富度資料分析所用的資料集之矩陣格式完全相反）；注意，此分析的資料集無需樣區名稱，因此第一欄即為鳥種。不同資料集分別建檔；此處分為兩個資料檔，檔名分別是"東山次生林非繁殖季.csv"，以及"東山次生林繁殖季.csv"，均存放於 D 碟。

---

[34] 資料取自：張淮與. 2008. 台灣低海拔地區鳥類定點計數的最適停留時間與樣本數. 國立臺南大學碩士論文.

```
# 安裝並載入 iNEXT 套件
if (!requireNamespace("iNEXT", quietly = TRUE))
    { install.packages("iNEXT") }
library(iNEXT)

# 讀取第一個資料矩陣
abundance.data <- read.csv("D:/東山次生林繁殖季.csv",
    fileEncoding = "BIG5")

# 轉換為出現/未出現（presence/absence）資料
incidence.matrix <- ifelse(abundance.data > 0, 1, 0)

# 製作 incidence frequencies vector
# 第一個數字是調查次數,後面接著每個物種出現的次數
incidence.freq <- c(nrow(incidence.matrix), colSums(incidence.matrix))

# 讀取第二個資料矩陣，並做相同的資料前處理
abundance.data1 <- read.csv("D:/東山次生林非繁殖季.csv",
    fileEncoding = "BIG5")
incidence.matrix1 <- ifelse(abundance.data1 > 0, 1, 0)
incidence.freq1 <- c(nrow(incidence.matrix1),
    colSums(incidence.matrix1))

# 合併已完成前處理的兩個資料矩陣
freq.data <- list(繁殖季=incidence.freq, 非繁殖季=incidence.freq1)

# 計算 Chao2
chao.results <- ChaoRichness(freq.data, datatype = "incidence_freq")
chao.results
```

Chao2 分析結果的輸出項目，依序為觀察值、Chao2 估計值、標準誤、95% CI 的下界與上界：

```
> chao.result
        Observed Estimator Est_s.e. 95% Lower 95% Upper
繁殖季        30     30.00    0.684    30.000    31.930
非繁殖季      28     33.85    7.116    28.904    65.869
```

```
# （接續前面程式碼）

# 計算 Hill number
inext.results <- iNEXT(freq.data, q = 0, # 參數q的指定，請見12.1.3節
    之說明
                       datatype = "incidence_freq")
format(inext.results$AsyEst, digits = 3)
# 輸出漸近多樣性估計值（asymptotic diversity estimates）
# 以 format(, digits = 3)指定輸出有效位元數
```

輸出 Hill number 的分析結果，包括兩樣區的 Species richness, Shannon and Simpson diversity 的觀察值，以及 Hill numbers 的估計值、標準誤、95% CI 的下界與上界：

```
> format(inext.results$AsyEst, digits = 3)
  Assemblage         Diversity Observed Estimator  s.e.  LCL  UCL
1   非繁殖季   Species richness    28.0      33.9 5.314 28.0 44.3
2   非繁殖季  Shannon diversity    21.2      21.9 0.606 20.7 23.1
3   非繁殖季  Simpson diversity    18.3      18.7 0.593 17.6 19.9
4     繁殖季   Species richness    30.0      30.0 2.356 30.0 34.6
5     繁殖季  Shannon diversity    20.3      20.7 0.443 19.8 21.5
6     繁殖季  Simpson diversity    16.8      17.0 0.421 16.2 17.8
```

```
# （接續前面程式碼）

# 繪製稀釋曲線
ggiNEXT(inext.results)
# type 參數預設1；可指定type = 2 或 3，以繪製不同樣式之曲線
```

基於樣本數的稀釋曲線及外推曲線，如圖 A13-3；可以在相同調查次數之下，比較不同樣區或季節的種類多樣性。

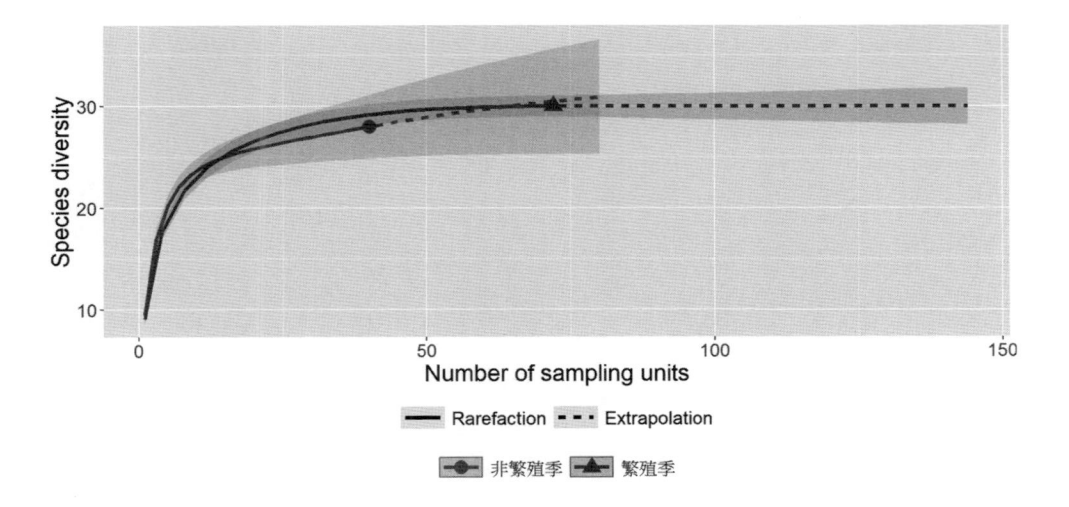

圖 A13-3 臺南東山地區一個次生林在非繁殖季與繁殖季隨樣本數不同的種類多樣性之稀釋及外推曲線。

```
# （接續前面程式碼）

# 計算特定努力量之下的 Hill numbers
# 特定調查次數
hill.numbers <- estimateD(freq.data,
                         q = c(0, 1, 2),
                         level = 50,  #設定努力量（調查次數）
                         datatype = "incidence_freq")
hill.numbers
# 依序輸出樣區、努力量、方法（Rarefaction 內插或 Extrapolation 外推）、
# q值、樣本涵蓋率（SC）、hill number (qD)、95%下限、95%上限

# 特定樣本涵蓋率
hill.numbers <- estimateD(freq.data,
                         q = c(0, 1, 2),
                         base = "coverage",  #以樣本涵蓋率為基礎
                         level = 0.9,  #設定樣本涵蓋率
                         datatype = "incidence_freq")
hill.numbers    # 輸出內容與前述同
```

A14 相似性係數

先將資料以 MS Excel 編製；列 (row) 為樣區，欄 (column) 是物種，但第 1 欄為樣區名稱。資料編製後，以 .csv 格式存檔；假設檔名 birddata.csv，存於 D 碟。（註，本書並沒有檔案名稱為 birddata.csv 的範例檔）

A14.1 刪除稀有種

請以文字編輯器將以下程式列儲存檔名 "removeRareSp.txt" 文字檔：

```
### 建立處理稀有種的函數 ###
remove.rare.species <- function(data.matrix, cutoff.percent = 5) {
  if (!is.matrix(data.matrix) && !is.data.frame(data.matrix)) {
    stop("輸入資料必須是矩陣或數據框") } #確保輸入 matrix 或 data frame

  data.matrix <- as.matrix(data.matrix)   # 轉換為矩陣以確保運算一致性

  species.occurrence <- colSums(data.matrix > 0)   #計算每物種出現樣本數

  # 計算每個物種出現的百分比
  total.samples <- nrow(data.matrix)
  species.percent <- (species.occurrence / total.samples) * 100

  # 找出要保留的物種（出現頻率高於閾值）
  species.to.keep <- species.percent >= cutoff.percent

  # 產生移除稀有種後的新矩陣
  new.matrix <- data.matrix[, species.to.keep, drop = FALSE]

  # 準備報告資訊
  removed.species <- names(species.percent)[!species.to.keep]
  removed.species.info <- data.frame(
    species = removed.species,
    occurrence = species.occurrence[!species.to.keep],
```

```
      percentage = species.percent[!species.to.keep] )
  removed.species.info <-
    removed.species.info[order(removed.species.info$percentage), ]

  # 準備摘要統計
  summary.stats <- list(
    total.species.original = ncol(data.matrix),
    total.species.remaining = ncol(new.matrix),
    species.removed = length(removed.species),
    cutoff.percent = cutoff.percent )

  # 返回結果列表
  return(list(
    filtered.matrix = new.matrix,
    removed.species = removed.species.info,
    summary = summary.stats ))
}
```

　　　　刪除稀有種之處理程序：

```
### 處理稀有種 ###
# 讀取資料檔；以第1欄樣區名稱對 row 命名，並刪除第1欄
bird.data <- read.csv("D:/birddata.csv",
    fileEncoding = "BIG5", row.names = 1)

source("D:/removeRareSp.txt")
  #呼叫稀有種處理函數"removeRareSp.txt"，假設置於 D 碟
result <- remove.rare.species(bird.data, cutoff.percent = 5)
  #設定稀有種標準5%

head(result$filtered.matrix)   # 查看篩選後的矩陣
print(result$removed.species)  # 被刪除的物種資訊
print(result$summary)  # 摘要統計
# 取得刪除稀有種之後的新矩陣，以之進行後續分析
bird.data1 <- result$filtered.matrix
```

A14.2 二元相似性係數

```
### 二元相似性係數 ###
# 使用 A14.1 刪除稀有種之後的資料矩陣 bird.data1

## 以 proxy 套件計算相似性 ##
# 安裝及載入程式套件
if (!requireNamespace("proxy", quietly = TRUE))
    { install.packages("proxy") }
library(proxy)

# Jaccrd
sim.jaccard <- simil(bird.data1, method="Jaccard")
sim.jaccard

# Sorensen
sim.sorensen <- simil(bird.data1, method="Sorensen")
sim.sorensen

# Simple Matching Coefficient
sim.simple <- simil(bird.data1, method="simple matching")
sim.simple
```

A14.3 距離或相異性係數

```
### 豐富度資料的相異性係數或距離 ###
# 使用 A14.1 刪除稀有種之後的資料矩陣 bird.data1

# 安裝及載入程式套件 vegan
if (!requireNamespace("vegan", quietly = TRUE))
    { install.packages("vegan") }
library(vegan)

# 歐氏距離
dist.eu <- vegdist(bird.data1, method="euclidean")
```

```
dist.eu
# 注意,歐氏距離應用在生物群聚矩陣,會有雙零疑慮
# 一般僅在計算樣本之間環境的相異性時,使用歐氏距離;
# 環境變數測量單位不同時,須先標準化,再計算歐氏距離,請見A15.1範例

# Bray-Curtis distance
dist.bc <- vegdist(bird.data1)    #預設 Bray-Curtis,因此不需再指定
dist.bc

# 生物的豐富度資料若須先數值轉換,再計算距離,則程式碼如下
dist.bcln <- vegdist(log1p(bird.data1))    # 以 ln(x+1) 轉換
dist.bcsqrt <- vegdist(sqrt(bird.data1))   # 以 square root 轉換
```

　　相似性係數如果用 R 原本即有的函數 dist(),則可以設定其參數 method = "binary" 以計算 Jaccard index,但必須注意,計算得到的其實是(1 – Jaccard)。另外,若以 ade4 套件的 dist.binary() 計算二元相似性係數,須注意其值是經過 $d = (1 - s)^{0.5}$ 轉換過的,其中係數 s 才是原本的相似性係數。做此轉換的理由在於將相似性轉換為距離,但為符合距離度量的三角不等式之數學性質,因此取平方根。此轉換的目的,是為後續分析,例如階層群集分析或非度量多元尺度分析 (NMDS);若只想得到相似性係數,使用 proxy 套件的 simil() 即可。

A15 分類

A15.1 階層群集分析

一、生物群聚

　　此處以曾文溪口浮覆地鳥類資料為例，說明如何進行生物群聚的階層群集分析。筆者研究團隊於 2011 年 4 月至 2012 年 3 月，每 1–2 星期 1 次，在七股地區以群集計數法調查鳥類；此範例以其中的曾文溪口浮覆地樣區，每月中旬的 1 次調查資料分析之。每月樣本在列 (row)，鳥種在欄 (column)；檔名"曾文溪口浮覆地鳥類資料.csv"，置於 D 碟。

```
# 讀取資料並計算相異性矩陣；若已有A14.3產製的矩陣，請直接跳至聚類分析
bird.data <- read.csv("D:/曾文溪口浮覆地鳥類資料.csv",
    fileEncoding = "BIG5", row.names = 1)

# 刪除未分布及稀有鳥種
source("D:/removeRareSp.txt")
result <- remove.rare.species(bird.data, cutoff.percent = 10)
    # 稀有種標準10%
bird.data1 <- result$filtered.matrix

# 安裝及載入程式套件 vegan
if (!requireNamespace("vegan", quietly = TRUE))
    { install.packages("vegan") }
library(vegan)

# 計算相異性矩陣
dist.bcsqrt <- vegdist(sqrt(bird.data1))    # 平方根數值轉換

# 聚類分析
cluster.upgma <- hclust(dist.bcsqrt, method="average")    #採用平均距離法

# 初步繪製樹狀圖，以決定分組組數
plot(cluster.upgma)
k <- 2    # 分組數，請依實際結果調整此值
```

```
# 繪製樹狀圖
plot(cluster.upgma,
     main = "曾文溪口浮覆地各月鳥類相的群集分析樹狀圖",  # 圖形標題
     xlab = "月份",  # 標註橫軸
     ylab = "相異性係數",  # 標註縱軸
     sub = "",  # 移除子標題
     cex = 1.2  # 控制字體大小，可視需要修改
)
rect.hclust(cluster.upgma, k = k, border = "red") # 標示分組

## 若後續要做 ANOSIM，請進行以下步驟
groups <- cutree(cluster.upgma, k = k)  # 這是 ANOSIM 需要的組別變數
bird.data1$Group <- as.factor(groups)
# 將分組結果加入到用來產製相異性矩陣的資料矩陣 bird.data1
```

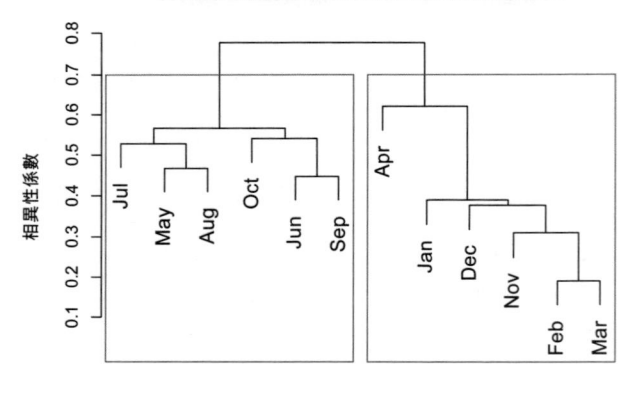

圖 A15-1 曾文溪口浮覆地每月鳥類調查資料的群集分析樹狀圖。

　　群集分析結果，曾文溪口浮覆地的每月鳥類相，可概分為兩大群，如圖 A15-1。其中五至十月的樣本組合成一群；十一至十二月，以及一至四月的樣本則構成另一群。此結果與該地分布的遷移性鳥類之季節動態頗為吻合。

二、環境因子

環境資料群集分析的處理程序與生物資料有很大不同。不同環境因子的測量單位不一樣，必須先標準化；生物資料則經常面臨不同物種的數量等級差異過大，而必須開根號或對數轉換。另外，環境資料可以使用歐氏距離，以及基於歐氏距離的連結方法（例如 Ward's method），但生物資料使用歐氏距離會有雙零問題。

以下以中央氣象署 25 個測站的氣候分類為例，說明如何以 R 進行聚類分析。氣候資料為 1991–2020 年之月平均，用以分類之變數包括一月及七月的均溫、最高溫、最低溫、降水中位數、溼度、以及日照時數。檔名為 climate.csv，存放於 D 碟。

```
# 讀取資料檔
env.data <- read.csv("D:/climate.csv", fileEncoding = "BIG5",
    row.names = 1)

# 安裝及載入程式套件 vegan
if (!requireNamespace("vegan", quietly = TRUE))
    { install.packages("vegan") }
library(vegan)

# 標準化資料
env.data1 <- scale(as.matrix(env.data))
# 將每一欄（column）資料轉換為平均為 0，標準差為 1

# 計算距離矩陣
env.eu <- vegdist(env.data1, method = "euclidean")

# 聚類分析（Ward's minimum variance method）
env.ward <- hclust(env.eu, method = "ward.D2")
# 繪製樹狀圖並標示分群
plot(env.ward,
    main = "氣象站的氣候之群集分析樹狀圖",
    xlab = "氣象測候站",
    ylab = "相異性係數（歐氏距離）",
    sub = "",
    cex = 0.8
)
```

```
rect.hclust(env.ward, k = 4, border = "red")   # 標示 4 群（視需要修改）

## 若後續要做 ANOSIM，請進行以下步驟
groups <- cutree(env.ward, k = k)   #這是 ANOSIM 需要的組別變數
env.data1$Group <- as.factor(groups)
  #將分組結果加入到用來產製距離矩陣 env.eu 的資料矩陣 env.data1
```

氣象站的氣候之群集分析樹狀圖

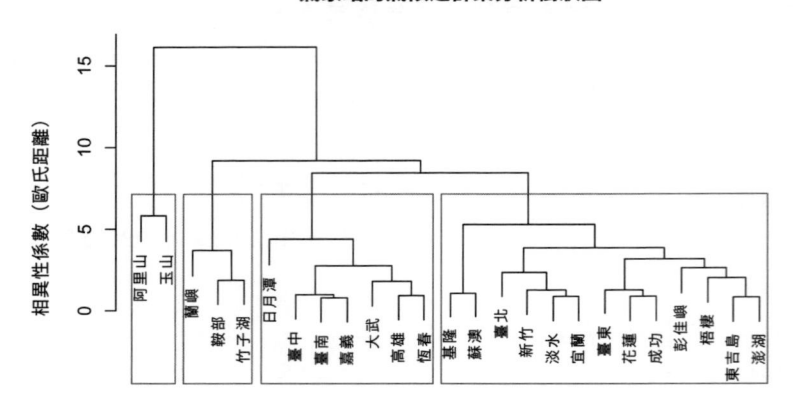

氣象測候站

圖 A15-2 中央氣象署 25 個測站的氣候之階層群集分析樹狀圖；依據一月及七月的日照、溼度、降水、均溫、高溫及低溫之月平均資料分析。

　　氣象測候站的氣候之階層群集分析結果，如圖 A15-2；測站可依氣候概分為 4 個類群：高海拔測站（玉山、阿里山）、冬季降水和溼度高的測站（蘭嶼、鞍部、竹子湖）、冬季乾燥的測站（西半部臺中以南測站），以及其它測站。

　　依據環境因子的群集分析，其結果容易受到使用的變數之影響。以上述氣象站分析為例，若採用的溫度變數只有均溫，而捨棄最高溫與最低溫，則得到的樹狀圖就會有所不同。前述 R code 其中一列稍微更改如下，其餘不變：
env.eu <- vegdist(env.data1[,-c(9:12)], method = "euclidean")
也就是刪除第 9 至第 12 欄的變數，再分析；結果如圖 A15-3。

氣象站的氣候之群集分析樹狀圖

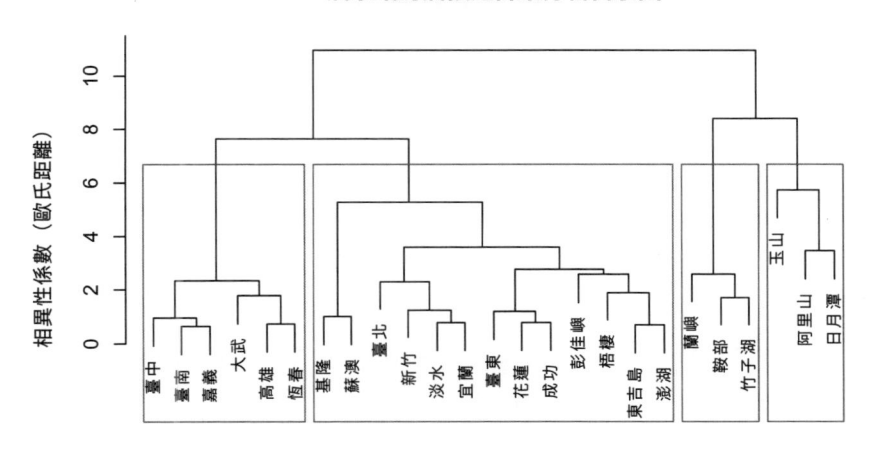

圖 A15-3 中央氣象署 25 個測站的氣候之階層群集分析樹狀圖；依據一月及七月的日照、溼度、降水、均溫之月平均資料分析。

圖 A15-3 的例子，刪除高溫與低溫，使溫度相關變數的權重減少，相對而言，日照、降水、溼度變數變得重要。

生物群聚的群集分析不涉及變數選擇問題，須留意的是稀有種帶來的雜訊干擾，及優勢種可能的過度主導。相較之下，環境因子的群集分析需特別考量所選變數與研究主題的關聯性與重要性。以氣象測候站分類為例，若目標是要依據整體氣候條件（而非僅僅氣溫）來進行分類，則不宜使用過多溫度相關變數，否則會壓縮其他氣候因子，例如溼度與降水的重要性與解釋力。

一個較佳的做法，是先以主成分分析 (principal component analysis, PCA) 對環境變數進行線性綜合，再將所得到的主成分軸作為群集分析的輸入變數。在下一節的 K-means clustering 將示範如何先做 PCA，再進一步分類。（註：PCA 是常見的多變數統計分析方法，坊間多變數統計分析書籍多會介紹，此處不再重複說明）

A15.2 K-means clustering

K-means clustering 使用歐氏距離，故一般僅用於環境因子資料的聚類分析，不適合生物群聚樣本的分類。

依據環境因子的聚類分析，會受到選用變數的影響，已如前述。若將環境因子先以主成分分析 (principal component analysis, PCA) 處理，再依據樣本在主成分軸上的分數做分類，則可解決前述問題。但因為 PCA 是藉由將變數線性綜合，而簡化變數數目，故在做 PCA 之前，應該先確認變數之間是否呈線性關係。

在此，一樣以前述之氣象測候站為例，演示如何先以 PCA 將氣候因子線性綜合，再以排序分數做 K-means clustering。

```
# 讀取資料檔
env.data <- read.csv("D:/climate.csv",
    fileEncoding = "BIG5", row.names = 1)

# 以 PCA 將變數線性綜合；單位不一，故設定 scale = TRUE，以相關矩陣分析
pca.result <- prcomp(env.data, scale = TRUE)
biplot(pca.result, cex = 0.8)   # 檢查樣本在前兩軸分布及環境因子向量方向
pca.loading <- cor(env.data, pca.result$x)
    # 分析主成分負荷（component loading），即 PC 軸與環境變數的相關係數
round(pca.loading, 2) # 檢查主成分負荷，確認主成分軸所蘊含的變數

# 使用 PCA 前兩軸排序分數做 k-means；分 3 群，重複 100 次
group.kmeans <- kmeans(pca.result$x[,c(1:2)],
    centers = 3, nstart = 100)

############################################################################
# 若未做 PCA，而是希望以原始資料矩陣做 k-means，須確保資料標準化
# 可以使用以下指令；假設 data frame 名稱為 env.data，則執行以下程式列
# env.data1 <- scale(as.matrix(env.data))
# 並以 env.data1 做 k-means，也就是寫成
# group.kmeans <- kmeans(env.data1, centers = 3, nstart = 100)
############################################################################
print(group.kmeans)
```

```
print(group.kmeans$cluster)    # 查詢樣本分到哪一類別
print(group.kmeans$centers)    # 查詢變數在每一類別的中心值

# 繪圖
plot(pca.result$x[, 1], pca.result$x[, 2], col = group.kmeans$cluster,
     pch = group.kmeans$cluster,
     xlab = "PCA Axis 1", ylab = "PCA Axis 2",
     main = "K-means Clustering")
     # 繪製樣本在PCA前兩軸空間的分布,並標示K-means的分類結果
text(pca.result$x[, 1], pca.result$x[, 2],
     labels = rownames(env.data), pos = 4, cex = 0.8) # 標註測站名稱
```

所有測站在 PCA 前兩軸空間分布,如圖 A15-4。第一軸與溫度有關;分布愈右側的測站,溫度愈低。第二軸與降水及溼度有關;分布愈上方的測站,冬季(一月)愈潮溼,分布愈下方測站,則冬季愈乾燥,且夏季(七月)降水愈多。PCA 前兩軸分別解釋原資料變異的 55% 及 22%,合計 77%。

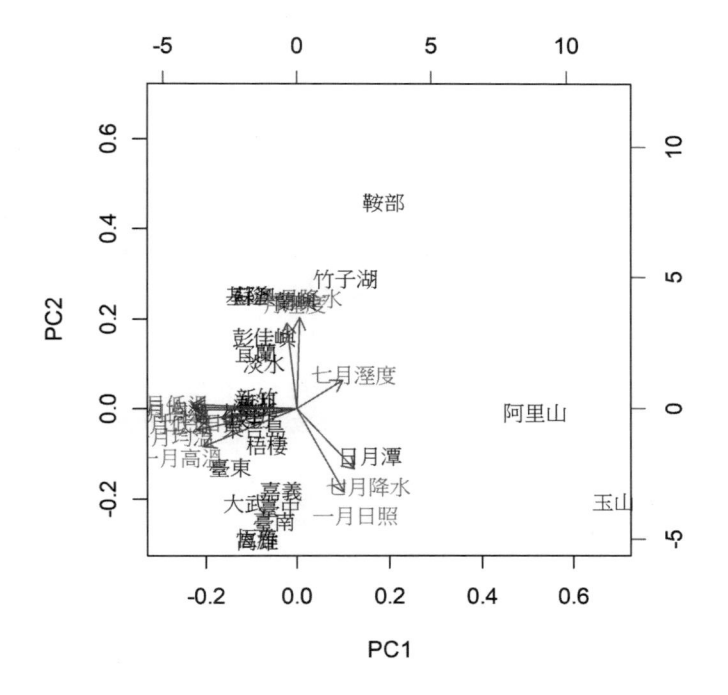

圖 A15-4 中央氣象署 25 個測站的氣候資料之主成分分析前兩軸之雙序圖 (biplot)。第一軸主要與溫度變數有關,第二軸則與降水或溼度有關。

PCA 第一軸可視為溫度梯度，第二軸則是水分梯度；以測站在前兩軸的排序分數進行 K-means clustering。如此分析，兩梯度軸的權重都一樣，可避免原始資料中，與溫度相關變數過多而造成的影響。三群的分類結果，如圖 A15-5；高海拔測站沿第一軸被區分開來，其餘溫度較高的平地測站，則依其在第二軸水分梯度之分布，再分為兩群。

K-means Clustering

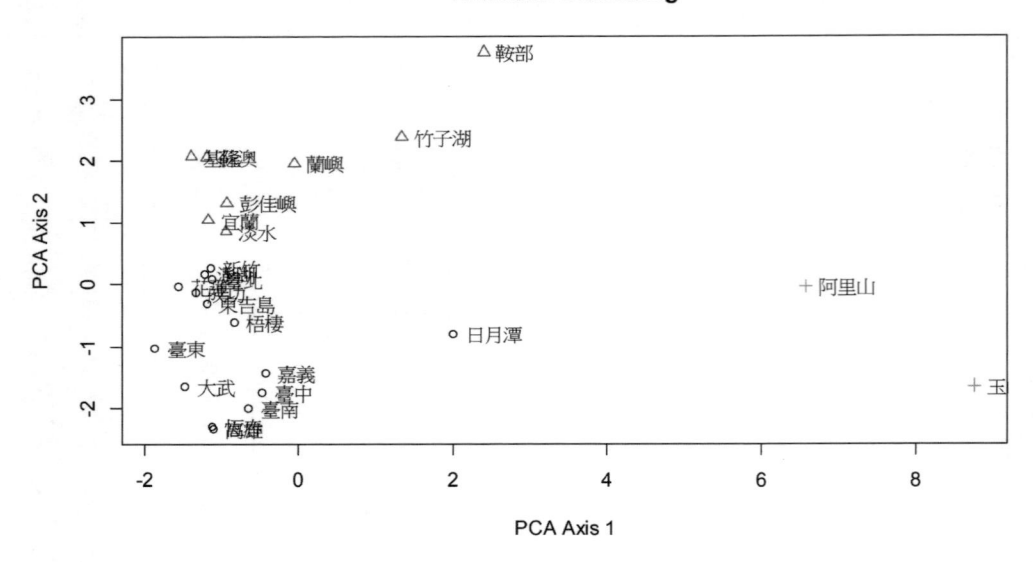

圖 A15-5　中央氣象署 25 個測站的氣候資料在主成分分析前兩軸的分布。第一軸為溫度梯度，第二軸則是冬季水分梯度。依據測站在主成分軸分數的 K-means clustering 分為 3 群；不同類群以不同符號區分之。

K-means Clustering

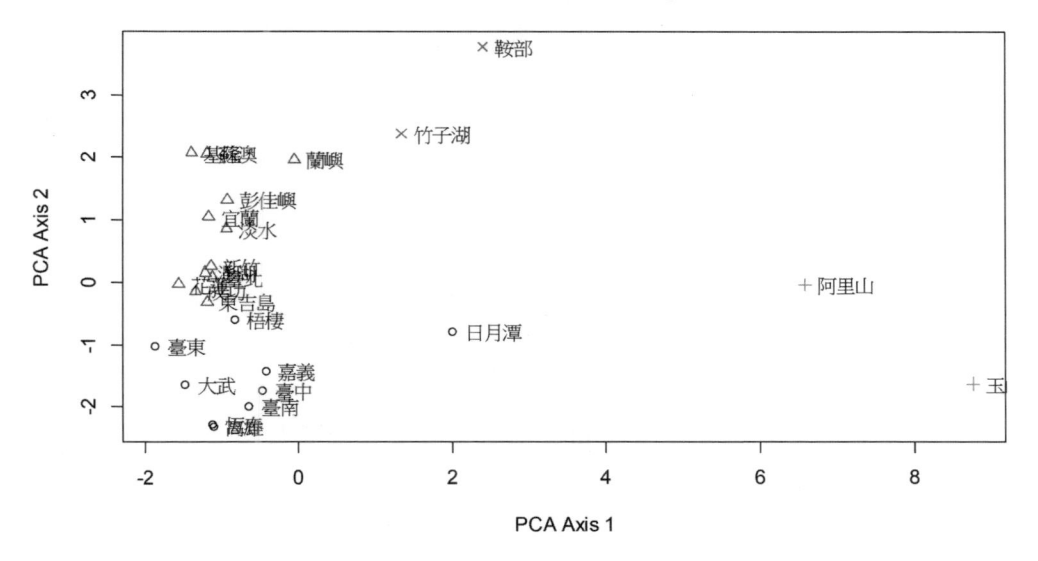

圖 A15-6 中央氣象署 25 個測站的氣候資料在主成分分析前兩軸的分布。第一軸為溫度梯度，第二軸則是冬季水分梯度。依據測站在主成分軸分數的 K-means clustering 分為 4 群；不同類群以不同符號區分之。

　　若設定為四群，則分群結果如圖 A15-6。請比較圖 A15-5 分三群的結果，除了鞍部及竹子湖從東北部測站獨立出來，成為一群之外，原本測站也發生重組。新竹、淡水、臺北、花蓮、成功、東吉島測站，原本在圖 A15-5 中，與中南部測站分為一群，但分四群時，則與宜蘭、淡水等東北部測站併為一群（圖 A15-6）。重新組合的情形在階層群集分析不會發生，因為分群數目僅由相異性距離決定，不會更動分類的樹狀圖。本書為黑白印製，圖 A15-5 及 A15-6 實際輸出則為彩色圖，可更清楚區分不同類群。

　　綜合前述階層與非階層聚類分析，可以發現變數選擇，對分類結果的影響很大；其次則是分類方法的影響。關於分類依據的變數之選擇，應該視其是否與所研究的問題有密切的關係，以及對分類是否有較強的區別效果。另外，應該剔除沒有意義，甚至會扭曲分類結果的變數。除了依據經驗剔除之外，也可以先進行 PCA，將變數線性綜合之後，再以主成分做為分類的變數。

另外，若未以 PCA 或其它方法先處理變數，而是直接依據原始變數分類時，應該注意變數之間的測量級距或測量單位的差異。生物資料應該避免稀有種隨機出現的雜訊干擾，以及優勢種對分析結果的過度主導；可以刪除稀有種，並將豐富度做數值轉換，以降低優勢種的過度主導。環境因子則應該採取標準化數值轉換，以解決測量單位不同導致不一致加權的影響。

分析方法會影響分類結果。包括相似或相異性係數的選擇，以及連結方法，都影響最後的分類結果。最好多用幾種分析方法，再選擇較為合理的結果；這並非操弄統計結果（類似 cherry-picking），而是分類本來就沒有一致且客觀的方法。又，依據環境因子的分類，可以使用兩階段群集分析。第一階段先以階層群集分析決定分成若干組；第二階段則依據第一階段得到的群組數之結論，以 K-means clustering 分群。生物群聚資料因為不適合以 K-means 分群，只能採用階層群集分析；若無法決定採用哪一連結方法，則使用平均距離法，會是相對安全的方法。

A15.3 ANOSIM

聚類分析結果，是否具有統計上的顯著性？或其實隨機也可得到同樣的分群？可用 ANOSIM 檢定之。在此，分別以圖 A15-1 階層群集分析，以及圖 A15-5 的 K-means clustering 分群結果為例，說明如何以 ANOSIM 檢定分群的統計顯著性。

```
# 安裝並載入 vegan 套件
if (!requireNamespace("vegan", quietly = TRUE))
    { install.packages("vegan") }
library(vegan)

##### 階層群集分析結果的 ANOSIM #####
# 使用產製圖 A15-1 階層群集分析樹狀圖的相異性矩陣 dist.bcsqrt
# 使用圖 A15-1 的分群標記 bird.data1$Group

anosim.result <- anosim(dist.bcsqrt, grouping = bird.data1$Group)
```

```
anosim.result   # 檢視結果

# 繪製 ANOSIM 統計量 R 的置換分布
rand_R <- anosim.result$perm
obs_R <- anosim.result$statistic
hist(rand_R,
     xlim = c(-0.5, 1),   # 橫軸顯示的範圍，請依須要修改
     col = "blue",
     border = "white",
     main = expression(italic
             ("Permutation distribution of ANOSIM statistic R")),
     xlab = "ANOSIM statistic R",
     freq = TRUE)
# 加上觀察值 R 所在位置的紅線及文字標記
abline(v = obs_R, col = "red", lwd = 1, lty = 2)
text(obs_R, max(hist(rand_R, plot=FALSE)$counts),
     labels = c(round(obs_R, 3), "\n\n(Observed R)"),
     pos = 4, col = "red")

##### K-means clustering 分類結果的 ANOSIM #####
# 使用執行 K-means clustering 所用的 PCA 前兩軸排序分數
# 使用執行 K-means clustering 自動產生的分群標記
anosim.result <- anosim(pca.result$x[,c(1:2)],   # PCA 前兩軸排序分數
     grouping = group.kmeans$cluster,   # kmeans()自動產生的分群標記
     distance = "euclidean", # 指定計算排序分數的非相異性矩陣之方法
     permutations = 9999) # 預設為999，可省略；此處刻意示範如何更改

# 檢視結果及繪製 ANOSIM 統計量 R 的置換分布，與前面相同，不再重複
```

```
> anosim.result
~~略~~
ANOSIM statistic R: 0.7224
      Significance: 1e-04
```

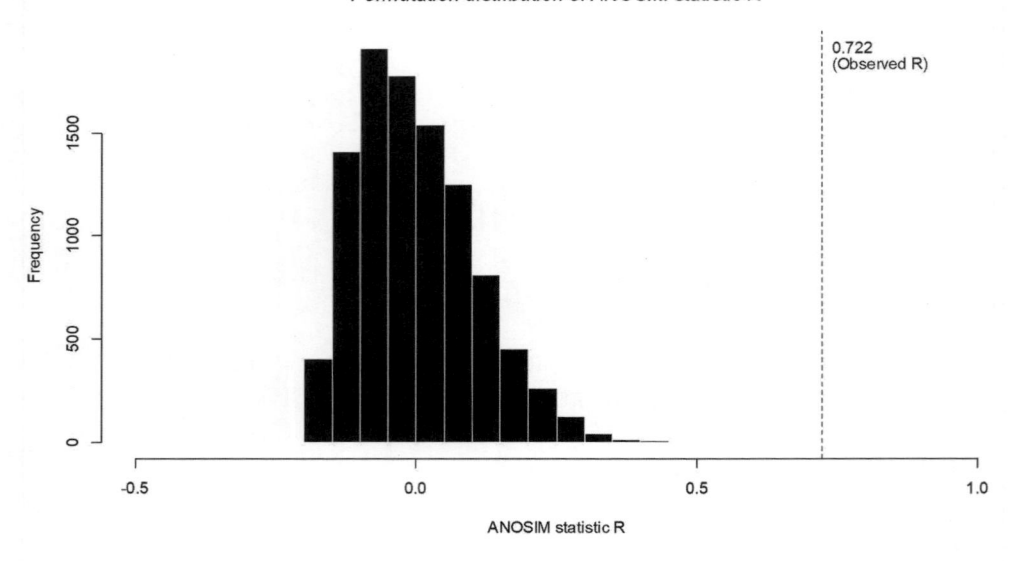

圖 A15-7 中央氣象署 25 個測站氣候分群的 ANOSIM 檢定之統計值 R 的置換分布。圖中觀察值 R 在置換分布的最右端，顯示分群具統計顯著性。

以 K-means clustering 將中央氣象署 25 個測站分為 3 群（圖 A15-5）之後，利用 ANOSIM 檢定之，其統計值 R = 0.7224，$p < 0.001$。亦即這些分群具有統計上的顯著性，不是隨機可以得到的結果。ANOSIM 統計值 R 的置換分布，如圖 A15-7。觀察值 R 位於置換分布的最右側；因為 $p < 0.001$，可以推斷此觀察值不屬於基於隨機所產生的置換分布。

讀者可以試著更改 permutations 的設定值，觀察 p 值如何隨之改變；如 13.4 節所述，p 值應該隨置換次數的增加而減小，因此報告結果時，不能只講述 p 值，還必須說明置換次數。但注意，若分群的樣本數很少，使隨機置換的排列組合數目受限時，則 p 值並不會隨置換次數的增加而減小。

A16 非度量多元尺度分析

以北大武山鳥類群聚資料[35]為例，說明如何執行 NMDS。鳥類調查於 1994 年三至六月，在北大武山海拔 1650–2650 公尺天然林，以定點計數法進行。資料矩陣的樣點在列 (row)，鳥種及環境因子在欄 (column)，第一欄為樣點編號。鳥類資料為每公頃個體數，環境因子包括海拔高度 (Alt)、林冠高 (CH)、草本層覆蓋度 (Herb)、灌叢層覆蓋度 (Shrub)、第二喬木層覆蓋度 (SubCanopy)、第一喬木層覆蓋度 (Canopy)、枝葉結構多樣性 (FHD)、喬木密度 (TD)、以及喬木種類多樣性 (TSD)。資料以 .csv 格式儲存於 D 碟，檔名 Dawushan.csv。

```
### 資料讀取與處理 ###
dawushan.data <- read.csv("D:/Dawushan.csv",
    fileEncoding="BIG5", row.names=1)
bird.data <- dawushan.data[, c(1:46)]    # 擷取鳥類資料
env.data <- dawushan.data[, c(47:55)]    # 擷取環境資料

# 刪除稀有種
source("D:/removeRareSp.txt")   # 請見A14.1之說明
result <- remove.rare.species(bird.data, cutoff.percent = 5) #刪除5%
bird.data1 <- result$filtered.matrix

# 計算相異性矩陣；先安裝及載入套件vegan
if (!requireNamespace("vegan", quietly = TRUE))
    { install.packages("vegan") }
library(vegan)

dist.bc <- vegdist(sqrt(bird.data1)) #平方根轉換，Bray-Curtis計算距離

### Kruskal's Non-metric Multidimensional Scaling (NMDS) ###
# 安裝及載入程式套件 MASS
if (!requireNamespace("MASS", quietly = TRUE))
```

---

[35] 資料取自：許皓捷. 1995. 臺灣中海拔山區森林鳥類群聚結構與環境因子之關係. 國立臺灣大學碩士論文.

```
        { install.packages("MASS") }
library(MASS)
NMDS <- isoMDS(dist.bc, k = 2, maxit = 50)  # 2-D，最多重複運算 50 次
NMDS$stress   # 檢查壓力係數
NMDS.fit <- envfit(NMDS, env.data)   # 以環境因子擬合

# 繪製樣點在 NMDS 空間的分布
plot(NMDS$points[, 1], NMDS$points[, 2],
     xlab = "NMDS 1", ylab = "NMDS 2",
     main = "Non-metric MDS (NMDS)",
     pch = 19, col = "blue")

# 加上擬合的環境因子向量
plot(NMDS.fit, p.max = 0.05)   #只顯示 p ≤ 0.05 的環境因子

text(NMDS$points[, 1], NMDS$points[, 2],   # 標註樣點名稱
     labels = rownames(NMDS$points), pos = 4, cex = 0.8)

mtext(paste("Stress =", round(NMDS$stress, 2)), side = 3,
     adj = 1, line = 0)   # 標註壓力係數
```

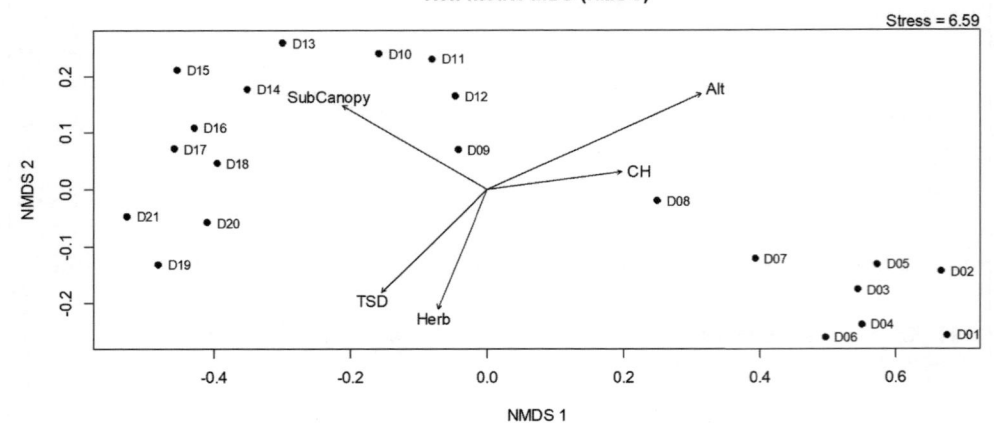

圖 A16-1 北大武山鳥類調查樣點在 NMDS 空間的分布。

A17 非束縛型排序

　　以北大武山鳥類群聚資料為例，說明如何執行群聚生態資料的排序。關於北大武山鳥類資料內容及來源，請見 A16。

```
### 資料讀取與前處理 ###
dawushan.data <- read.csv("D:/Dawushan.csv", fileEncoding="BIG5",
    row.names=1)
o.bird.data <- dawushan.data[, c(1:46)]   # 擷取鳥類資料
env.data <- dawushan.data[, c(47:55)]   # 擷取環境資料

# 刪除稀有種
source("D:/removeRareSp.txt")   # 請見A14.1之說明
result <- remove.rare.species(o.bird.data, cutoff.percent = 5)
    # 稀有種標準5%
bird.data <- result$filtered.matrix
```

　　以上程式碼在讀取及建立鳥類與環境的資料矩陣，並將出現的樣本數少於5%之稀有種先行刪除；刪除稀有種之程式碼，請見A14.1。以下各排序分析方法之範例，均使用已經處理好的鳥類資料 bird.data，以及環境資料 env.data。

A17.1 PCA

```
# 安裝及載入程式套件 vegan
if (!requireNamespace("vegan", quietly = TRUE))
    { install.packages("vegan") }
library(vegan)

# 執行 PCA
pca.result <- rda(bird.data)   # 以 rda() 執行 PCA
```

```
# 摘要結果
summary(pca.result)

# 繪製排序圖
biplot(pca.result, scaling = 3, choices = c(1,2))  # 同時繪製樣點位置
    與物種向量
        # choices = c(1,2) 繪製第1及2軸，為預設
biplot(pca.result, scaling = 1, display = "sites")   # 只繪製樣點分布
biplot(pca.result, scaling = 2, display = "species") # 只繪製物種向量

# 擬合環境因子
pca.fit <- envfit(pca.result, env.data)

# 繪製 triplot
biplot(pca.result, scaling = 3) #scaling = 3，可平衡顯示樣點與物種關係
plot(pca.fit, p.max = 0.05)   # 隱藏 p > 0.05 的環境因子，使畫面較為乾淨
```

```
Eigenvalues, and their contribution to the variance
Importance of components:
                          PC1      PC2      PC3
Eigenvalue             100.361  32.9051  15.22146
Proportion Explained     0.602   0.1974   0.09131
Cumulative Proportion    0.602   0.7994   0.89070
```

若PCA目的，在於簡化變數數量或濃縮資料時，常以每一主成分軸的特徵值 (eigenvalue)、單一軸的解釋變異量 (proportion of variance explained)、以及累積解釋變異量 (cumulative proportion) 等指標，決定保留的主成分數目。其中，若原始變數的測量單位不同（例如環境因子），而以相關矩陣進行PCA時，可採用特徵值 ≥ 1 (i.e., Kaiser's rule) 作為主成分保留依據。而若變數的測量單位一致，直接以共變異數矩陣做PCA時，則常以累積解釋變異量是否達到特定門檻（例如80%）作為選擇主成分軸的依據。

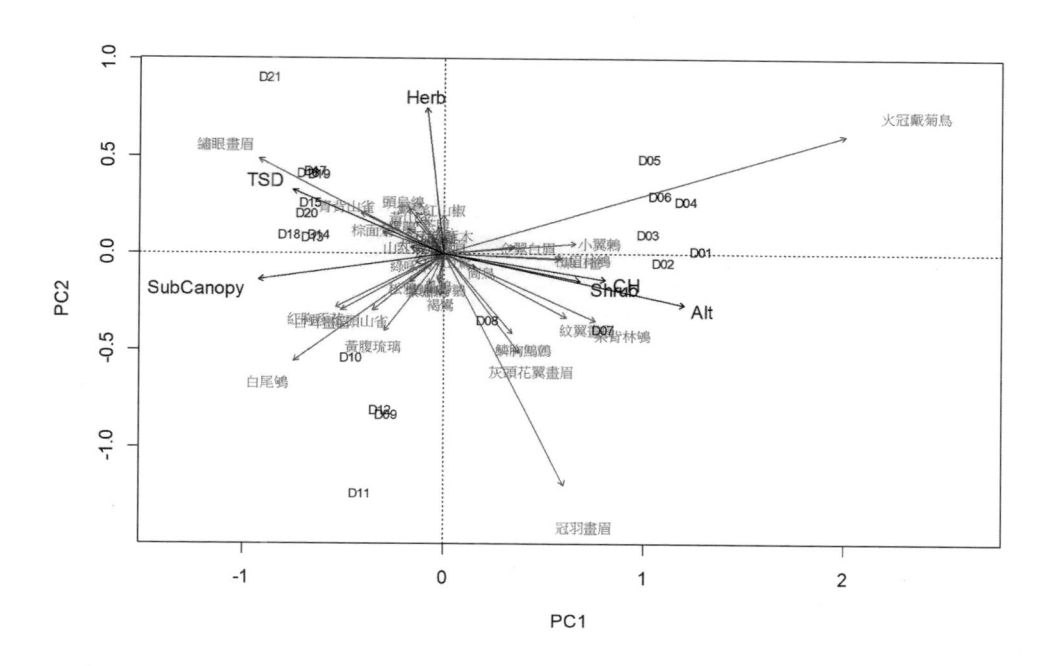

圖 A17-1 北大武山鳥類群聚的 PCA 排序之 triplot。調查樣點位於海拔 1650–2650 公尺天然林。

然而，當 PCA 被應用於生物群聚排序時，其主要目的在於展現群聚結構的變異。在此情境下，如圖 A17-1 的雙序圖（biplot；也就是同時呈現樣點與物種、樣點與環境因子、或物種與環境因子的圖）或三序圖（triplot；同時呈現樣點、物種、以及環境因子的圖）之圖像解讀才是重點；單一主成分軸的解釋變異量高低並不重要。實務上，選取前兩軸繪製排序圖，通常已足以呈現群聚的主要變異趨勢。

圖 A17-1 是北大武山鳥類群聚資料 PCA 排序的 triplot 範例。樣點設置於海拔 1650–2650 公尺的天然林。樣點在 PCA 空間明顯呈現 U 形分布，這是物種之間豐富度的非線性關係所導致。顯然這樣的海拔跨幅，對鳥類群聚而言，梯度過大，導致無法滿足 PCA 的線性前提。**注意，只有在環境梯度較窄，使物種之間的豐富度為線性關係時，才可以使用 PCA 排序。**本例不適合以 PCA 排序；此處僅在說明如何以 vegan 套件執行 PCA，並展示非線性資料以 PCA 排序可能產生的錯誤結果。讀者可比較相同資料集以 CA（請見 A17.2

節）及 DCA（請見 A17.3 節）分析結果，以瞭解採取適當排序方法的重要性。

在進行 PCA 排序分析並繪製雙序圖時，建議使用 biplot() 或其它能顯示向量的繪圖函數。因為在 PCA 的排序空間中，物種（變數）必須以向量表示其在主成分軸上的貢獻方向與強度；但常見的 **plot()** 函數若未額外指定向量繪製參數，則 PCA 的物種將被錯誤地以點的形式呈現。

在 biplot() 中，可透過 scaling 參數，調整樣點與物種得分的縮放方式：
- scaling = 1：僅樣點得分乘以特徵值，強調樣點之間的相對距離；
- scaling = 2：僅物種得分乘以特徵值，強調物種之間的角度與貢獻；
- scaling = 3：樣點與物種得分皆乘以特徵值的平方根，實現對稱縮放，有助於平衡顯示兩者的相對關係；
- scaling = 0：不進行縮放，直接使用原始排序分數。

此外，若指定負值（如 scaling = -1），表示排序前先對物種進行標準化（每個變數除以其標準差），使優勢種與稀有種與原點的距離大致相當，讓不同物種對排序的影響趨於一致。這等同於對資料矩陣進行 z 分數的標準化，其效果亦可透過在 rda() 中設定 scale = TRUE 達成，例如：

pca.result <- rda(bird.data, scale = TRUE)

另外，在 PCA 的 biplot 或 triplot，可將圖中環境因子向量垂直投影到各排序軸，並以投影分量長度，快速評估變數對排序軸的影響或解釋力。而若要得到精確數值，則可由 vegan 套件的 envfit() 函數的擬合結果得到：

```
              PC1       PC2    r2 Pr(>r)
Alt        0.97612 -0.21722 0.9161  0.001 ***
CH         0.98625 -0.16524 0.4059  0.005 **
Herb      -0.11199  0.99371 0.3466  0.025 *
Shrub      0.97968 -0.20058 0.2921  0.036 *
SubCanopy -0.98958 -0.14400 0.5303  0.001 ***
Canopy    -0.81440 -0.58030 0.0820  0.448
FHD        0.02124  0.99977 0.1879  0.174
TD        -0.01126 -0.99994 0.0133  0.904
TSD       -0.91827  0.39597 0.4097  0.011 *
```

函數 envfit() 擬合樣點的計量環境變數與排序分數，其輸出內容包括前兩軸的方向餘弦 (direction cosines)、解釋變異量 r^2、以及經由置換檢定得到的顯著性 p 值。其中，方向餘弦描述環境向量與各排序軸的夾角，用以表示向量方向；r^2 代表該環境變數對整體群聚結構變異的總解釋變異量，而 p 值則是此解釋變異量在統計上的顯著性。

若環境變數向量與第一排序軸之夾角為 θ_1，則方向餘弦為 $\cos(\theta_1)$，此即是從 envfit() 得到之值。因此，該環境變數對第一軸的解釋變異量為：

$r^2 \times \cos^2(\theta_1)$

同理，若與第二軸的夾角為 θ_2，則環境變數對第二軸的解釋變異量為：

$r^2 \times \cos^2(\theta_2)$

若直接以 envfit()輸出的變數，計算環境因子對個別排序軸的解釋變異量，則本範例程式碼可寫成：

```
pca.fit$vectors$r * (pca.fit$vectors$arrows)^2
```

簡化輸出小數點位：

```
           PC1   PC2
Alt       0.873 0.043
CH        0.395 0.011
Herb      0.004 0.342
Shrub     0.280 0.012
SubCanopy 0.519 0.011
Canopy    0.054 0.028
FHD       0.000 0.188
TD        0.000 0.013
TSD       0.345 0.064
```

整體而言，變數對排序空間所有 k 個正交軸的總解釋變異量 r^2，可以拆解為各軸部分解釋變異量之和：

$r^2 = r^2 \times \cos^2(\theta_1) + r^2 \times \cos^2(\theta_2) + \ldots + r^2 \times \cos^2(\theta_k)$

這種幾何拆解之所以成立，是因為 PCA 的排序軸為彼此垂直的正交結構，整個排序空間具有歐氏幾何性質，符合畢氏定理。

A17.2 CA

```
library(vegan)    # 載入 vegan 套件

# 執行 CA
ca.result <- cca(sqrt(bird.data))   # 平方根轉換
    # 當然也可不做數值轉換；而若欲做對數轉換，則寫成
     cca(log1p(bird.data))
summary(ca.result)   # 摘要結果
plot(ca.result, scaling = 1, display = "sites", choices = c(1,2))
    # 繪製排序圖
    # choices = c(1,2) 繪製第 1 及第 2 軸，為預設

# 擬合環境因子
ca.fit <- envfit(ca.result, env.data)
ca.fit    # 查詢環境因子擬合結果
plot(ca.fit)   #envfit()無法獨立繪圖；先畫排序圖，再疊合 envfit()的結果

# 環境因子與排序軸的相關性
# 安裝及載入 psych 套件
if (!requireNamespace("psych", quietly = TRUE))
    { install.packages("psych") }
library(psych)

ca.scores <- scores(ca.result, display = "sites")   # 擷取排序分數
cor.result <- corr.test(env.data, ca.scores)   # 計算相關係數與 p 值
round(cor.result$r, 2)   # 顯示相關係數
round(cor.result$p, 3)   # 顯示相關係數的 p 值
```

分析結果：

```
Partitioning of scaled Chi-square:
              Inertia Proportion
Total          0.991      1
Unconstrained  0.991      1

Eigenvalues, and their contribution to the scaled Chi-square
Importance of components:
```

```
                        CA1    CA2    CA3
Eigenvalue              0.445  0.1062 0.08927
Proportion Explained    0.449  0.1072 0.09008
Cumulative Proportion   0.449  0.5562 0.64623
```

解讀 CA 排序結果，可從每一軸的特徵值 (eigenvalue) 著手。此例總特徵值 0.991，第一軸特徵值 0.445，解釋變異量 44.9% (0.445/0.991 = 0.449)。第二軸的特徵值 0.106，解釋變異量為 10.7%。群聚的主要變異梯度表現在 CA 第一軸，蘊含近一半的資料變異。

在對群聚資料進行排序時，CA 與 PCA 都會為每一排序軸計算對應的特徵值，作為該軸解釋資料變異量的指標。然而，這兩種方法所使用的數學架構與特徵值意義並不相同，解讀方式也有所差異。

CA 特徵值源自於標準化卡方距離的特徵分解，其目的是同時對樣點與物種進行排序，使得它們在排序空間中的分布盡可能地解釋物種組成的變異。CA 的特徵值通常介於 0 與 1 之間，總變異量上限小於變數個數。由於排序過程容易產生軸端壓縮現象，解釋變異量的空間結構有時會受到影響。一般而言，若某一排序軸的特徵值高於 0.5，表示該軸已呈現明顯物種組成變異的趨勢；若高於 0.6，則可能反映出強烈的群聚結構變異或環境的梯度。然而，這些準則為經驗性質，解讀時仍應參照排序圖與生態背景加以判斷。

相對地，PCA 以線性方式重新組合原始變數，找出能最大化變異數的正交主成分。其特徵值表示每一主成分軸所解釋的變異數大小。若變數的測量單位相同，可直接使用共變異數矩陣進行 PCA，此時通常以累積變異量達到一定比例（例如 80%）為標準，判定保留主成分的數量。而若原始變數的單位不一致，則需先進行標準化，改以相關矩陣為基礎進行 PCA；此時所有變數的變異數被標準化為 1，總變異量等於變數個數，因此可採用特徵值 ≥ 1 的判準，保留解釋變異量至少一個原始變數的主成分軸，作為濃縮資訊的依據。

整體而言，PCA 著重於連續變數的線性變異結構，CA 則適用於物種計數資料，強調樣點與物種間的對應關係。雖然兩者都可檢視特徵值作為排序結果的參考，但其數學基礎與解讀重點應明確區分，避免混淆。

CA 一樣可以藉由 envfit() 函數得到環境因子擬合排序軸的結果：

```
              CA1      CA2     r2    Pr(>r)
Alt        0.96427  0.26493 0.9727  0.001 ***
CH         0.96089  0.27694 0.2712  0.059 .
Herb      -0.17722 -0.98417 0.3081  0.048 *
Shrub      0.98818  0.15329 0.2386  0.087 .
SubCanopy -0.99914 -0.04135 0.5183  0.004 **
Canopy    -0.90312  0.42939 0.0991  0.410
FHD       -0.35197 -0.93601 0.0336  0.745
TD         0.75889 -0.65122 0.0105  0.925
TSD       -0.76812 -0.64031 0.5257  0.003 **
```

並將環境因子擬合結果疊圖繪製：

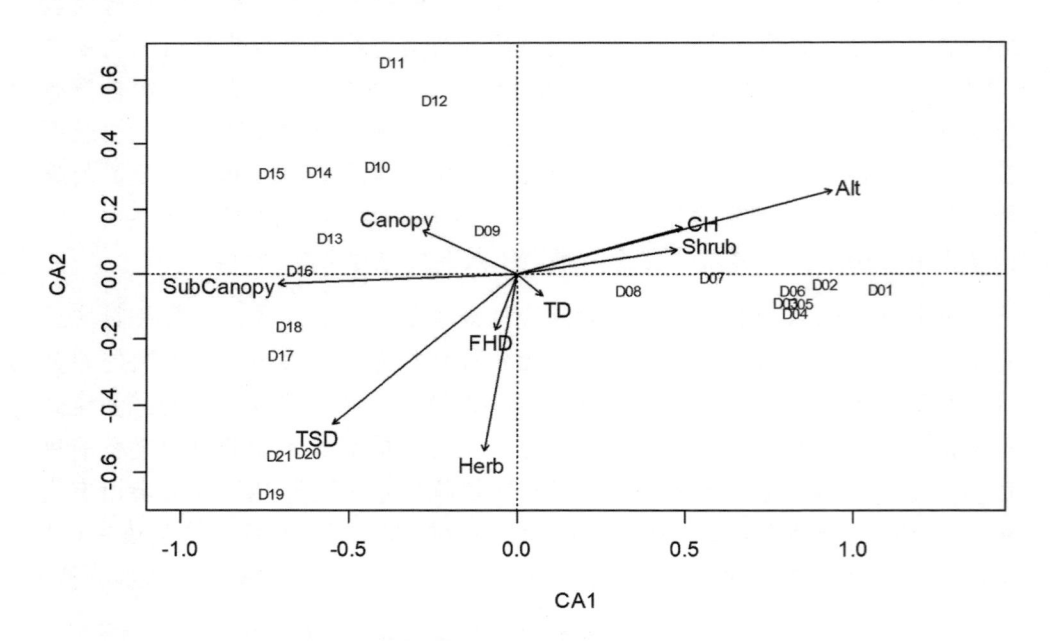

圖 A17-2 北大武山鳥類群聚資料的 CA 排序。樣點位於海拔 1650–2650 公尺天然林。注意，排序軸之間並非正交，不具有歐氏幾何特性；因此請勿將環境因子向量投影至排序軸上，並評估環境因子對排序軸的重要性。

北大武山鳥類群聚資料以 CA 排序，其樣點在排序空間中的分布如圖 A17-2 所示。樣點主要沿 CA 第一軸方向分布，海拔位置較低的樣點位於左側，海拔較高的樣點則集中於右側；第一軸是群聚結構的主要變異梯度軸，可知與鳥類群聚結構變異最密切相關的環境因子為海拔梯度。注意，樣點在 CA 前兩軸排序空間的分布，從海拔較低的 D19–21，到較高海拔的 D01–06 之間，有稍呈拱形狀的排列，但與圖 A17-1 的 PCA 空間之 U 形排列相較，樣點排列扭曲的現象已減輕許多。另外請注意，圖 A17-2 採用 scaling 1 繪製。雖然在 14.2.2 節指出，scaling 1 不適合用以討論樣點與計量型環境變數之間的幾何投影關係，但該節所指為「個別樣點」在「環境向量」上的投影；而此處所探討的，則是整體群聚結構沿排序軸的變異趨勢與環境梯度之關聯，兩者並不衝突。

　　在 CA 或 DCA 等非正交排序方法中，排序空間不具備完整歐氏幾何性，排序軸之間亦非完全獨立。因此，**CA 或 DCA 絕對不可從排序圖（biplot 或 triplot）的向量在各軸投影長度，推估環境向量對各排序軸的貢獻量**。這是因為 CA 與 DCA 的排序圖僅為降維投影結果，排序軸非正交，環境向量方向與長度易受到圖面壓縮與轉換的扭曲影響，導致視覺上投影長度與實際貢獻量不符。PCA 之所以可從排序圖投影，判斷環境因子對各排序軸的貢獻量，是因為 PCA 的排序軸為彼此垂直的正交結構，整個排序空間具有歐氏幾何性質；但 CA 及 DCA 則否。

　　在 CA 及 DCA，將 envfit() 擬合之環境向量疊加於排序圖上，對於理解環境因子與群聚結構變異的關係具有輔助價值，但絕對避免從排序圖目視判斷環境因子對個別排序軸蘊含的群聚結構變異之貢獻。也不應從 envfit() 所擬合之環境向量方向（即方向餘弦）與解釋變異量，計算環境變數對單一排序軸的影響或解釋變異量。

　　要瞭解計量環境變數與個別排序軸的關聯或解釋力，可以擷取排序分數 (site scores)，並與環境變數進行相關或迴歸分析。以下為計量環境變數與排序軸之間的相關係數矩陣，可用以評估環境變數與個別排序軸的關聯程度：

	CA1	CA2
Alt	0.95	0.28
CH	0.53	0.13
Herb	-0.12	-0.56
Shrub	0.50	0.07
SubCanopy	-0.72	-0.03
Canopy	-0.25	0.07
FHD	-0.07	-0.20
TD	0.09	-0.05
TSD	-0.57	-0.48

與 PCA 類似地，CA 也可以透過 scaling 參數設定，調整排序圖中樣點與物種的顯示方式：

- scaling = 1：僅樣點 (sites) 得分乘以對應軸的特徵值，強調樣點之間的關係（適合探討樣點群聚結構）；

- scaling = 2：僅物種 (species) 得分乘以對應軸的特徵值，強調物種間的分布差異（適合觀察物種的排序模式）；

- scaling = 3：樣點與物種得分皆乘以對應軸特徵值的平方根，達到對稱縮放，使樣點與物種的相對關係皆可視化；

- scaling = 0：不進行縮放，直接使用原始排序分數 (standard scores)。

此外，若指定負值（例如 scaling = -1），則排序分數會乘以 $\sqrt{(1/(1-\lambda))}$，其中 λ 為對應軸的特徵值。此調整方式稱為 Hill scaling（注意，此與 DCA 的 Hill's rescaling 無關）。Hill scaling 的目的在於強化物種在排序圖中的分布對比，使其生態梯度趨勢更為明顯。Hill scaling 屬於非線性縮放，當 λ 趨近 1 時，縮放倍率會急遽增加（甚至趨近無限），導致排序軸距離被不成比例地誇大，不同軸之間的縮放比例也變得極不一致，使得排序圖中的幾何結構不再保有原始卡方距離的意義。

Hill scaling 的設計目的在於突顯物種在某些生態梯度（如海拔、植群演替）上的分布模式，使相似分布的物種聚集、分布差異較大的物種被拉遠。這有助於視覺辨識物種群集的分布結構，但其縮放邏輯是為了圖像辨識之便，並非建立在統計量化的意義上。

相較之下，在 scaling = 1 或 2 時，至少有一方（樣點或物種）的排序得分保有經特徵值縮放的正確比例，可用於推論其對群聚結構變異的貢獻。然而 Hill scaling 改變這種幾何關係，使物種間的距離不再對應可量化的統計解釋（例如變異的解釋量或物種貢獻度）。因此，若使用 Hill scaling 繪製排序圖，再根據圖中距離推論物種間的分布異同，將可能與實際統計檢定結果不一致。Hill scaling 應僅用於視覺呈現物種生態分布趨勢，而不宜過度詮釋其統計意義。

　　另外，plot()函數的 display 參數可設定為 "sites"、"species"、"both" 或 "none"，以控制排序圖中所顯示的對象。該參數的設定應與 scaling 的選擇相互對應，以利正確詮釋圖形（詳細請參考表 A17-1）：

- 若設定為 (scaling = 1, display = "sites")，則能正確呈現樣點之間的相對關係，為合宜的組合。

- 相反地，若設定為 (scaling = 1, display = "species")，雖然程式執行上不會出錯，但因物種得分未經縮放，其位置並不代表實際生態梯度，詮釋上容易產生誤解。

- 同理，scaling = 2 應搭配 display = "species" 使用，才能正確詮釋物種間的關係。

- 若欲同時顯示樣點與物種 (display = "both")，則建議採用 scaling = 3（對稱縮放），以避免雙方座標縮放程度不一致，造成圖形比例失衡與誤解。

表 A17-1 CA 的 scaling 與 display 參數設定與使用建議對照表

scaling	display	詮釋重點	使用建議	說明
1	"sites"	樣點間的相對關係	✓ 合適	樣點得分乘以特徵值，圖中距離代表樣點間的相似度（卡方距離）；若排序分析的目的主要在探討群聚結構的變異，以及與之相關的環境因子，應使用此設定
1	"species"	物種分布方向	⚠ 不建議	物種得分未經縮放，位置失真，方向可能仍可參考但不建議量化解釋
1	"both"	樣點與物種	⚠ 勉強	僅樣點正確縮放，物種位置失衡，可能造成誤導
2	"species"	物種間的相對分布	✓ 合適	物種得分乘以特徵值，顯示物種之間在群聚中的關係；若目的在討論物種之間的交互作用或共存關係 (coexistence)，應使用此設定
2	"sites"	樣點位置	⚠ 不建議	樣點得分未經縮放，位置不具可比較性
2	"both"	樣點與物種	⚠ 勉強	僅物種正確縮放，樣點位置可能誤導
3	"both"	樣點與物種的對稱縮放關係	✓ 合適	樣點與物種皆乘以特徵值平方根，可平衡詮釋樣點與物種之間的關聯
0	任意	原始排序分數	⚠ 謹慎	僅作為技術參考，一般不建議直接詮釋
-1	"species"	突顯物種分布	✓ 特殊用途	用於增強物種排序圖中之生態梯度表現，視覺化強，但不適合用於量化解釋

A17.3 DCA

```
library(vegan)   # 載入 vegan 套件

# 執行 DCA
dca.result <- decorana(sqrt(bird.data))
      # 平方根轉換；其它數值轉換方法與 CA 同

summary(dca.result)   # 摘要結果

# 繪製排序圖
plot(dca.result, choices=c(1,2), display="sites")
      # display = 可以選擇 "both", "sites", "species", "none"
      # choices = c(1,2) 繪製第 1 及 2 軸，為預設，可不指定；
      # 請依要繪製的排序軸更改，例如 choices = c(2,3)

# 擬合環境因子
dca.fit <- envfit(dca.result, env.data)
dca.fit      # 查詢環境因子擬合結果
plot(dca.fit)   # 無法獨立繪圖；先畫好排序圖，再將環境因子向量疊合上去

# 環境因子與排序軸的相關性
# 安裝及載入 psych 套件
if (!requireNamespace("psych", quietly = TRUE))
    { install.packages("psych") }
library(psych)

dca.scores <- scores(dca.result, display="sites")   #獲取樣點排序分數
cor.result <- corr.test(env.data, dca.scores)
      # 計算與環境因子的相關係數及 p 值
round(cor.result$r, 2)   # 顯示相關係數
round(cor.result$p, 3)   # 顯示相關係數的 p 值
```

分析結果節錄如下：

```
Detrended correspondence analysis with 26 segments.
Rescaling of axes with 4 iterations.
```

```
Total inertia (scaled Chi-square): 0.991
                        DCA1    DCA2    DCA3    DCA4
Eigenvalues            0.4245  0.09374 0.05187 0.04072
Additive Eigenvalues   0.4245  0.08472 0.04943 0.03693
Decorana values        0.4450  0.08598 0.03877 0.02079
Axis lengths           2.1386  1.16304 0.88917 0.82944
```

排序圖及擬合之環境因子向量：

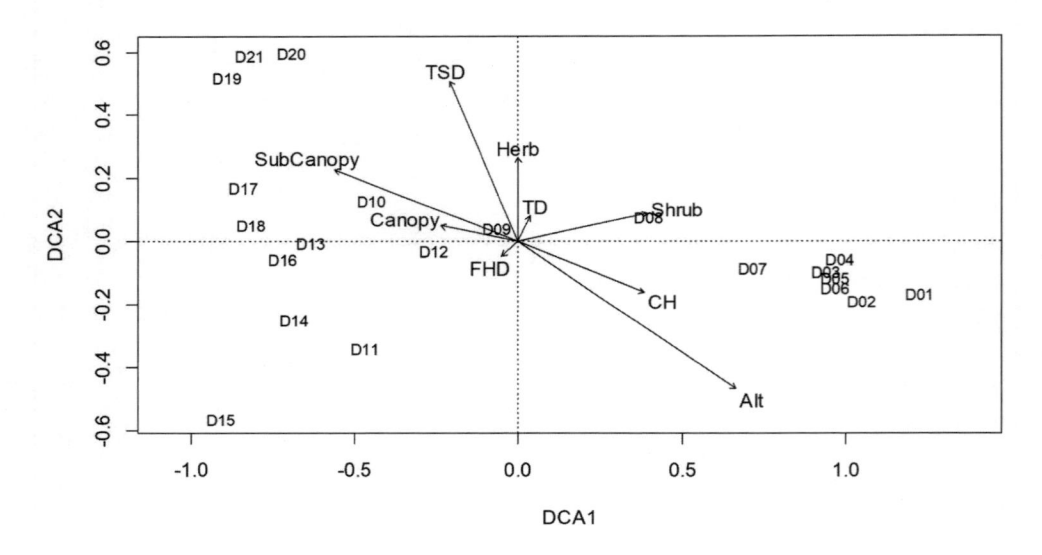

圖 A17-3 北大武山鳥類樣點在 DCA 前兩軸空間的分布。樣點位於海拔 1650–2650 公尺天然林。

　　北大武山鳥類群聚資料的 DCA 排序結果，如圖 A17-3。與圖 A17-1 的 PCA 及圖 A17-2 的 CA 排序圖相較，DCA 排序空間的樣點分布並未呈現 U 形或拱形排列，顯見降趨處理的效果。第一軸是鳥類群聚結構的主要變異梯度軸；海拔較低的樣點分布於 DCA 第一軸左側，海拔較高的樣點則分布於右側，顯示北大武山鳥類群聚結構主要沿海拔梯度變異。

請注意，DCA 排序圖的繪製並沒有縮放方式 (scaling) 選項。這與 PCA 或 CA 不同，後兩者允許使用者根據幾何關係選擇縮放的方式，例如 scaling = 1 強調樣點間距離，而 scaling = 2 則強調物種對軸的貢獻。但在 DCA 中，由於排序分數經過非線性的降趨與重新縮放處理，使得排序空間已不再保有可解釋的幾何尺度，因此 decorana() 所產生的排序圖，在繪製時，無法設定 scaling 參數。

Decorana() 輸出 DCA 分析結果的報表內容包括特徵值 (Eigenvalues)、可加特徵值 (Additive Eigenvalues)、Decorana 值 (Decorana values)、以及軸長 (Axis lengths)。

DCA 的分析結果中，只有每個排序軸的軸長，才是真正具有生態解釋意義的重要資訊。DCA 排序軸以標準差 (standard deviation, SD) 為度量單位，可用以表示沿排序軸方向的群聚組成物種之替換程度，反映 β 多樣性程度。依據標準常態分布，從平均值減 1.96 個標準差，到平均值加 1.96 個標準差的區間之累加機率為 95%；也就是說，一個完整的高斯分布起落，約涵蓋 4 個標準差的距離。因此，當第一軸長度超過 4 SD 時，通常代表物種已完全轉換，即梯度軸兩端的樣點，在群聚組成上完全不同；而若軸長介於 1 至 1.4 SD，則約有一半的物種發生更替。本例中，第一軸長度為 2.1 SD，意謂著樣區兩端樣點之間約有一半以上的物種發生轉換。

除軸長外，DCA 分析結果中還包含三個與變異量相關的數值，分別為：

- Eigenvalues (Proper eigenvalues)：特徵值，是排序完成後，根據樣點與物種排序分數的加權平方和所計算的正規特徵值，即使經歷降趨與重新縮放，仍維持數學上「變異量」定義。然而，這些值彼此之間不可加總，因為後續排序軸可能仍保有前一軸已解釋的變異。

- Additive eigenvalues：可加特徵值，是排除了前一軸已解釋變異的淨變異量估計值，因此具備可加總性，可視為各排序軸解釋變異的有效分量。欲估算排序軸的變異解釋比例或累加比例，應使用 additive eigenvalues，而非原始特徵值；但不建議以特徵值估算軸的解釋變異量或重要性，而應以軸長評估（請見後續說明）。

- Decorana values：是 decorana() 在排序與降趨過程中估計的變異量指標，反映排序軸與降趨處理的聯合效果，但尚未經重新縮放處理。這些值對應於 Hill & Gauch (1980)[36]發表 DCA 方法時所開發的 FORTRAN 程式 DECORANA 中所報告的 "eigenvalues"。雖當時這些值被稱為特徵值，實際上是經排序與降趨迭代所估得的變異量指標，並非基於嚴格線性代數定義的特徵值。vegan 套件沿用此歷史傳統，將其標示為 decorana values，以與數學意義上的 proper eigenvalues 做出區分。

在 CA 中，特徵值可直接對應卡方幾何並量化排序軸的解釋變異量，為解讀排序結果的主要依據，但在 DCA 中則不然。雖然 DCA 是以 CA 為基礎的排序方法，其第一軸的變異程度常與 CA 相近，但自第二軸起，經過降趨與重新縮放等非線性處理後，特徵值已無法反映真實的幾何結構與變異的解釋量。因此，**將排序軸的特徵值除以總特徵值，以量化每一排序軸的解釋變異量之做法，雖在 CA 中常見，但在 DCA 中，則是錯誤的詮釋方式，須絕對避免**。DCA 的解讀應以排序軸長度與物種替換率為主，而非依賴軸的特徵值比例來解釋群聚結構的變異。

計量環境變數與 DCA 排序軸之間的相關係數矩陣，可用以評估環境變數與生物群聚結構變異之間的關聯程度：

```
            DCA1   DCA2   DCA3   DCA4
Alt         0.95  -0.50  -0.26   0.24
CH          0.53  -0.22  -0.49   0.37
Herb       -0.13   0.31   0.02   0.18
Shrub       0.50  -0.11  -0.37   0.15
SubCanopy  -0.72   0.31   0.10  -0.13
Canopy     -0.25   0.15   0.04   0.03
FHD        -0.08   0.00   0.05   0.05
TD          0.08   0.04   0.30  -0.08
TSD        -0.57   0.50   0.12   0.02
```

A17.2 節曾強調 CA 或 DCA 分析，絕對不可以從排序圖（不論 biplot 或 triplot）的環境向量在各軸投影長度，推估環境因子對各排序軸的貢獻量。在本例的 DCA 排序圖中，可更加瞭解為何此做法錯誤。請比較上述相關係數

---

[36] Hill, M.O., and H.G. Gauch. 1980. Detrended correspondence analysis: an improved ordination technique. Vegetatio 42: 47–58.

與圖 A17-3 的向量方向及長度。在相關係數矩陣中，海拔 (Alt) 與第一軸的相關係數高達 0.95；但圖中的海拔指向第四象限的中間位置，這與相關係數 0.95 時，預期向量應該近似水平地貼著第一軸的想像不符。若以分量概念拆解海拔向量，會發現海拔在第一軸分量的比例並不高，第一軸與第二軸分量比例也沒有懸殊差別。以方向餘弦及總解釋變異量計算，亦即以 $\cos^2(\theta) \times r^2$ 計算，則此例海拔對第一軸的解釋量為 0.634，對第二軸為 0.312。

但若以環境因子與排序分數的相關係數計算解釋變異量，則海拔對第一軸的解釋變異量 $r^2 = 0.95^2 = 0.9$，遠大於向量分量的 0.634；顯然海拔對第一軸的解釋，比從 envfit() 向量分量所顯示的更為重要。而海拔與第二軸的 $r = -0.5$，解釋變異量 $r^2 = (-0.5)^2 = 0.25$，則小於從向量分量得到的 0.312。無論第一軸或第二軸，從環境因子與排序分數的相關矩陣得到的結果，都與 envfit() 得到的環境向量有很大差距。

另外，海拔對排序第一軸與第二軸的解釋變異量合計為 0.9 + 0.25 = 1.15；也就是海拔對於鳥類群聚變異的整體解釋超過 100%，明顯不合邏輯。這是因為降趨和重新縮放的非線性處理，破壞了原有的幾何結構，使 DCA 的排序軸呈現非正交性，軸與軸彼此不獨立所導致；因此 **CA 或 DCA，只能檢視環境因子對個別排序軸的解釋變異量，而不應該將各排序軸的解釋變異量加總為環境因子對整體排序的影響。**

DCA 排序空間經過非線性轉換，排序軸之間並非獨立。envfit() 在 biplot 或 triplot 中所顯示的環境因子向量方向及長度，僅能做為輔助視覺參考，不宜據此推論環境變數對排序軸的重要性。而排序軸的非正交結構，也是不能由排序軸的向量投影，分解環境因子的效應對個別排序軸解釋力的原因。**要準確評估各環境因子與 DCA 排序軸之間的關聯強度，應該檢視環境因子與排序軸的相關係數矩陣，或是迴歸分析的解釋變異量。**

為避免閱讀 DCA 排序圖時產生嚴重誤解，建議 envfit() 只做為研究者初步評估之用，而非最終分析結果的報告依據。又，除非有重大理由，不然不要將 envfit() 得到的環境因子向量疊合到排序圖中。CA 排序軸沒有經過類如 DCA 的降趨與重新縮放處理，所以藉由 envfit() 將環境因子擬合至排序空間所得到的，與透過環境因子與各排序軸分數的個別相關或迴歸分析之結果，僅有些微差異。但仍建議 envfit() 僅做為初步評估環境因子的影響就好。

A18 束縛型排序

　　以下為束縛型排序方法 RDA 及 CCA 之範例,均使用 A17 節已經處理好的北大武山鳥類資料 bird.data,以及環境資料 env.data。束縛型排序方法可依以下原則選用:
- 物種之間豐富度為線性關係 + 豐富度為連續計量資料 → RDA
- 物種沿環境梯度表現出單峰分布 → CCA
- 0/1 的二元資料 → CCA

A18.1 RDA

```
# 安裝及載入程式套件 vegan
if (!requireNamespace("vegan", quietly = TRUE))
    { install.packages("vegan") }
library(vegan)

### RDA ###
bird.rda <- rda(bird.data~., env.data) #進行RDA;"~."表示使用所有變數
 #數值轉換,例如 sqrt,寫成 bird.rda <- rda(sqrt(bird.data)~., env.data)

summary(bird.rda)   # 檢視分析結果的各軸特徵值與解釋變異量
anova.cca(bird.rda)   # 檢視模型的統計顯著性
anova.cca(bird.rda, by = "axis")   # 檢視各軸的統計顯著性
anova.cca(bird.rda, by = "terms")   # 檢視各環境因子的統計顯著性
vif.cca(bird.rda)   # 檢查環境變數之間的共線性
coef(bird.rda)   # 得到典型係數(canonical coefficients)
    # 相當於每一解釋變數在每一軸上的迴歸係數
RsquareAdj(bird.rda)$adj.r.squared
    # adjusted r², 控制樣本數與解釋變數數量造成的偏誤之後的解釋變異量
plot(bird.rda, scaling = 1, display = c("site", "bp"))
    # bp for biplot arrows; default scaling = 2
# 原則上,RDA 分析步驟至此即可
# 如要將物種分布以指針(arrow)方式繪製成 triplot,則繼續以下指令
```

```
plot(bird.rda, scaling=1)  # 繪製樣點、物種及環境向量的 triplot
bird.sc <- scores(bird.rda, choices=1:2, scaling=1, display="species")
arrows(0, 0, bird.sc[, 1], bird.sc[, 2], length=0, lty=1, col="red")
    # 為物種的點加上向量線

### partial RDA ###
# 以海拔 Alt 為 covariate，進行 partial RDA
# 其餘變數在 Alt 被控制之後，解釋剩餘的 constrained inertia
p.bird.rda <- rda(bird.data~CH + Herb + Shrub + SubCanopy +
    Canopy + FHD + TD + TSD + Condition(Alt), env.data)
summary(p.bird.rda)
```

　　RDA 分析結果以 summary()函數輸出，可得到總變異量 (Total Inertia)、環境因子可解釋的變異量 (Constrained Inertia)、以及環境因子無法解釋的變異量 (Unconstrained Inertia)。以北大武山鳥類群聚為例，環境因子可以解釋鳥類群聚變異的 77.67%，無法被解釋的變異有 22.33%：

```
Partitioning of variance:
              Inertia Proportion
Total          166.71    1.0000
Constrained    129.49    0.7767
Unconstrained   37.22    0.2233

Eigenvalues, and their contribution to the variance
Importance of components:
                         RDA1     RDA2
Eigenvalue             97.7831  20.5233
Proportion Explained    0.5866   0.1231
Cumulative Proportion   0.5866   0.7097
~~略~~
Accumulated constrained eigenvalues
Importance of components:
                         RDA1     RDA2
Eigenvalue             97.7831  20.5233
Proportion Explained    0.7552   0.1585
Cumulative Proportion   0.7552   0.9137
```

除模型整體解釋變異量外，還輸出兩組資料，分別是 "Eigenvalues, and their contribution to the variance" 及 "Accumulated constrained eigenvalues"。這兩組資料，分別有每一排序軸的特徵值、解釋百分比、以及累積解釋百分比。其中，第一組資料呈現的是排序軸占全部生物群聚資料總變異 (total inertia) 的比例，可用以詮釋排序軸在整體群聚變異中的重要性。第二組資料則是可由環境變數解釋的變異 (constrained inertia) 之中，各軸所占的比例。

解讀排序結果時，應該以第二組資料，也就是可由環境因子解釋的變異為主。因為無法被解釋的生物群聚變異量，可能是受到研究者未知曉的環境因子所影響，亦或是源自於隨機的抽樣誤差所導致，不是優先詮釋的對象。另外，因為 RDA 是直接梯度分析，已使用環境因子解釋生物群聚結構的變異，其排序軸不應該再以間接梯度分析（例如 PCA、CA、DCA）方式，進一步分析與環境因子的關係。

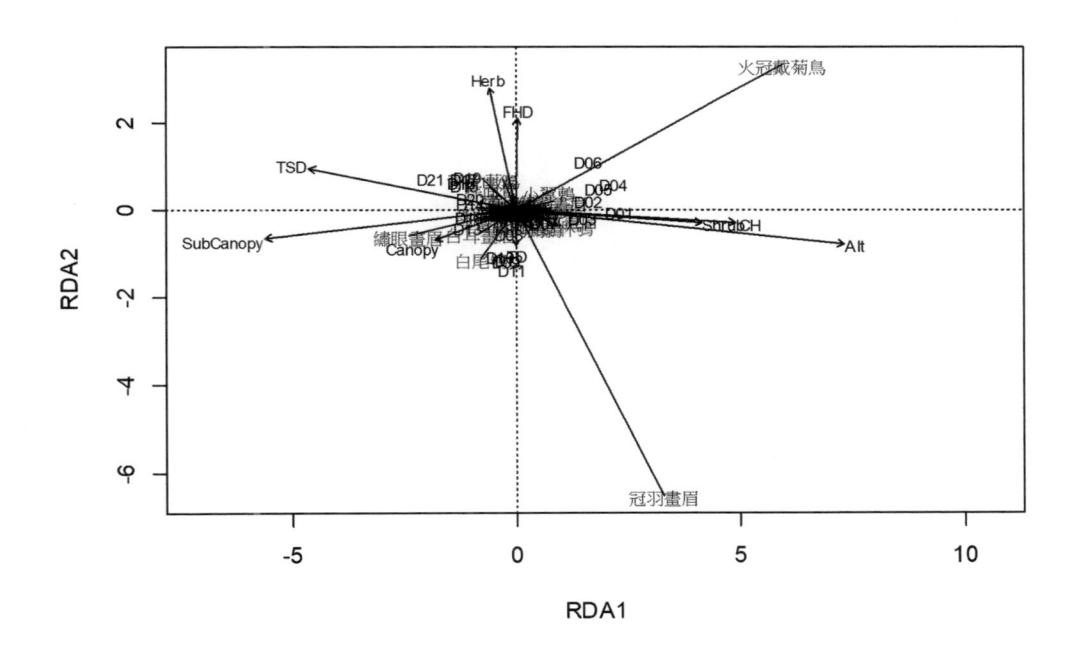

圖 A18-1 北大武山鳥類群聚資料的 RDA 排序之 triplot (scaling = 1)。注意樣點呈明顯 U 形排列。

RDA 是 PCA 的 canonical form，同樣僅適用在物種之間豐富度呈線性關係時。在環境梯度過大而無法滿足線性條件下，樣點在 RDA 排序空間會呈現 U 形或馬蹄形分布。圖 A18-1 的北大武山鳥類調查樣點即呈現非常明顯的 U 形分布；此現象，應改用單峰分布排序方法，如 CA、DCA 或 CCA。另外，與 PCA 相同，RDA 也不可應用在 0/1 的二元資料。

如同 PCA，在 RDA 的 biplot 或 triplot 中，物種也必須以向量方式呈現，如圖 A18-1。但 biplot()並不支援 constrained ordination，因此須以 plot()繪圖；但由於 plot()的物種是以"點"的形式呈現，須另外繪製向量線。圖 A18-1 為黑白，但實際輸出為彩色圖，可清楚檢視樣點分布以及鳥種與環境向量。

RDA 也可以指定 scaling；參數的意義與效果，與 PCA 非常相似：
- scaling = 0：不縮放；
- scaling = 1：強調樣點之間的距離與相對關係；
- scaling = 2：強調物種之間的相關性與分布趨勢；
- scaling = -1：物種分數經過標準化，使優勢種與稀有種在圖中與原點距離大致相當。

另外，scaling = 3 雖然可由內部的 scores()函數生成某種混合型縮放結果，但此縮放模式未在 vegan 官方說明中標準化定義，詮釋時須特別注意。除非對繪圖幾何關係有明確控制需求，否則不建議使用非標準設定。又，RDA 為束縛型排序，因此 scaling = 1 時，圖中樣點距離所反映的，是在環境變數所約束的空間中之相對關係，而非原始資料空間中的幾何關係。簡單總結，若要檢視哪些樣點在排序空間中彼此較為接近，請使用 scaling = 1；若要看物種分布與環境的關係，則設定 scaling = 2。

由於 RDA 的排序軸正交，因此如同 PCA，也可以將環境因子向量垂直投影到個別排序軸，以評估環境因子的影響。例如圖中的海拔 (Alt)向量最長，且依據目視投影，對第一軸有最大影響。

目視投影只是對整體排序空間的初步判斷；環境因子對群聚結構是否具影響或重要性，應依據以下程序確切評估：首先，確認哪些排序軸在統計上顯著；可藉助 anova.cca(by = "axis")。其次，找出具統計顯著性的環境因子；以 anova.cca(by = "terms") 確認。最後，依據典型係數 (canonical coefficients)

大小，評估顯著環境因子對於排序軸的相對重要性。RDA 排序軸是所有環境變數的線性組合；典型係數是在建構 RDA 束縛空間 (constrained ordination space) 時的投影權重，相當於迴歸係數。典型係數可視為每個環境變數對於對應的排序軸之貢獻方向與大小。但要注意的是，典型係數會因為環境測量單位不同而改變。因此應該以標準化典型係數比較環境變數的貢獻；程式碼要改寫；原本程式碼：

```
bird.rda <- rda(bird.data~., env.data)
```

可改寫為

```
env.data.scaled <- as.data.frame(scale(env.data))
bird.rda <- rda(bird.data~., env.data.scaled)
```

如此得到的典型係數，不再受環境因子測量單位不同的影響，即可互相比較。

但在檢視或比較典型係數前，還必須注意環境因子之間是否存在共線性。共線性可能使模型得到的典型係數對於資料的微幅變動極為敏感，而缺乏穩健性 (non-robustness)。缺乏穩健性的原因在於，共線性使得模型難以區分解釋變數各自的貢獻；一旦資料略有變動，例如鳥類個體數紀錄的微小變動、或是刪除幾個樣點或稀有種，模型便可能將變異解釋的權重由某一變數轉移至另一變數，造成係數值甚至正負號出現劇烈改變。當模型的係數估計因為樣本結構輕微變化，即明顯不同時，便難以令人信賴模型所提供的排序結果與環境詮釋。

為確保模型的穩健性，建議在進行 RDA 分析前，應該先檢查變異數膨脹因子 (variance inflation factor, VIF)，以找出共線性高的環境因子。一般而言，若某個變數的 VIF ≥ 10，代表該變數可以被其它變數高度線性預測，也就是變數間的共線性很強；VIF 值在 5–10 之間，則是中度共線性。束縛型排序可用 vif.cca() 函數檢視解釋變數的共線性，例如本例可以寫成：

```
vif.cca(bird.rda)
```

執行結果，可以得到每一環境變數的 VIF 值。若某些變數共線性很高時，可依據以下標準篩選：1. 具有明確生態意義，可合理解釋群聚結構的空間變異；2. 如果涉及自然資源或野生動物的經營管理，則該變數是否與管理策略有很強連結，具有可操作性；3. 資料品質較好、測量誤差小、精細度佳，或是沒有或較少缺值；4. 根據根據 anova.cca(by="terms")，統計顯著性較高者。據此，謹慎篩選保留變數，並避免同時納入共線性強的變數組合。如此可提高排序模型的穩健性，確保環境因子貢獻之詮釋具備一致性與解釋力。

另外，如果環境變數非常多，除了全模型 (full model) 外，也可以使用 ordistep()，以 stepwise 做變數篩選。以本例而言，可以寫成：

```
# RDA 模型變數篩選
bird.rda0 <- rda(bird.data ~ 1, data = env.data) #初始空模型，僅常數項
bird.rda1 <- rda(bird.data ~ ., data = env.data) #全模型，含全部變數
bird.rda.step <- ordistep(bird.rda0, scope = formula(bird.rda1),
                    direction = "forward", permutations = 999)
    # 方向參數可指定向前"forward"、向後"backward"、以及"both"
print(bird.rda.step)    # 輸出結果
```

變數的篩選方向 (direction =) 可設定為向前（forward；從空模型開始，逐步添加變數）、向後（backward；從全模型開始，逐步剔除變數）或雙向 (both)。其中，向前選擇由空模型出發，逐步加入能顯著提升模型解釋力的變數。此法一旦納入變數，將不再剔除，因此建議事前以變異數膨脹因子 (VIF)篩除共線性過高的變數，以避免模型不穩定。向後選擇則由全模型起始，逐一剔除不顯著的變數，但此過程可能會移除與其它變數具交互作用的重要因子。雙向選擇適用於變數數量多且變數間具高度關聯性時，目標為獲得最小 AIC 或最佳模型結構。然而，ordistep() 採用 permutation test 而非 AIC 作為模型選擇依據，缺乏傳統 stepAIC 所依賴的 log-likelihood 遞增或遞減的評估邏輯。在變數間存在共線性時，雙向策略容易導致結果不穩定。綜合而言，向前選擇 (forward)較能穩定建立具解釋力且生態意義明確的模型，為生態研究中常用且較為推薦的策略。

利用 stepwise 篩選變數的功能，並不能取代 VIF 的共線性變數篩選。因為 stepwise 依據模型整體解釋力的提升來選擇變數，它不會因為某變數與其它變數高度相關而自動排除它。VIF 則提供共線性的客觀數據，但是依賴研究者依前述 4 點標準篩選。因此比較好的做法，是先以 VIF 排除明顯共線而不重要的變數，再以 stepwise 選擇模型，最後由典型係數詮釋環境因子的貢獻。整個 RDA 的環境變數篩選流程大抵如下（A18.2 講述的 CCA 也適用，

但其中一項建立 RDA 模型的步驟改為建立 CCA 模型）：

　　檢查 VIF →

　　　若 VIF ≥ 10 →

　　　　檢查環境變數的生態意義與資料品質 →

　　　　　→ 保留或刪除 →

　　　　　　→ 建立 RDA 模型 →

　　　　　　　→ ordistep 篩選（選擇性）→

　　　　　　　　→ 詮釋（標準化）典型係數

　　如果某一環境因子，例如海拔，對排序結果有很大影響；而我們想看看在控制海拔影響後的排序空間，並檢視其它環境變數的角色時，可將海拔當做共變數 (covariate)。控制共變數之後的 RDA，稱為 partial RDA（簡稱 pRDA）。程式碼寫法大致相同，只是在解釋變數將海拔（或要控制的變數）以 Condition() 指定為共變數即可，如上述的寫法：+ Condition(Alt)。也可以同時指定兩個或以上的共變數，例如 + Condition(Alt + Herb)。要注意的是，pRDA 分析結果，以 summary() 得到的環境因子可解釋變異量 Constrained Inertia，是在「控制共變數後」剩餘可解釋變異，而非原始資料全部變異中的可解釋比例。

　　pRDA 也可以藉由 ordistep() 篩選變數；只要在空模型及全模型的程式列各加上 Condition() 即可。例如：

```
# pRDA 模型變數篩選
bird.rda0 <- rda(bird.data ~ 1 + Condition(Alt), data = env.data)
bird.rda1 <- rda(bird.data ~ . + Condition(Alt), data = env.data)
bird.rda.step <- ordistep(bird.rda0, scope = formula(bird.rda1),
                          direction = "forward", permutations = 999)
print(bird.rda.step)
```

　　除了藉由 pRDA 控制共變數，以檢視其它變數對群聚結構的影響之外，也可以由變異拆解 (variance partitioning)，解析環境變數對群聚結構的影響。以下將北大武山鳥類群聚資料當中的環境因子，區分為海拔，以及植群的垂直與水平結構，再進行變異拆解：

```
# 鳥類群聚結構的變異拆解
vert <- env.data[, c("CH", "Herb", "Shrub",
      "SubCanopy", "Canopy", "FHD")]
# 將林冠高、草本、灌叢、第二及第一喬木層、枝葉結構多樣性指定為垂直結構
hori <- env.data[, c("TD", "TSD")]
   # 將喬木密度及喬木種類多樣性指定為水平結構
bird.var <- varpart(bird.data, vert, hori, env.data$Alt)
   # 依據垂直結構、水平結構、以及海拔，分析及拆解鳥類群聚的變異來源
print(bird.var)    # 輸出結果
plot(bird.var)     # 繪製變異來源圖
```

變異拆解結果如下：

```
Partition of variance in RDA
Call: varpart(Y = bird.data, X = vert, hori, env.data$Alt)
Explanatory tables:
X1:    vert
X2:    hori
X3:    env.data$Alt
~~略~~
Partition table:
                    Df R.square Adj.R.square Testable
[a+d+f+g]     = X1    6  0.56643    0.38062     TRUE
[b+d+e+g]     = X2    2  0.24685    0.16317     TRUE
[c+e+f+g]     = X3    1  0.53559    0.51115     TRUE
[a+b+d+e+f+g] = X1+X2 8  0.73206    0.55344     TRUE
[a+c+d+e+f+g] = X1+X3 7  0.73716    0.59563     TRUE
[b+c+d+e+f+g] = X2+X3 3  0.57472    0.49967     TRUE
[a+b+c+d+e+f+g] = All 9  0.77673    0.59405     TRUE
Individual fractions
[a]  = X1 | X2+X3     6             0.09438     TRUE
[b]  = X2 | X1+X3     2            -0.00157     TRUE
[c]  = X3 | X1+X2     1             0.04062     TRUE
[d]                   0            -0.00990     FALSE
[e]                   0             0.17439     FALSE
[f]                   0             0.29589     FALSE
[g]                   0             0.00025     FALSE
[h]  = Residuals                    0.40595     FALSE
Controlling 1 table X
[a+d] = X1 | X3       6             0.08448     TRUE
[a+f] = X1 | X2       6             0.39027     TRUE
[b+d] = X2 | X3       2            -0.01147     TRUE
[b+e] = X2 | X1       2             0.17282     TRUE
[c+e] = X3 | X1       1             0.21501     TRUE
[c+f] = X3 | X2       1             0.33650     TRUE
```

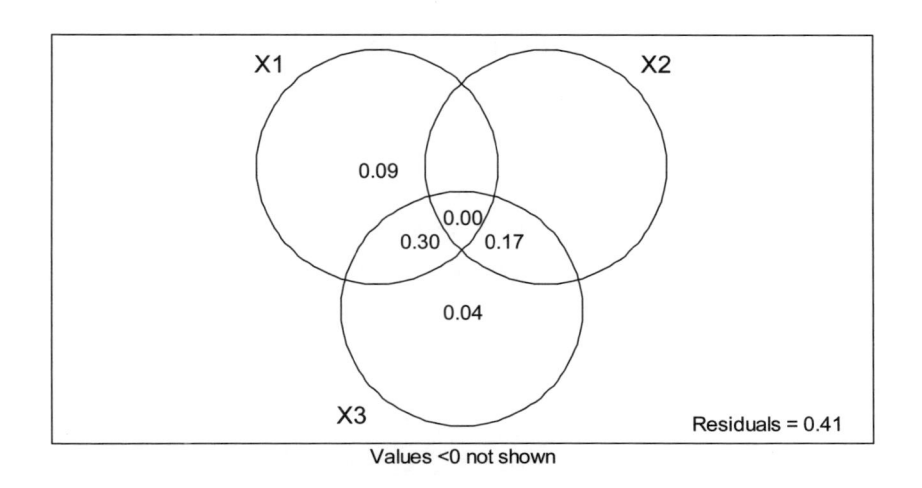

圖 A18-2 北大武山鳥類群聚資料的變異來源拆解。其中，X1 為植群的垂直結構，X2 是植群的水平結構，X3 為樣點的海拔高度。

　　分析結果，三組變數的總體解釋力，植群的垂直結構 (X1) 可單獨解釋鳥類群聚變異的 38.1%（請見輸出報表中，Adj.R.square 對應 X1 的值），水平結構 (X2) 可單獨解釋 16.3%，而海拔 (X3) 則可解釋 51.1%。三者加總，可解釋 59.4%。無法被解釋的殘差 (Residuals) 則為 40.6%。

　　各變數對於鳥類群聚變異的獨立貢獻（也就是在控制其它組變數之下的解釋力）：植群垂直結構（X1，輸出內容中的[a]）為 9.4%，可對應到圖 A18-2 的左上方圓圈之數值 0.09；水平結構（報表中的[b]）為 -0.002，因數值 < 0，未顯示於圖 A18-2 的右上方 X2 圓中；海拔的獨立貢獻為 4.1% ([c])，對應圖中最下方圓的 0.04。由這些結果可知，垂直結構有實質獨立的解釋力；水平結構幾乎無獨立解釋力；海拔有部分獨立貢獻。但這裡要特別注意的一點是，分析方法與軟體或程式，只能就輸入資料予以解析，而無法分辨輸入的變數是獨立變數，或其實是依賴於其它變數的變數；也就是生態上的關係或意義，必須由研究者自己詮釋。例如海拔是真正的獨立變數，它是溫度變化、以及植群組成與植群形相的連續變化之綜合指標；垂直結構主要依著海拔而變化。但此處植群垂直結構的獨立解釋力卻比海拔的解釋力高；惟若控

制海拔，則垂直結構其實只解釋 8.4% ([a + d])。因此對於分析結果，不能完全照著輸出報表的數值解讀；要依據各環境因子的生態意義，小心謹慎地詮釋。

　　三組變數的聯合貢獻，排除海拔 X3 的貢獻之後的垂直結構 X1 與水平結構 X2 ([d]) 之貢獻為 -0.01；圖 A18-2 未顯示。而僅 X2 與 X3 的貢獻 ([e]) 為 17%，對應到圖中 X2 與 X3 交疊處的 0.17。X1 與 X3 的貢獻 ([f]) 為 29.6%，對應圖中的 X1 與 X3 交疊處之 0.30。三組變數的共同貢獻 ([g]) 為 0，對應圖中的正中間之 0.00。此結果顯示垂直結構與海拔的影響高度重疊，而 X2 的解釋力多來自與 X3 的重疊 ([e])，但自身貢獻極低 ([b] < 0)。

　　變異來源拆解的分析有助於釐清多組變數間的貢獻關係，並可作為後續簡化模型與詮釋排序結果的依據。由本例的三組環境變數（植群垂直結構、植群水平結構與海拔）之變異拆解，可清楚辨識各變數群對鳥類群聚變異的獨立與重疊貢獻。結果顯示，海拔 (Alt, X3) 是主要驅動因子，其變異解釋力最強，具有很高的單獨貢獻 ([c])，且與垂直結構有明顯重疊 ([f])，反映這兩者在樣區中的協同變化。垂直結構則具備部分獨立貢獻 ([a])，也與 Alt 重疊貢獻較大，可能反映隨海拔梯度的明顯垂直結構之改變。水平結構的貢獻最低，無論是獨立解釋或與 X1 重疊部分皆微弱，顯示其在本資料中與鳥類群聚變異的關聯較弱，在後續分析中可考慮簡化或重新建構變數。

　　pRDA 與變異來源拆解 (varpart) 的功能近似，但應用上，仍可細緻區分。若已知某變數強烈影響群聚結構，希望控制該變數，以瞭解其它變數的解釋力，可採用 partial RDA。例如北大武山鳥類群聚的主要影響因子是海拔；因為海拔的影響過於強勢，而妨礙研究者對其它環境因子扮演角色的偵測，此時即適合做 pRDA（或 pCCA，請見 A18.2）。而若對各環境因子在群聚結構變異上所扮演的角色尚不清楚，欲比較多組環境變數對群聚的貢獻程度及交疊情形，則可採用變異來源拆解。

A18.2 CCA

```
# 讀取資料檔、建立鳥類資料及環境因子矩陣、刪除稀有種,與前述 RDA 相同
# 安裝與載入套件 vegan,也請參考前述 RDA

### CCA ###
bird.cca <- cca(bird.data~., env.data)
    # sqrt 數值轉換之後再分析,可寫成 cca(sqrt(bird.data)~., env.data)
summary(bird.cca)

# CCA triplots
plot(bird.cca, scaling=1, display=c("sp","lc","cn"))
# "sp" for species scores, "lc" for linear constraints or "LC scores",
# "cn" for centroids of factor constraints instead of an arrow.
# scaling 1: 物種分數與相對特徵值成比例,樣點是物種的加權平均值

plot(bird.cca, display=c("sp","lc","cn"))
# 預設 scaling=2: 樣點分數與相對特徵值成比例,物種是樣點的加權平均值

# CCA scaling 1 biplot without species
plot(bird.cca, scaling=1, display=c("lc", "cn"))

# CCA scaling 2 biplot without sites
plot(bird.cca, display=c("sp", "cn"))

# 模型的顯著性檢定
anova.cca(bird.cca)                      # 全模型
anova.cca(bird.cca, by = "axis")         # 各軸
anova.cca(bird.cca, by = "terms")        # 各環境變數

vif.cca(bird.cca)   # VIF 共線性檢查

# partial CCA
# 以海拔為 covariate,進行 partial CCA
p.bird.cca <- cca(bird.data~CH + Herb + Shrub + SubCanopy
            + Canopy + FHD + TD + TSD + Condition(Alt), env.data)
summary(p.bird.cca)
```

CCA 的結果：

```
~~略~~
Partitioning of scaled Chi-square:
              Inertia Proportion
Total          1.1654    1.0000
Constrained    0.7529    0.6461
Unconstrained  0.4125    0.3539

Eigenvalues, and their contribution to the scaled Chi-square
Importance of components:
                           CCA1    CCA2
Eigenvalue               0.4887 0.08611
Proportion Explained     0.4193 0.07389
Cumulative Proportion    0.4193 0.49321
~~略~~
Accumulated constrained eigenvalues
Importance of components:
                           CCA1    CCA2
Eigenvalue               0.4887 0.08611
Proportion Explained     0.6490 0.11437
Cumulative Proportion    0.6490 0.76341
~~略~~
```

　　CCA 是基於卡方距離的束縛型排序方法，適用於物種對環境的反應為「單峰分布」的情境。相對於 RDA 線性關係之假設，CCA 較適用於物種沿環境梯度有明確出現高峰的生態分布特性；此尤其出現在環境梯度跨幅較大的情形下。另外，如果是 0/1 的二元分布資料而要做束縛型排序，也必須使用 CCA。

　　CCA 輸出的結果中，**Total Inertia** 是所有樣區之間的總卡方距離變異，類似於總變異量。**Constrained Inertia** 是由環境變數所解釋的變異，在北大武山鳥類群聚的例子中占 **64.6%**。**Unconstrained Inertia** 是無法被模型解釋的變異，則有 **35.4%**。對於各軸的解釋變異量，summary() 輸出兩組資料，分別是 "Eigenvalues, and their contribution to the scaled Chi-square"，以及 "Accumulated constrained eigenvalues"；前一組資料是該軸對整體總變異之解釋能力，後一組數據則是該軸對可解釋變異 (constrained inertia) 的貢獻；

以本例而言，第一軸可解釋近 65%的變異，第二軸則僅 11%，因此可以將重點放在第一軸，以及與之有關的環境因子。CCA 各軸重要性的判讀，應以第二組資料為主。

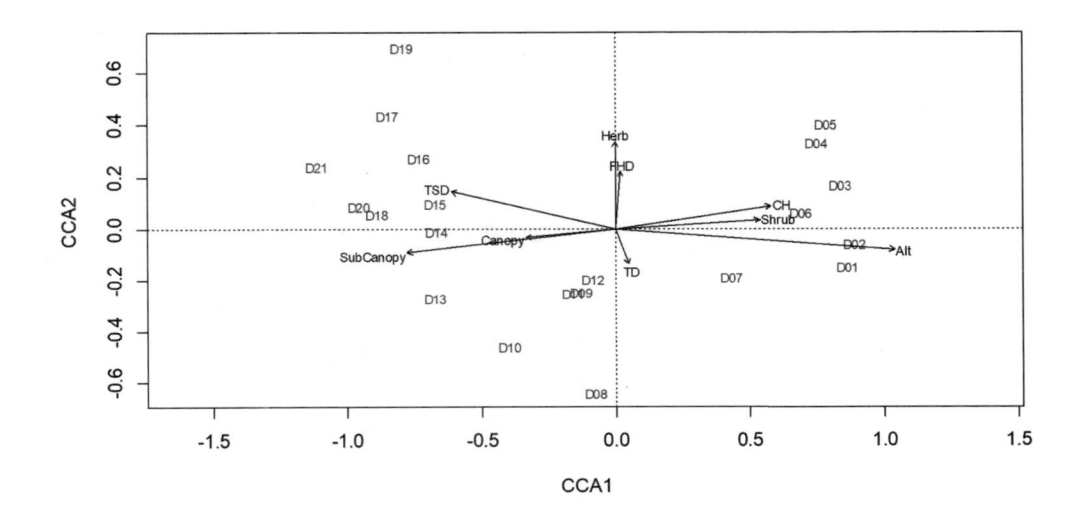

圖 A18-3 北大武山鳥類群聚資料的 CCA 之樣點與環境因子的 biplot (scaling = 1)。注意樣點在前兩軸空間稍微呈 U 形分布。

CCA 是 CA 的 canonical form，因此排序表現與 CA 有類似的特性；對於較長的梯度，也有拱形效應問題。圖 A18-3 樣點在 CCA 前兩軸空間的排列，即顯現 U 形的排列。

CCA 的排序圖也可以指定 scaling，與 CA 類似：
- scaling = 0：不縮放；
- scaling = 1：強調樣點之間的相對關係；物種位置為樣點的加權平均；適合比較樣點的排序分布；
- scaling = 2：強調物種之間的關係；樣點位置為物種的加權平均；適合比較物種與環境因子的對應關係；

- scaling = 3：對稱縮放，樣點與物種分數皆乘以特徵值平方根，用於平衡呈現；
- scaling = -1：物種分數標準化處理，使稀有及優勢種與原點的距離相當，避免豐富度極端造成扭曲。適合以物種為重點的視覺化處理。

在環境變數的解讀上，CCA 與 RDA 類似，可以先由 anova.cca() 檢視排序軸及環境因子的統計顯著性，再由標準化典型係數比較環境因子的貢獻。另外，也可以由 VIF 剔除共線性明顯且相對不重要的變數，再以其餘變數，由 stepwsie 程序建構模型。所有這些細節以及 R code 都與 RDA 類似，此處不再贅述。

CCA 一樣可以使用 coef() 函數提取典型係數，但更推薦使用集間相關 (inter-set correlation) 與集內相關 (intra-set correlation) 檢視環境變數與物種及樣點排序的關聯性，這兩個統計量提供了比典型係數更穩定的詮釋方式。集間與集內相關係數的獲取方式：

```
# 安裝及載入 psych 套件
if (!requireNamespace("psych", quietly = TRUE))
    { install.packages("psych") }
library(psych)

# Inter-set correslations
interset.cor <- intersetcor(bird.cca)
round(interset.cor, 3)

# Intra-set correlations
intraset.cor <- corr.test(env.data, scores(bird.cca,
    display = "sites"))
round(intraset.cor$r, 3)    # 顯示相關係數
round(intraset.cor$p, 3)    # 顯示相關係數的 p 值
```

最後，CCA 也可以控制共變數，執行 partial CCA (pCCA)。而 pCCA 也可以結合 ordistep()，做模型變數的篩選。所有這些程序的 R code 及注意事項，均與 RDA 類似，請參考 A18.1，在此不再贅述。

A19 矩陣相關性分析

矩陣相關性分析的所有程序之範例,均持續使用 A17 節已經處理好的北大武山鳥類資料 bird.data,以及環境資料 env.data。

A19.1 Mantel test

```
# 安裝及載入程式套件 vegan
if (!requireNamespace("vegan", quietly = TRUE))
    { install.packages("vegan") }
library(vegan)

# 距離矩陣之製備
bird.bc <- vegdist(bird.data)    # 鳥類相異性矩陣;預設 Bray-Curtis
env.eu <- vegdist(scale(env.data), method = "euclidean")
        # 環境因子先標準化,再以歐氏距離求得相異性矩陣

### Mantel test ###
mantel(bird.bc, env.eu, method = "spearman")

### partial Mantel test ###
# 以海拔及其它環境因子為例
alt <- env.data$Alt    # 擷取海拔
alt.eu <- vegdist(alt, method="euclidean")  #計算樣點間的海拔相異性矩陣

# 其它環境因子
env_other <- env.data[,-1]   # 刪除海拔之環境因子矩陣
env_other.eu <- vegdist(scale(env_other), method = "euclidean")
        # 先標準化,再計算距離矩陣

# 執行 partial Mantel test
mantel.partial(bird.bc, env_other.eu, alt.eu, method = "spearman")
mantel.partial(bird.bc, alt.eu, env_other.eu, method = "spearman")
        # 注意,mantel.partial(x, y, z)是控制 z 之後,求 x 與 y 的相關性

# mantel()及 mantel.partial()預設 method="pearson",建議改用"spearman"
```

```
Call:
mantel(xdis = bird.bc, ydis = env.eu, method = "spearman")

Mantel statistic r: 0.5178
      Significance: 0.001
```

分析結果，鳥類與環境距離矩陣的 Mantel 統計值 R = 0.52，p = 0.001，統計上顯著。

控制海拔之後的矩陣相關性檢定結果：

```
Call:
mantel.partial(xdis = bird.bc, ydis = env_other.eu, zdis = alt.eu,
method = "spearman")

Mantel statistic r: -0.03945
      Significance: 0.687
```

控制其它因子之後的矩陣相關性檢定結果：

```
Call:
mantel.partial(xdis = bird.bc, ydis = alt.eu, zdis = env_other.eu,
method = "spearman")

Mantel statistic r: 0.8569
      Significance: 0.001
```

結果顯示，在控制海拔因素後，鳥類群聚組成與其餘環境因子的距離關聯性不顯著 (partial Mantel R = -0.04，p = 0.687)，表示這些環境因子的效果在剔除海拔影響後不具統計意義。反之，當控制其餘環境因子後，鳥類群聚與海拔之間的距離關聯性仍顯著 (partial Mantel R = 0.86，p = 0.001)，顯示海拔為樣點之間鳥類相差異的主要驅動因子，其解釋力未被其他環境變數取代。

A19.2 BIO-ENV 程序

```
# 安裝及載入程式套件 vegan
if (!requireNamespace("vegan", quietly = TRUE))
    { install.packages("vegan") }
library(vegan)

# 使用 A17 已經建立的資料矩陣 bird.data 與 env.data
result.bioenv <- bioenv(bird.data, env.data, method = "spearman",
    index = "bray", metric = "euclidean")
    # 第一組為生物群聚資料，第二組為環境資料，原始或相異性矩陣均可
    # 若原始矩陣，第一組距離方法 index = "bray"，為預設，可不用指定
    # 若原始矩陣，第二組距離方法 metric = "euclidean"
    # 矩陣相關性採用 method = "spearman"，此為預設，可不用指定
    # 也可以用 formula 書寫，例如：bioenv(bird.data~Alt+CH+Canopy,
    env.data)
print(result.bioenv)

# partial
p.result.bioenv <- bioenv(bird.data, env.data, partial=env.data$Alt)
    # 以海拔 (Alt) 為 covariate，做 partial Mantel test
    # covariate 通常選影響大的因子，以顯現其它被掩蓋的環境因子之影響力
print(p.result.bioenv)
```

分析結果如下，海拔 (Alt) 與樣點間鳥類相的相異矩陣最相關，係數 0.877：

```
Correlations:      spearman
Dissimilarities: bray
Metric:            euclidean

Best model has 1 parameters (max. 9 allowed):
Alt
with correlation  0.8766689
```

海拔可能遮掩其它環境變數的表現，因此以海拔為共變數 (covariate)，做 partial Mantel test。分析結果，在控制海拔因素之後，林冠高 (CH) 與喬木密度 (TD)，與樣點間的鳥類相差異有最高的相關性，係數為 0.281：

```
Correlations:     spearman
Dissimilarities: bray
Metric:           euclidean

Best model has 2 parameters (max. 9 allowed):
CH TD
with correlation  0.2807009
```

A19.3 BIO-BIO 程序

BIO-BIO 為一種變數選擇程序，用以篩選出最能代表原始群聚變異結構的少數指標物種，適用於群聚簡化、指標選定與公民科學設計等場合。

```
# 安裝及載入程式套件
if (!requireNamespace("devtools", quietly = TRUE))
    { install.packages("devtools") }
library(devtools)
install_github("marchtaylor/sinkr", force=TRUE)
library(sinkr)

result.bv.step <- bvStep(
  bird.data,  # 固定矩陣，全部種類
  bird.data,  # 變動矩陣，少數物種的集合；通常與固定矩陣相同資料集
  fix.dist.method = "bray",   # 計算全部物種相異性矩陣的方法
  var.dist.method = "bray",   # 計算少數物種集相異性矩陣的方法
  scale.fix = FALSE,  # 是否對固定矩陣變數標準化
  scale.var = FALSE,  # 是否對變動矩陣變數標準化
  max.rho = 0.95,  # 停止運算的最高相關性標準
  min.delta.rho = 0.001,
  random.selection = TRUE, # 是否隨機篩選物種進入 stepwise
  prop.selected.var = 0.2,
     #進入 stepwise 程序的物種比例(例如若有 100 個物種，
     # 0.3 表示隨機選擇 30 個物種進入 stepwise 程序)，此選項涉及運算時間
  num.restarts = 10,   # 重複運算次數
  var.always.include = c(3,7,10),
     # 一定會被選取進來做 stepwise 的物種(但最後結果不一定會被選取)；
     # 此處範例為第 3, 7, 10 欄的物種 (山紅頭、火冠戴菊鳥、白眉林鴝)
     # 可不用指定，預設為 NULL
  var.exclude = c(8,9),
     # 一定排除的物種；此處範例為第 8, 9 欄的物種 (白耳畫眉、白尾鴝)
     # 可不指定，預設為 NULL
  output.best = 10
)
print(result.bv.step)
```

分析結果，與 41 種鳥類（稀有種已刪除，請見 A17 的資料前處理）的原始矩陣相關性最高的組合有 7 種鳥，分別為火冠戴菊鳥、白眉林鴝、冠羽畫眉、紅胸啄花、栗背林鴝、棕面鶯、繡眼畫眉。這幾種鳥所組合而成的矩陣，與全部鳥種的資料矩陣之相關係數達 0.952；幾乎完全重現原始群聚矩陣的變異結構：

```
$order.by.best
                    var.incl n.var       rho
1           7,10,16,19,21,26,38    7 0.9523138
~~略~~
$best.model.vars
[1] "火冠戴菊鳥,白眉林鴝,冠羽畫眉,紅胸啄花,栗背林鴝,棕面鶯,繡眼畫眉"

$best.model.rho
[1] 0.9523138

$var.always.include
[1]  3  7 10
~~略~~
```

在篩選出的鳥種中，火冠戴菊鳥 (7) 與白眉林鴝 (10) 是指定一定要包含的鳥種。注意，本例中的指定僅為示範，實務上可依物種辨識難度、外來種或入侵種、或經營管理目標進行選擇。例如公民科學計畫，可以指定參與者不會認錯的鳥種一定要納入，也可以指定外來種一定要排除。

　　BIO-BIO 得到的結果，若將最佳組合鳥種投影到原始鳥類矩陣的排序空間，可以更清楚顯示篩選出的鳥種與樣點的關係。此處以 NMDS 做原始鳥類資料矩陣的樣點排序：

```
# 安裝及載入程式套件 vegan
if (!requireNamespace("vegan", quietly = TRUE))
    { install.packages("vegan") }
library(vegan)

# 計算鳥類樣點的NMDS
bird.MDS <- metaMDS(bird.data, distance = "bray")
# 擬合最佳組合鳥種的豐富度向量
```

```
bird.best <-
  as.numeric(unlist(strsplit(result.bv.step$order.by.best$var.incl[1],
  ",")))
biofit <- envfit(bird.MDS, bird.data[,bird.best], perm=999)

# 擬合環境因子
env.fit <- envfit(bird.MDS, env.data)

# 繪製樣點在 NMDS 空間的分布
plot(bird.MDS$points, type = "n",
     xlab = "NMDS 1",
     ylab = "NMDS 2")

# 標註樣點名稱
text(bird.MDS$points[, 1], bird.MDS$points[, 2],
     labels = rownames(bird.MDS$points), cex = 0.6)

# 加上篩選出的鳥類之向量
plot(biofit, cex = 0.7)

# 加上環境因子向量
plot(env.fit, cex = 0.7, col = "red", p.max = 0.05)

# 標註 NMDS 的壓力係數
mtext(paste("Stress =", round(NMDS$stress, 2)),
      cex = 0.6, side = 3, adj = 1, line = 0)
```

　　如圖 A19-1，鳥類樣點在 NMDS 的分布，主要與海拔 (Alt) 有關。D01–D05 的高海拔樣點分布於 NMDS 空間的右側，D13–D21 等海拔較低的樣點則分布於左側。最佳組合鳥種可概略分為 3 類群。其一是高海拔鳥種，包括栗背林鴝、白眉林鴝、以及火冠戴菊鳥；檢視原始資料矩陣，這些鳥種侷限分布於高海拔樣點。較低海拔鳥種則是另一群，包括繡眼畫眉、紅胸啄花鳥、以及棕面鶯；侷限分布於中低海拔樣點。冠羽畫眉自成一群，從向量方向顯示此鳥種在樣點之間廣泛分布，但以高海拔的相對豐富度較高。這 7 種鳥類從低海拔到高海拔的分布樣點及相對豐富度之變化趨勢，與全部鳥種的變化趨勢非常近似；可高度重現全部鳥類群聚的空間變異。本書圖例為黑白，實際輸出為彩色圖，可以更清楚分辨鳥類分布與樣點及環境向量的關係。

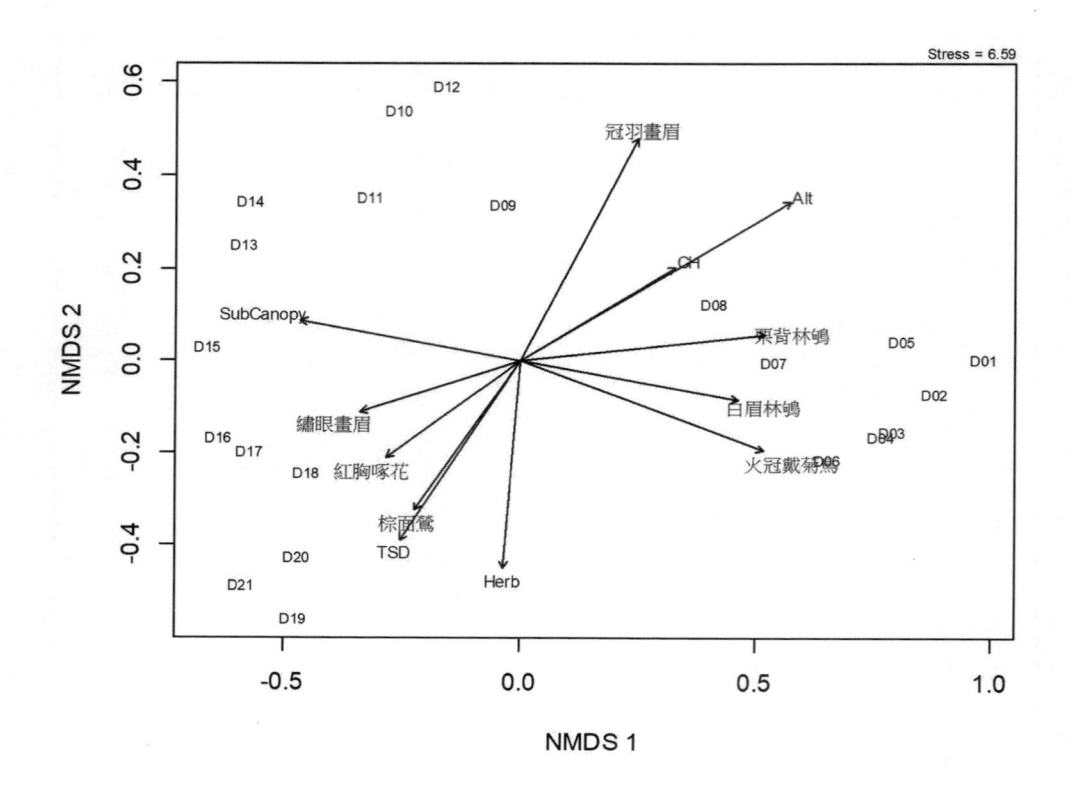

圖 A19-1 北大武山鳥類調查樣點在鳥類群聚原始資料矩陣的 NMDS 空間分布，以及最佳組合鳥種與環境因子的向量投影。

　　本案例只使用 7 種鳥類，即可重現全部 41 種的群聚之空間分布變異。BIO-BIO 程序提供一種簡化生物群聚資料的有效方式，可挑選最具代表性的物種組合，用以重建完整群聚結構。此法特別適合應用於長期監測計畫的指標物種篩選，或是降低民眾參與公民科學計畫的門檻或困難度。

附錄 B 鳥類資料分析方法選擇流程

　　本書介紹了多種統計分析方法，對初學者而言，可能會感到難以選擇與下手。為協助讀者釐清思路，特別整理了分析方法的選擇流程圖供參考。然而須注意，流程圖中所列的分析目標並未涵蓋所有情境，也沒有包含所有可能的方法與程序。

　　統計分析方法是解決問題的工具。讀者應詳讀本書各章節對各項分析工具的使用說明與細節，靈活應用，以因應不同的資料分析需求。此外，選擇合適的統計分析方法時，一個非常重要的觀念是：我們要回答或解決的是什麼科學問題？應先釐清研究目的，再思考哪些統計方法能適切回答該問題。初學者常見的錯誤，是從手邊的資料出發，尋找可以套用的分析方法，卻忽略該方法是否能真正回答面臨的科學問題。

一、繪圖以描述調查到的資料

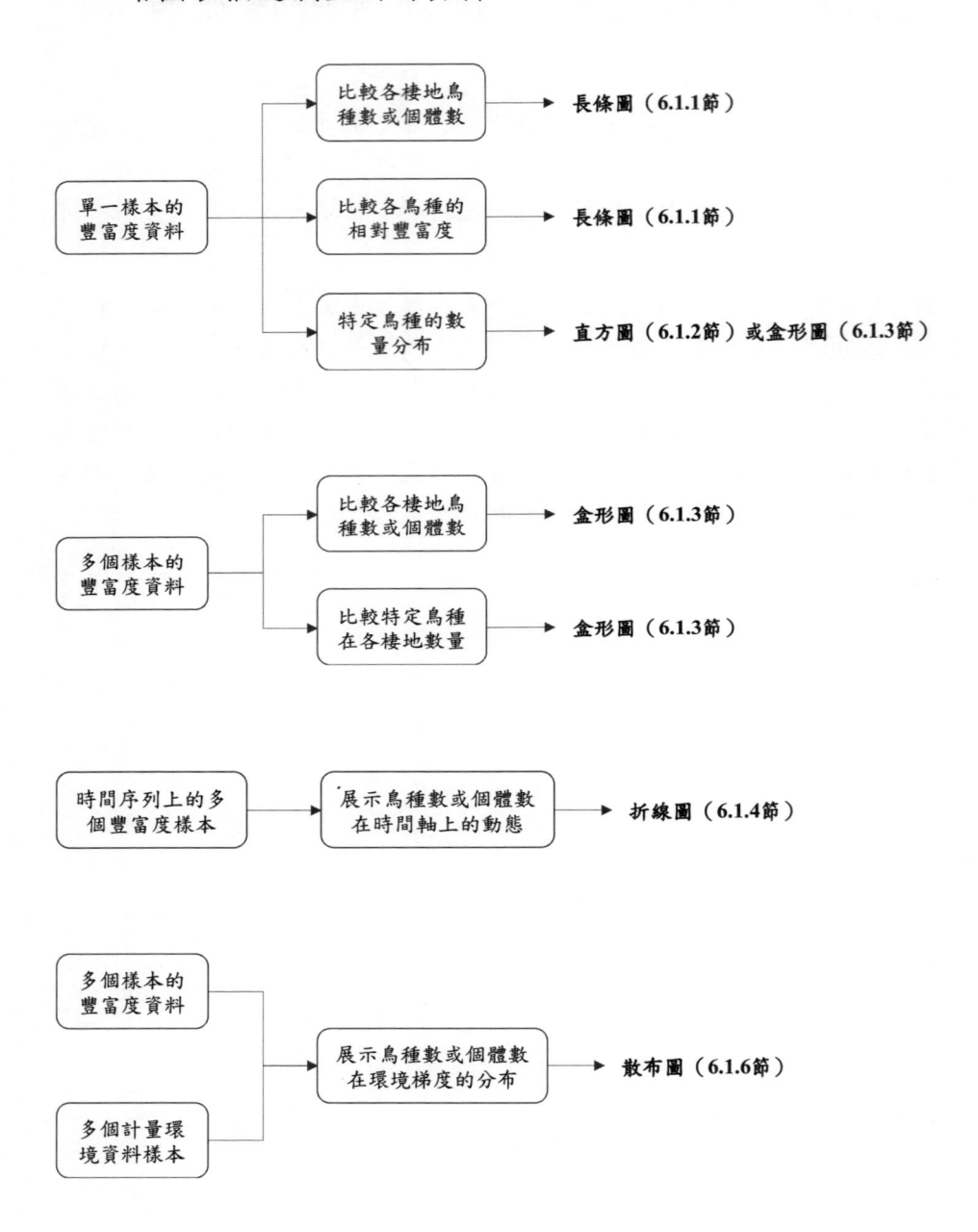

```
                    ┌─ 比較各棲地鳥種數或個體數 ──► 長條圖（6.1.1節）
單一樣本的豐富度資料 ─┼─ 比較各鳥種的相對豐富度 ──► 長條圖（6.1.1節）
                    └─ 特定鳥種的數量分布 ──────► 直方圖（6.1.2節）或盒形圖（6.1.3節）

                    ┌─ 比較各棲地鳥種數或個體數 ──► 盒形圖（6.1.3節）
多個樣本的豐富度資料 ┤
                    └─ 比較特定鳥種在各棲地數量 ──► 盒形圖（6.1.3節）

時間序列上的多個豐富度樣本 ── 展示鳥種數或個體數在時間軸上的動態 ──► 折線圖（6.1.4節）

多個樣本的豐富度資料 ┐
                    ├── 展示鳥種數或個體數在環境梯度的分布 ──► 散布圖（6.1.6節）
多個計量環境資料樣本 ┘
```

二、族群/同功群數量監測

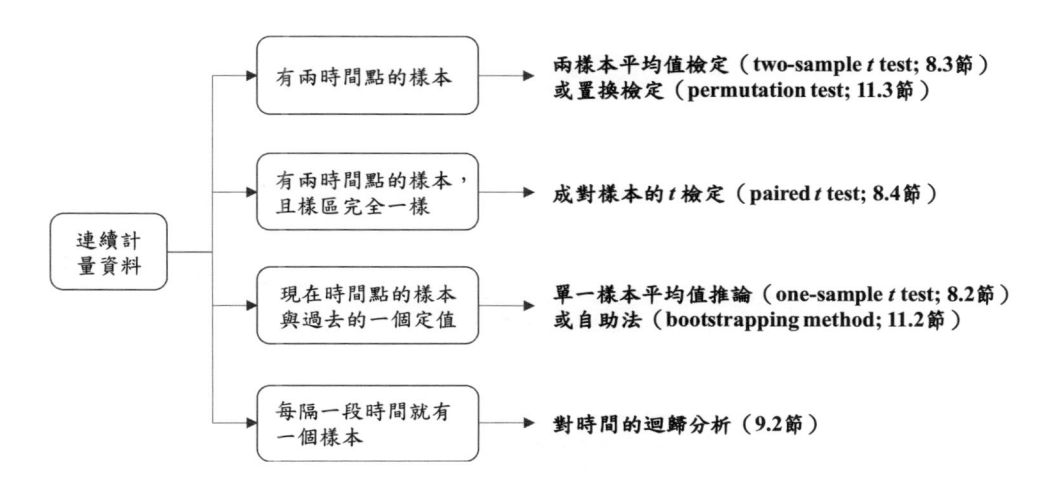

連續計量資料
- 有兩時間點的樣本 → 兩樣本平均值檢定（two-sample *t* test; 8.3節）或置換檢定（permutation test; 11.3節）
- 有兩時間點的樣本，且樣區完全一樣 → 成對樣本的 *t* 檢定（paired *t* test; 8.4節）
- 現在時間點的樣本與過去的一個定值 → 單一樣本平均值推論（one-sample *t* test; 8.2節）或自助法（bootstrapping method; 11.2節）
- 每隔一段時間就有一個樣本 → 對時間的迴歸分析（9.2節）

三、樣區/棲地之間的比較

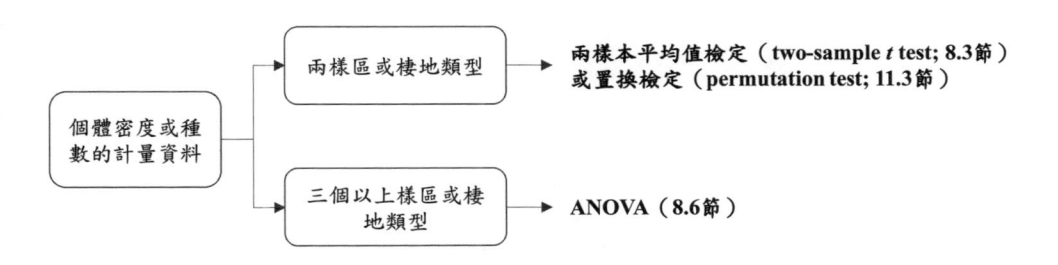

個體密度或種數的計量資料
- 兩樣區或棲地類型 → 兩樣本平均值檢定（two-sample *t* test; 8.3節）或置換檢定（permutation test; 11.3節）
- 三個以上樣區或棲地類型 → ANOVA（8.6節）

四、鳥類與環境的關係

- 不確定因果關係或無因果關係

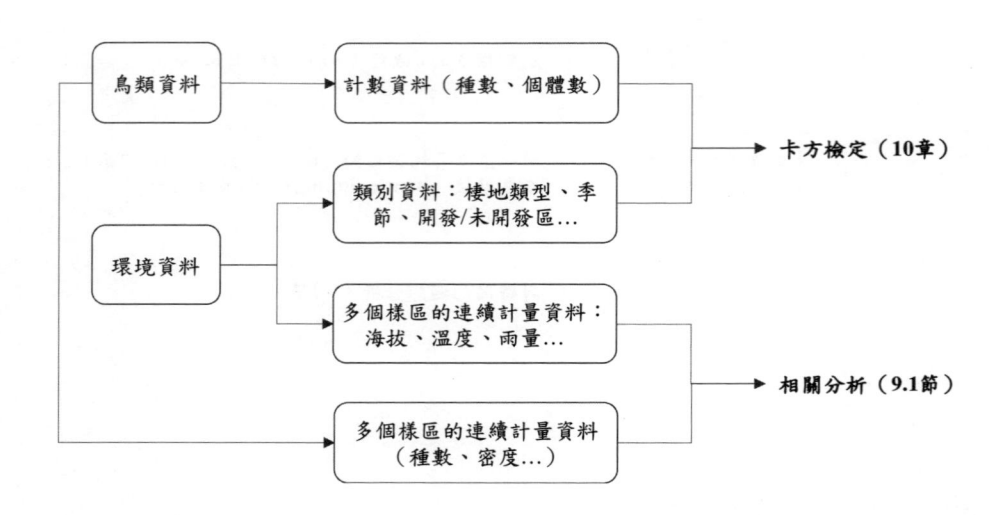

```
鳥類資料 ──→ 計數資料（種數、個體數）──────────→ 卡方檢定（10章）

環境資料 ──→ 類別資料：棲地類型、季
              節、開發/未開發區…

          ──→ 多個樣區的連續計量資料：
              海拔、溫度、雨量…                    相關分析（9.1節）

          ──→ 多個樣區的連續計量資料
              （種數、密度…）
```

- 具因果關係

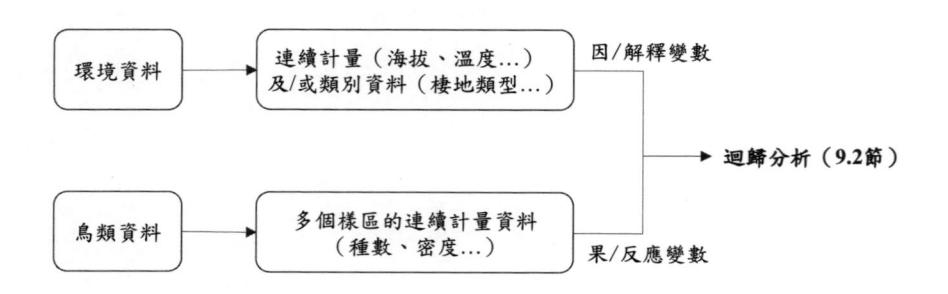

```
環境資料 ──→ 連續計量（海拔、溫度…）    因/解釋變數
            及/或類別資料（棲地類型…）
                                                  迴歸分析（9.2節）
鳥類資料 ──→ 多個樣區的連續計量資料
            （種數、密度…）              果/反應變數
```

五、單一樣區的物種數估計

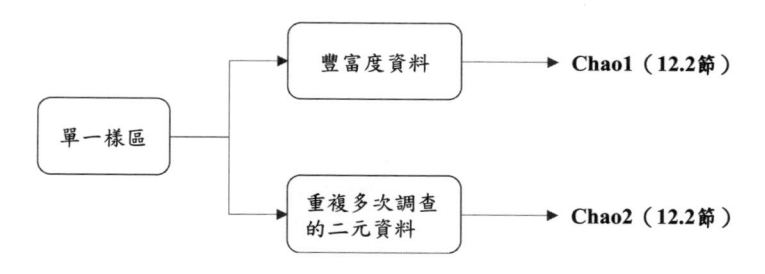

```
                    ┌─→ 豐富度資料 ─────→ Chao1（12.2節）
    單一樣區 ───────┤
                    └─→ 重複多次調查 ───→ Chao2（12.2節）
                        的二元資料
```

六、多個樣區的多樣性 (Hill number) 比較

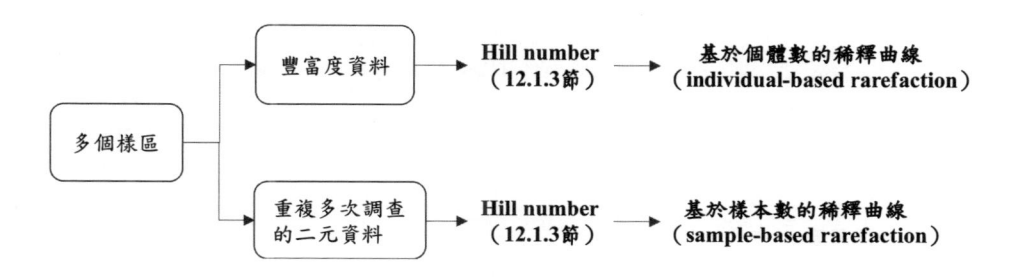

```
                    ┌─→ 豐富度資料 ─────→ Hill number ──→ 基於個體數的稀釋曲線
                    │                    （12.1.3節）     (individual-based rarefaction)
    多個樣區 ───────┤
                    └─→ 重複多次調查 ───→ Hill number ──→ 基於樣本數的稀釋曲線
                        的二元資料       （12.1.3節）     (sample-based rarefaction)
```

七、鳥類群聚結構與環境的關係

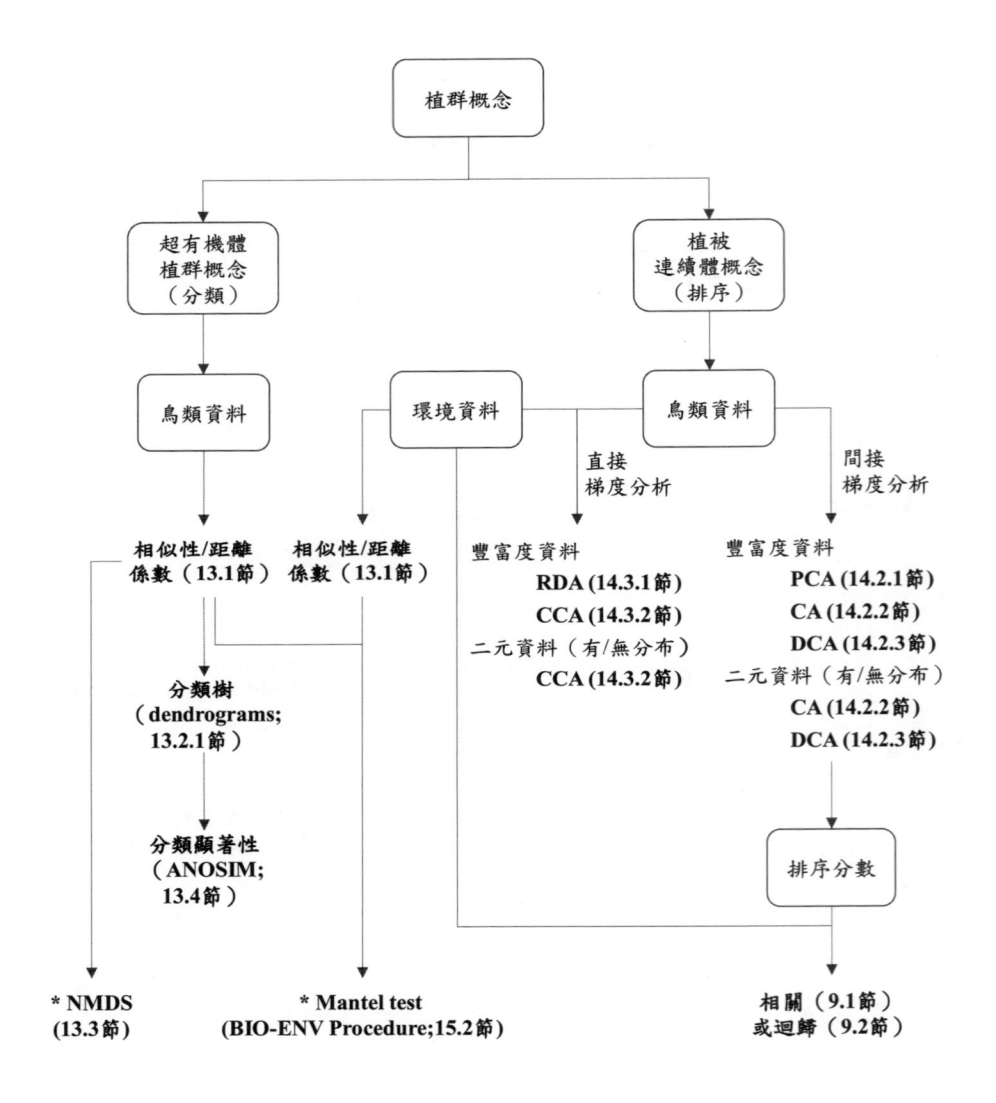

```
                          ┌─────────┐
                          │ 植群概念 │
                          └────┬────┘
                  ┌────────────┴────────────┐
          ┌───────┴───────┐         ┌───────┴───────┐
          │  超有機體      │         │   植被         │
          │  植群概念      │         │   連續體概念   │
          │  （分類）      │         │   （排序）     │
          └───────┬───────┘         └───────┬───────┘
                  │                          │
           ┌──────┴─────┐    ┌──────────┬────┴──────┐
           │  鳥類資料  │    │ 環境資料 │  鳥類資料 │
           └──────┬─────┘    └────┬─────┴─────┬─────┘
                                  │           │
                               直接          間接
                               梯度分析      梯度分析
```

相似性/距離 係數（13.1節）	相似性/距離 係數（13.1節）	豐富度資料 **RDA (14.3.1節)** **CCA (14.3.2節)** 二元資料（有/無分布） **CCA (14.3.2節)**	豐富度資料 **PCA (14.2.1節)** **CA (14.2.2節)** **DCA (14.2.3節)** 二元資料（有/無分布） **CA (14.2.2節)** **DCA (14.2.3節)**

分類樹
（dendrograms;
13.2.1節）

分類顯著性
（ANOSIM;
13.4節）

排序分數

* **NMDS**
（13.3節）

* **Mantel test**
（BIO-ENV Procedure;15.2節）

相關（9.1節）
或迴歸（9.2節）

*注意，BIO-ENV procedure並非植基於超有機體概念；NMDS雖被歸為排序方法之一，但嚴格說，並非植基於植被連續體概念或超有機體概念。

```
國家圖書館出版品預行編目

鳥類公民科學家實戰指南：從田野調查到統計分
析與R軟體應用 / 許皓捷作. -- [臺南市]：許皓
捷, 2025.08
    面；　公分
  ISBN 978-626-01-4379-4(平裝)

  1. CST: 統計套裝軟體  2. CST: 統計分析
  3. CST: 鳥類  4. CST: 田野工作

512.4                              114009240
```

鳥類公民科學家實戰指南
從田野調查到統計分析與R軟體應用

作　　者／許皓捷
出　　版／許皓捷
製作銷售／秀威資訊科技股份有限公司
　　　　　114 台北市內湖區瑞光路76巷69號2樓
　　　　　電話：+886-2-2796-3638
　　　　　傳真：+886-2-2796-1377
網路訂購／秀威書店：https://store.showwe.tw
　　　　　博客來網路書店：https://www.books.com.tw
　　　　　三民網路書店：https://www.m.sanmin.com.tw
　　　　　讀冊生活：https://www.taaze.tw

出版日期／2025年8月
定　　價／500元

版權所有・翻印必究　All Rights Reserved
Printed in Taiwan